U0120857

王朝风云之

辽夏金

LIAO XIA JIN

李 楠 编著

历史度尽劫波
文明生生不息

中国文史出版社

图书在版编目（ＣＩＰ）数据

辽夏金 / 李楠编著 . -- 北京：中国文史出版社，
2021.1

（王朝风云；12）

ISBN 978-7-5205-2270-0

Ⅰ . ①辽… Ⅱ . ①李… Ⅲ . ①中国历史—辽金时代—
通俗读物②中国历史—西夏—通俗读物 Ⅳ . ① K246.09

中国版本图书馆 CIP 数据核字 (2020) 第 174222 号

责任编辑：詹红旗　　戴小璇

出版发行：中国文史出版社

社　　　址：北京市海淀区西八里庄 69 号院　　邮编：100142

电　　　话：010- 81136606　　81136602　　81136603(发行部)

传　　　真：010-81136655

印　　　装：廊坊市海涛印刷有限公司

经　　　销：全国新华书店

开　　　本：1/16

印　　　张：22

字　　　数：338 千字

版　　　次：2021 年 3 月北京第 1 版

印　　　次：2021 年 3 月第 1 次印刷

定　　　价：66.00 元

"凤凰台上凤凰游，凤去台空江自流。吴宫花草埋幽径，晋代衣冠成古丘。"李白一首《登金陵凤凰台》，可生动反映中国历代王朝的没落与沧桑。

中国是一个拥有 5000 年悠久历史的文明古国，王朝众多，更迭频繁。其间上演过无数令人感慨的悲喜剧，也创造了举世瞩目的中华文明。

这套《王朝风云》丛书，旨在全景展现中华民族从原始社会、奴隶社会到封建社会的历史跨越，以真实丰富的史料，鲜活生动的叙述，让一个个风格迥异的王朝如戏剧般轮番登场，上演从夏商周到晚清近代历史的荣光与波折。使读者从王朝演变的故事中深刻地体味历史的魅力，领悟中华文明博大精深的文化内涵。

丛书着重讲历史脉络，以历代政权更迭及政治、军事斗争为主，努力把中国历史中最精彩、最生动的内容奉献给广大读者。同时，为增强系统性，一定程度地反映历朝历代的掌故、习俗、科技、文化等内容。

《王朝风云》丛书共 15 部，此为第十二部《辽夏金》，主要讲的是辽朝（916—1125 年）、西夏（1038—1227 年）以及金朝（1115—1234 年）共 319 年间中国历史上发生的那些丰富多彩的故事。

辽是由契丹族建立的国家。辽国延续了 200 多年，最强盛的时候北至克鲁伦河、色楞格河，西至阿尔泰山，南至白沟河（今河北境内），东至大海。它先后与五代各国和北宋王朝并立，在我国历史上有着重要的地位。它对内蒙古和东北的开发，曾起过巨大的推动作用，但它与宋、金的战争，也使人民蒙受灾难。辽有着一批英勇善战的大英雄，虽然它最终被宋、金联合灭掉了，但人们不会忘记这个充满传奇色彩的游牧民族和大辽国的历史。

西夏部分主要描述了从元昊建国到成吉思汗灭夏这一段时间北方土地上发生的波澜壮阔的故事。西夏人时战时和，联合这一方，打击那一方。他们用自己的方法，闯出了一条生路，在那群雄并起的年代里，立稳了脚跟。随着蒙古族力量的壮大，开始不断地扩张领土、吞并国家。西夏也没能逃脱这一厄运，最终被成吉思汗消灭。虽然西夏只有短短 190 年的历史，经历了 10 个皇帝的更迭，但是他们在中国古代史中，仍留下了光辉的一笔。

金是中国历史上由少数民族女真族建立的。辽、五代时期，生活在黑水（今黑龙江）白山（今长白山）之间的女真人以渔猎为生，迁徙无常。后来，完颜氏部落经过几代族长的英明领导，从众多女真部落中脱颖而出，吞并周围的女真部落，组成部落联盟。完颜氏家族带领女真人民发展生产，训练打仗。1115 年，完颜阿骨打率领女真人民反抗辽朝残暴统治，在会宁建立金国。强大的金国进一步向外扩张势力，分别于 1125 年、1127 年灭辽和北宋，开始了与南宋隔河而治的对峙局面。金世宗完颜雍统治时期，金朝进入了全盛的局面。之后，金朝统治者开始贪图安逸的生活，统治日益腐败。宗室之间、贵族之间、君臣之间、统治者与人民之间等矛盾日益加深。这时，蒙古国在北方悄然兴起，统治处于上升阶段；而金朝面临着内忧外患，开始走下坡路。金宣宗弃都南迁标志着金朝走向衰亡，在蒙古军的强大攻势下，金军节节败退。1234 年，蒙古联合南宋攻破蔡州，金哀宗上吊自尽，金灭亡。经历了 120 年的金王朝历史画上了句号。

宋、辽、夏、金时期，各方势力纠缠交错，此消彼长，你争我夺，上演了一幕幕成王败寇的历史活剧。

了解历史，反思历史，是为了更好地借鉴历史、把握未来。

目 录

第一编　辽朝风云

第二编 西夏风云

第一编

辽朝风云

　　辽朝（916—1125 年），是契丹族在中国北方地区建立的一个王朝。916 年辽太祖耶律阿保机在今内蒙古西拉木伦河流域建契丹国，947 年建国号辽。983 年曾改号大契丹国，1066 年以后，复号大辽。1125 年为女真所灭。辽亡后，耶律大石西迁到中亚楚河流域，重建辽国，史称西辽。1211 年，乃蛮部屈出律篡位，1218 年为蒙古所灭。辽朝共传 9 帝，享国 210 年。

　　契丹族本是游牧民族。辽朝将重心放在民族发展上，为了保持民族性将游牧民族与农业民族分开统治，主张因俗而治，开创出两院制的政治体制；创造契丹文字，保存自己的文化；此外，吸收渤海国、五代、北宋、西夏以及西域各国的文化，有效地促进了辽国政治、经济和文化各个方面发展。辽朝的军事力量与影响力涵盖西域地区，因此在唐朝灭亡后，中亚、西亚与东欧等地区更是将辽朝（契丹）视为中国的代表称谓。

第一章　辽室兴衰

一、契丹兴起夷离堇，部落联盟大贺氏

1. 契丹部落的发展

4世纪，即西晋、南北朝时期，在我国北方的潢河（今西拉木伦河）和土河（今老哈河）一带，居住着契丹族，这时的契丹人，主要还是经营渔猎。稍后，契丹人也经营畜牧。他们住在帐篷里，"逐寒暑，随水草畜牧"，在各处往来迁徙。

契丹族最初有8个部落，部落之间是以血缘关系为纽带的。

在北魏统治时期，曾攻打过契丹，契丹也曾不断对北魏边塞进行侵扰。但这时期，契丹8个部落仍是各自行动，不相统属，没有形成部落间的联盟，没有一个统一的首领。他们各自与周边相邻部落、民族及中原地区进行物品交换，发生着政治的和经济的联系。随着生产的发展和氏族部落的繁衍，契丹人游牧的范围不断扩大，日益要求开拓领地，赶走邻人，建立起自己的相对稳定的活动区域。这使他们与周围部落及中原政权之间的矛盾冲突不断发生。北齐天保四年（553年），契丹攻扰北齐边境，北齐文宣帝亲自到营州（今辽宁朝阳）指挥军队，分兵两路攻打契丹，契丹大败，丧失了大批的人口和牲畜，一部分契丹人被北齐俘虏后安置在各州。北齐天保七年（556年），契丹又被强邻突厥族侵袭，不得不东徙依附于高丽（今朝鲜）。隋朝建立后，大量的契丹人纷纷内附，回迁故地。他们也不时侵扰隋的边境，大业元年（605年），契丹入侵营州，隋大将韦云起发兵迎击，大败契丹，并掳走了契丹的大量人口和牲畜，此次冲突，契丹族损失惨重。

由于自卫的需要，契丹各部逐渐在军事上联合在一起。唐初，契丹各部推举共同的军事首领，称

契丹人形象

为"夷离堇"。每遇战斗，就召集各部首领共同商议，协同作战。契丹族开始出现了部落联盟的组织。

2. 大贺氏部落联盟

唐贞观二年（628年），契丹酋长大贺氏摩会率领各部落依附于唐朝。唐太宗把在北方诸族中象征着部落联盟酋长的旗鼓赐给了摩会，表示承认了摩会的部落联盟酋长的地位。

唐贞观二十二年（648年），唐朝在契丹人居住的地区设置行政管理机构，叫作"松漠都督府"，以契丹部落联盟的首领窟哥为都督，并赐姓"李"，下设10个州，都用契丹各部落的首领担任各州的刺史。从此，契丹和中原汉族人民的关系也就更加密切。唐太宗又在奚人居住的地区设置饶乐都督府，也任用奚族首领为都督。以上两个都督府，都受营州都督府节制。

唐朝武则天统治时期，契丹族部落联盟有了较快的发展。契丹和唐朝之间，时常发生矛盾。唐朝曾派28将率领大军袭击契丹，大败而归，说明契丹已有足够的力量保卫他们自己。但是契丹族还没有形成一个统一的共同体。唐玄宗开元三年（715年），契丹部落联盟首领失活统率各部归于唐朝。当时唐朝的国势强大，北边突厥的势力已经日衰。唐玄宗依照先例，封失活为松漠都督。开元五年（717年），失活到长安朝见唐玄宗，唐朝把永乐公主嫁给失活。

开元六年（718年）六月，失活死，弟娑固继任联盟长，承袭唐官职为松漠都督、静析军大使。这时，契丹部落联盟军事首领，静析军副大使可突于想与之争权。十一月，娑固与唐公主入朝长安，受到唐玄宗赏赐，

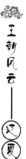

返回契丹后即被可突于发兵围攻。娑固投依唐营州都督许钦澹。许钦澹令薛泰领州兵与奚部落长李大酺及娑固合兵攻可突于。娑固及李大酺战败被杀。可突于另立娑固从弟郁于为大贺氏联盟长。

郁于死后，弟吐于继任联盟长，又遭到可突于的威胁。开元十三年（725年），吐于携公主奔唐不返，可突于另立李尽忠弟邵固为联盟长。3年后，可突于杀邵固，另立别部屈烈为联盟长，并胁迫奚族一起背叛唐朝，投附突厥。从此，大贺氏联盟时代结束，契丹中衰。

二、遥辇氏重建联盟，再附唐朝社会飞跃

1. 遥辇氏部落的重建

当大贺氏联盟在与唐朝的激烈对抗战争和内部纷争中力量衰落、难以振作的时候，联盟以外的乙室活部落逐渐壮大起来。部落长郁捷已拥有了强大的军事力量，并且得到唐玄宗的认可，封他为契丹知兵马官。唐玄宗开元二十二年（734年），唐幽州节度使张守珪联合乙室活部攻打契丹可突于部，杀其部落长屈烈和军事首领可突于。唐玄宗加封郁捷为北平郡王、松漠都督。次年，由于郁捷残暴被部落贵族涅里杀死，玄宗遂以涅里为松漠都督。

唐玄宗开元二十四年（736年），唐将张守珪派平卢讨击使安禄山出兵攻契丹涅里部，大败而回。次年二月，张守珪再次出兵，大败契丹，涅里出走松漠，重建契丹部落联盟。

涅里以其所属的乙室活部落为基础，收集、联合了大贺氏联盟溃散后的余部以及联盟以外的分散的氏族部落，推选遥辇氏阻午为联盟长，重新建立起遥辇氏部落联盟。

唐天宝四年（745年）回纥族攻杀突厥白眉可汗，推翻了突厥的统治。突厥毗伽可敦率众归唐。契丹联盟长阻午亦率部降唐，唐拜阻午为松漠都督，封崇顺王，赐其姓名李怀秀。不久，李怀秀杀唐赐公主而叛。

天宝十年（751年），唐将安禄山领兵出击契丹，安禄山大败，率20骑逃走。从此，契丹与唐朝处于敌对状态。

2. 从氏族部落到奴隶社会

天宝十四年（755年），唐朝爆发了安史之乱，此后，河北地区藩镇割据，

道路不通,契丹与唐很少往来,只保持着"朝贡"关系,不再有政治上的联系。这期间,契丹族处于回纥汗国的统治之下。回纥在契丹族、奚族地区都派有使臣监督,每年要征收赋税,发展缓慢,一直到 840 年回纥汗国被推翻之后,契丹部落联盟才重新归附于唐朝。此后的 60 年间,契丹族由于摆脱了回纥的统治,使他们在与中原不断加强的联系中得到较为顺利的发展。

唐末,由于中原地区的封建割据斗争,北方汉族军民为了逃避战乱,成群结队移居到契丹人生活的地区,每次迁移,多达几千人。汉人把中原地区的生产工具、生产技术带到北方和东北边疆,与契丹人民共同进行艰苦的生产劳动。到了契丹迭刺部耶律阿保机的祖父耶律匀德实担任夷离堇时,已经开始"教民稼穑,养畜牧,国以殷富"。契丹人民除了畜牧以外,已从事农业生产。匀德实的儿子撒刺的担任夷离堇时,契丹人民已学会冶铁,铸造铁器。撒刺的的兄弟述澜,引导契丹人民栽种桑麻,从事纺织,并修造房舍,建筑城邑。这些情况表明,在耶律阿保机的祖父和父亲这一辈,契丹人民在生产方面,不但开始有农业,还有冶铁和纺织等手工业,有房舍和城寨。契丹社会从 4 世纪到 10 世纪初,经过几百年的时间,才从氏族制进入奴隶占有制,契丹社会有了新的飞跃。

三、开国称帝辽太祖,金龁一箭定上都

辽太祖耶律阿保机(872—926 年),汉名亿,乳名啜里只。契丹迭刺部霞濑益石烈乡耶律弥里人,辽德祖耶律撒刺的长子,生母为宣简皇后萧氏。辽朝开国君主(916—926 年)。

契丹族的发祥地在今西拉木伦河、老哈河流域及其稍北一带,范围不大。耶律阿保机继可汗位后,一边致力于统一契丹各部,一边对周围的奚、室韦、女真、乌古、鞑靼等部族数度用兵,并多次南攻中原,势力范围不断扩大。到开平五年(911 年)他的统治区域是"东际海,南暨白檀,西逾松漠,北抵潢水"。天赞三年(924 年)进兵吐谷浑、党项、阻卜等部,926 年初平定渤海国,尽有辽东之地。这样,辽朝疆域除南边外,东、北、西部边界在耶律阿保机时期就大致确定了。辽帝国幅员万里,首先应归功于阿保机。

耶律阿保机所占领的广大区域，民族情况十分复杂，其社会经济发展的水平也不一致，有的还相差很大。对此，耶律阿保机采用"因俗而治"的办法进行统治。这主要可区分为三种情况。

第一，设置"头下军州"以处汉人。迭剌部地近汉族聚居区，晚唐时就有许多汉人进

耶律阿保机塑像

入，后来耶律阿保机在征战中又掳来更多的汉人。对于这些汉人，耶律阿保机设置"头下城"让他们居住，并在周围草原上从事农业生产。他们的身份大部分属于奴隶性质，自动流入草原的则近于农奴。

第二，以"国俗"治奚人。奚、室韦的风俗习惯、社会发展阶段大致与契丹相近，耶律阿保机将他们征服之后，就把他们与契丹部落同等对待，用"国俗"（契丹俗）治理。他把奚族分成五部，仍立奚人为奚王，其原有的统治方式基本维持不变，只是命契丹人监督奚人兵马。

第三，征服渤海以后，统治方法又不同于奚区。耶律阿保机将国号改为"东丹"（似乎与"契丹"相并提），以长子耶律倍为国王（称"人皇王"），并赐给耶律倍天子冠服，建元甘露，称制，置左、右、大、次四相及百官，基本上维持了原来渤海国的状态，只不过是名称做了些改变而已。东丹国可以看作契丹帝国之下的一个自治国家。

这种"因俗而治"的统治方法，实根基于各民族间社会、经济、文化水平的巨大差异。后来，情况发生了许多变化，东丹国取消了，对奚的统治也有变化，在新占领的汉地和原渤海国地区设置了许多州县，但是，"以国制待契丹，以汉制治汉人"却成为辽朝的基本国策，一直相沿奉行下来。

后梁贞明二年（916年）二月，耶律阿保机采用汉法称帝建元，正式建立起世袭皇权的国家，并以族名为国号，称为"大契丹"。947年改称"大辽"，983年又改号为"契丹"，1066年复改号为"辽"。尽管有这些改动，

后世仍统称为"辽朝"，耶律阿保机即为辽太祖。

耶律阿保机

耶律阿保机早在906年掌握了契丹联盟的军政大权后，就萌发了依照汉制营建皇都的念头，但是当时的时机还不成熟，只好暂时搁浅。918年，耶律阿保机又将营建皇都一事提上了议事日程。在此之前，耶律阿保机早就有意将皇都建在西楼邑一带，也就是今天的巴林左旗东镇境内。因为西楼邑坐落于狼河（今乌力吉木伦河）与潢水（今西拉木伦河）之间，隐藏于巨大的山体之内。耶律阿保机认为此地"负山抱海，天险足以为固"。此外，这里水草丰足，便于放牧；土地肥沃，利于耕种。正所谓"进可攻，退可守"。更重要的一点是，这里还是耶律阿保机家族的发祥地，也是耶律家族的世袭领地，其数代祖先也都出生和安葬在这里。所以，建都于此，对于耶律阿保机来说，具有天时、地利、人和等诸多有利因素。可是，将皇都建立在自己家族的根据地内，耶律阿保机又担心契丹族的各部首领不服。于是，他便想出了一个绝妙的办法。一天，他对群臣和契丹各部首领宣布，要对建都之地"以金龊箭卜之"。意思就是说，他要骑着战马，在奔驰中射出一箭，箭落之地便是建都之地。决定宣布后，耶律阿保机飞身上马，狂奔而出，文武群臣骑马紧随其后。在距离西楼邑不远处，耶律阿保机在狂奔的战马上举起大铁弓，搭上金龊箭奋力射出，箭落之地正是他本人要建都的地方西楼邑。定下营建皇都的地点后，耶律阿保机下诏书任命汉臣康默记担任版筑使，以落箭之地为中心，开始修建都城。

建国后，耶律阿保机着手制定新制度。参照汉族的政治模式，对遥辇氏20部进行改造，建立起新的国家机构。天赞元年（922年），将"人众势强，故多为乱"的迭剌部析为五院部和六院部，各置夷离堇，隶北府，使迭剌部夷离堇由最高军事首领削为北宰相府下的一级官员。彻底废除部落世选制，确立皇位世袭。创"斡鲁朵"（宫卫）制，建成特殊的皇

辽太祖骑射图

权侍卫，"入则居守，出则扈从"。成为对内镇压异己，对外扩张的一支核心力量。降奚后，置六部奚，命勃鲁恩主之，仍号奚王。降渤海，改东丹国，仍用渤海老相为右大相。中央官制分南北，"（北面）以国制治契丹，（南面）以汉制待汉人。"废除部落世选制，立长子耶律倍为皇太子，确立皇位世袭制；健全法制，制订契丹第一部法典《决狱法》；组织人力创制契丹文字；本着"因俗而治，得其宜"的原则，制定民族政策；中央官制分南北，"大力吸收汉文化，仿唐代长安，修建皇都，即后来的辽上京；兴建孔庙、佛寺、道观等。天赞五年（926年）七月二十七日（9月6日），耶律阿保机在出征渤海还皇都途中病逝于扶余（今吉林四平西），终年55岁。谥升天皇帝（一作大圣皇帝），庙号太祖。

耶律阿保机自幼聪敏，才智过人，经过多年的征战，把北方各族统一在自己的政权统治之下，建立起幅员广阔的辽王朝。密切了北方各民族间的政治、经济和文化交流，推动了契丹及北方各民族的发展和进步，也为日后中国的统一奠定了基础，做出了贡献。

耶律阿保机在领导契丹族社会前进的过程中，虽然对中原封建经济有一定的破坏，对北方各民族人民有过压迫，但它换来的是整个契丹社会的进步，是整个中华民族的发展。

四、因孝得福越长立，灭唐立晋南行亡

辽太宗耶律德光（902—947年），字德谨，契丹名尧骨，契丹族。辽太祖耶律阿保机次子，母淳钦皇后述律平。辽国第二位皇帝（927—947年）。

辽天显元年（926年）七月，辽太祖耶律阿保机在征服了渤海、返回皇都（今内蒙古巴林左旗林东镇南）的途中，突染急病卒于扶余（今吉林

四平西）。辽太祖殁后的第二天，皇后述律平称制决事，一手包揽了契丹的军政大权。述律氏为人简重果断，多谋略善权变。辽太祖死后，帝位继承人立废与夺的大权，被她完全操纵。

耶律阿保机和述律氏有三个儿子。长子耶律倍，为人聪敏好学，性情外宽内挚，尤好读书，不喜射猎。特别崇尚和喜爱汉族文化，能作文章诗赋；又知音律，善绘画；还精通医术。太祖神册元年（916年）被立为皇太子。太祖灭渤海后建东丹国（即东契丹之意），耶律倍被封为东丹王，号称"人皇王"。次子耶律德光，相貌雄勇威武，志向远阔，精于骑射，曾长期随父祖外出征战，累立功绩，多参与军国之务。三子耶律李胡，生于辽太祖六年（912年），此时年仅15岁。

耶律阿保机与他的两个儿子耶律倍和耶律德光，对中原文化有比较广泛的兴趣，都很熟悉汉文、汉字。比起耶律阿保机父子来，述律后的契丹族传统思想则较为浓厚。由于耶律倍对契丹人传统的骑射等不感兴趣，而热衷于舞文弄墨、吟诗作赋，汉族知识分子的气息太重，为母后所不满。耶律倍被立为皇太子后，参与军国大政，尤表现出崇尚中原文化倾心汉法，更与述律后的意愿相违拗而不被喜欢。耶律德光虽也和父兄一样，熟悉汉族文化，写得一手好汉字，但却更娴于骑射，在屡次的征战中，多以智勇获胜。从辽太祖天赞元年（922年）起，耶律德光就被任命为天下兵马大元帅，担负着对南方中原地区用兵的重任。天赞二年（923年），率军攻克平州（今河北卢龙），俘获平州守将赵思温、张希崇。同年四月，攻幽州，大败晋朝新任卢龙节度使李存审，俘获其将裴信等数十人。继之，南下镇州，攻下曲阳、北平（今河北满城）等城。次年（924年）从太祖西征，东西万里，所向有功。功著勋卓，赢得了契丹众将的钦佩，也博得了母后的另眼看待。

耶律阿保机死后，述律氏及诸将领奉耶律阿保机的梓宫还皇都之时，耶律德光暗受母后之命，匆匆镇压了渤海叛州，马不停蹄地奔赴京城。耶律倍被封为东丹王仅几个月，这时让其子监国，也急忙赶往皇都。兄弟俩由此开始了争夺帝位的明争暗斗。耶律德光因一向为母后所偏爱，在朝中又有一批将领的支持，他对能承继帝位充满了信心。耶律倍虽不为母后所

耶律德光

喜欢，但也得到朝中大臣们，尤其是朝中汉族大臣们的拥戴，他对继承帝位也满怀希望。耶律阿保机去世前，虽没有留下遗制，让皇太子继位，但大臣们却都清楚地知道耶律阿保机生前的意愿。在耶律倍被封为东丹王后，耶律阿保机就特赐他天子冠服，授命建元甘露，称制。当述律氏回到皇都，还未将耶律阿保机殡葬之前，即匆忙召集朝中大臣们商议国嗣之事，借以打探一下朝廷诸大臣的心思。贵族大臣、南院夷离堇耶律迭里首先明确表示道："帝位宜立嫡长！今东丹王已经赴朝，当立为帝。"此言一出，马上得到众人附和。见此情形，述律后知道若强行立耶律德光为帝，势必引起诸臣的抵制和反对，所以她决意先清除反对势力，为耶律德光继帝位扫平道路。

天显元年（926年）十一月，述律后以图谋不轨的罪名，首先把耶律迭里等抓了起来投入牢狱，然后对他们严加刑讯，要他们承认"谋叛"之罪。耶律迭里等这时才明白是因举立耶律倍而"忤旨"得罪，终不服罪被杀，家被籍没。接着，述律后又把一些持反对意见的将臣们全部杀死。甚至述律后的弟弟萧敌鲁的妻子等人也被杀，前后被杀者数百人。创制契丹文字的耶律突吕不等人，也被怀疑党附耶律倍，要予以惩办，耶律突吕不只得逃离京城。朝中诸臣，人人自危，无人敢议立嗣之事。

耶律倍没能料到事情竟会发展到如此地步，他知道自己继位无望，徒争无益，甚或有杀身之祸，只好表示让位。天显二年（927年）十一月十五日，耶律德光继帝位，祭谒太祖庙，行柴册礼，御宣政殿受群臣朝贺，接受尊号曰嗣圣皇帝，尊述律后为应天皇太后，册封萧氏为皇后，祭告天地，遣使谕告诸国。至此，耶律德光在母后述律氏的支持下，取代了耶律倍，确立了自己的统治。

辽太祖耶律阿保机死后，述律后曾断右手置于耶律阿保机陵中以代身殉。耶律德光继位后，为报答母后举立之恩，特为述律后建"断腕楼"，刻石树碑，定太后的生日为永宁节，在太后出生的仪坤州（今内蒙古沙拉木伦河南岸）树立"太后诞圣碑"。

而耶律倍被夺取了继承帝位的权力，心中愤恨不平，偕心腹侍从，欲南出契丹，被述律太后派人追回，没有加罪，遣送东丹。但耶律德光对兄长却不放心，在耶律倍回东丹后的次年（928年），两次"临幸"东丹，以示"关怀"。仍不放心，便又升东平郡为南京（今辽宁辽阳市），派大将耶律羽之强行把东丹部分居民迁徙南京，让耶律倍迁居辽阳，同时派置心腹将领率军做耶律倍的"仪卫"。耶律倍既已见疑，受到监视，无法在契丹待下去，便只身偕侍臣40余人，泛海经登州（今山东蓬莱）投奔后唐，改姓名为东丹慕华，又改为李赞华，最后死在异邦。

耶律德光继位之时，契丹的主要劲敌是中原地区的后唐政权。还在辽太祖去世之前，在接见后唐所派使臣姚坤时，耶律阿保机就向姚坤提出以黄河为界，河北归契丹，河南归后唐，南北两朝修好的要求，被姚坤婉言拒绝。耶律阿保机又提出了河北不行就割让镇、定、幽诸州的建议，仍被拒绝。耶律德光继位后，沿着耶律阿保机所走的道路，继续推行对外扩张政策，不仅决心要实现太祖的遗愿，而且雄心勃勃地要做全中国的皇帝。

天显三年（928年），后唐义武节度使（治今河北定县）王都图谋割据自立，后唐明宗发兵征讨，王都遂派人以重赂求救于契丹。耶律德光派奚族将领秃里铁剌率军万骑入关，会王都军在曲阳境嘉山之下，与后唐将、北面诏讨使王晏球大战。秃里铁剌初战失利，退保定州，遣人回报耶律德光，要求增援。耶律德光即派惕隐耶律涅里衮、都统耶律查剌统军赶赴定州，复与后唐军决战于城南。王晏球以骑兵居前，步卒手持短刀继后，猛冲契丹大阵，耶律涅里衮军大乱。混乱中，秃里铁剌战死，耶律涅里衮、耶律查剌等被俘，余众北撤，复遭唐卢龙节度使（治今北京市）赵德钧邀击。耶律德光所派南侵军全军覆没。

耶律德光闻败大为恼怒，即欲倾国亲自出征。这时，后唐却遣使至契丹，

提出罢兵修好。耶律德光遂停止发兵,遣使回谢后唐明宗,索还耶律涅里衮、耶律查剌等人。次年十月,即检阅六军,声张军威,积极备战,在榆林(今内蒙古托克托)一带制造攻城战具,随时准备大举南侵。

天显八年(933年),后唐政权发生内讧。后唐明宗李嗣源死后,其子李从厚继位,是为后唐闵帝。后唐闵帝猜忌凤翔节度使李从珂和河东节度使石敬瑭怀有异心,欲削夺他们的力量,令李从珂为河东节度使,石敬瑭为成德节度使。李从珂怕离镇赴新任在路上被杀,遂起兵叛后唐。后唐闵帝派军队攻凤翔,诸军却在凤翔城下投降了李从珂。李从珂引兵东下,直奔首都洛阳。后唐闵帝仓皇北走魏州(今河北大名东北)在卫州(今河南汲县)遇见石敬瑭求助,石敬瑭不仅没有助他,反而派人将他的侍卫全部杀死。最后后唐闵帝孤身一人,在卫州被李从珂派人杀死。李从珂入洛阳,继皇帝位(唐废帝)。这时在后唐的耶律倍派人给耶律德光送信,说李从珂弑主自立,不忠不孝,要耶律德光发兵讨伐。耶律德光亲自率军南侵,先攻云州(今山西大同市)、应州(今山西应县),克河阴(今山西山阴县东山阴城),然后东向攻略灵丘,又围攻武州(今山西神池)阳城,阳城守将献城投降。正当耶律德光顺利进军之时,他的妻子萧氏产后得病,不久死去,接着发生了北府宰相耶律涅里衮谋叛南奔的事件,迫使耶律德光不得不中断对后唐的用兵,除留下部分军队继续攻打新州(今河北涿鹿)、应州等城外,大军班师北退。

天显十一年(936年),后唐河东节度使石敬瑭以称子、割让燕云十六州为条件,乞求耶律德光出兵助其反对后唐。耶律德光遂亲率5万骑兵,在晋阳城下击败后唐军,册立石敬瑭为后晋皇帝。唐将高行周、符彦卿率兵前来叫战,耶律德光假装退却。唐将张敬达、杨光远又在西边列阵,未及成列,耶律德光以兵逼近之。而高行周、符彦卿为伏兵截断,首尾不能相顾。张敬达、杨光远大败,丢弃的兵仗堆积如山,斩首数万级。

其后,耶律德光又率军南下上党,助石敬瑭灭后唐。割取燕云十六州后,耶律德光采取"因俗而治"的统治方式,实行南北两面朝官制度,分治汉人和契丹。又改幽州为南京、云州为西京,将燕云十六州建设成为进一步南下的基地。

灭唐立晋以后,耶律德光回到皇都临潢。石敬瑭则在耶律德光的扶植下，稳稳当当地做起了中原皇帝，并由此对契丹毕恭毕敬，每次与耶律德光书信往来都用"表"，以示君臣有别。虽然石敬瑭比耶律德光年长10余岁，却称耶律德光为"父皇帝"，自称"卑臣""儿皇帝"。每当耶律德光派人去东京有所谕告，他都是跪拜接诏。尽管如此，耶律德光对石敬瑭还是不放心，仍结好淮南南唐、江南吴越政权，以牵制石敬瑭，同时休养士卒、整顿内政，为更大的南侵、逐鹿中原、实现他做中原皇帝的雄心大志做准备。

为适应新的统治的需要，耶律德光又改定官制，逐步建立起"以国制治契丹，以汉制待汉人"的北面官、南面官两套政治制度，北面官杂用汉官职名，南面官参用汉族士人，职名升擢基本上沿袭唐制，主要治理汉人州县、租赋、军马等事务。各汉地州县一般也沿用旧制。另改主簿为令，令为刺史，刺史为节度使等。

同时，耶律德光注意礼贤下士，重用汉族士人辅佐自己，为太祖朝所倚重的汉族士人加官晋爵。封韩延徽为鲁国公，拜枢密使同平章事，迁韩知古为中书令。封新降契丹的赵延寿为燕王，任为幽州节度使，寻迁枢密使兼政事令。与赵延寿同时被俘的翰林学士张砺，耶律德光见他为人刚直，颇有文采，仍任用为翰林学士。后张砺私自南逃被捉回，耶律德光更任命为翰林承旨兼吏部尚书。另外，他还任命了降将赵思温等一批地方官。当后唐宰相、册礼使冯道来使时，耶律德光也以殊礼相待，有意留之重用，只是冯道坚持南还才作罢。

耶律德光还听纳侍臣的建议，采取措施发展生产。另外，改革旧俗，废除姊亡妹续等旧制。诏契丹人授汉官者从汉仪，听与汉人通婚。对一些少数民族部落中鳏寡不能自存者，由官府资助婚配，又以猎习武，训练士卒，增强军备。采取诸类措施，使耶律德光更加稳固了自己的统治，契丹的国力也日渐强大。

与此相反，后晋政权却矛盾重重，日渐衰败。石敬瑭臣事、父事耶律德光，不得人心，后晋政权内诸臣僚"咸以为耻"。为缓和公愤，耶律德光命石敬瑭免称臣，只称儿皇帝，仍竭力扶植他为契丹藩属。石敬瑭死后，会同四年（941年），后晋出帝石重贵继位，拒不称臣。耶律德光于是率军南下，杜重威、李守贞、张彦泽等率领所部20万人前来投降。会同九年

十二月十六日（947年1月10日），耶律德光率军攻入后晋首都东京汴梁（今河南开封），俘虏后晋出帝石重贵，灭后晋。会同十年正月初一（947年1月25日），耶律德光以中原皇帝的仪仗进入东京汴梁，在崇元殿接受百官朝贺。大同元年二月初一（947年2月24日），耶律德光在东京皇宫下诏将国号"大契丹国"改为"大辽"，改会同十年为大同元年，升镇州为中京。

耶律德光在东京登基以后，认为夺取河北、挺进中原，做全中国皇帝的愿望已经实现，江山已定，不仅没有继续采取积极措施安抚民众，相反地，却干了一些激化民族矛盾、不利于稳固自己统治的事。他令契丹以牧马为名，四处掳掠，自筹给养，称为"打草谷"，使开封府附近数百里成为白地。他还以犒军为名，下令在开封和各州"括借"钱帛，准备北运。他先后许诺赵延寿、杜重威灭晋以后做中原皇帝，最后食言。赵延寿又托人要求做皇太子，他也不答应，说："我听说皇太子要天子的儿子才能做，赵延寿怎么能做得。"这引起赵延寿等人的不满。各地民众不甘心契丹的掳掠，与原来聚集在山林的后晋起义军一起，纷纷起兵反抗辽朝的统治，攻打州县，杀死辽朝官吏。耶律德光命降将赵晖为陕州（今河南陕县）留后，赵晖杀掉来使，复举行起义。耶律德光派往各地的契丹地方官，或被杀，或被驱逐。徐州、相州、宋州（今河南商丘）、亳州（今安徽亳州）、密州（今山东诸城）等南北州城都被起义军围攻。面对此起彼伏的农民起义，耶律德光难以镇压。这时，晋河东节度使刘知远在晋阳称帝，建立汉（后汉）政权。各地一些后晋官吏也先后起兵降汉，攻打辽军。耶律德光见难在中原立足，决定北还。

当年四月初一，尽载晋室府库珍宝，以冯道、张砺、李崧、和凝、赵延寿等从行，率军离开封北上，途中看到城邑丘墟，极目荒凉，又闻知各地叛乱丛生，不禁对侍臣们说："我此次南行有三个过失，使天下叛我。一是放纵兵士掠刍粟，二是刮民钱财，三是没有及早派遣诸节度（指晋降臣）回本镇。"他回想起南下前述律太后对他的劝告，悔恨之情溢于言表。四月十三日，行至高邑，耶律德光突然得病，胸腹烦热，勉强北行。四月二十二日至栾城，病重去世，卒年46岁，前后在位21年。他死后，被"剖腹实盐"运至上京。当年九月，葬于凤山怀陵（位于今内蒙古巴林左旗西北），庙号太宗。统和二十六年（1008年）谥曰孝武皇帝，增谥孝武惠文皇帝。

五、耶律阮半路登极，祥古山兵变被杀

辽世宗耶律阮（917—951年），契丹名耶律兀欲。太宗耶律德光侄，东丹王耶律倍长子，母柔贞皇后萧氏。辽国第三位皇帝（947—951年）。

耶律阮生于上京临潢府。长大成人后，仪观丰伟，为人内宽外严，娴于骑射。他为人大方，太宗常赐给他绢帛等物，都往往是即转手再赠送给自己的亲朋至友，由此落得一个"好施与"的名声，与同僚相处甚为融洽，在契丹朝廷中，威望也越来越高。

会同九年（946年），辽太宗南征后晋，耶律阮奉命从行。他率军斩关夺隘，攻打城池，多立战功。次年春，辽太宗以灭晋改元，大赦天下，爵赏百官诸将，耶律阮被封为永康王，然后从辽太宗北返上京。辽太宗病卒于栾城后，辽、汉诸将遂各自密谋策划，或欲拥立新主，或欲图谋自立。当时统领契丹兵马的南院大王耶律吼和北院大王耶律洼两人，以辽太宗的长子寿安王耶律璟、辽太宗的胞弟耶律李胡以及述律皇太后留守都城，音讯不通为由，便商议谋立新主。他们一起去见耶律阮，说明了推戴之意。

耶律阮虽无太宗遗诏，但见事出非常，有意接受众将的拥立，可又担心太后，犹豫不决。耶律阮的谋士安抟说："两位大王既知先帝欲以永康王为储贰，立之为帝，就不要有什么顾虑。永康王贤明，人心已属，今日之事，还是宜速不宜缓。若禀明太后，太后必立李胡。李胡残暴，路人皆知，他若嗣位，社稷不知要成什么样子呢。"耶律吼说："此言极是！"于是耶律洼、耶律吼召集全军，说明拥立耶律阮为帝之意，并号令军中说："永康王是人皇王的长子，天人所属，当立为帝。若有不从者，以军法论处！"众将以太祖死后，述律太后曾杀将官数百人，此时也怕北返遭害，都欣然从命。耶律阮于是在辽太宗梓宫前即皇帝位，接受众将卒拜贺。

五月，辽、汉诸将臣齐集恒州官署，由耶律安抟宣读太宗"遗制"："永康王，大圣皇帝（耶律阿保机）嫡孙，人皇王长子，太后钟爱，群情允归，可于中京即皇帝位。"然后耶律阮盛服接受群臣众将朝贺。仍命辽将麻答为中京留守，

辽代壁画

继续领兵北上。至定州（今河北定县），又命耶律天德与耶律朔古等人先送太宗灵柩回京，以打探太后的动静。

述律太后在上京听说耶律阮继帝位，大为恼怒。她虽对耶律阮也很疼爱，但此时却不能容忍他擅立为帝，即命耶律李胡与耶律天德等领兵南下，抢取皇位。

闻太后发兵，耶律阮领兵进驻南京（今北京市），派皇族五院夷离堇安端、详稳刘哥率军迎战耶律李胡。安端军在泰德泉与耶律李胡军相遇，双方交战。这时，因许多将领及其亲属分别在耶律阮和耶律李胡军中，仗打起来，势必父子兄弟相互残杀。将士们出现强烈的厌战情绪，述律太后所派汉将、排阵使李彦韬也率部阵前倒戈，降耶律阮，太后一边军心涣散。见此情形，耶律阮派属将、郎君勤德过河面见述律太后，表示愿意和解。耶律李胡却把耶律阮一边将领们留在上京的家属全部抓起来，以致京城流言四播。述律太后命人修书一封，交由耶律屋质面见耶律阮讲和。

起初，耶律阮还因太后太偏祖李胡，说了一些气话，经耶律屋质再三劝导，怨恨始解，派耶律海思复见太后。双方往返数日，才约定罢战议和。耶律阮的帝位终于得到述律太后及其他契丹贵族的认可。

大同元年（947年）闰七月耶律阮进入上京，正式实施他的统治。耶律李胡却并不死心，仍间接、直接地依恃述律太后的支持，结纳同党，再谋夺权。为彻底打击反对派，耶律阮采取了果断强硬的措施，以"谋废立"之罪名，把耶律李胡连同太后迁到祖州（今内蒙古巴林左旗石房子村西），囚禁起来。加封赏拥戴自己的耶律吼、耶律洼等人。同时，耶律阮尊母萧氏为皇太后，把母亲一族的亲属定立为国舅帐。追谥生父耶律倍为让国皇帝。同年九月，耶律阮举行契丹保留的即位仪式，接受群臣所上尊号，称天授皇帝，改元天禄，初步确立了他的统治。

但是耶律阮的皇权统治并没有完全稳固下来。由于他倾慕中原文化，政治上重用汉族士人，军事上信任投降晋军，逐渐引起契丹贵族的不满。天禄二年（948年）正月，萧翰与太宗的三子耶律天德以及耶律刘哥、耶律盆都（耶律刘哥和耶律盆都是太祖的四弟寅底石的儿子）等勾结一起，阴谋造反，发动政变夺权。被耶律阮得知，他命耶律屋质分别对他们审讯定案。诛杀耶律天德，流放耶律刘哥于边地，罚耶律盆都出使辖戈斯（今苏联贝加尔湖以西），萧翰施以杖刑后被释放。天禄三年（949年）正月，萧翰与阿不里一起写信联络明王安端，再次谋反。不料书信被耶律屋质截获，附奏耶律阮。对萧翰不思悔改，一意孤行，耶律阮再也不能容忍，下令把萧翰处死，把阿不里关进牢狱，贬安端统领部族军。阿不里死在狱中。

耶律阮稳固了自己的统治以后，集中精力南顾中原地区。这时，中原地区已发生了较大的变化。辽世宗在开封登基的同时，后唐河东节度使刘知远也在晋阳（今山西太原市西南）称帝，建立后汉政权。天禄三年（949）九月，耶律阮召集群臣，商议大规模出兵南征。十月，耶律阮遣将率兵打下了贝州高老镇（今河北清河县南），兵掠邺都（今河北临漳西）、南宫、堂阳（今河北新河县西北）、深州（今河北深州市）等数州地，杀后汉深州刺史史万山，俘获甚多。次年（950年）秋，耶律阮再亲自领兵南侵，攻下了安平、内丘、束鹿等城，仍俘掠而还。

天禄五年（951年）九月，耶律阮准备南征，却不料又发生了叛乱。察割本因拥立之功，被耶律阮封为泰宁王。还在萧翰叛乱时，察割即因揭发其父安端参与萧翰谋反，得到耶律阮的宠信，让他留在朝中，极得任用。但察割背地里却在积极活动，策划夺权。惕隐耶律屋质看出了察割心怀叵测，提醒耶律阮注意。耶律阮不信。此次南征，仍让察割统军从行。

九月初四，耶律阮军至归化州（今河北宣化）祥古山，与太后萧氏祭奠了耶律倍，又设宴和群臣聚饮，诸臣皆酩酊大醉。察割见此情形，便与前曾谋反被罚的耶律盆都等密谋，乘机发动叛乱。当天晚上，趁夜深人静，察割与盆都率心腹士卒分别突入耶律阮和萧太后帐中，将他们杀死，自立为帝。

耶律阮在政变中夺得帝位，又在政变中被杀，卒年35岁，在位仅5年。应历元年（951年）十月，耶律阮葬显州（今辽宁北镇）西医巫闾山，

陵曰显陵。应历二年（952年），追谥"孝和皇帝"，庙号"世宗"。统和二十六年（1008年），加谥"孝和庄宪皇帝"。

六、辽唯穆宗最昏乱，变起肘腋欢醉亡

辽穆宗耶律璟（931—969年），契丹名耶律述律，又名明，上京临潢府（今内蒙古阿鲁科尔沁旗）人。辽太宗耶律德光长子，母为靖安皇后萧氏。辽国第四位皇帝（951—969年）。

会同二年（939年），受封寿安郡王。天禄五年（951年）九月，耶律察割发动火神淀之乱，弑辽世宗耶律阮。耶律璟随征军中，诛杀耶律察割后，正式即位，尊号天顺皇帝，年号应历，使得帝位再次回归辽太宗一脉。

耶律璟是中国历史上有名的昏君和暴君。"荒耽于酒，畋猎无厌"，"赏罚无章，朝政不视"。他统治期间，契丹贵族夺权活动频繁，社会秩序极不稳定。

应历二年（952年），太尉忽古质谋反，伏诛。国舅政事令萧眉古得、宣政殿学士李澣等密谋南奔，事情泄露，诏令公布其罪状。政事令耶律娄国、林牙耶律敌烈、侍中耶律神都、郎君耶律海里等密谋叛乱，被拘捕。眉古得、娄国等伏诛，李澣杖责后被释放。

应历三年（953年），耶律李胡子耶律宛、郎君耶律嵇干、耶律敌烈谋反，事情败露，供词中牵涉到太平王耶律罨撒葛、林牙耶律华割、郎君耶律新罗等，于是将他们全部拘捕，耶律华割、耶律嵇干等伏诛，耶律宛及耶律罨撒葛都被释免。

应历九年（959年），王子耶律敌烈、前宣徽使耶律海思及萧达干等谋反，事情败露，被拘捕讯问。政事令耶律寿远、太保楚阿不等谋反，被诛杀。耶律李胡子耶律喜隐谋反，供辞牵涉到耶律李胡，耶律李胡被捕死于狱中。

应历十四年（964年），耶律璟白天休息，晚上通宵饮酒。在宫中杀近侍小六。

应历十四年（964年），因近侍喜哥私自回家，耶律璟杀死他的妻子，杀近侍随鲁。

应历十六年（966年），耶律璟冤杀近侍白海及家仆衫福、押剌葛、枢

密使的门吏老古及挞马失鲁。谕令：凡皇帝行幸之处，必须设立高大的标志，命令百姓不得进入禁地，违者以死论处。

应历十九年（969年），耶律璟下诏太尉耶律化哥说："朕醉中处理事务有误，尔等不应曲意听从。待朕酒醒之后，重新向我奏明。"耶律璟自立春一直饮酒到月底，没有上朝听政。

二月，在"杀前导末及益剌，锉其尸，弃之"。不久，不甘心坐以待毙的近侍小哥、盥人花哥，因为手里没有武器，便联合庖人（厨子）辛古等共6人，趁耶律璟"欢饮方醉"将其杀死，时年39岁。庙号穆宗，附葬于怀陵。重熙二十一年（1052年），谥号孝安敬正皇帝。

七、渡危机拨乱反正，辽景宗让权皇后

辽景宗耶律贤（948—982年），契丹名耶律明扆。辽世宗耶律阮次子，辽朝第五位皇帝（969—982年）。

在辽天禄五年（951年）九月，在太宁王察割宫中发动的一场兵变中，辽世宗知道自己是逃不掉了，就在混乱之中，把儿子耶律贤托付给了御厨尚书刘解里。刘解里只好用一床毛毡把耶律贤包起来，藏进柴火堆里，躲过了叛军的搜查。第二天，寿安王耶律璟率领耶律屋质等人平定了耶律察割的叛乱，从柴火堆里找出了这个已经吓得半死的孩子。

耶律贤被救以后，当上了辽国新皇帝的耶律璟很可怜他，把他收养在永兴宫中。耶律璟一直没有孩子，就把耶律贤当成自己的儿子，给他找了一些汉人和契丹人当老师，让他好好地学习。耶律贤由于在父母被杀的那场兵变中受到了过度的惊吓，得了风疾病，所以身体一直不好。但他是个聪明的孩子，非常向往和推崇中原文化，因此身边聚集了契丹和汉族的一些饱学之士，这些人以后成了坚强的政治基础。应历十九年（969年）春二月，辽穆宗耶律璟按惯例到怀州黑山游猎。临行前，他差人把耶律贤叫到面前。此时，耶律贤已经是一个22岁的小伙子了。辽穆宗看着站在眼前的这个孩子，高兴地说："吾儿已长大成人，可以让你参与政事了。"

然而不久，辽穆宗即被奴隶所杀。耶律贤听到消息以后，立即率飞龙使女里、侍中萧思温、南院枢密使高勋等甲骑千人，星夜驰赴黑山，痛哭

不止，萧思温、高勋等人好容易劝住了耶律贤。他们搬出了辽穆宗临走时说的话，请耶律贤在辽穆宗的灵枢前即皇帝位，群臣同心拥戴他，上尊号为"天赞皇帝"。从此，耶律贤成了大辽帝国的又一位皇帝，改元保宁。

耶律贤即位以后，首先，他以宿卫不严为名，杀掉了辽穆宗最信任且重兵在握的殿前都点检耶律夷腊葛和右皮室祥稳萧乌里只，把兵权抓到自己的手中。继之，将辽穆宗的重臣耶律屋质的权力解除，由北院大王改为于越。在辽国，于越仅仅是对一些德高望重的人所给予的荣誉官职，没有实权。他还开始重用拥立他称帝的人，任命萧思温为北院枢密使，高勋为南院枢密使，汉人韩匡嗣为上京留守，耶律贤适为检校太保，进一步巩固了他的皇位。

在耶律贤的政权核心中，汉人的势力有了明显的增长，由于汉人的地位提高，统治集团内部，汉人和契丹人的矛盾开始上升，突出表现在北院大王萧思温和南院大王高勋两人身上。尽管高勋指使人杀死了萧思温，又被耶律贤所杀，使汉人的势力有所削弱，但并没有动摇耶律贤重用汉人、效仿汉制的决心。他接着又任命汉人郭袭为南院枢密使，后又加封政事令。任命汉人室昉为工部尚书，又任枢密使兼北府宰相，并加封同政事门下平章事。这两个人都为促进辽国经济的发展做出了重要的贡献。耶律贤采取

耶律贤

了"重用汉臣，仿汉制国"的方针，使辽国的经济在穆宗的基础上又有长足的发展，使辽朝走向了中兴。农耕土地和从事农耕生产的人口都有了显著增加，出现了"编户数十万，耕垦千余里"的局面。

辽景宗耶律贤由于从小染上重病，身体一直不好。在他统治的后期，军国大事一般都是皇后萧燕燕裁决，由萧皇后召集契丹和汉族诸臣共同商议决定后再报告辽景宗。

乾亨三年（981年）五月，驻守在上京的汉军发动了叛乱，但是，由

于辽朝的契丹和汉族大臣大都效忠于皇后，因此这些汉军的叛乱最终被上京留守除室所平定，留礼寿也被擒伏诛。

经历了这场叛乱以后，萧皇后的地位得到进一步加强，国家的大权更多地落在她的手中，辽景宗耶律贤就只剩下打猎游玩了，尽管身体欠佳，但他还是常常四出巡游，出没于深山野岭之中。乾亨四年（982年）九月，他又率人来到祥古山打猎，但身体实在支撑不住，就在回上京的路上，死在焦山，享年35岁，谥"孝成康靖皇帝"，庙号"景宗"，葬乾陵。

辽景宗继位之初，适值辽穆宗被弑后辽朝的严峻政治危机。在位期间，他拨乱反正，网罗人才，安抚耶律皇室，且能关心朝政、孜孜求治。最重要的是，自此辽朝嫡长子继承制确立，避免了皇位纷争的再度上演。辽景宗朝的社会改革虽然范围和成效有限，但为辽圣宗时期的全面繁荣奠定了基础。

八、十岁能诗《传国玺》，辽朝盛主践祚长

辽圣宗耶律隆绪（972—1031年），契丹名耶律文殊奴。辽景宗耶律贤长子。辽朝第六位皇帝（983—1031年）。

在辽景宗耶律贤之前，辽代的新皇帝都是由文武大臣在皇族中推举，因此，每一个新皇帝的诞生，都伴随着一场血腥的皇位之争。随着契丹社会封建化的进展，耶律贤决心改变这种选举皇帝的办法，确立长子继承制。临死的时候，他把对自己最忠诚、权势最大的两员重臣——南北院的枢密使耶律斜轸和韩德让叫到病榻前，立下临终遗诏：长子梁王耶律隆绪嗣位，军国大事听皇后命。这样，12岁的耶律隆绪登上了辽代皇帝的宝座。实际上，一切军国大事都由皇太后萧燕燕掌管，耶律斜轸和韩德让等人做了辅佐大臣。

她让耶律斜轸和韩德让协助自己主管朝政，派耶律休哥总理南面的军务，即对宋朝的军事行动。为了使耶律斜轸和耶律休哥死心塌地地效忠小皇帝耶律隆绪，她先把自己的侄女嫁给了耶律斜轸，不久，又让耶律隆绪和耶律斜轸在她的面前，交换弓矢鞍马，对天起誓，约为密友。继之，又将耶律隆绪的坐骑换给耶律休哥，使之感激涕零，唯有以死效之。而对汉

人韩德让，萧太后则更有一份特殊的感情，始终是荣宠之极，无人可以比拟。韩德让家在辽朝世典军政，弟兄五个都是煊赫权重的大将，辽朝的军权一大半抓到韩家的手里，萧太后私下里对韩德让说："我小的时候曾许嫁于你，现在皇上已死，我愿谐旧好，这样，幼主当国，也算是你的儿子，你应该像对儿子一样地帮助他治理国家。"从此，韩德让出入太后帷幕就不分彼此了。接着，太后又赐药酒杀死了韩德让的妻子李氏。后来，萧太后干脆给韩德让赐姓耶律，改名为隆运，籍隶横帐季父房，又为他特置左右护卫百人。按辽代的规矩，只有皇帝才能这样做，韩德让有了自己的宫卫，就等于他完全享受了皇帝的待遇，这样，朝野上下，谁也不好再议论他与太后的关系了。

由于萧太后采取了这些措施，稳住了契丹贵族和汉人的上层人士，使文武大臣都能下死力保护辽朝和小皇帝耶律隆绪，使他在内部的统治地位一天天地得以巩固。尽管这样，太后仍然不放心把政权交给耶律隆绪，而是事必躬亲，无论是内部事务，还是外出征战，萧太后都是一手把持，即使有时把耶律隆绪带在身边，也只是让他实习一下，决不放手。但是，太后对他的要求非常严格，叫他终日里学文习武，决不允许放纵私欲。好在耶律隆绪知道母亲这是为他好，绝无怨言。

在萧太后的严加管束之下，耶律隆绪各方面都得到了健康的发展。史称其"性英辨多谋，神武绝冠"。他好读书，尤其是好读唐代的《贞观政要》和《明皇实录》，经常对手下的人说："五百年来中国之英主，远的是唐太宗，其次是唐明皇，近的是今天的宋太祖、宋太宗。"他自己亲手用契丹文把白居易的《讽谏集》翻译出来，让契丹的大臣们都来传读。

辽统和四年（986年），北宋

耶律隆绪

再次发动了大规模的进攻。宋太宗赵光义亲自指挥宋兵，兵分三路，浩浩荡荡向辽朝杀来。

一开始，宋朝的三路大军进展很顺利。特别是潘美、杨继业率领的西路军，战绩十分辉煌。此时，辽圣宗耶律隆绪和他的母亲萧太后亲率辽军主力，先赶到涿州以东休息待敌。猝不及防的宋军在辽军主力的迎头痛击下，毫无招架之力，只好全线溃退，五月初，退到岐沟关（今河北涿州市西南）一带，被辽军的主力追上，宋军大败。辽军又在五台、飞狐打了胜仗，在这次决定性的大失败面前，宋太宗只得下令退兵，命田重进军退还定州，潘美、杨继业军退还代州。最后杨继业战死。至此宋太宗赵光义发动的收复燕云失地的战争，再次以惨败退兵而告终。

从此以后，宋辽双方的军事态势发生了根本变化，辽朝由守势转为攻势，而宋朝则由攻势变为守势，而且辽朝方面始终占据上风，宋朝方面则只能是被动挨打了。从统和四年开始，直到统和二十一年（1003年）的十几年当中，辽朝几乎年年都要派兵南伐，宋太宗苦于无力与之抗争，最后只好走了花钱买和平的道路。他死以后，继承皇位的第三子宋真宗赵恒，忠实地执行了他的这一策略，开始了与辽朝的和谈。

辽统和二十二年（1004年）九月，辽圣宗耶律隆绪和太后萧燕燕，亲自率领20万大军，南下侵宋。辽军一路破关夺隘，势如破竹，连下宋军天雄、德清两重镇，直抵宋朝澶州（今河南濮阳），形成三面合围之势。宋军守将李继隆等率军奋力抵抗，用床子弩迎击辽军，辽国统军顺国王萧挞凛也为伏弩所伤，中额而死。辽军统帅阵亡，攻势被挫，只好暂时停止了进攻。

此时，澶州的形势对宋军十分有利，而孤军深入、后援不足的耶律隆绪却陷入了十分被动的地步。但就在这个时候，一心想花钱买和平的宋真宗不顾主战派的反对，突然决定派曹利用再次到辽军阵前谈判议和。耶律隆绪和萧太后自知这次南伐没有取胜的把握，也希望赶快谈和收兵，就请曹利用喝酒吃饭，经过几次谈判，曹利用拒绝了辽朝还地的要求，答应宋真宗以萧太后为叔母，以耶律隆绪为兄弟，每年宋朝给辽朝绢30万匹、白银10万两，双方就此达成了协议，在澶渊城下缔结了罢战盟约，这就是历史上有名的"澶渊之盟"。至此，耶律隆绪和太后率领军队退回辽朝，

结束了这次规模浩大的南侵。

澶渊之盟的签订，对辽朝来说是一个巨大的胜利，辽、宋之间政治、经济、文化交流的增加，中原许多先进的东西都传到契丹，促进了辽朝社会的繁荣和发展。

辽统和二十七年（1009 年），临朝摄政 27 年的皇太后萧燕燕结束了作为一个女政治家叱咤风云的一生，耶律隆绪开始独立自主地执掌辽朝的国政。他将国号改为"契丹"，开始实现酝酿已久的雄图大略。耶律隆绪治国的一条根本指导思想就是学唐比宋。

澶渊之盟以前，辽朝对境内汉人的统治、官制服饰，都是沿袭了唐朝的制度和法律。与宋朝结盟以后，耶律隆绪要求从宫廷到朝臣，都要学习李唐。他专门颁行了《五经传疏》，要求官员们学习《贞观政要》。他要契丹人学唐的目的只有一个，超过宋朝。

辽圣宗首先是营建了一个新的都城——中京。为了便于接受宋廷每年送来的礼物和岁币，不再在草原上接受各国的使者，统和二十九年（1011 年），耶律隆绪征集燕云地区的汉族工匠，兴筑陪都大定府城。这个新城的设计规模和形状，基本上是以长安和开封为蓝图。过去，契丹皇帝春水、秋山、冬夏捺钵、处理政务、接待使者和开会等活动，一切都在草地上进行，中京兴建以后，他们就把一些重要的政务移到京城中办理。

辽朝实行科举制度，从辽景宗时就已开始，但规模很小，取士的名额也很少。耶律隆绪掌权以后，随着汉官势力的增长，以及契丹文化程度的发展和对外交往的扩大，越来越感到人才太少，就决定正式开科取士。科举取士只是对汉人的一项政策，不允许契丹人参加。耶律隆绪时期，规定了接见进士以及颁赐等仪式，使进士显得高人一等。这样，耶律隆绪就把一大批汉族的优秀分子通过科举吸收到统治机构中来。

耶律隆绪亲政后，在部族的编制下也进行了改革，把原来属于宫帐俘户的奴隶改编为部民。耶律隆绪决定由原来的 20 部增设为 34 部，将稍瓦部和曷术部与各部并列，使捕捉禽兽和冶铁的奴隶取得了平民的地位。同时，耶律隆绪决定对俘虏来的奴隶和新征服的各族人户，不再编为宫户奴隶，而分别设部统治。

　　辽朝自太祖耶律阿保机建国以来，就制定了自己的法律。但辽朝的法律规定"同罪异论"，就是说不同的民族犯了同样的罪，但法律处罚不一样。辽穆宗时，法律更苛刻，契丹人可以随意杀死契丹奴隶和汉人，以致阶级矛盾日深，民族反抗日增。为了调和阶级矛盾，调整民族关系，耶律隆绪于统和十二年（994年）下诏更改法令，规定：契丹人犯下"十恶罪的，也应依照汉人法律制裁"。统和二十四年（1006年），又下诏："若奴婢犯罪至死，听送有司，其主无得擅杀。"

　　耶律隆绪性格温和，慈孝天然，宽严有度，刑赏信必。在他执政期间，十分注意处理内外关系。在国内，他理冤滞，举才行，察贪残。耶律隆绪本人也是以身作则。他本人好游戏，有时和手下的臣僚们击球玩耍，谏议大夫马得臣上疏切谏，他立即停止了这种游戏。由于耶律隆绪崇尚这种风气，所以这个时期辽朝的政治清明，臣民和顺，社会内部相对地比较稳定。

　　在处理与外部的关系上，耶律隆绪也十分注意。对属族小国，他不准部下以强凌弱，骚扰搜刮。辽朝先后两次下嫁公主给西夏国王李继迁，无论李继迁的态度怎样变化无常，始终以安抚、和好为主，保证了辽和西夏之间没有发生战争。

　　在处理对外关系上，耶律隆绪和宋朝的交往中，可以说是树立了一代楷模。澶渊之盟以后，他严格按照誓书上规定的条文办理。为了全力维护与宋朝的和平相处，对派往宋朝的使者，走以前，他都要亲自召见，连馈送的礼品，他也要一一过目方才放心。宋朝来的使者，耶律隆绪必定要亲自接见。使宋朝来的使者个个高兴而归，为他进行义务宣传。有一次，黄河暴涨，冲毁了辽朝专为接待宋朝使者而修建的会同驿馆。耶律隆绪亲自进行勘察，划出一块平坦的土地，重新建造了一所新驿馆。

　　辽太平二年（1022年），宋真宗驾崩，宋派使者薛贻廓到辽朝报哀。进入幽州后，幽州守臣派快马急报耶律隆绪。耶律隆绪不等薛贻廓到京，就召集契丹和汉族大臣举朝发哀，后妃以下都孝服痛哭出声。等到薛贻廓来到以后，表达了宋仁宗继承父志，愿与辽朝永世通和的意思，耶律隆绪大喜。耶律隆绪下诏燕京悯忠寺特置宋真宗御灵，建资福道场，百日而罢。又传令沿边州军不得作乐，举国上下文武百僚、僧道、军人、百姓等犯真宗讳者，一律改名。

宋真宗一死，耶律隆绪大病一场，大有兔死狐悲之感，非常忌讳说死人的名字，就是他自己父母的尊号，也不让人提及。太平十一年（1031年）六月，耶律隆绪临幸大福河北岸，一病不起。这位辽代历史上在位时间最长且最有作为的皇帝在行宫逝世，时年60岁，在位49年。临死时，将儿子宗真和辅佐大臣萧孝穆、萧孝先叫到面前，交代了两件事，一件是立梁王宗真嗣位，另一件就是不得失澶渊之盟与宋朝立下的誓言。死后，谥为"文武大孝皇帝"，庙号"圣宗"。葬庆陵。

九、蒙业而安辽兴宗，沉湎声色母专权

辽兴宗耶律宗真（1016—1055年），契丹名耶律只骨，字夷不堇，小字木不孤。是圣宗长子，母为钦哀皇后萧耨斤。辽朝第七位皇帝（1031—1055年）。

木不孤3岁时就被封为梁王，6岁就被册为皇太子，15岁上他又被任命为判北南院枢密使事，这时，他已长成一个身材魁梧的少年了。他资质聪颖，善骑射，好儒术，通音律，很受父亲和齐天后的喜爱。可木不孤的生母萧耨斤却常常抑郁寡欢。

萧耨斤是太祖耶律阿保机述律后的弟弟阿古只的五世孙，生了木不孤后，她升为顺圣元妃。别看她相貌丑陋，野心却不小。她见齐天后才貌双全，深得耶律隆绪的宠眷，总想找岔子整倒齐天后，自己好取而代之。

太平十一年（1031年）六月初三，耶律隆绪病死在

萧耨斤

大斧河（亦称大福河，今胡虎尔河）行宫，木不孤即位于灵枢前，改名耶律宗真，字夷不堇。他就是辽兴宗。

还在耶律隆绪病重的时候，耶律隆绪把耶律宗真叫到病榻前，嘱咐道："皇后伺候了我 40 年，只因她没有儿子，才命你为嗣的，我死后，你母子俩千万别杀她。"还留下遗诏，由齐天后为皇太后，萧耨斤为皇太妃。耨斤扣下遗诏，自立为太后，称作"法天皇后"，把军政大权全揽了过来。

母亲乘机捞权，刚当上皇帝的耶律宗真这时也变了模样。宋朝在听到耶律隆绪的死讯后，都下令禁止京师及河北、河东沿边地区音乐 7 天。而耶律宗真却不顾父亲在殡，晚上召晋王萧普古等人喝酒、赌博，闹到半夜，全然没有悲哀的神情。在即位之初，他对任何政事一概不予过问，这正好为萧耨斤的专权提供了方便。

萧耨斤的权力欲无限制地膨胀，甚至把耶律宗真的一举一动全置于自己的控制之下，母子俩的矛盾就变得尖锐起来了。耶律宗真把自己用的酒樽、银带赐给琵琶乐工孟五哥，萧耨斤知道后很不高兴，下令鞭打孟五哥。耶律宗真怀疑是内品官高庆郎告的密，就派人杀了高庆郎。萧耨斤更为恼火，把耶律宗真派的人捉住交付司法官审问，还要耶律宗真前去对证。耶律宗真生气地说："我贵为天子，难道还要和囚犯一同受审吗？"从此就郁郁不乐，但并未发作。

重熙三年（1034 年），萧耨斤和萧孝先等兄弟合计，想废掉耶律宗真，另立自己的小儿子耶律重元。她没有想到耶律重元竟跑去向哥哥告了密。耶律宗真这下可顾不得母子情分了，他设法把萧耨斤的亲信耶律喜孙拉拢过来，采用宦官赵安仁的计谋，率领卫兵出宫，先找借口扣押萧孝先，逼他招认废立的阴谋，吓得萧孝先抖成一团。然后，耶律宗真收回萧耨斤的符玺，派 500 名亲兵包围了行宫，他策马立于行宫东二里的小山上督战。耶律喜孙带人直接闯入萧耨斤的卧帐，把她弄上了一辆黄布小车，押到庆州（在今内蒙古巴林左旗西北）七括宫软禁起来；又杀死萧耨斤身边的内侍数十人，分兵捕获萧耨斤的兄弟亲戚，或处死，或流放，萧耨斤集团被一网打尽。

翦除萧耨斤集团后，耶律宗真亲政。但他所亲之"政"，不过是吃喝玩乐。

辽境内的名山大川到处都留下了耶律宗真追兔逐鹿的足迹。而且为了寻求更多的刺激，他常常去围猎一些虎熊之类的猛兽，即使因此搭上许多人的性命他也在所不惜。有个石硬砦太保郭三，只因打猎时见到猛虎战战兢兢拉不开弓，耶律宗真就免了他的官。

耶律宗真性格佻侻落拓，放浪不羁。他曾和教坊使王税轻等数十人拜把兄弟，拜其父母。他兴趣广泛，尤以酗酒最为嗜好。虽然他曾下过一道诏令说，各级官员除婚姻祭祀时外，一律不得酗酒耽误事情，否则严惩。他手下虽然酒徒云集，却从来没有出现因酗酒误事而治罪的。耶律宗真经常微服光临街市酒肆，还乘着酒劲说些下流话调戏村姑市妇。

耶律宗真还好僧道，逢人就问："你奉佛吗？"他经常请僧人讲解佛经，大办佛事，还提拔僧人当官，光官拜三公、三师兼政事令的就达20多人。在他带动下，许多贵戚望族也纷纷信奉佛教，把儿女舍为僧尼。他多次微服前往佛寺、道观拜佛求仙。道士王纲、姚景熙、冯立等人就是在他微行时受他赏识，后来升任显官的。

耶律宗真沉湎于吃喝玩乐，对国家大事不用心去管。辽朝政治从辽圣宗耶律隆绪后期开始出现了严重的腐败现象，嗣经萧耨斤专权，变得尤其黑暗。耶律宗真亲政后未见起色。

澶渊之盟以后，辽宋双方互派使节，礼尚往来，保持了近30年的和平局面。就宋朝来讲，但求相安无事，尽力避免重开战端，辽朝方面，乐得每年坐收30万"岁币"，也不再打算劳师南征了。但是他们并未因此放弃借故敲诈的机会。

从宋仁宗康定元年（1040年）、辽重熙九年起，宋朝与西夏进行了激烈的战争，连吃败仗，北部边防空虚。耶律宗真听说此事，十分高兴，认为是趁火打劫的好机会。在重熙

契丹贵族打猎壁画

十年（1041年）十二月发布伐宋诏令于全国，调诸道军队于南京，命萧惠及皇太弟耶律重元为将帅，开始做南犯的准备，并派人前往宋朝讹诈。

经过几度较量，耶律宗真不费吹灰之力地敲诈来了20万银绢，喜出望外。他本来在即位之初得了个尊号叫作"文武仁圣昭孝皇帝"，这番令群臣给自己加上尊号曰"聪文武圣英略神功睿智仁孝皇帝"，册皇后为"贞懿宣慈崇圣皇后"，命令刻石纪功，大赦天下。一班倡议南伐的大臣也因此加官晋爵。

西夏在辽圣宗时曾向辽奉表称臣。景福元年（1031年），耶律宗真把兴平公主嫁给夏国王李德明的儿子李元昊。次年，李德明死，李元昊继位。李元昊很讨厌身边的这个契丹女子，夫妻关系一直不睦。重熙七年（1038年），兴平公主死，耶律宗真就遣耶律庶成前往责问，辽夏关系便日趋恶化。

重熙十三年（1044年）九月，耶律宗真亲率10万大军西征，另以皇太弟耶律重元为马步军大元帅率骑7000出南路，萧惠领兵6万出北路，浩浩荡荡直向西夏境内挺进，结果大败而归。

重熙十七年（1048年），西夏李元昊死，其子李谅祚继位。耶律宗真以为报仇的时机到了，次年七月，再次举兵西征，分为三路：萧惠为南路统帅，渡过黄河直指西夏东境；耶律敌鲁古率北路军突入西夏右厢地区，南下进攻凉州；耶律宗真自将中军，随后进发。结果南路、中军皆败，多亏北路军在贺兰山俘获李元昊的妻子，及大批西夏官僚家属，并歼灭迎战的3000西夏兵，这次战役才算没有彻底失败。

二征西夏的失败，表明辽朝威震天下的时代已成为过眼烟云了。但耶律宗真的这二次败仗由于时间短，从总体上说并没有对辽朝社会产生十分严重的消极影响。耶律宗真在位的25年间，基本上属于太平岁月，辽朝内地比岁丰稔，边境屯田也继续有所扩展，辽朝农牧业经济在此时发展到了繁荣的顶峰。从宋朝得到的巨额岁币也使国库中金帛山积，有效地改善了国家的财政状况。

重熙二十三年（1054年），群臣又给耶律宗真上尊号曰"钦天奉道佑世兴历武定成文圣神仁孝皇帝"。次年七月，耶律宗真在前往秋山打猎时

得病。八月，病重，召皇太子燕赵国王耶律洪基到床前嘱咐了一些治国的要旨。几天后，耶律宗真病死于行宫，终年40岁。谥号"神圣孝章皇帝"，庙号"兴宗"。葬附庆陵。

十、袖中犹觉有余香，冷落西风吹不去

辽道宗耶律洪基（1032—1101年），字涅邻，契丹名耶律查剌，辽兴宗耶律宗真长子，母为仁懿皇后萧挞里，辽朝第八位皇帝（1055—1101年）。

重熙二十四年（1055年），耶律洪基继帝位，改元清宁。继位后奉辽兴宗弟耶律重元为皇太叔，加号天下兵马大元帅。清宁九年（1063年），派耶律仁先、耶律乙辛等平耶律重元之乱。咸雍二年（1066年），改国号为大辽（983年时辽改称契丹）。此后耶律乙辛擅权，直至大康七年（1081年）废黜耶律乙辛及其党羽。寿昌七年（1101年）正月，耶律洪基因病崩逝，终年70岁。谥号仁圣大孝文皇帝，庙号道宗。六月，与宣懿皇后萧观音合葬庆陵。

耶律洪基在位期间，先有耶律重元之乱，后有耶律乙辛擅权乱政，而他忠奸莫辨，赐死皇后萧观音，又软禁皇太子耶律浚，辽朝政治进一步腐朽。同时，他又崇奉佛教，虚耗国力，使社会矛盾进一步激化。但耶律洪基坚持对宋通好，临终前仍不忘嘱咐子孙"切勿生事"；又颇好汉文化，其汉诗气象磅礴、意境深远，收于《清宁集》中，今已亡佚。

耶律洪基6岁时封为梁王，重熙十一年（1042年）进封燕王，总领中丞司事，翌年，总北南院枢密使事，加尚书令，进封燕赵国王。重熙二十一年（1052年），为天下兵马大元帅，知惕隐事，开始参与朝政。重熙二十四年（1055年）八月即位。

少年时代的耶律洪基性格沉静，举止严毅，每次入朝进见，辽兴宗皇帝都为之敛容。耶律洪基作为储君，身边围上些趋炎附势的阿谀谄媚之徒，这种环境很快就把耶律洪基恭维成了飞扬跋扈、刚愎暴戾的公子哥。然而，耶律洪基没有从萧惟信那里懂得君臣之义，却从父亲身上继承了崇佛的思想。

耶律洪基刚刚即位之时，也曾有过一点励精图治、虚怀纳谏的表示。清宁元年（1055年）八月，他下诏说："希望士庶百姓能够直言无讳，意

见可行者朕即采用，不可行者，朕也不以为多余。"十二月再次下诏："朕无论是早晨晚上都心怀忧惧，生怕不称职位，很想听到直言，以纠正过失。"真有点求知若渴的模样。可谁知这第二道诏令刚刚颁发了6天，耶律洪基就变了卦，命令："事关机密，即奏朕知。凡是投书谤讪朝政，以及接受、阅读这种谤书者，皆弃市问斩！"有一次，耶律洪基突然心血来潮想看看《起居注》，修注郎不颠和忽突董不肯拿给他看，一则他本不该看，二则其中必然记载了一些他不好的言行。耶律洪基因此很恼火，把二人各打了200大板，还撤了他们的职。谏诤之言不想往耳朵里听，遵守规定的人又遭到他不应有的处罚，于是，朝政的败坏之风从此开始。

耶律洪基在位初年，朝廷中最得势的大臣便是萧革。此人奸佞狡诈，在辽兴宗时就已恃宠擅权，辽兴宗死前还托付他立耶律洪基嗣位。现在他进封楚王，官任北院枢密使，更加横行不法了，但依然深得耶律洪基的宠信。元老重臣耶律仁先甚有威望，耶律洪基待他却不如萧革。耶律洪基奉父亲的遗诏提拔驸马都尉萧阿剌为北府宰相、兼北院枢密使，与萧革同掌国政。萧阿剌忠直不阿，通晓世务，很有才干，他见萧革诡谀不法，就经常向耶律洪基揭露萧革，怎奈耶律洪基根本不听，萧阿剌只好称病告归。

清宁七年（1061年），耶律洪基举行瑟瑟礼（即祷雨之祭），萧阿剌照例入朝，尽管遭受排挤，他仍然向耶律洪基极陈利弊，言辞十分激烈。耶律洪基暴跳如雷，拍着桌子命令把萧阿剌拖下殿去，用绳勒死。可怜萧阿剌一腔忠魂，死于非命。

耶律洪基宠信萧革，忠直之士或遭残害，或被排挤，朝政日趋黑暗，清宁九年（1063年）终于在统治集团内部发生了大分裂。

耶律重元契丹名孛吉只，是辽兴宗耶律宗真的胞弟。辽兴宗去世，耶律洪基即位，虽然把耶律重元封为皇太叔，不直呼其名，并特许入朝不拜，又命为天下兵马大元帅，赐金券、四顶帽、二色袍；把耶律涅鲁古封为楚王，官仁知南院枢密事，以空前未有尊宠对待。但耶律重元因为没有当上皇帝，一直怀恨在心，伺机图谋不轨。清宁四年（1058年）闰十二月，耶律洪基生子名耶律浚。从此，耶律重元、耶律涅鲁古的谋反步伐更加紧了，到处网罗党羽。

耶律涅鲁古和萧胡睹两人密谋早日发动叛乱，耶律涅鲁古劝耶律重元装病，想等耶律洪基前来看望之时将他杀死，篡夺皇位。耶律重元觉得时机尚不成熟，尤其是德高望重的耶律仁先仍在朝廷，不敢轻举妄动，就把此事缓了下来。此时，耶律洪基把耶律仁先拜为南院枢密使，改封许王。耶律重元、耶律涅鲁古无计可施。

清宁九年（1063年）七月，耶律洪基到滦河太子山打猎，除皇太后萧挞里、耶律仁先、耶律乙辛等人外，扈从诸官多数都是耶律重元的死党。耶律重元、耶律涅鲁古见有机可乘，决定发动叛乱。岂知隔墙有耳，雍睦宫使耶律良得知了他们的阴谋，连忙报告了皇太后萧挞里。萧挞里知道自己和耶律洪基的一举一动都处在耶律重元的监视之下，便假称有病，召耶律洪基前来，对他说："局势危急了，这是关乎社稷存亡的大事，应早做准备！"耶律洪基却半信半疑。

这时，耶律涅鲁古跑出跑进，紧张地布置着叛乱的准备工作。耶律洪基突然派人召他陛见，耶律涅鲁古大吃一惊，知道阴谋已经泄露，慌忙把使者捆绑起来，不料使者用佩刀割断绳索，抢过一匹马，疾速逃回行宫。耶律洪基这才彻底相信大祸即将临头了，吓得心惊肉跳，手忙脚乱。耶律仁先劝阻说："陛下若丢下扈从只身逃命，叛贼必定跟踪追击，况且事到如今，南北大王人心叵测，也未必靠得住，岂能贸然前往？"耶律洪基就把抵御叛党的事全盘托付给了耶律仁先。

此时已是半夜时分，耶律仁先急忙下令把车辆首尾相连，在行宫外围成了一道防线，亲率官属近侍30余人骑马在圈外摆成阵势。刚布置停当，耶律涅鲁古、萧胡睹就率领400多名叛党簇拥着耶律重元向行宫冲杀过来。耶律涅鲁古跃马向前，近侍详隐官阿厮看得真切，一箭射去，正中涅鲁古前胸，耶律涅鲁古从马上栽了下去，当场毙命。头目一死，叛党气焰大挫，耶律重元只好率残兵败将撤回行帐。

耶律重元的死党殿前都点检耶律撒刺竹，对耶律重元说："事到如今，我们只有死战了，现在应乘行宫没有防备，连夜劫之，大事可望成功。"耶律重元知道行宫方面兵少将微，想想自己的实力已经大增，今夜只要四边包围，截断行宫与外军的联系，明日不愁不会得手。当晚，这伙人叛乱还未成功，就迫不及待地做起了皇帝的美梦，萧胡睹率众拥立耶律重元为帝，商定了位号，萧胡睹自己当上枢密使，然后大吃大喝庆贺起来。

到黎明，耶律重元等人才又带领 2000 猎户向行宫杀去，他万万没想到萧塔剌和北面林牙承旨耶律敌烈的勤王援兵已经到了行宫。众猎户本来是被耶律撒剌竹裹胁而来的，见势扔下武器四散而去。耶律重元见势不妙，率几个随从向北逃去。耶律仁先随后追杀，斩耶律撒剌竹，活捉萧迭里得、古迭。萧胡睹投水而死，耶律重元拔剑自刎。

耶律洪基转危为安，握着耶律仁先的手说："平定叛乱，全是卿的功劳啊。"他以黑白羊祭天，论功行赏，把耶律仁先晋封宋王，官拜北院枢密使，并亲自起草制词加以褒奖，还命他画《滦河战图》以彰其功。耶律乙辛、萧韩家奴、萧德、耶律良等人也加官晋爵。然后下令捕杀叛党余孽，萧胡睹的 5 个儿子及父亲萧孝友全被杀死；萧革这时已经致仕，因他的儿子是耶律重元的女婿，参与了叛乱，也被凌迟处死。萧革民愤极大，至此才正典刑，一时人心大快。

在辽道宗朝中，除了萧革之外，耶律乙辛也是炙手可热的人物。咸雍五年（1069 年）耶律乙辛官拜太师，耶律洪基亲自下诏许他便宜处理四方军旅事务，把军政大权全部托付到了他的手中，耶律乙辛从此权震中外，他的威势实际上越过了身为皇帝的耶律洪基。耶律乙辛威权在手，开门纳贿，到他家送礼的人比肩接踵，凡是巴结讨好他的立蒙擢荐，比较正派的朝臣却横遭斥逐。

当时敢于和耶律乙辛抗衡的只有皇后萧观音和皇太子耶律浚。

萧观音是辽兴宗的大臣萧惠的女儿，耶律洪基担任燕赵国王时，她就嫁给了耶律洪基，耶律洪基即位后，她被册为皇后，尊号"懿德"。她不但姿容冠绝，而且才华出众，擅长写诗，精通音乐，能自制歌词。耶律洪基每有诗作，也总令萧观音属和，夫妇两人一唱一和，感情十分深厚。萧观音生了耶律浚之后，耶律洪基对她更加爱恋了，有专房之宠。然而，耶律洪基是个性格乖戾、喜怒无常的人。他极善骑射，酷爱打猎，所骑骏马名号"飞电"，驰骋起来，风驰电掣，瞬息百里。因此，萧观音不能不对丈夫的安全担忧。耶律洪基虽然表面上接受了萧观音的意见，但内心里却

对她产生了反感，从此很少与她见面了。

大康元年（1075年）六月，耶律洪基安排皇太子耶律浚兼领北南枢密院事，总揽朝政。耶律浚小名耶鲁斡，是耶律洪基的独子，自幼聪明、好学知书。耶律洪基曾对萧观音称赞地说："咱的儿子如此聪慧，岂不是上天赐予的吗？"耶律浚小小年纪就显示出了文武才干。清宁十年（1064年），他随耶律洪基在中京打猎，连发三箭，箭箭皆中。耶律洪基大喜，专门为此设宴庆贺。耶律浚6岁时封为梁王，8岁立为皇太子，耶律洪基还命群臣每逢正旦、端午、冬至等节日都得向太子进表称贺，表明了耶律洪基对儿子的钟爱和器重。耶律浚不到18岁，耶律洪基就开始让他总揽朝政了，还亲自选了个秉直好义的耶律引吉当他的师傅。耶律浚法度修明，又建议提拔颇有才干的定武军节度使赵徽为南府宰相，这显然对早就与耶律母子俩存在矛盾的耶律乙辛构成了严重的威胁。耶律乙辛便想首先把萧观音除掉。

萧观音好音乐，尤善弹琵琶，因此和她来往的都是些有此特长的人，其中最密切的是伶人赵惟一，她曾作一首《同心院词》，只有赵惟一能演奏得令她满意。在耶律乙辛指使下，曾是萧观音的奴婢的单登就和朱顶鹤诬告萧观音和赵惟一私通。耶律洪基大怒，命耶律乙辛和北府宰相张孝杰审理此案。

萧观音

乙辛逮捕赵惟一，施用钉子钉、火烧等种种酷刑，又捕风捉影把教坊艺人高长命抓来严刑拷打，两人都屈打成招。耶律乙辛把假供词呈给耶律洪基，耶律洪基起先还有点犹豫不决，等到张孝杰再审，捏造了许多细节，耶律洪基便火冒三丈，当天就下令将赵惟一灭族，斩高长命，勒令萧观音自尽。耶律浚及公主披散头发，痛哭流涕地乞求代母受死，耶律洪基不许。萧观音有冤无处诉，悲愤交加，含泪写下一首绝命词，自缢而死，尸体送还给了她的娘家安葬。耶律浚痛不欲生，在地上打着滚高声喊道："杀我母者，耶律乙辛也！"旁观者无不咋舌。

耶律浚自母亲死后一直抑郁寡欢，他和耶律乙辛的矛盾已经激化到了不共戴天的地步。耶律乙辛一心想置他于死地，在他指使下，护卫太保耶律查刺等人向耶律洪基报告说："都部署耶律撒刺、枢密使萧速撒企图拥立太子。"耶律洪基命他立案审查，结果查来查去，毫无实情，耶律洪基仍不放心，把耶律撒刺、萧速撒二人贬官，还把600多名护卫士兵鞭打一顿，调到国境。同时根据耶律乙辛的建议颁布诏令：有告谋逆者，重赏。耶律浚百般诉冤，对耶律燕哥说："皇上只有我一个儿子，把我立为储君，我还有什么别的要求？公和我是堂兄弟，请念我无辜，在皇上面前替我解释解释。"不料，耶律燕哥就是耶律乙辛的死党。耶律乙辛又把耶律浚平时亲近的几个人下到狱中，严刑逼供，使他们屈打成招。耶律乙辛仍怕耶律洪基下不了狠心，就把这几个人押到耶律洪基面前，让他们身戴重枷，用细绳勒住脖子，连气都出不来，这几个人不堪其苦，只求快死，一副挣扎痛苦的模样。耶律乙辛从旁说道："陛下请看，他们都痛心疾首了。"耶律洪基至此岂能不信？遂暴跳如雷，当即下令将耶律浚废为庶人，因于上京，太子宫里所有役使之人全部诛杀，萧岩寿、萧忽古等人也带到中京问斩，牵连被杀者不计其数。当时正值盛夏，尸体多得来不及掩埋，到处都散发着腐烂的臭气。

耶律浚被押走时，仰天大呼："我何罪之有！"耶律洪基把他囚禁在了高墙围成的院子里。与耶律浚有过交往的贵族朝臣也都被流放到边疆。大康三年（1077年）十一月，耶律乙辛派萧达鲁古到上京杀害了耶律浚，上京留守萧挞得谎称耶律浚因病而死，耶律洪基闻讯，不由得动了恻隐之心，将儿子葬于龙门山。太子被杀，此后耶律洪基再没生子，只得把寄养在萧怀忠家的孙子耶律延禧和孙女耶律延寿接到宫中。耶律乙辛又蓄谋加害耶律延禧，大康五年（1079年）

契丹服饰石俑

正月，耶律洪基将要去山榆淀打猎，耶律乙辛建议把耶律延禧留在中京，耶律洪基不知是计，将要从之。萧兀纳说："皇孙年龄尚小，倘若不好好保护，只怕发生意外，果真要留下他，请把臣也留下，以防不测。"耶律洪基觉着有理，就把耶律延禧带在了身边。此时耶律洪基开始怀疑耶律乙辛，把他赶出朝廷，知南院大王事。可是一直到最后，耶律洪基还是没有根据耶律乙辛的主要罪行加以惩处，只是由于耶律乙辛企图逃往宋朝及私藏武器的事被揭发，耶律洪基才把他缢杀。张孝杰也只是私贩湖盐及擅改诏旨之罪才受到削爵的处罚，后来老死在家乡。

耶律洪基的腐朽统治为辽朝的灭亡种了祸根。统治危机日甚一日，耶律洪基的昏庸也与日俱增，他到了晚年，变得既好色又懒惰。参知政事耶律俨的老婆邢氏长得颇有姿色，耶律洪基就经常把她弄到宫中。耶律俨为了巴结耶律洪基，对此也睁一只眼，闭一只眼，甚至嘱咐邢氏说："好好伺候皇上，千万别失了他的意！"耶律洪基除了沉湎女色，念经拜佛外，整日无所事事。

寿昌六年（1100年）腊月，耶律洪基在听完了医巫闾山僧人志达所讲的佛法后，不几天就生起病来。寿昌七年（1101年）正月初一，他强打精神在清风殿接受了百官及诸国使臣的朝贺，初三他就死在了前往混同江的路上。终年70岁，在位46年，谥号"仁圣大孝文皇帝"，庙号"道宗"。

耶律洪基笃信佛教，广印佛经和建筑寺塔，劳民伤财，使社会矛盾激化，使辽国开始由强盛转向衰落。其间被辽统治者压迫的女真族开始兴起，最终成为辽国的掘墓人。

耶律洪基性格沉稳娴静、严厉刚毅，精通音律，善于书画，爱好诗赋，与臣下有"诗友"之交，常作诗赐予外戚、大臣。诗作风格受唐诗影响较深，讲究韵致，反映了契丹贵族崇尚唐文学，积极学习吸收汉文化的倾向。

十一、内外交困天祚帝，客死异国海滨王

天祚帝耶律延禧（1075—1128年或1156年），字延宁，契丹名耶律阿果。辽道宗耶律洪基之孙，辽顺宗（追封）耶律浚之子，母为贞顺皇后萧氏。辽朝第九位皇帝（1101—1125年），也是辽朝末代皇帝。

幼年的耶律延禧曾有过一段不幸的经历。耶律延禧不到 3 岁的时候，父母双双被奸臣耶律乙辛诬陷杀害。祖父耶律洪基竟听任耶律乙辛残害自己的独子，耶律延禧和妹妹耶律延寿被赶出宫去，寄养到萧怀忠家。一年后，耶律洪基才在大臣萧兀纳和萧陶隗的劝说下把兄妹俩接回宫中抚养。这时的耶律乙辛又阴谋加害耶律延禧，建议耶律洪基外出打猎时把耶律延禧留在中京，多亏萧兀纳谏阻，耶律洪基才没这样做。大康五年（1079 年），直到耶律乙辛被罢官出朝之后，耶律洪基才慢慢对耶律延禧恢复了好感。次年三月，把他立为梁王，加封太尉，兼中书令，不久又专门设置了六个旗鼓拽剌护卫他。此时，耶律洪基逐渐明白了耶律浚的冤屈，悔恨莫及，将他追封为昭怀太子，其尸骨也以天子之礼改葬于玉峰山，并把对儿子的一腔歉疚之情转化成了对耶律延禧的疼爱，大康九年（1083 年），进封耶律延禧为燕国王。

在不自觉中，耶律延禧把祖父身上种种恶习均学到了手上，而对祖父要求他学习的内容却听不见。耶律洪基命知制诰王师儒、牌印郎君耶律固辅导耶律延禧，命萧兀纳当耶律延禧的师傅。萧兀纳对耶律延禧的坏作风提出了严肃的批评，向他讲述治国勤政的道理，而耶律延禧非但听不进去，反而对萧兀纳产生了强烈的反感情绪。耶律洪基还亲自拿出辽太祖、辽太宗用过的铠仗给耶律延禧看，嘱咐他记住祖宗征伐创业的艰难，煞费苦心地想把耶律延禧教育成一个贤德君主，但正是他这个宝贝孙子像闹儿戏一样轻易地断送了他祖先的江山。

寿昌七年（1101 年）正月初三，耶律洪基病死，耶律延禧在顾命大臣北院枢密使耶律阿思、知枢密院事耶律俨的陪同下即位于枢前，改元乾统。群臣上尊号曰"天祚皇帝"。

耶律延禧诏令，以前被耶律乙辛陷害者官复旧职，籍没者归还家产，流放者召回内地，

睡佛石雕

意思要替遭到迫害的忠臣们平反昭雪。然而这道命令还未完全落实，他又搞起了迫害忠臣的行径，把曾经对自己犯颜劝诫过的萧兀纳赶出朝廷去担任辽光军节度使，剥夺了萧兀纳太傅的称号，降职为宁边州刺史，叫他到西南一个偏僻的小州去了。

耶律延禧对萧兀纳恩将仇报，而对曾经杀害父母的耶律乙辛的党徒却仇将恩报，极其宽容。他虽然诏令将奸党分子全部诛杀，其子孙流放于边疆，但主要党徒依然逍遥法外。耶律阿思、萧得里底为搪塞耶律延禧，便不治活人治死人，挖开耶律乙辛、张孝杰等人的坟墓，剖棺戮尸，把家属没为奴隶。耶律延禧觉得治奸党已经大功告成了。

自从萧兀纳被贬之后，朝廷诸臣全都摸准了耶律延禧的脾气，知道他讨厌直言，喜欢阿谀，一些新奸臣纷纷冒出头来，为首的是萧奉先、萧得里底、李处温等人。这伙人狼狈为奸，都深得耶律延禧的宠信，他们贪赃枉法，结党营私，把朝政搞得乌烟瘴气，漆黑一团。

耶律延禧上台以来，对国家大事漫不经心，他连父亲耶律浚的遗骨埋在什么地方都不知道。为了寻求点寄托，他也像祖父耶律洪基一样如醉如痴地信奉佛教，他发疯地去打猎，试图以追兔逐鹿中获得的强烈的刺激，摆脱无聊的彷徨。他刚刚即位，祖父还在殡葬的时候，有人对他说："巡幸打猎乃是国家大事，即使在为大行皇帝服丧期间，也不可荒废。"他便即刻取消了围场之禁，纵马到围猎场上大开杀戒去了。至此，一切朝政大事全都在矢鸣马嘶、禽兽哀号声中淹没得无影无踪了。

此时，辽朝统治危机四伏，统治集团内部争权夺势，相互倾轧，府库亏空，民生凋敝，饿殍盈野，社会矛盾空前激化，人民起义此伏彼起。耶律延禧刚即位的乾统二年（1102年），就有赵钟哥为首的一股起义军打进上京的皇宫，劫走宫女、御物等，连副留守马人望都被打伤。此后，耶律延禧为恐吓百姓，便用极其残酷的刑罚惩治起义人民。

女真是我国东北少数民族中古老的部族。11世纪中叶，女真人完颜部逐步强大起来，到完颜阿骨打（1068—1123年）时已经发展得兵强马壮。

辽末，日趋腐朽的契丹统治者加强了对女真的掠夺和压迫，引起了女真的极端不满。耶律延禧经常派遣使者佩戴银牌，称"银牌天使"，到女真人索取海东青。这些使者每到一处,除了向女真人敲诈财物外,还要他们献美女伴宿。起初是女真指定中、下户未嫁女子相陪,后为使者络绎不绝,他们仗着大国权势,便自己选择美女,不问有无丈夫,也不问是否女真贵族家的妇女,只要看中就要。女真人更加愤恨,纷纷团结到完颜阿骨打周围酝酿起兵反辽。

天庆四年(1114年)九月,完颜阿骨打领导的女真人反辽战争开始。其间多次大败辽军。天庆五年(1115年),完颜阿骨打接受了从辽朝投降过去的汉族知识分子杨朴的建议,称帝建国,国号为大金,紧接着又攻占了辽朝东北重镇黄龙府(今吉林农安)。这期间,耶律延禧还在忙着打猎呢。

十一月,耶律延禧得知黄龙府失陷的消息后,惊恐万分,连忙下诏亲征。结果,不仅未能打败金军,而且后院起火,御营副都统耶律章奴政变,境内人民起义。天庆七年(1117年),耶律延禧命耶律淳为都元帅去招兵买马,组成所谓"怨军"伐金,不想怨军又溃不成军。

耶律延禧在中京听到耶律淳大败的消息,吓得昼夜忧惧,偷偷命令内库三局打点珠玉珍玩、金银细软,收拾成500余只包袱,还抽调了2000匹骏马养在飞龙院中备用。正当耶律延禧准备逃命的时候,完颜阿骨打遣使来议和,耶律延禧忽然又得意扬扬地觉着自己威德可加。

天庆八年(1118年)八月,金遣使向辽议和,条件是:辽册金国为大金,金主为大圣大明皇帝,辽称金为兄,岁输银绢25万,割长春、辽东之地与金。耶律延禧满以为和议一办成,就可以高枕无忧了,从此有人提起女真的事他就发火。他每天除了不停地打猎之外,就是和内库都点检刘彦良的老婆云奇在宫中胡来。

天庆十年(1120年)四月,完颜阿骨打又亲自领兵进攻了,五月攻陷辽上京,将此地的辽朝宗庙全部焚毁,陵墓也都挖开寻找财宝。告急警报像雪片一样飞进中京,萧奉先知道耶律延禧不愿过问,就把所有急报压了下来。后来耶律延禧得知此事,就问萧奉先上京的陵寝怎么样了?萧奉先哄他说:"金兵虽在上京劫掠财物,仍畏惧列圣的威灵,不敢毁坏灵柩,我已安排有司前去护卫了。"耶律延禧也懒得再去查究。

耶律延禧被金兵打得早已丢魂丧胆，这时便产生了退位保命的打算。他的6个儿子中，最为贤明、在国人中威望最高的是长子、萧瑟瑟生的晋王敖鲁斡。耶律延禧想要传位，自然非敖鲁斡莫属了。但萧奉先不愿出现这种结局，就使人诬告耶律余睹结纳耶律挞葛里、驸马萧昱等人谋立敖鲁斡，尊耶律延禧为太上皇。耶律延禧信以为真，怒火冲天，把耶律挞葛里、萧昱诛杀，萧瑟瑟赐死，敖鲁斡暂时未加罪。耶律余睹在军中听到被诬的消息后，知道有口难辩，索性带领1000人马投奔金国去了。几员本来可替他卖命的战将，就这样被他杀害，被他逼走了。

耶律余睹降金之后，金国完全清楚了耶律延禧的虚实，耶律余睹又反戈一击，成了引导金兵攻辽的先锋。从此，金兵南下西进，风卷残云一般把耶律延禧赶得四处逃命。

保大二年(1122年)正月，金兵以耶律余睹为先锋攻占辽的中京大定府。刚刚从中京逃到燕京的耶律延禧得到这个战报极为恐惧，连忙留下宰相张琳、李处温等人与耶律淳同守燕京，自己仓皇向西京大同府（今山西大同）跑去。耶律延禧的脚刚刚迈进西京，萧查剌就开门投降了金兵。金兵在耶律延禧屁股后面紧追不舍，耶律延禧随身带的金银财宝，还有跑不动的小女儿全都撇下不顾了，多亏他那日行三五百里的骏马帮忙，他才没被金兵追上。

保大二年（1122年）五月，西夏国王李乾顺派人请耶律延禧前往西夏，耶律延禧答应了。中军都统耶律敌烈等人苦谏，耶律延禧不听，径直渡过黄河，驻扎到了金肃军（内蒙古鄂尔多斯市准格尔旗西北）以北，先遣使封李乾顺为夏国皇帝。后来，耶律延禧听说金人已寄给李乾顺书信，以割给辽的土地为条件令他捉住耶律延禧，吓得不敢再去，十月就又渡河返回，住到了突吕不部中。保天四年（1124年）正月，耶律延禧向东到了耶律马哥军中，突遇金兵来袭，他弃营北逃，耶律马哥被俘。谟葛失派人来迎，献上几只马、驼、羊，已有好几天没吃上东西的耶律延禧等人才算有了果腹之物。数日过去，羊又吃光了，没奈何，只好脱下衣服向沿途百姓换吃的。好不容易走到乌古敌烈部才安定下来。这时，耶律大石也从金兵营中逃归，还带来7000人马。这支队伍的出现仿佛给耶律延禧注射了一剂强心针，同时谟葛失的部族也愿受他调遣，他以为这是"天助中兴"，再次头脑发昏地要出兵收复燕、云。

耶律延禧强率诸军从夹山出兵，南下武州（山西王寨），在奄葛下水（山西大同西北）与金兵相遇，诸军大溃。耶律延禧再次逃回夹山，士兵丢了个精光，将领们也纷纷投降金国去了。这时，宋徽宗派出一个番僧拿着御笔绢书来找耶律延禧，说是宋徽宗想接迎耶律延禧去宋朝。耶律延禧大喜，当即答应前往，但他仔细又想，觉着宋朝自身难保，就打消了去宋的念头，逃到山阴。

在山阴，跟在耶律延禧身边的总共不到4000户，步骑兵万余人，而他仍然不想想自己是在流亡的困境之中，濒临末日，依旧荒淫恣纵，毫不收敛。他的后妃早已成为金兵的俘虏，这时就霸占了突不吕部人讹哥的妻子，把讹哥封为本部节度使。种种无耻行径引起了从行诸人的愤慨，有人策划举兵造反，被护卫军太保萧术者镇压。

保大五年（1125年）正月，党项族酋长小斛禄遣人请耶律延禧前往，耶律延禧就经过沙漠西行。途中忽然与金兵遭遇，耶律延禧徒步逃出。随从拿出珠帽让他戴上，他怕被金兵认出，不敢戴，又乘上张仁贵的马才得以逃脱，跟着他的只有萧术者等十几个卫士了。过天德军之后，好容易在路边见到一户人家，耶律延禧想打尖住个宿，不想被百姓认出，跪在耶律延禧面前痛哭失声。耶律延禧见他如此忠心，很受感动，悲从中来，封他为节度使。在这户人家住了几天，耶律延禧又上路了。哪知道他们在雪地上留下的踪迹恰好给尾追的金兵提供了线索。二月，当耶律延禧逃到应州新城东60里的地方时，被金将完颜娄室擒俘。

八月，金太宗吴乞买降封耶律延禧为海滨王，押送到白白山东筑室居住。耶律延禧被囚禁了一年之后病死，终年54岁。葬乾陵旁。

至此，立国达210年（916—1125年）的辽朝灭亡。除了在西方即位的耶律大石以外，耶律氏在内地已经没有任何统治的据点了。

第二章 宗室名臣

一、肺腑之亲任帷幄，君臣相得唯圣贤

耶律曷鲁（872—918 年），字控温，又字洪隐，契丹迭剌部人。是辽太祖耶律阿保机的同族兄弟、心腹大臣，他为耶律阿保机掌控契丹政权、统一草原、登基称帝做出了巨大贡献，被封为阿鲁敦于越，是辽国开国二十一功臣之首。

耶律曷鲁出身于契丹族迭剌部的贵族家庭，他的祖父耶律匣马葛是耶律匀德实（耶律阿保机的祖父，追封简宪皇帝）的哥哥。耶律曷鲁的父亲耶律偶思在遥辇可汗时期担任迭剌部的夷离堇（军事首领），耶律曷鲁是家中长子。他生性朴实厚道。幼年的时候就与耶律阿保机交游，耶律阿保机的三伯父耶律释鲁觉得他们奇异不凡，说："将来光大我们家族的，必定是这两个孩子。"

耶律阿保机成年之后，二人互换裘服、马匹结为好友，然而耶律曷鲁侍奉耶律阿保机更为小心了。适逢耶律滑哥杀害其父耶律释鲁，耶律阿保机对耶律曷鲁说："滑哥杀父，猜度我一定不会相容，将会反过来害我。现他归罪于台哂自行解脱，我姑且跟他交往。这个贼子我是不会忘了他的！"从这以后，耶律曷鲁总是佩着刀跟随耶律阿保机，以备不测。相处很久以后，耶律曷鲁的父亲耶律偶思病了，召见曷鲁说："阿保机天授神机，神妙莫测，你要带领各位兄弟忠心侍奉他。"不久耶律阿保机前来探病，耶律偶思握着他的手说："你乃绝世之奇才。我儿子曷鲁，将来可委以重任，我已经跟他说了，要他追随于你。"接着又将几个儿子都托付给了耶律阿保机。

耶律阿保机担任挞马狨沙里（管率众人之官。挞马，人从也。沙里，郎君也）之后，开始参与部族事务，耶律阿保机向来有大志，而且了解耶律曷鲁的贤能，每逢讨论军国大事，他都要求耶律曷鲁讲述自己的观点，非常重视他的看法。

在契丹向外扩张的过程中，耶律曷鲁屡立战功，他先是率领数骑招抚小黄室韦归附契丹，立下大功。在接下来契丹讨伐越兀部与乌古部的战争中，耶律曷鲁作为前锋，也接连立下了战功。

耶律阿保机担任迭剌部夷离堇（军事首领）之后，为了进一步扩张，率军讨伐奚部，奚部首领术里凭借险阻修筑工事，耶律阿保机率军久攻不下，就命令耶律曷鲁拿着一根箭杆前往奚部招降。耶律曷鲁进去之后，就被对方拘执。但他没有惊慌，而是开始劝降，他对奚人说："契丹与奚言语相通，实际上是一族。我们夷离堇对于奚人怎么会有侵犯凌辱之心呢？汉人杀了我们的祖先奚首，夷离堇恨之入骨，日夜思量要向汉人报仇。只是势力单弱，派我来向奚国求援，送箭来以表明信用罢了。夷离堇受命于天，以仁德安抚属下，所以能有这么多兵力。今日奚国杀我，违天理背大德，没有比这更不好的选择了。况且兵连祸结，将从此开始，这又难道是国家之福吗？"术里为他的话所感动，便降顺了。

耶律阿保机担任于越之后，秉持国政，想任命耶律曷鲁为迭剌部夷离堇。耶律曷鲁推辞了，他对耶律阿保机说："贼人就在你身边，我不能远离你到别的地方去任职。"

耶律阿保机讨伐黑车子室韦，幽州刺史刘仁恭派养子赵霸率兵去救援黑车子室韦。耶律曷鲁得知后，就伏兵于桃山，等赵霸的人马有一半进入伏击圈的时候发起突然袭击，与耶律阿保机合兵攻击，斩首、俘虏了很多敌军，接着乘势降伏了室韦。

唐天祐二年（905年），李克用邀请耶律阿保机到云州相会，二人会见的时候，耶律曷鲁侍立在阿保机的身旁，李克用看了看耶律曷鲁，用赞许的语气问耶律阿保机："这位高大威猛的男子是谁？"耶律阿保机回答说："这是我们家族的耶律曷鲁。"

唐天祐三年（906年）十二月，痕德堇可汗去世，遗命推选耶律阿保机为汗。契丹群臣奉遗诏请立耶律阿保机。耶律阿保机推辞说："当年我们祖先夷离堇雅里曾经以不该立而加以推辞，现在你们又这样说，是何道理？"

耶律曷鲁进言说："从前我们祖先的推辞，是因为遗旨没有提到，符瑞没有出现，只是为国人所拥戴罢了。现在先君言犹在耳，天赐神瑞，人心所向，天与人如出一辙。天命不可违背，人心不可拂逆，而君命也不得违抗。"

耶律阿保机说："遗旨是有，你又怎么知道我继位是天命所归？"

耶律曷鲁说："听说于越您出生之时，神光照天，奇香布满帷帐，梦中受到神人教诲，皇上钦赐金佩。上天向来不会私恩于人，必应于有德之人。我国衰弱，长期受邻近部落欺侮伤害，因此天生圣人来兴隆之。可汗知道天意，所以有此遗命。况且遥辇九营，繁密如棋，并非没有可立之人；臣民们一同倾心于于越您，此乃天意。当年于越的伯父释鲁曾经说：'我好比是蛇，侄儿好比是龙。'顺天时成人事，机不可失。"

耶律阿保机仍不肯答应。当天夜里，特地召见耶律曷鲁，责备他说："众人借遗命逼迫我，你难道不了解我的心，也随大流吗？"

耶律曷鲁说："从前夷离堇雅里尽管推戴之人多，还是加以推辞，而立阻午为可汗。十几代相传下来，君与臣的名分已乱，法纪之准则也被破坏。委身投靠别国，好比垂饰物之依附于大旗。战事纷纷扰扰，百姓疲于奔命。兴王之大运，就在今日。应天命顺人心，以报答先君之遗命，实在是机不可失。"

耶律阿保机这才答应继位。次日，即皇帝位，命令耶律曷鲁总揽军国事务。

当时法令礼俗还未走上正轨，国家用度不够充足，随从人员还不齐备；而诸弟耶律剌葛等人总是心存非分之妄想（契丹可汗实行的是家族世选制，即可汗之位转入耶律氏后，可汗就都要由这个家族的成年人担任，每三年选一次，耶律阿保机的弟弟耶律剌葛等人都有当选可汗的可能）。耶律阿保机在宫中和行营开始设置腹心部，选择各部强壮健儿2000余人充任，这支心腹部队就由耶律曷鲁及萧敌鲁总管其事。不久诸弟之乱发生，耶律阿保机命令耶律曷鲁总领军事，讨平乱事，因平乱之功被任命为迭剌部夷离堇。

当时百姓历经战乱之苦，焚掠之余，日益凋敝，耶律曷鲁担任迭剌部夷离堇之后，安抚、协调有方，牲畜一天天变多，百姓日用变得富饶起来，接着又出兵讨伐反叛的乌古部，大破之。乌古部从此震恐，再也不敢反叛。在政治、经济、军事取得一系列胜利之后，耶律曷鲁请求制定朝仪，建元，率百官奉上皇帝尊号。耶律阿保机在备礼受册称帝之后，拜曷鲁为阿鲁敦于越。阿鲁敦，是契丹语"盛名"之意。

在随后耶律阿保机讨伐西南各部族的战争之中，耶律曷鲁又多次担当前锋，为征服西南诸部立下战功。

辽神册二年（917年）三月，耶律曷鲁随耶律阿保机进攻幽州，在可汗州以西与后唐节度使周德威会战，大败其军，并乘势包围了幽州，但在周德威的激烈抵抗之后，未能攻下幽州。耶律阿保机因时值酷暑而班师，留下耶律曷鲁与卢国用围困幽州。秋八月，李存勖派遣李嗣源等人救援幽州，由于后唐援兵接连而至，耶律曷鲁等人因兵少无援，撤围北还。

辽神册三年（918年）七月十四日，耶律曷鲁病亡，年47岁。耶律阿保机闻讯后惊悸悲痛，久久不能平复，下诏停止上朝三日，所赠助丧财物远过其他臣子所能享受的。

耶律曷鲁病重之时，耶律阿保机前往探视，问他有什么想说的。耶律曷鲁说："陛下您圣明贤德，宽厚仁慈，天下归心，帝业兴隆。臣既已受您的宠爱恩遇，就是死了也已无憾。只有分散迭剌部的议案尚未决断，希望您赶紧实行。"及至逝世，耶律阿保机流着泪说："他要是再活三五年，我的谋划就可以全部实现了！"

耶律曷鲁下葬之后，耶律阿保机下诏赐其阡（通往坟墓的道路）名为宴答（契丹语"宴答"就是蒙古语的"安答"，义为"盟友""义兄弟"），墓葬所在的山赐名于越峪，并下诏立石纪功。

二、戎马一生战功著，休兵息民与宋和

耶律休哥（？—998年），字逊宁，契丹族。辽朝宗室大臣、军事家，隋王耶律释鲁之孙，南院夷离堇耶律绾思之子。

耶律休哥少时即有公辅之器。辽穆宗时，乌古、室韦二部背叛辽国，耶律休哥随北府宰相肖斡讨乌古、室韦，叛平兵还。辽穆宗应历末年（968年），升职为惕隐。

辽景宗乾亨元年（979年），宋军北征伐辽，南京（今北京）被围。辽景宗命耶律休哥率五院军往救南京，抵御宋军。于是耶律休哥率军至高梁河，遇宋太宗亲率的宋大军。耶律休哥与耶律斜轸兵分两路击宋军，宋军大败，死伤甚众，辽军乘胜追敌30余里，斩首宋兵万余人。耶律休哥也身负三处创伤。第二天早晨，宋太宗赵光义南逃而去，耶律休哥因伤创不能骑马，坐轻车率军士追至涿州（今河北涿州市），无法追上而还。高梁河大捷，辽景宗论功行赏，耶律休哥以战功受知于辽景宗，从此执掌辽国兵权。

此年冬，辽景宗命韩匡嗣、耶律沙伐宋以报上次宋兵围燕之仇。耶律休哥率本部兵随韩匡嗣与宋兵战于满城。第二日将要复战，宋人请降，韩匡嗣信以为真。耶律休哥说："彼军众多而齐整，且有锐气，必不肯就此屈降，此乃诱我之计，应严兵以待。"韩匡嗣不听。于是休哥引兵登高而视，须臾，宋大兵至，军鼓声震天动地，将士皆疾驰而来。韩匡嗣仓促之间不知如何是好，辽士卒也弃旗鼓而逃。耶律休哥急忙整兵进击，宋兵才稍退却。辽景帝闻知，诏命耶律休哥总领南面戍兵，为北院大王。

乾亨二年（980年），从辽景宗攻宋，率前锋军围瓦桥关（今河北雄县西南），杀宋守将张师，之后又大败南宋援兵于南易水南，班师回朝后授于越。

统和元年（983年），耶律休哥任南京留守，总管南面军务，劝农桑，修武备，边境大治。

燕云十六州一直是北宋太祖、太宗两任皇帝的一块心病，总想以武力从契丹人手里夺回。统和四年（986年）一月，宋太宗再次决定出兵收复燕云十六州。这一次，宋军兵分三路发动攻击，三路大军的统帅都是当时的名将，东路军主将为曹彬、中路军主将是田重进，西路军主将是潘美和杨业。宋太宗的战略意图是三路齐发，由曹彬部屯兵雄州、霸州，实施佯动，持重缓行，声言取幽州，吸引契丹军主力于东路，使其无暇西顾，保障中、西路攻取山后诸州，最后再汇合三路大军攻取幽州。

三路宋军先后出发，由于采取了严格的保密措施，辽国方面直至同年的三月初六才得到消息。针对宋军三路大军压境的紧迫之势，精明且善于用兵的承天太后萧绰采取各个击破的对策，决定集中优势兵力先对付威胁最大的宋东路军，寻机将其歼灭后，再转移兵力对付力量较弱的中西二路宋军。于是，承天太后萧绰命令耶律休哥率军先发对付东路宋军曹彬部；派大将耶律斜轸率军增援诸州，对付中路宋军田重进部和西路宋军潘美部；萧太后与辽圣宗随后又亲率精骑数万南下迎战。

三月初，宋军开始进攻，东路宋军连败辽军，攻占辽国岐沟关（今河北涿州市西南）等多个城池。辽国南京（即幽州）守将耶律休哥在援军未到之前，自知寡不敌众，避免与宋军争锋，昼出精锐虚张声势，夜遣轻骑袭扰，暗潜部分兵力设伏宋军侧后，断其粮道，疲惫宋军。曹彬部宋军占据涿州仅 10 多天后，就因为粮草不济便退兵至白沟（今河北容城东北）。中路军田重进部在飞狐口击败辽军，擒辽将大鹏翼，攻占多个城池。西路潘美军也击败辽军，也先后攻占了多个城池。

此时，宋太宗认为曹彬部宋军退军是重大失策，严令曹彬率军沿白沟河进军，养精蓄锐，待机北进。曹彬部下诸将听说中西两路军连克州县、屡战屡胜，因此求功心切，都主张出战。曹彬听信诸将意见，在补充粮食后，引军北渡白沟河，与耶律休哥军对垒。宋军结方阵，堑地两边而行，向涿州进军。耶律休哥以一部兵力阻击东路宋军，使得宋军且行且战，行动迟缓，100 里路竟走了 20 天。由于途中缺水，曹彬部宋军困乏不堪。

到达涿州后，曹彬得知萧太后和辽圣宗率大军已经到达涿州东面 50 里处，有会同耶律休哥军钳击东路宋军之势。于是，曹彬命部将卢斌携带城中民众先行向南撤退，亲率主力断后。发现宋军撤退后，耶律休哥迅速抓住战机，立即率领精骑发起追击。当时，天降大雨，败退的宋军在泥泞中艰难跋涉，士气低落，"无复行伍"，将领也无法控制，5 月初，耶律休哥的骑兵在岐沟关追上了逃跑的宋军，这支疲惫之师霎时崩溃，曹彬率领溃军连夜抢渡拒马河，慌乱中人马自相践踏，伤亡甚众，知幽州行府事刘保勋、开封兵曹刘利涉父子、殿中丞孔宜等人溺死河中，宋军残部逃至易水南岸，又被耶律休哥的骑兵追上，前后死者数万人。

宋太宗得知东路宋军惨败的消息后大惊失色，急令中路军退守定州，西路军退屯代州。随后，辽军又迅速向中路和西路宋军发起进攻。结果，中路宋军不战而退，只剩下潘美和杨业率领的西路宋军孤悬敌后，形势危急。宋西路军监军使王侁在兵力对比悬殊的情况下，令杨业率兵出击。杨业原本不同意孤军深入，可监军使王侁讥讽杨业说："君素号无敌，今见敌逗挠不战，得非有他志乎？"杨业被迫率兵出战，结果全军被歼。杨业本人也受重伤后，被辽军所俘，绝食三日触碑而死。至此，宋三路大军皆败，所取州县复失。

宋军在岐沟关一战遭到惨重失败后，北宋政权便完全丧失了战略进攻能力，被迫转入战略防御。耶律休哥因功封宋国王。

同年末，与太后会兵，在君子馆之战中全歼宋军数万。

统和六年（988年）冬，耶律休哥率辽军大举南侵，攻克涿州，陷长城口。李继隆领兵北上增援不敌耶律休哥，宋军退保北平寨。耶律休哥领8万精骑继续南下，陷满城，南下祁州。李继隆再次赴战，路上遇敌激战之后斩获不少，最后依据宋太宗指令退保唐河。耶律休哥率精锐铁骑直扑唐河。李继隆一面招来镇州都部署郭守文增援，一面在北岸设下2000名伏兵准备背后偷袭。耶律休哥很快发现了宋军伏兵，他首先对宋军伏兵实施攻击。李继隆见情况有变立即下令荆嗣出战救援，荆嗣杀入重围救出伏兵，迅速退到河边，把军队分为三阵，背水抵抗。辽将耶律休哥亲率骑兵主力登上烽火台求战，然后全力冲击。勇将荆嗣顽强抵抗，战斗拉锯了好几个回合后，荆嗣军抵敌不住，且战且退撤到南岸和李继隆主力会合。辽军见势迅速杀过河桥。

李继隆下令田敏带领其数百名静塞骑兵来到阵前，田敏不负众望带着骑兵"摧锋先入"。李继隆、荆嗣、郭守文乘势掩杀，辽军大败，横尸遍野，宋军一直追击到满城，斩首1.5万级，获马万匹，耶律休哥首尝败绩。

统和七年（989年），耶律休哥再率3万铁骑南侵，旨在切断威房军的补给。宋廷内部展开了激烈的争论，有人建议放弃威房军。李继隆表示反对，他召集镇、定、高阳关精锐万人，毅然出发运粮，归途中渡过徐河后遭到耶律休哥追击。李继隆派麾下大将尹继伦偷偷进至辽军后背。到了凌晨，尹继伦乘耶律休哥不备，突然从背后袭击辽军。辽军正在用餐。不及防备，顿时陷入混乱。尹继伦杀入辽军指挥部，耶律休哥此时正在吃饭，见此情形丢掉筷子，被短兵砍伤手臂，伤得非常严重，狼狈撤退，但辽军毕竟人多，很快组织反击，尹继伦渐渐支持不住，连连败退。此刻李继隆和大将王杲、范廷召领兵杀到增援。辽军败状据《宋史》记载："杀其将皮室一人。皮室者，契丹相也……寇兵随之大溃，相蹂践死者无数。"宋军追击了几十里，辽军在曹河遭到宋军孔守正伏击，又死伤不少。

同年，宋廷派刘廷让等乘夏日水涨来攻易州。易州辽军守将颇为惧怕。耶律休哥独率精锐迎战于沙河以北，杀伤宋兵数万，获辎重不可计，俱献于朝廷。萧太后嘉赏耶律休哥之功，诏令此后入朝免拜、不用称名。

从此，宋兵不敢再出兵北犯。当时，宋人欲止儿啼，就说："于越至矣！"所谓于越，就是指耶律休哥，颇有古时的"张辽止啼"的风范。

耶律休哥认为燕民疲敝，便省赋役，恤孤寡，禁止戍兵侵犯宋境，即使对方的牛马跑到境内也主动归还。因此远近向化，边境以安。

统和十六年（998年），耶律休哥去世。

三、契丹第一女英豪，铁马红颜萧太后

萧绰（953—1009年），小字燕燕，宋称雅雅克。原姓拔里氏，后被耶律阿保机赐姓萧氏，契丹族，辽朝政治家、军事家和改革家。她摄政期间，辽朝进入了最为鼎盛的辉煌时期。

萧绰出身于契丹贵族家庭。父亲萧思温是辽太祖皇后述律平的族弟忽没里之子，母亲则是辽太宗的长女燕国公主吕不古。萧思温又通晓书史，有三个女儿，萧绰最小。萧绰自幼聪明伶俐，办事利索，对任何事情都有种不达目的不罢休的精神，在一些琐碎的小事上也不例外，这种举动深深赢得了她的父亲萧思温的宠爱。有一次，萧绰的几个姐妹一起干家务活，几个姐妹草草地就收场了，唯独她还在继续仔细地擦，家具收拾得整整齐齐，萧思温常常用赞许的眼光称赞道："此女必成大事。"随着年龄的增长，颇有姿色，在草原上赢得"细娘"的美称。应历十九年（969年）二月，辽穆宗带着萧思温等亲信大臣前往黑山（今内蒙古巴林右旗岗根苏木

境）打猎。入夜，喝醉酒的辽穆宗被不堪虐待的近侍们刺杀。萧思温封锁消息，协助与自己来往甚密的耶律贤——辽世宗耶律阮的次子登上皇位，是为辽景宗。辽景宗晋封萧思温为北院枢密使、北府宰相、尚书令、魏王，并且征召他的女儿入宫。景宗耶律贤早已对"细娘"垂涎欲滴，萧思温自然求之不得，于是，保宁元年（969年）三月，辽景宗在封赏萧思温的同时，迎娶了17岁的萧绰，封为贵妃，五月册为皇后。保宁三年（971年），萧绰生辽圣宗耶律隆绪，后又生三子三女。

萧　绰

耶律贤即位之初，尚能针对累朝积弊进行一些改革，但没多久就渐趋荒怠。又因沉湎酒色，身体更加虚弱，甚至连马都骑不上去，整天阴沉着脸，即使佳节朝会之际也难绽出一丝笑容。不久，耶律贤病情越发沉重，经常不能视朝，只好命萧绰临朝决事，所有赏罚征讨皆由萧绰裁定，萧绰由此发挥出她的雄才大略。

辽朝自世宗以来，贵族内部围绕争夺皇权展开的长期而激烈的斗争，尤其是辽穆宗耶律璟时期的残暴统治，严重激化了矛盾，造成国势中衰，统治力量大大削弱。

萧绰之父萧思温因权势过大，遭到妒忌。保宁二年（670年）五月，辽景宗前往闾山（今辽宁阜新）行猎，萧思温也随行，高勋和女里合谋派人刺杀了萧思温。萧绰虽受一定刺激，却没影响她治理朝政。她重用了一大批具有文武才干的汉族、契丹族官员，分居要职，如令韩匡嗣任南京留守，室昉升任枢密使兼北府宰相；名将耶律从哥、耶律斜轸分任北、南院大王。经过对内政的初步整顿和改革，使辽朝开始出现了"中兴"的转机，在对中原王朝的战争中也开始扭转了辽世宗、辽穆宗以来的被动局面。保宁八年（977年），辽景宗为了便于皇后参决朝政，特"谕史馆学士，书皇后言亦称'朕'暨'予'，著为定式"。从此，萧绰便合理合法地步入政治历史舞台，成了辽朝实际上的最高主宰。

这时，中原已建立了宋王朝，经过宋太祖赵匡胤的励精图治，国力大增、基本统一了长江以南的地区。保宁十一年（979年），宋太宗赵光义灭掉北汉，试图乘胜收复幽州。当年六月，宋军由太原移师河北，连克数郡，包围了幽州。韩匡嗣之子韩德让代父任留守，日夜登城抵御，等待援军。幽州是军事重镇，又是辽朝的南面门户，萧绰忙命耶律休哥率五院部精锐前往救援，同时命耶律斜轸在昌平得胜口一带设伏，由此可见其足智多谋、熟谙兵法之一斑。耶律休哥先以5000弱兵去幽州引诱宋军主力，再选精骑3万，夜间从小道绕到来军背后，发起猛攻，在高梁河（今北京西北）与耶律斜轸左右夹击，宋军惨败，全线溃退。赵光义背上中了流矢，乘坐驴车遁逃。宋军横尸遍野，丢盔弃甲，辎重堆积如山。

沉疴缠身的辽景宗虽经多方医治，病势却日重一日。乾亨四年（982年）九月病死，遗诏年仅12岁的长子耶律隆绪继位，是为辽圣宗。统和元年（983年），圣宗率群臣给萧绰上尊号"承天皇太后"，萧绰正式临朝执政。

萧绰面临着的是母寡子弱，处理对内应付旧势力反扑、对外对付宋朝新的军事进攻的两大难题。她首先在用人上做了新的调整：一方面提拔有经国之才的耶律斜轸为北院枢密使，任命耶律休哥为南京留守，总管南面军事，以加强边防；另一方面继续大力重用汉官，除了老臣室昉仍居北府宰相要职之外，一些新的人才如邢抱朴等也相继委以重任。

此外，萧绰命韩德让与耶律斜轸同为顾命大臣，实为左膀右臂。耶律斜轸是军权在握的重臣，当年被萧绰之父萧思温引荐入朝，并娶萧绰侄女为妻，自然被视为心腹。自此二人掌管兵权，鼎力相助，萧绰才有了喘息之机。为稳定政局，萧绰对辽景宗时的一批老臣，不论文武，只要其忠贞不贰，德高望重，一概采取安抚与重用，逐渐形成了以萧绰为核心的政治集团。

统和四年（986年），宋太宗认为辽圣宗年幼而母后摄政，大举北伐，以收复石敬瑭献给契丹的燕云十六州。三月，宋军兵分三路，东路攻幽州，中路攻蔚州，西路攻云州朔州，取得了一些胜利。

萧绰以耶律休哥抵御东路宋军曹彬一路，又以耶律斜轸抵御西路宋军杨业一路，后亲带韩德让和儿子辽圣宗赶到南京，与耶律休哥协同作战。

五月，萧绰亲披戎装上阵，一面率兵在正面与曹彬对阵，一面派耶律休哥包抄宋军后路，阻断水源粮道。曹彬所部大败。

萧绰腾出兵力，转而对付西路宋军，极大鼓舞了辽军的士气。宋太宗连忙下令西路军全线撤退。宋军士气低落，一路连吃败仗。杨业得不到后方有力的支援，最终包括杨业之子杨延玉在内的所有部属都全数殉国，杨业本人也被活捉，悲愤之下绝食触碑殉国。萧绰下令将杨业的头颅割下，装入匣中，传送边关各地。辽军士气大振，而宋朝守军则大受打击，未曾对敌便已经失了信心，无法守住已经夺得的土地。辽国顺利地收回了所有的疆土。

统和十七年（999年），耶律斜轸病死，韩德让兼任北府宰相，总知契丹、汉人两院事，拜为大丞相，晋封齐王，位兼将相，总揽了辽朝军政大权。他入朝不拜，上殿不趋。偶患小病，萧绰和辽圣宗隆绪都要祷告山川，遍召天下名医诊治，朝夕不离左右。按照辽制，其权势已仅次于帝后。随着契丹社会封建化的日益加深，韩德让在萧绰手下所享受的这一系列宠遇，已经大大超越了任何一个佐命功臣所应有的范围。除了萧绰政治上的需要外，还有一些感情因素。萧绰把韩德让当成了自己励精图治的股肱之臣，而且与他建立起了形同夫妻的亲密关系。

相传萧绰与韩德让自幼有婚约，在辽景宗去世后不久，萧绰私下对韩德让说："我曾许配给你，愿谐旧好。而当国的幼主，也就是你的儿子了。"

相传萧绰派人秘密毒杀韩德让的妻子，辽圣宗也把韩德让视作自己的父亲来侍奉他。

萧绰之后任韩德让总领禁军，负责京师宿卫。此后，韩德让出入宫帐，与萧绰情同夫妻。两人出则同车，入则共帐，就连接见外国使臣的时候都不避忌。

不管下嫁的事是真是假，但萧绰对韩德让的宠爱和器重是有目共睹的。涿州（河北涿州）刺史耶律虎古，只因不愤韩德让与"承天皇太后"关系亲昵，言语中对韩德让有失恭敬。结果，在大庭广众之下，韩德让竟然将耶律虎古活活击毙。还有一次，萧绰观看马球比赛。韩德让出场时，契丹贵族胡里室不小心将韩德让撞下马。萧绰见状勃然大怒，当即将胡里室斩首。

统和二十二年（1004 年）十二月，萧绰取消耶律隆绪与韩德让的君臣名分：赐给汉人韩德让契丹皇族姓氏"耶律"，赐名"隆运"，并封"晋王"，隶属"季父房"。从此，小皇帝圣宗耶律隆绪便不再称呼韩德让臣子，而是改口叫"叔叔"了。一如辽国历代皇帝和摄政太后，韩德让也拥有私人"斡鲁朵"（宫帐）、属城，万人卫队，享受辽国"太上皇"的优厚待遇。由于韩德让没儿子，"承天皇太后"萧绰便规定：皇室的每一代都要贡献一个亲王，作为韩德让的后裔。

在韩德让的辅佐下，萧绰对辽国的制度和风俗进行了一系列大刀阔斧的改革，这些改革不但将辽国从奴隶制国家进一步向封建制转化，而更改善了契丹族与汉族之间的关系。据《辽史·刑法志》记载，自萧绰变革之后，辽国"国无幸民，纲纪修举，吏多奉职，人重犯法"，"统和中，南京及易、平二州以狱空闻"，辽国内政呈现一片兴旺的景象。

统和二十二年（1004 年）闰九月，萧绰以索要周世宗收复的关南地为名，萧绰领着辽圣宗耶律隆绪、韩德让，率 20 万辽国精锐大举伐宋。除了在瀛州遭到抵抗外，辽军势如破竹，十一月就至宋都开封的门户澶渊。北宋宰相寇准坚持请求宋真宗御驾亲征、激励士气。当宋真宗的车驾出现在澶州前线时，士兵高呼"万岁"连绵不绝，声震数十里，人人同仇敌忾、个个视死如归，很快就集结起数十万之多的援军与辽军对抗。这对萧绰的南征大计自然是一个极大的打击。不久又一个打击接踵而来——辽大将先锋官南京统军使萧挞凛在前线察看地形督战时被射中头部，当晚死去。辽军士气受挫，又孤军深入，十分疲惫，加之后方宋军袭击其后路。萧绰利用宋真宗急于求和的心态，与宋朝谈判，达成澶渊之盟。盟约规定：宋辽约为兄弟之国，辽圣宗耶律隆绪称宋真宗赵恒为兄，赵恒则称皇太后为叔母；维持宋辽之间旧有的疆界；宋国每年向辽国提供 30 万金帛。双方结束了多年不息的争战，进入了长达百余年的相对和平。

萧绰当朝虽久，却缺乏姻亲之助，就连两个姐姐也未必与她一条心，存在着爆发政变的潜在危险。正是在这样的政治背景下，萧绰为了寻求以韩氏家族为首的汉族官员的支持，投进了倾心已久的韩德让的怀抱。他们通过调整朝廷各部门的权力分配，剥夺贵族的兵权等措施，基本上使辽景

宗驾崩时的局面得以扭转。韩德让还知人善任，荐举好学博古、颇有吏干之才的邢抱朴担任参知政事。耶律乌不吕曾因事顶撞过韩德让，韩德让当时十分生气，但他认为耶律乌不吕材堪大用，后来仍保荐其担任统军使。韩德让又主动密切与耶律斜轸、室昉等人的关系，结为好友，凡事听取并尊重他们的意见，使辽朝最高统治集团呈现了前所未有的大好形势。

萧绰在韩德让等番汉臣僚的得力辅佐下，顺应契丹社会封建化的历史趋势，仿效中原王朝的统治方法进行了一系列改革。她解放部分奴隶，把原先属于宫帐的俘户奴隶加以改编，分别设置为部族，获得平民的身份，把旧部落拆散，编成新的部族，使其分别归属于南、北二府，分镇于边疆，这既大大削弱了奴隶制的成分，也瓦解了契丹旧贵族们的势力。萧绰还诏令朝中及地方各级官员必须执行法令，要敢于抵制包括朝廷使者在内的无理索求，对上级不得阿顺，还以是否廉洁作为考课官员的标准，规定各级职官凡有贪暴害民者，立即罢免，终身不用，能清勤自持者，随时升擢。并禁止皇室外戚受贿，一旦发现，与常人同罪。有个名柘母的太师，就因犯了"迎合阿顺"之条，被她责打了20大棍。萧绰统和十年（992年），派参知政事邢抱朴到各地稽察官员的政绩，把一批贪官绳之以法，忠于职守、清正廉洁者则破格提升，从而大得人心。萧绰言行一致，既得益于韩德让的襄助，也在于自身的智慧、胆略、品德和才华。而大辽亦因经过一番任贤去邪的整顿，使吏制大为改观，政治走向清明。萧绰还在统和六年（988年）开始实行科举取士制度，录取名额逐年增加，统和二十四年（1006年）就有畅吉等23人及第，科举不但使越来越多的汉族知识分子被吸收到朝廷中来，受到重用，而且促进了辽朝文化事业的发展。如统和十四年（996年）考中进士第一的宛平（今北京）人张俭，就历任知枢密院事等职，成为一代名臣。萧绰明令取消"同罪异论"的旧制。辽朝前期，法律混乱，有浓厚的奴隶制色彩和严重的种族偏见，如契丹人打死汉人，只赔偿牛马就算了事，若汉人打死契丹人，除他本人斩首，家属还要被没为奴隶。萧绰却反其道而行之，明确统一汉律，规定契丹人犯了法的由汉官审理。用法务从宽减。实行"上诉"制度，允许自以为冤枉的罪犯上告诉冤。辽律原先规定，凡是叛逆之家，兄弟之间即使不知情也要连坐受罚。下令废除谋逆罪中的连坐之法。萧绰的这一决策，具有很大的进步性。萧绰执法严明，毫不掺杂个人恩怨。官员乃万十喝醉了酒胡说宫廷秘事，大概也透露了一些萧绰与韩德让的风流韵事，按旧法当斩。萧绰只将他打了数板。五院部民偶尔失火，蔓及辽朝圣地木叶山，按罪当诛，萧绰也是杖而释之。她还经常亲自处理冤狱，判决系囚，多次告诫耶律隆绪要谨慎用法，留心狱事，务求宽减。她对违法乱纪、随便杀人的官僚贵族却严惩不贷。耶律国留内弟之妻阿古与奴仆私通，耶律国留就把企图逃往女真的奴仆追杀，又逼迫阿古自缢，萧绰却依法处斩耶律国留。统和六年（988 年），奚王筹宁杀死无辜汉人李浩，她把筹宁痛打一顿，还令他出钱供养李浩的家属。萧绰对农业的发展特别重视，多次募民垦荒，给贫户提供耕牛和谷种，明令贵族和军队不能因打猎妨碍农业生产，更不准牲畜损害庄稼。在她执政的 27 年间，减免赋税的诏令有 23 道之多，其中有局部地区的，也有全国范围的，在一定程度上减轻了农牧民的负担。从而促进了经济发展，社会进步，百姓安居乐业，局势更为稳定。

　　萧绰领导的辽朝与宋朝及周边地区部族的战争取得了一连串胜利，她或攻或交，措置有方，进一步显示了其政治、军事才干。萧绰西讨敌烈诸部，降服其众；东征高丽，迫其称臣纳贡，又把女儿越国公主之女嫁给高丽王治，建立起和亲关系。这时，党项族首领李继迁起兵抗宋，萧绰不失时机地支持李继迁，利用他构成对宋西北边境的严重威胁，并授李继迁为定难军节度使，把宗室耶律襄的女儿封为义成公主嫁给他，还赐马 3000 匹；统和八年（990 年），又封李继迁为夏国王，使西夏力量进一步壮大，形成了辽夏共同对付宋朝的格局。萧绰不仅知人善用，精于谋略，运筹帷幄，决胜千里，且能披挂上阵，身先士卒，

萧　绰

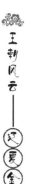
驰骋疆场。

萧绰内行改革、外求展拓的过程中，契丹贵族内部基本是稳定的，萧绰的两位姐姐就公开站到了与她作对的立场上。她的大姐萧胡辇嫁的是辽太宗次子齐王耶律罨撒葛，齐王死后，萧胡辇在赏马时发觉奴仆挞览阿钵姿貌甚美，顿生爱慕之心，就把他召入帐中养为男宠。萧绰得知后，怒不可遏，把挞览阿钵囚禁起来，用沙袋狠击了400多下，强令挞览阿钵离开。过了一年，萧胡辇向萧绰求情，哭诉寂寞之苦，萧绰想想自己的体验，对她颇感同情，又把挞览阿钵找回，与萧胡辇结为正式夫妻，还封挞览阿钵为将军，领兵西伐鞑靼。哪知萧胡辇夫妇知恩不报，反而私结党羽，率众跑到骨历扎国，阴谋拥兵篡位。萧绰闻知，下令夺其兵权，把萧胡辇、挞览阿钵关进怀州狱中赐死，其党羽全部活埋。她的二姐嫁给了辽太宗的第五个儿子越王耶律必摄，曾图谋乘宫中宴会之机毒死萧绰，被其婢女告发，萧绰遂将她诛杀。

萧绰屡屡因家事不顺心而伤透脑筋，大动肝火。萧绰最疼爱的小女儿越国公主耶律延寿女嫁给了萧恒德，萧恒德是一员有勇有谋的猛将，南下攻宋时曾独当一面，亲冒矢石，身中流箭仍一马当先，萧绰一直很赏识他。可是有一年耶律延寿女患了疾病，萧绰极为挂念，派自己帐中的宫女贤释前去伺侯，萧恒德居然色胆包天，与贤释勾搭成奸。耶律延寿女一气之下，病情更重，一命呜呼。萧绰大怒，随将萧恒德赐死。萧绰治理国事却可谓政通人和，深受爱戴。萧绰施政通情达理，善驭大臣。赏罚分明，作风也比较民主，闻善必从，举止随和，宴集朝会时群臣甚至可以不拜不揖，故群臣贵族皆愿为她效力卖命，从而比较成功地把统治群体紧密团结在自己周围。

与宋订立"澶渊之盟"后，为了适应新的政治经济发展的需要，统和二十五年（1007年），萧绰下令在今内蒙古宁城县南（一说为县城西大明城）仿照唐都长安（今陕西西安）、宋都汴京（今河南开封）的模式兴建一座新的都城，名为中京大定府。在此之前，辽有四京，即东京（今辽宁辽阳）、西京（今山西大同）、南京（今北京城西南宛平）、上京（今内蒙古巴林左旗林东镇南的波罗城），并以上京为政治中心。自萧绰摄政以来，随着社会经济的发展，这种状况已愈益与形势不相适应。中京选址于原奚牙王帐故地，这里不仅是辽宋交往的适中之处，且处于以畜牧业为主的北方和以农业为主的南方的中间地带，可兼顾南北政治、经济的发展。于是，从燕蓟一带征调来能工巧匠，历时两年建成，方圆40里，郛郭、宫殿、楼阁、市廛、庙宇、街道等都十分华丽，成为辽国后期的政治、经济中心。萧绰主持下的一系列改革和建设，标志着契丹社会已经在整体上完成了封建化的历程，使辽朝国力大大增强，发展到了鼎盛时期。而中京大定府的落成，是这一历史进程的象征和延伸，又是萧绰对契丹文化的一大贡献。

萧绰对儿子耶律隆绪的训导管教也保障了统治集团的稳定。萧绰临朝称制27年，这期间耶律隆绪早就长大成人了，但萧绰一直没有放松对他的管教，耶律隆绪从府库中索求一件东西，她必定要问一问干什么用，耶律隆绪穿的衣服、骑的马，她经常检查看有没有过于奢华的地方，防止耶律隆绪养成奢靡之心。开始时，耶律隆绪要赏赐大臣，也必须先征得母后的同意，她说行才赏，防止耶律隆绪滥行赏赐。耶律隆绪因不能参与政事，一度曾纵情游猎，击鞠玩耍，萧绰教训说："圣人有言：欲不可纵。我儿是天下之主，万一驰骋畋猎时发生危险，其后果将不堪设想！"从此把耶律隆绪留在宫里专心读书，让他反复研读《贞观政要》等典籍，并以唐太宗为学习榜样。耶律隆绪是个大孝子，对母亲的训诫始终毕恭毕敬，言听计从。耶律隆绪亲政后，根据长期学习得到的汉族王朝的治国经验，以唐朝为模式，沿着萧绰的足迹继续进行封建化改革，成了辽朝9帝中最负盛名的贤君明主。

统和二十七年（1009年），萧绰归政于辽圣宗，不再摄政，准备到南京去颐养天年。同年十二月十一日，在去南京的路上，病逝于行宫，享年57岁。次年，葬于乾陵，谥号圣神宣献皇后，后改谥睿智皇后。

四、脱晋归辽为养子，汉臣王郁最忠孝

王郁（生卒年不详），辽朝初年大臣，唐朝义武军节度使王处直之子。京兆万年县人。

王郁的伯父王处存曾镇守义武，去世后，三军推戴其子王郜继任，以其从弟王处直为都知兵马使。

光化三年（900年），梁王朱全忠进攻定州，王郜派王处直拒战于沙河。

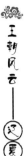

王处直兵败，梁军入城赶走王郜，王郜逃奔太原李克用处。乱军推王处直为留后，派人请求事奉梁王，愿与晋王李克用绝交，梁王便表奏王处直为义武军节度使。

当初王郜逃亡时，王郁跟随他。晋王李克用将女儿嫁给他，任命他为新州防御使。王处直料想晋一定会攻讨张文礼，镇州亡，那么定州不能独自保存，于是更加惴惴不安。暗里派王郁到北边导引契丹入关以牵制晋兵，并且许诺让他继嗣。王郁自从奔晋，总是担心失去父亲的宠爱，得以出使，大喜。

神册六年（921年），王郁上表投诚，带着全家来降附，辽太祖以王郁为养子。不久，王郁兄王都囚禁父亲，自己做留后，辽太祖派遣王郁随皇太子讨伐他。兵至定州，王都坚守壁垒不出战，辽军掳掠居民而回。

神册七年（922年），王郁又随皇太子耶律倍进攻镇州，在定州遭遇后唐兵，击败了他们。天赞二年（923年）秋，王郁及萧阿古只在燕、赵一带攻城略地，攻下磁窑务。又随辽太祖平定渤海，作战有功，加同政事门下平章事，改任崇义军节度使。

辽太祖崩逝，王郁与妻子参加会葬，其妻在淳钦皇后面前哭诉，请求回归故国，皇后答应了。王郁上奏说："臣本来是唐帝的女婿，主上已被弑逆，这次去夫妻怎么能相保无事？愿意终身侍奉太后。"淳钦后高兴地说："汉人之中，只有王郎最忠最孝。"因为辽太祖曾与李克用相约为兄弟，所以这么说。不久升任政事令，回宜州后去世。

五、韩延徽裁决机务，韩知古援据典故

1. 佐命功臣韩延徽

韩延徽（882—959年），字藏明。幽州安次（今河北省廊坊市安次区）人，辽国的开国功臣，是契丹最早继续倡导"胡汉分治"的汉族政治家。其子孙世代在辽为官，开创幽州韩氏一族。

韩延徽出身于官宦之家，他的父亲韩梦殷曾经担任过蓟州（今北京市区西南部）、儒州（今北京延庆城区）、顺州（今北京顺义）的刺史。韩延徽少年时便才德出众，割据幽州的卢龙节度使刘仁恭觉得他奇异不凡，征

召他为幽都府文学、平州（辖境相当今河北省陡河流域以东、长城以南地区。今抚宁、昌黎、卢龙及唐山市全境）录事参军，与冯道同祗候院，又授幽州观察度支使。

天祐四年（907年），刘守光囚禁父亲刘仁恭，自立为卢龙节度使，刘守光掌权后连年征战，实力日渐衰弱，想结契丹为后援，就派遣韩延徽出使辽国，在面见耶律阿保机的时候，因为韩延徽坚持不肯向耶律阿保机行跪拜之礼，惹得耶律阿保机大怒，将他扣留下来，让他到野外去放马。

耶律阿保机的皇后述律平劝谏说："此人自持操守，不屈不挠，是个贤士，为什么要让他去放马，让他受窘迫和侮辱呢？应该礼遇于他啊！"耶律阿保机觉得述律平的话很有道理，就召见韩延徽并跟他交谈，韩延徽的言论深合耶律阿保机的心意，当下就下令让韩延徽参与军事谋划，成为耶律阿保机的主要谋士。

在进攻党项、室韦，征服各部落的战争中，韩延徽筹划出力最大，深得耶律阿保机信任。于是韩延徽奏请耶律阿保机建立城郭，对城乡加以分别，让被降服的汉人居住下来。又为这些汉人择定配偶，教他们垦田种庄稼，养活自己，所以很少有汉人逃亡。

在契丹居住很长时间之后，韩延徽因为思念故乡亲人，偷偷跑回后唐，因与王缄产生矛盾，又回到契丹，耶律阿保机没有责怪他，仍然信任重用他。

天赞四年（925年），韩延徽随耶律阿保机征讨渤海国，渤海国国王大諲撰请降，不久又反叛，韩延徽同众将一起破其城，因功被拜为左仆射。三月又奉命与康默记一起率军进攻长岭府，顺利攻下这个渤海国的重镇。

征服渤海之后，韩延徽随契丹大军回师。

天赞五年（926年），耶律阿保机驾崩，韩延徽

韩延徽塑像

非常伤心，他的悲哀之情感动了左右众人。

辽太宗耶律德光时期，韩延徽被封为鲁国公，仍然担任政事令。并曾奉命出使后晋，回来之后，改任南京三司使。

辽世宗耶律阮时期，韩延徽改任南府宰相，其间他主持建立政事省，他对于机构设置颇具才识，荐举了一批能竭尽才力的官吏。

韩延徽是继晋末十六国时期施行"胡汉分治"民族政策以来，在契丹最早继续倡导"胡汉分治"的汉族政治家。当初中原所属的北部大藩，如幽州、涿州等地，很多汉人难于忍受本国藩帅对财富的掠夺，看到契丹地广人稀，纷纷"闯契丹"去寻活路。这是一场足够规模的、自发的汉人北上移民潮。但汉人、契丹生活习俗、文化背景不同，于是韩延徽提出了分治制度：游牧系统一套，农耕系统一套，耶律阿保机接受他的意见，设置为南北两院，北面官，用契丹国制度；南面官，仿中原制度。南面官的推行，也渐渐让汉人的文官制度进入草原地区。

韩延徽还招募汉人到北边来垦荒，于是更多汉人逃往契丹。到了后期，契丹事实上已经成为胡汉杂居地带，而农耕所收赋税，也增强了契丹的经济实力。

天禄五年（951年）六月，割据河东的刘崇遣使到辽，请求辽国皇帝对他进行册封，辽世宗耶律阮下诏令韩延徽制定相关的册封礼仪，韩延徽奏请一概遵照辽太宗时期册封后晋皇帝的礼仪，辽世宗同意他的要求。

辽穆宗应历年间，韩延徽辞官归居。他的儿子韩德枢镇守东平（今辽宁辽阳），皇帝下诏准许他每年东归探望父亲。

应历九年（959年），韩延徽病逝，时年78岁。辽穆宗耶律璟知道后震惊悲痛，赠为尚书令，葬于幽州之鲁郭，后代世袭崇文令公。

2. 韩知古家族

韩知古家族是辽朝仅次于皇族耶律氏、后族萧氏的大家族，终辽之世，影响颇大。其家族与契丹、汉族、奚、渤海等民族的通婚状况是汉人在辽朝政治活动的一个典型反映，也是辽代的婚姻政治的特点以及胡汉同化现象的一个反映。

韩知古（？—930年），辽朝大臣，蓟州玉田人，善谋有识量。太祖平蓟时，知古六岁，为淳钦皇后兄述律欲稳所得。其子韩匡嗣亲近太祖，命参谋议。

神册初年，遥授彰武军节度使，信任益笃，总知汉儿司事，兼主诸国礼仪，为辽朝制度创制做出重大贡献，加号"推忠契运宣力功臣"。累官守尚书左仆射，与康默记将汉军征渤海国有功，迁中书令。天显年间去世，为佐命功臣之一。

其子韩匡嗣（918—983年），辽代蓟州玉田人。曾先后担任过始平军节度使、上京留守、南京留守、摄枢密使、西南面招讨使、晋昌军节度使等。死后，被追赐为尚书令。

韩匡嗣爱好医学，精心研究医术，曾在长乐宫中值侍，皇后待他像对自己儿子一样（皇后视之犹子）。韩匡嗣能够得到皇后如此的厚爱，和他精于医术是分不开的。在历代宫廷医家中，被"皇后视之犹子"，还是很罕见的。

韩匡嗣曾历任官职，辽穆宗应历十年（960年）担任过太祖庙详稳。他与当时尚未登上皇位的辽景宗耶律贤是好朋友。耶律贤登位后，韩匡嗣被任命为上京留守，后来改任官居南京（今北京）留守，封燕王，后因与宋军作战失败，遥授晋昌节度使，降为秦王。

六、有勇有谋韩德让，最大汉臣摄政王

韩德让（941—1011年），辽朝大臣。祖籍蓟州玉田。韩匡嗣之子。

韩德让从小就受到父亲在辽国征战的熏陶，有勇有谋，为辽国立下战功，萧太后更是赏识他。后来成了辽国的"摄政王"，撑起辽国发展的重任。

唐末，祖父韩知古被掠至辽为奴，后官至中书令。父韩匡嗣官居南京（今北京）留守，封燕王，后因与宋军作战失败，遥授晋昌节度使，降为秦王。韩德让自幼受家庭影响和父辈熏陶，智略过人，深明治国道理。初侍辽景宗以谨饬闻，加东头承奉官，补枢密院通事，转上京皇城使，遥授彰德军节度使。

乾亨元年（979年）七月，韩德让代父守南京。九月，宋军攻打南京，韩德让临危不惧，登城指挥守军抵御15昼夜，待援兵赶到，内外夹击，大败宋兵于高粱河（约在今北京外城一带），史称"高粱河之役"。韩德让

因功授辽兴军节度使。乾亨四年（982年），迁升南院枢密使，赐名"德昌"，成为汉臣中权势最大者。

是年秋，辽景宗病危，韩德让与耶律斜轸俱受顾命。他与承天皇后萧绰密议，随机应变，剥夺了觊觎皇位的各路诸侯兵权，立12岁的梁王耶律隆绪为皇帝，是为辽圣宗，尊圣宗生母萧绰为皇太后，摄国政。韩德让以拥立功总理宿卫事，参决大政。

韩德让

萧太后为笼络韩德让，使其成为自己的得力助手，私下对韩德让说："吾尝许嫁子，愿谐旧好，则幼主当国，亦汝子也。"从此，韩德让处于监国地位。统和元年（983年），萧太后在韩德让支持下实行汉法，加封韩德让开府仪同三司，兼政事令。统和四年（986年），宋攻辽，韩德让从萧太后拒宋，败宋，封楚国公。师还，韩德让在萧太后支持下，团结契丹贵族和汉族中有治国才略之人，实施选官任贤，不分番汉，考核官吏；确立科举制度；清理辽世宗以来的滞狱；减免遭受战争、自然灾害灾民的赋役等改革措施，使辽代中期出现了兴旺繁荣局面。

统和二十二年（1004年）九月，韩德让从萧太后南下攻宋，参与订立了"澶渊之盟"，宋辽双方进入相对稳定时期。韩德让官至大丞相，总知南北院枢密使府事，集军、政大权于一身。萧太后利用摄政地位，先赐韩德让名德昌，再赐皇族姓氏，取消奴隶身份，成为契丹贵族。后辽圣宗赐名耶律隆运，对其"至父事之"，赐铁券几杖，入朝不拜，上殿不趋，左右特置护卫百人。

萧绰和韩德让联手完成了这最后一战，又过了五年，萧绰自感身体每况愈下，于是在圣宗统和二十七年（1009年）的十一月为儿子耶律隆绪举行了传统的"柴册礼"，还政给儿子。这时候，她已经在南京城开始修建新宫了，打算到南方去疗养，不料走到半途，一病不起，逝于行宫，享年57岁。死后，葬在辽乾陵之中。

萧绰去世对于已经是年老的韩德让来说，也是一重极大的打击，他的身体也自此垮了下来，尽管辽圣宗耶律隆绪率诸亲王像儿子一样亲侍床前，皇后萧菩萨哥也亲奉汤药——耶律隆绪一直和韩德让亲如父子，感情始终不受皇权和时间的影响。

尽管帝后殷勤服侍，韩德让的生命仍在急速消逝中。统和二十九年（1011 年）正月，韩德让从辽圣宗伐高丽，还师，卒于军中。赠尚书令，谥"文忠"。辽圣宗耶律隆绪亲自为韩德让举行了国葬，并将其安葬在萧绰的陵墓边。韩德让成为葬在大辽皇陵中的唯一汉人和臣下。

韩德让是辽臣中辅政最久、集权最多、宠遇最厚、影响最大的一人，对辽圣宗前期的施政，如改革制度、改善契丹族和汉族的关系，以及维护辽宋盟约等，他都起了重大作用。

七、抚剑抵掌萧孝穆，廉谨有礼国宝臣

萧孝穆（981—1043 年），小字胡独堇，淳钦皇后述律平弟阿古只五世孙，国舅、详稳（官名）萧陶瑰之子，辽国官员。

萧孝穆洁身谨慎，谨守礼仪法度。统和二十八年（1010 年），累次升迁至西北路招讨都监。开泰元年（1012 年），遥授建雄军节度使，加任检校太保。同年，术烈等发动叛乱，萧孝穆攻打并赶走他们。同年冬天，进军可敦城。阻卜纠集五群牧长查刺、阿睹等，阴谋内外互相策应，萧孝穆全部杀死他们，于是严整守备以待，余党于是溃散。因功升任九水诸部安抚使。不久担任北府宰相，赐号为忠穆熙霸功臣，加任检校太师、同政事门下平章事。开泰八年（1019 年），回到京师。

太平二年（1022 年），主持枢密院事务，充任汉人行宫都部署。太平三年（1023 年），封为燕王，担任南京留守、兵马都总管。太平九年（1029 年），大延琳在东京叛乱，萧孝穆担任都统讨伐大延琳，双方在蒲水交战。中军向后略退，副部署萧匹敌、都监萧蒲奴从两翼夹击，敌兵溃散，追击到手山北部将其击败。大延琳逃入城中，掘深沟自卫。萧孝穆将其包围，建起重城，修造楼橹，使城内外不得相通，城中人拆毁房屋用以烧火做饭。其将杨详世等擒获大延琳前来投降，辽东全部平定。萧孝穆改任为东京留守，赐号佐国功臣。萧孝穆在任东京留守期间，为政致力于宽厚简约，招抚流民，

百姓得到安宁。

景福元年（1031年），辽兴宗耶律宗真即位，改封萧孝穆为秦王，不久又任南京留守。重熙六年（1037年），进封为吴国王，担任北院枢密使。重熙八年（1039年），萧孝穆上表请登记天下户口以平均徭役，又陈说诸部及舍利军的益处和害处。辽兴宗同意。由此征收赋税稍稍平均了一些，众人大悦。重熙九年（1040年），改封为楚王。

当时天下无事，人口增殖，辽兴宗又青春鼎盛，每每谈及后周夺取 10

萧孝穆

县，总是感慨愤激，有南伐之志。群臣大多顺从旨意。萧孝穆劝谏说："从前辽太祖南伐，最终无功。辽太宗灭唐立晋，后因石重贵叛盟，长驱直入汴京，辽太宗刚刚回师，南方反过来突袭我们。从此以后兵连祸结达20余年，刚刚得到和好，百姓安居乐业，南北互通有无。现在国家比起往日，尽管变得富强，然而功臣、老将往往已经过世。何况宋人无罪，陛下不应该背弃先帝所订立的盟约。"当时辽兴宗心意已决，奏书上达没有回音。萧孝穆以年老请求辞官回乡，辽兴宗不许。

重熙十二年（1043年）正月初三，萧孝穆任南院枢密使。六月二十一日，又任北院枢密使，改封为齐国王。十月初五，萧孝穆去世，追赠大丞相、晋国王，谥号贞。

萧孝穆尽管身为外戚之亲，职位越高，越是畏惧小心。太后有赐物，则推辞不受。即使在妻子儿女面前也没有骄傲的神情。与人交往，始终如一。所荐举的都是忠直之士。曾经对人说："枢密使选拔贤能而加以任用，何事不能成功？如果亲自去处理琐碎之事，那么大事反而会被耽搁。"自从萧合卓因为为政有才得到重用，其后递相效尤而已，不懂得有关大局的道理。萧孝穆感叹说："不能够移风易俗，身居高位却苟且偷安，为臣之道竟然是这样的吗？"时人称萧孝穆为"国宝臣"，称所著文集为《宝老集》。

八、名符帝梦结主知，功在两朝称贤相

张俭（962—1053 年），字仲宝，宛平（今北京）人。辽朝大臣。

张俭出身官宦世家，于辽圣宗统和十四年（996 年）考中进士，名列第一，历任顺州从事、署棘寺丞、范阳令，后调任云州幕官。生性正直诚谨，不喜虚夸矫饰。深得上官、同僚的敬重。辽圣宗到云中一带游猎，按照契丹的旧例，皇上经过之处，当地的地方长官应该有所贡献。当地的节度使奏称："臣辖区内没有什么特产，只有幕僚张俭，为一代之宝物，希望能将他献上。"在此之前，辽圣宗曾经梦见有四个人侍奉在他的身旁，赐给他们食物每人两口，待到听说了张俭之名"俭"字，辽圣宗方才恍然大悟，明白梦兆应在了张俭的身上。于是，辽圣宗马上召见张俭，张俭仪容举止质朴无华；辽圣宗很是高兴，向他问及谋身治世之事，张俭便当面口奏 30 多件事，都很合辽圣宗的心意。张俭从此特别受辽圣宗青睐，历任监察御史、司门外郎清高显贵之职，号称明智干练。

统和二十七年（1009 年），丁父忧，去职归乡，服丧三年后复出，任礼部郎中。

统和二十九年（1011 年）十二月，已经担任太常少卿的张俭作为副使，随正使、长宁军节度使耶律汉宁出使北宋。开泰元年（1012 年），迁政事舍人，知枢密直学士。开泰二年（1013 年），正授枢密直学士同修国史。开泰三年（1014 年），加尚书工部侍郎、知制诰；开泰四年（1015 年）春，迁枢密副使；夏六月，授宣政殿学士、守刑部尚书、参知政事、同知枢密院事；冬十月，授枢密使，加崇禄大夫尚书左仆射兼门下侍郎平章事兼修国史，特赐翊圣佐理功臣；开泰五年（1016 年）秋，加开府仪同三司，守司空，加赐竭节功臣；开泰七年（1018 年）冬，加政事令。

太平五年（1025 年）春，出京任武定军节度使，赐佐时全节功臣；夏六月，改任彰国军节度使；冬十二月又改任大同军节度使。

太平六年（1026年）春三月，入京任南院枢密使、左丞相、兼政事令、监修国史。辽圣宗信任倚重于他，参知政事吴叔达与张俭不合，辽圣宗发怒，出贬吴叔达为康州刺史。

太平十一年（1031年）三月，辽圣宗病重，六月初三驾崩于大福河（今内蒙古呼虎尔河）行宫，张俭接受遗诏辅立太子耶律宗真，这便是辽兴宗。辽兴宗即位之后，依旧很依赖倚重张俭。

景福元年（1031年）夏六月，辽兴宗册命张俭为太傅，加赐同德功臣。

重熙元年（1032年）冬十一月，张俭进位为太师。

重熙四年（1035年）春，张俭因年老致仕，辽兴宗授其洛京留守、尚父、行河南尹，进封秦国公，改赐贞亮私靖耆德功臣，守太师兼政事令如故。

重熙五年（1036年），辽兴宗亲临礼部贡院，亲自考试进士，这些事情都是张俭一手打点。张俭进见时，辽兴宗不直呼其名，并且赐诗加以褒奖称美。张俭有五个弟弟，辽兴宗想一并赐给他们进士及第出身，张俭坚决推辞。

重熙六年（1037年）冬，辽兴宗将张俭接到京城，向他询问治国政务，并封张俭为韩王。

辽兴宗即位之后，西边的西夏和南边的北宋爆发了战争，北宋连战连败，辽兴宗决定趁机图谋北宋的关南十县之地，准备亲征宋朝。在正式决定出兵之前，辽兴宗到张俭家中征求他的意见，负责皇帝饮食的官吏先前往张俭家准备膳食，张俭推辞，让他们走了；他自己进献葵羹汤饭，辽兴宗吃得很美。然后便问他以对策，张俭极言陈说战事利害，并且说："只需派一名使者去宋朝责问就行了，何必劳驾皇上远征？"辽兴宗听了很高兴，就作罢了。又亲临其家中赐宴，把自己用过的器物珍玩都送给了张俭。

重熙十一年（1042年）正月，辽兴宗一面在边界重兵压境，一面派遣南院宣徽使萧英和翰林学士刘六符与北宋交涉，宋方派富弼与辽方使节谈判，于九月达成协议，在澶渊之盟规定赠辽岁币基础上，再增岁币银10万两、绢10万匹以了结这次索地之争，史称重熙增币。同年冬，辽兴宗因张俭献策有功改封张俭为陈王。

张俭注重节俭，他只穿粗丝织成的绢帛，每餐只食一菜，按月发的俸禄有节余的，便拿来接济亲朋旧友。一次正当冬天，在辽兴宗歇息之便殿奏报事务，辽兴宗见他袍子破旧，暗里派近侍用火夹穿个洞做上记号，每次见到他都没有换下来。辽兴宗问其缘故，张俭回答说："我穿这件袍子已经 30 年了。"当时辽兴宗崇尚奢侈华丽，所以张俭用这种做法微言讽喻辽兴宗。辽兴宗怜悯他清贫，让他任意取用内府物品，张俭奉诏后只拿了 3 匹布出来，因此更加受到辽兴宗的嘉许重用。

有一次，官府捉住了八个盗贼，已经斩首之后，才又捉拿到真正的犯人。被斩首者的家人申诉冤屈，张俭接连三次请求审理。辽兴宗大怒说："你难道想要朕偿命不成？"张俭说："八家老小冤苦无告，如果能稍稍加以存问抚恤，使他们能够收尸下葬，就足以安抚活着和死去的人了。"辽兴宗于是听从了他的建议。

重熙二十二年（1053 年）正月二十九日，张俭逝世，终年 92 岁。

第三章 内外关系

一、天禄夺权穆宗立，暴虐统治遭篡权

1. 天禄年间的夺权斗争

述律氏舍耶律倍立耶律德光，破坏了耶律阿保机最初的安排，嫡长子继承制未能确立。由于世选制在贵族中的影响，契丹贵族君臣观念并不严格，如麻答（耶律拔里得，太宗叔耶律剌葛之子）留守中京期间，出入或被黄衣，用乘舆，服御物，曰："兹事汉人以为不可，吾国无忌也。"这是辽宗室内权力争夺屡屡发生的社会基础。

天禄二年（948年），辽太宗第三子耶律天德密结侍卫萧翰、惕隐耶律留哥（刘哥）及其弟耶律盆都，阴谋行刺辽世宗，事觉未遂。耶律天德被杀，杖萧翰而释之，流耶律刘哥于乌古部，遣耶律盆都出使黠戛斯。不久，萧翰与其妻、辽世宗妹耶律阿不里致书安端，谋废辽世宗。耶律屋质得其书，上奏辽世宗，萧翰被杀，耶律阿不里因死狱中。

契丹贵族的夺权斗争牵扯了辽世宗的精力，辽军北撤后中原的形势也发生了变化。辽太宗离汴时，以宣武军节度使萧翰守汴，萧翰担心刘知远领军南伐，遂擅自立唐明宗子李从益为帝，自领契丹兵至中京与辽世宗会。辽世宗自中京撤军时，又以麻答为中京留守。麻答残忍贪酷，克扣汉军粮饷，激起兵变，被逐出镇州，北还草原。辽世宗责其失守，不服，杀之。萧翰、麻答北归后，中原州县所任各节度使纷纷降汉，辽世宗统治不稳，无暇南征，遂失去对中原的控制权。

天禄五年（951 年），后汉枢密使郭威即位，建立后周。河东节度使刘崇自立于晋阳，称北汉。刘崇使其子刘承钧致书辽世宗，称"本朝沦亡，绍袭帝位，欲循晋室故事，求援北朝"，约世宗率兵南下，与北汉合击后周。时值灭

辽上京遗址

晋战后不久，诸部厌兵，不欲南下。辽世宗强令出兵，自将南伐。军至归化州祥古山火神淀（今河北宣化西），祭东丹王，群臣皆醉。安端子泰宁王察哥（又作察割）与南京留守燕王牒腊（又作述轧）等乘机杀辽世宗于行宫，立牒腊为帝，史称"火神淀之变"。右皮室详稳耶律屋质逃出，遣人召诸王和侍卫军平乱，杀察哥、牒腊，立太宗子耶律璟，是为辽穆宗。

2. 暴虐的辽穆宗

辽应历元年（951 年）九月，辽平息察割之乱后，群臣拥立辽太宗长子耶律璟，是为辽穆宗。辽穆宗好游戏，厌国事，每夜酗饮，达旦乃寐，日中方起，国人称之为"睡王"。他对拥立过辽世宗的大臣耶律安抟等人不予委用。何鲁不虽然在平定察割之乱中立了大功，但因为他父亲耶律吼曾提倡立辽世宗，也得不到重用。统治集团内部矛盾日益尖锐。

应历二年（952 年）正月，太尉忽古质谋逆未成被诛。四月，羽林部署辛霸卿等 32 人南奔后周。国舅政事令萧眉古得和宣政殿学士李浣密谋投奔后周。六月，事情泄露后，萧眉古得于同年八月被杀，李浣受杖刑而获释。此前一个月，即七月，政事令耶律娄国见辽穆宗昏庸，产生觊觎之心。在诛除察割时立有大功的林牙耶律敌猎因未被重用而心怀不满。于是，俩人互相结纳，并勾结侍中神都和朗君海里，谋立耶律娄国为帝。事情泄露后，辽穆宗缢杀耶律娄国，以凌迟法处死耶律敌猎，并惩办了俩人的党羽。

应历三年（953 年）十月，耶律李胡之子卫王耶律宛与郎君耶律嵇干、耶律敌烈谋反，牵连到辽太宗次子太平王耶律罨撒葛和林牙华割、郎君新

罗等。辽穆宗将他们一并逮捕，并处死华割、耶律稽干，释放耶律宛和耶律罨撒葛。耶律安抟则被指控参与太平王耶律罨撒葛谋乱，死于狱中。

应历九年（959年）十二月，辽太宗第四子耶律敌烈与前宣徽使耶律海思、萧达干等谋反。事情败露后，耶律海思和萧达干都死于狱中，而耶律敌烈却被释放。

应历十年（960年）七月，政事令耶律寿远、太保楚阿不等谋反，皆被处死。不久，耶律李胡之子赵王耶律喜隐谋反，牵连到耶律李胡。耶律李胡被监禁，并死于狱中。耶律喜隐供出了当时任太祖庙详稳的韩匡嗣，辽穆宗却置之不问。次年二月，耶律喜隐获释。

辽穆宗镇压了上述谋叛，但反对他的大有人在。辽世宗次子耶律贤在藩邸秘密结纳韩匡嗣、耶律贤适和女里等人，伺机推翻辽穆宗。

辽穆宗的失政也引起部族的叛离。应历十四年（964年）秋，黄室韦掠走马牛叛逃而去。同年冬，统军库古只击败黄室韦，降伏他的部下。这时乌古部也开始叛乱，大掠居民财畜。详稳僧隐战败，死于战场。次年二月，辽穆宗派枢密使雅里斯为行军都统，虎军详稳楚思为行军都监，合诸部兵讨伐乌古。乌古部众杀其长窣离底，投降契丹，但不久又发动了叛乱。与此同时，大黄室韦酋长寅底吉也宣告叛乱。五坊人40户叛逃入乌古部。四月，小黄室韦叛乱，雅里斯、楚思等出兵击之，为室韦所败。辽穆宗以秃里和女古伐雅里斯和楚思主持军务，同时下诏招抚，遭到拒绝。七月，乌古劫掠上京北榆林峪居民，辽穆宗派遣林牙萧干讨伐。雅里斯等与乌古作战再次失利。十月，常思率兵进讨，大破乌古部。历时一年多的室韦、乌古叛乱才告平息。

经10年多次争夺，辽穆宗一次次制止了宗室的夺权活动，保住了统治地位。此后宗室间的篡权活动暂告平息，而阶级矛盾和民族矛盾却日趋尖锐。

昏庸的辽穆宗十分残暴。早在即位之初，听信女巫肖古用男子胆配制延年药方的妄语，为取胆而杀人无数。直到应历七年（957年）才发觉上当，处死了女巫。应历十年（960年），以镇茵石狻猊击杀近侍古哥。应历十三年（963年）春，曾一连九天昼夜酣饮。同年，以小过甚至无故杀死侍从官员多人。此后，经常不理朝政，昼寝夜饮，滥杀无辜，愈演愈烈。应历十五年（965 年）三月，因近侍东儿进羹匙和筷子不及时，辽穆宗亲自持刀刺死东儿。又因虞人沙剌迭侦鹅失期，施以炮烙、铁梳之刑致死。十二月以近侍喜哥私自归家，而杀死了他的妻子。应历十六年（966 年）正月，杀死近侍白海及家仆衫福、押剌葛、枢密使门吏老古、挞马失鲁。九月，因重九节宴饮，夜以继日数天，杀狼人裛里。

辽穆宗嗜酒好杀，近侍往往因微不足道的缘故，遭受炮烙、铁梳等酷刑。辽穆宗或亲手刺杀，或命人斩击射燎，断手足，折腰胫，划口破齿，弃尸于荒野。应历十五年（965 年）以后，年年都有近侍无辜遇害，死者达百余人之多。应历十九年（969 年）二月，辽穆宗在怀州（今内蒙古昭乌达盟巴林左旗林东镇附近）打猎，醉于行宫，为近侍小哥、舆人花哥、庖人辛古等所杀。

辽穆宗死后，侍中萧思温与南院枢密使高勋等奉辽世宗次子耶律贤命，率甲士千骑火速赶到行宫，拥立耶律贤，是为辽景宗。小哥等人五年之后才被捕遇害。

二、宫廷内耗汉势增，圣宗改革开盛世

1. 乾亨、保宁间的权力斗争

应历十九年（969 年）春，辽穆宗春猎至怀州，亲射获熊，侍中萧思温、夷离毕雅里斯等进酒上寿，欢饮而醉，庖人辛古挟刀进食，与近侍小哥、盥人花哥等杀辽穆宗于行宫。萧思温与南院枢密使高勋、飞龙使女里迎立世宗子耶律贤，是为辽景宗。

为巩固统治地位，辽景宗与皇后萧绰首先向自己的拥护者授以重要官职，以控制辽朝的军政大权。保宁元年（969 年），任命萧思温、高勋为北、南院枢密使，耶律贤适加特进同中书门下平章事。同时大封宗室子弟为王，以安反侧。仅保

辽代青铜乳突骨朵

宁元年（969 年）一次，就分别封东丹王、辽太宗和耶律李胡等人的儿子共 8 人为王。

辽景宗幼遭火神淀之变，赖御厨尚食刘解里以毡包裹，藏于积薪中，得以免遭杀害。即位后，患风疾，多不视朝，"刑赏政事，用兵追讨，皆皇后决之"，故夺权者的打击目标首先指向皇后父萧思温。

保宁二年（970 年），在国舅萧海只、海里、神都的策划下，萧思温被害，海只、海里被杀，神都被流于黄龙府，后被杀。

保宁六年（974 年），耶律李胡子宋王耶律喜隐因密谋夺权被废；乾亨二年（980 年）复反，被囚。乾亨三年（981 年），上京汉军军变，劫耶律喜隐未成，另立其子耶律留礼寿，被镇压，耶律留礼寿被杀。乾亨四年（982 年），耶律喜隐被赐死。

保宁八年（976 年），辽景宗弟宁王耶律只没、高勋等谋废立，耶律只没、高勋除名，耶律只没妻安只伏诛。

辽景宗与皇后萧绰"任人不疑，信赏必罚"，却仍不能使辽宗室诸王的夺权活动稍事收敛。诸王的争权活动严重干扰了辽朝秩序的稳定和统治的巩固，也牵制了辽与宋在河北、河东的争夺。幸赖诸臣的同心协力，皇后萧绰巩固了自己的地位，取得了燕京保卫战的胜利，得以辅佐辽圣宗，开创了统和、开泰年间的繁荣局面。

2. 汉人势力的增长

蓟州玉田韩知古在耶律阿保机平蓟时降契丹，总管汉人事务。其子韩匡嗣在辽景宗时任上京留守、南京留守，摄枢密使。韩德让代父韩匡嗣守南京，败宋兵，以功任辽兴军节度使，进为南院枢密使，权势超过高勋，蓟州韩氏日益成为辽朝汉人官员中最有权势的一个家族。

太平兴国七年（982 年）九月，辽景宗在云州出猎时病死于焦山。韩德让与耶律斜轸受辽景宗遗命，立皇子耶律隆绪（圣宗）继皇帝位。辽圣宗年 12 岁，军国大事都由承天太后（辽景宗后）裁治。韩德让与耶律斜轸分任南北院枢密使。韩德让因承天太后宠幸，又以汉人总知宿卫，加开府仪同三司，兼政事令。999 年，耶律斜轸病死，韩德让以南院枢密使兼北院枢密使，总管契丹、汉人两院事，进封大丞相。韩德让总揽辽朝军政大权，进而赐姓耶律（先后赐名耶律德昌、耶律隆运），封晋王，列于皇族横帐，权位仅次于帝后。韩德让是辽朝汉人地主势力的一个代表。韩氏掌权，标志着汉人地主的势力大为增长了。

辽圣宗、承天太后以韩德让等汉人官僚为辅佐。在他们的统治下，辽朝制度发生了如下的一些变革。

宫帐奴隶置部：原处在宫帐奴隶地位的俘户改为部民，分统于北府和南府。新征服的民户，也不再编为宫帐奴隶，而分别设部统治。

投下州县赋税：奴隶不再属奴隶主所有，而成为向朝廷纳税的编民，鼓励农耕，西北沿边各地设置屯田垦耕，在屯民户"力耕公田，不输税赋"，即不再向朝廷输税，积粟供给当地军饷。在屯户实际上是为朝廷服力役的农奴。

刑法：将汉人与契丹人斗殴致死、治罪轻重不同的旧律，改为同等治罪。契丹人犯十恶大罪，也按照汉人法律制裁。

捺钵：辽朝建国后，皇帝游猎设行帐称"捺钵"（《辽史》释"行营"，宋人释"行在"）。辽帝去捺钵时，契丹大小内外臣僚随从出行，汉人枢密院、中书省也有少数官员扈从。夏冬并在捺钵"与北南大臣会议国事"。夏冬捺钵因此又是辽朝决定军政大事的中心。

至辽圣宗时，汉族的封建文明已有了越来越广泛的影响。辽圣宗喜读《贞观政要》，又善吟诗作曲，后族萧合卓以善属文为辽圣宗诗友，充南面林牙（翰林）。四时捺钵制，使契丹贵族在接受汉文明的同时，仍能不废鞍马射猎，保持勇健的武风。契丹不像前世北魏的拓跋、后世金朝的女真那样由汉化而趋于文弱，四时捺钵制是有一定作用的。

辽圣宗时，先后出现的多方面的变革，显示契丹族的历史正在跨入一个新时期，此后的辽朝，虽然仍保留着严重的奴隶制的残余（对外作战俘掠和宫户、私奴），但封建制已经逐步确立起来。辽朝由此形成它的全盛时代。

3. 辽圣宗改革

辽圣宗在位 49 年（982—1031 年），前 27 年由太后萧绰称制，后 22 年由他独立执政。太后萧绰和辽圣宗耶律隆绪在韩德让等番汉臣僚的辅佐

下，对契丹社会实行了全面改革。

吏治的好坏是反映一个国家政治是否清明的重要标志。辽景宗时，高官勋戚"纳赂清谒，门若贾区"。萧绰称制的第二年，即辽统和元年（983年）诏谕三京各级官员应当秉公办事，不得阿谀奉承。诸县的官员如果遇到州官及朝廷使者无理征求，不得曲从，并以此作为考核官吏的标准。

辽朝历来只从贵族特别是契丹贵族中挑选重要官员，叫作"世选制度"。随着辽朝版图的扩大和民族的增多，改造世选制度势在必行。统和二年（984年），划离部请求今后的详稳只从本部选授，辽圣宗没有答应，并说选择官员重在是否人才，怎么能固定在一个部族呢？

统和六年（988年），下诏举行科举考试。这是辽朝开国以来第一次正式开科取士。次年，宋进士17人携家眷投奔辽朝，辽圣宗让有关部门考核这些人，能通过考核者任命为中央官学国子学的教官，其他人授县主簿和县尉之职。

统和十二年（994年）辽圣宗下诏契丹诸部将历年俘虏的宋人中的官吏、有才学的儒士、骁勇的军人登记上报，后来真的任命了宋俘卫德开等6人为官。同年，下令地方长官向朝廷推荐通晓经典、文才出众的人。辽朝实行开科取士的主要对象是燕云等州汉族地主阶级的知识分子，为他们升官开辟了一条新的途径。起初，每科录取进士一般只有两三人，甚至只要一人。到辽圣宗开泰、太平年间（1012—1031年）一般隔一年一开科，每次录取三五十人。到了辽道宗时期，每次录取进士一般都在百人以上。

略迟于设立科举，辽圣宗承天太后进行法制改革。统和十二年（994年），北院宣徽使耶律阿没里进陈说："兄弟虽是同胞，但秉性不同，一旦有一人犯法，就不分青红皂白地株连，这是残害无辜的弊政。建议今后同胞兄弟不知情者不应株连。"承天太后非常欣赏这一意见，据此制定了新的法令，从此废除了叛逆罪兄弟不知情者也要连坐的苛法。辽朝前期，同罪不同罚的现象很普遍。例如契丹人与汉人互相殴斗致死，处罚却轻重不同。同年，辽圣宗下诏规定：凡契丹人犯十恶不赦之罪者，与汉人一体治罪。不久又下诏，凡犯了罪应当在脸上刺字受黥面之刑的人，无论贵贱均依法论处，即使是宰相、节度使世选之家的成员也不能赦免。开泰八年（1019年）又下令，有冤屈者，可以到御史台陈诉，委派官员重新审理。

辽代古墓壁画上的契丹武士

辽圣宗时还从法律上改善了奴隶的处境。早在统和五年（987年），辽圣宗曾下诏规定，历年从中原俘虏的诸帐奴隶，只要有亲属是自由人的，可以由官府出钱赎身，使之团聚。到统和十三年（995年），又下诏各地自应历以来沦为贵族部曲者，仍然划归州县管辖。使以上两部分人由奴隶转为自由人。后来在统和二十四年（1006年），又下诏规定若奴婢犯死罪，必须交送官府处理，其主人不得擅自杀害。与此同时，辽圣宗还将宫帐奴隶转为部族民，也不再把新归附者统为宫帐奴隶。

赋税改革是辽圣宗朝的一件大事。统和十八年（1000年）辽圣宗认为北方气候寒冷，应该实行后唐的赋税制度，从而全面推行两税法。所谓分赋二等就是：城镇的市井之赋，各归投下主，只将酒税上交朝廷。从此投下户演变为向官府交纳田租，向主人交纳税课的"二税户"。这些投下户虽然身受双重剥削和压迫，但他们与投下的人身依附关系却松弛了。

在改革期间，辽圣宗等人始终没有放松吏治，例如，太平六年（1026年）十二月，他要求北南诸部考察州县等官，不称职者立即罢免。大小官员有贪赃暴虐，残害民众者，不仅立即罢官，而且终身不得录用。不能廉洁奉公的高官重臣也要立刻撤换；能清廉勤政，严于律己的，虽官小位卑，也要予以提拔；皇族中的受贿者，也要按一般人犯罪同等处罚。皇族、贵戚犯罪，不论事之大小，都由所在地方官吏审理，然后再申报北南二院复查，查实之后再上报皇帝。如不审理就直接申报或受人之托为犯罪者开脱的，按所要包庇或开脱的犯人所犯之罪处理。由于重视吏治，辽圣宗朝地方上出现了不少"有惠政"、任满之后民众要求留任的官吏。

辽圣宗时期的改革使辽朝达到了它的鼎盛时代。

三、内部倾轧争斗忙，天祚内乱辽朝亡

1.契丹内部的倾轧

承天皇太后死于统和二十七年（1009年）。此后，辽圣宗亲自执政，至景福元年（1031年）六月病死，子耶律宗真（辽兴宗）即位。清宁元年（1055年）辽兴宗死，子耶律洪基（辽道宗）继位。辽道宗统治时期长达46年，辽朝进入衰乱时期。

辽兴宗、辽道宗朝，契丹贵族之间不断相互倾轧。辽兴宗为辽圣宗元妃萧耨斤所生，由辽圣宗齐天后收养。辽兴宗16岁即位，元妃谋夺政权，自立为皇太后，迫使齐天后自杀，又密谋废辽兴宗，另立少子耶律重元。耶律重元密告辽兴宗。辽兴宗将皇太后废黜。

辽道宗即位，尊耶律重元为皇太督，加号天下兵马大元帅。清宁九年（1063年）七月，耶律重元与子耶律涅鲁古等谋反，辽道宗平宿卫军乱，耶律重元兵败自杀。南院枢密使耶律乙辛平乱有功，权势显赫，与汉人官员北府宰相张孝杰勾结，专擅朝政。大康元年（1075年），太子耶律浚18岁，参与朝政，兼领北、南院枢密使事。耶律乙辛与张孝杰诬陷太子生母宣懿皇后与伶人私通。宣懿皇后受诬自尽。大康三年（1077年），又诬告太子阴谋废帝。太子被囚禁在上京，耶律乙辛派人将太子暗杀，耶律乙辛借此兴起大狱，贵族官员多人因此被处死或流放。大康七年（1081年），辽道宗发觉耶律乙辛、张孝杰等人的奸谋，将他们免官。辽朝贵族和官员长期陷入相互攻讦倾轧之中，统治集团日益削弱。

辽圣宗末年以来，处在封建压迫下的各族人民不断举行武装起义。辽圣宗时，把汉地的封建租税制推行于渤海地区，引起了渤海人民的反抗。太平九年（1029年）八月，渤海居民以东京舍利军详稳大延琳为首举行起义，杀辽户部使，囚禁辽留守。自建国号兴辽，年号天庆。兴辽军西攻沈州，不下，退守东京辽阳府（今辽宁辽阳）。次年，大延琳被擒，起义失败。天庆五年（1115年）二月，饶州（今内蒙古巴林右旗）的渤海居民在古欲领导下起义，有步骑3万余人。六月间，起义失败，古欲被擒，这一时期，燕云地区的汉族农民也不断起义，天庆三年（1113年），有以"李弘"为号的农民起义。史称

"李弘以左道聚众为乱,支解,分示五京",而"李弘"可能是利用道教符谶的称号。七年(1117年),易州涞水县民董庞儿起义。被辽军战败,投附宋朝。八年(1118年),辽东诸路爆发了安生儿、张高儿等领导的起义,发展到20万人。这些起义虽然先后被辽兵镇压下去,但给予辽朝统治以沉重的打击。

2. 辽天祚朝内乱

辽天祚帝统治时期,辽朝政治黑暗达到了极点,统治集团内部互相倾轧,争取夺利愈演愈烈。乾统元年(1101年),天祚帝即位后,以北府宰相萧兀纳为辽兴军节度使、宋魏国王和鲁斡为天下兵马大元帅、北平郡王耶律淳进封郑王。乾统三年(1103年)任命耶律淳为东京留守,进封越国王。耶律淳的势力日益增长。

天庆五年(1115年)秋,辽天祚帝亲征女真。前锋都监耶律章奴乘大军渡鸭子河(今黑龙江肇县西嫩江一段)之机,带领将卒300余人返回上京,派遣耶律淳妻兄萧敌里及其外甥萧延留去南京告诉耶律淳,欲废黜辽天祚帝,改立他为帝。正当耶律淳犹豫未决之时,行宫使者乙信持辽天祚帝御札到达南京,详细叙述了耶律章奴的叛乱罪行,耶律淳决心拒绝耶律章奴等人的拥立,立即将萧敌里、萧延留二人斩首。单骑走到广平淀(今内蒙古西拉木伦河和老哈河汇流处东南)晋见辽天祚帝。辽天祚帝加封耶律淳为秦晋国王。耶律章奴见耶律淳不从,便攻打上京,夺取府库财物。带领部下至祖州(今内蒙古昭乌达盟巴林左旗林东镇西南)祭祀太祖庙,宣称起兵是为了社稷,只有废辽天祚帝立耶律淳方能挽救辽朝。然后,西去庆州(今内蒙古巴林右旗西北西拉木伦河河源白塔子)传檄州县,得到响应,众至数万。耶律章奴率众至广平淀,攻打辽天祚帝行宫。兵败后转攻上京,不克,只好向北逃走,被追兵击败。耶律章奴伪装使者欲投女真,途中为巡逻兵捕获,腰斩于市。至此,这场政变才得以平息。

辽天祚帝共有六子,其中晋王耶律敖鲁斡是文妃所生;秦王耶律定、许王耶律宁皆元妃所生。诸子中晋王最贤,素有人望。保大元年(1121年)春,元妃兄枢密使萧奉先恐秦王不得立,便派人诬告南军都统耶律余睹(文妃妹夫)结纳驸马萧昱、耶律挞葛里(文妃姐夫)等谋立晋王,尊辽天祚帝为太上皇。辽天祚帝杀萧昱和耶律挞葛里等人,赐死文妃。耶律余睹闻讯,遂引兵千余

辽中京遗址

投降金朝。辽天祚帝遣知奚王府萧遇买、北府宰相萧德恭、大常衮耶律谛里姑、归德观察使萧和尚奴、四军太师回离保各率所部急追。至闾山县（大约在今河北卢龙东）追上耶律余睹。诸将议论说辽天祚帝听信萧奉先谗言，萧奉先平素轻视我们。耶律余睹是宗室豪杰，若将他擒获，他日我们都会和他一样下场，于是按兵不动，放走耶律余睹，以追袭不及搪塞过去。耶律余睹降金后，将辽朝虚实，全部告诉金朝。金朝决心大举攻辽。同年春，辽天祚帝在金兵逼迫下西逃。耶律余睹引金兵紧追。辽天祚帝十分忧虑，萧奉先竟献计说只要杀了晋王，耶律余睹就会不战自回。辽天祚帝命晋王自尽，于是人心更加涣散。耶律余睹逼近行宫。辽天祚帝逃亡云中（今山西大同市），后入夹山（在今内蒙古包头市东）。

辽天祚帝逃入夹山，数日不通消息。在南京留守的大臣李处温与耶律大石、左企弓等人拥立耶律淳为帝。耶律淳自称天赐皇帝，以李处温守太尉，左企弓守司徒，将兵权全部交给耶律大石。降封辽天祚帝为湘阴王。耶律淳据有燕、云、平等州及辽西、中京、上京路部分地区。史称"北辽"。而辽天祚帝仅能控制沙漠以北、西南、西北路两招讨府及诸番部族而已。

耶律淳称帝仅三个月，就身患重病，自知难以痊愈，密授李处温番汉马步军都元帅，准备托付后事。这时传来辽天祚帝集中精兵5万骑入燕的消息，耶律淳急忙召集大臣商议。李处温、回离保等主张迎立辽天祚帝之子秦王耶律定，拒绝辽天祚帝入燕。南面行营都部署耶律宁反对，认为辽天祚帝和秦王是父子，拒则皆拒，自古以来哪有迎子而拒父的道理？李处温想以煽乱军心罪杀耶律宁，耶律淳不听。不久，耶律淳病危，回离保等假传圣旨命南面宰相入宫商议大事。李处温称病不去，暗中聚集勇士应变。六月，耶律淳去世，回离保率契丹兵，宣称立耶律淳妻萧德妃为太后，临朝称制，然后迎立秦王为帝。李处温父子勾结宋大臣童贯，欲挟萧太后纳土降宋。事情泄露后，李氏父子均被处死。

是年冬，金军至居庸关。耶律大石、回离保等拥兵引萧德妃出古北口，至松亭关（今河北迁安市西北）发生意见分歧，终于分道扬镳。回离保于保大三年（1123年）春，在箭笥山（今茶盆山，在河北秦皇岛抚宁区东北百里）自立，号大奚国皇帝，改元天复。不到半年败于宋将郭药师，被其部下所杀。同年夏，耶律大石与萧德妃欲西投辽天祚帝，在袭击奉圣州（今河北涿鹿）时耶律大石为金军所俘，萧德妃往见辽天祚帝。辽天祚帝将她处死。

这时，金军攻克青冢寨（今内蒙古呼和浩特市昭君墓侧），辽天祚帝诸子秦王耶律定、许王耶律宁、诸妃、公主、侍从诸臣皆为金军所俘。只有梁王耶律雅里由硬寨太保特母哥护卫逃出，往见辽天祚帝。不料梁王等人反遭猜忌。五月，军将耶律敌烈与特母哥等夜劫梁王耶律雅里北走，至沙岭，共立耶律雅里为帝，改元神历。同年十月，耶律雅里病死。辽兴宗孙耶律术烈继立，不久为部下所杀。

保大三年（1123年）九月，耶律大石从金军中逃出，往见辽天祚帝，辽天祚帝责备耶律大石拥立耶律淳。耶律大石反驳说："陛下弃国而逃，致使黎民涂炭。立十个太祖子孙为帝也不为过。"辽天祚帝无话可说。耶律大石劝辽天祚帝养兵待机而动，辽天祚帝不听。于是耶律大石在次年秋，杀北枢密使萧乙薛等，率铁骑200西去，自立为王。

保大五年（1125年）二月，辽天祚帝被金军俘虏。辽朝灭亡。

四、残暴统治惹祸端，人民奋起抗强权

1. 辽穆宗的残暴统治与各族人民的反抗

辽穆宗用了10年时间战胜了争夺权力的对手，确立了自己的统治，但他并没能很好地治理国家。他相信巫者的谎言，取男子胆调治延年药，肆意戕害人命，死者甚多；他残酷地奴役、屠杀和镇压奴隶，常以服侍不周等细故，诛杀近侍和五坊奴隶，用刑残酷。他用来镇压奴隶的酷刑有杖、斩、击、射、燎、划口、碎齿、铁梳、枭首、脔尸、剉尸、断手足、烂肩股、

辽太祖纪功碑

折腰胫等。残酷的镇压反映了奴隶反抗的强烈，也进一步激起了更强烈的仇恨与反抗。应历十九年（969年）二月，近侍小哥、盥人花哥、庖人辛古等6人合谋杀辽穆宗于行宫，结束了他的残暴统治。

辽穆宗死后，辽景宗耶律贤以宿卫不严斩杀殿前都点检耶律夷腊葛、右皮室详稳萧乌古只。但小哥等却一直没有擒获。这可能是因为这次事件牵涉面宽，参与的人多，是一次规模较大的奴隶反抗斗争，也可能小哥等的反抗活动受到某些权贵的怂恿、支持、利用，因而也受到他们的保护，直到保宁五年（973年）辽景宗的统治地位巩固，小哥才受到惩治。

辽穆宗统治时期，边疆属部也发动了抗辽起义。应历十四年（964年）十二月，北境黄室韦、乌古相继起兵反辽。详稳僧隐战败被杀。辽穆宗遣枢密使雅里斯为行军都统，合诸部兵平叛，反为室韦所败。五坊人40户也参加了乌古的反辽队伍。辽穆宗又遣秃里、女古等率轻骑进讨，同时招抚各部。乌古、室韦不受招抚，屡败辽军，斗争持续了两年多，震动了辽西境和北境。辽朝动员了诸部和群牧的兵力，才镇压了这次反抗。

2. 保宁年间渤海、乌惹的反抗斗争

渤海灭亡之后，除将其强宗大族迁往辽阳和上京附近外，还有相当数量的渤海人留居故地。渤海扶余府，太祖时更名黄龙府，仍以渤海降人为将驻扎。同时任命都监与守将共同防御，控制和监督原渤海地方。辽景宗时，黄龙府守将为渤海人燕颇。保宁七年（975年），燕颇杀辽所派都监张琚，率领当地渤海人反抗辽的统治。辽景宗遣北院大王耶律何鲁不（又作曷里必）往讨，燕颇兵败，退走乌惹城。他联合乌惹部首领乌玄明，共同抗击辽军。保宁八年（976年），乌玄明在燕颇的支持下，以乌惹城为中心，建立政权，国号"定安"（一作"安定"），年号元兴。乌玄明曾通过使宋的女真人致书宋太祖，希望与宋南北呼应。因而，宋太宗北伐燕云时，曾下诏谕乌玄明，"令张掎角之势"，牵制东北边境的辽军。保宁至统和初，辽朝迫于南边宋军的压力，不曾对乌惹大力用兵，燕颇据乌惹城达20年之久，并不断向周围发展势力。

统和十三年（995年），乌惹首领乌昭庆进攻辽属部铁骊，辽遣奚王和朔奴、东京留守萧恒德往讨，包围乌惹城，乌昭庆请降。辽军都部署奚王和朔奴贪图俘获之功，不许降。乌昭庆率军民死守，城未下。辽军无功而还，士马死伤很多，和朔奴、萧恒德因而被削去爵号。

3. 乌古、耶律敌烈和阻卜诸部的抗辽斗争

耶律速撒死后，西北形势不稳。统和十二年（994年），承天太后与辽圣宗以萧挞凛为西北路招讨使，皇太后姊、齐王耶律罨撒葛妃萧胡辇领乌古部兵和永兴宫分军驻守西北境。十四年（996年），萧挞凛诱杀阻卜诸部叛辽首领阿鲁敦等60余人，平定了诸部。十五年（997年），耶律敌烈八部又杀详稳叛辽，逃向西北边境。萧挞凛将轻骑追袭，俘其部族之半。并招降了西北地区的阻卜部落。

统和十九年（1001年），萧图玉为西北路招讨使，为了加强对西北地区的统治，上言"阻卜今已服化，宜各分部，治以节度使"。旨在将阻卜诸部纳入辽朝直接统治之下。于是，二十九年（1011年），置阻卜诸部节度使。但所置往往非才，不能安抚诸部，激化了辽与阻卜诸部的矛盾，"部民怨而思叛"。开泰元年（1012年），阻卜各部相继反叛，围萧图玉于可敦城。乌古、耶律敌烈也与之呼应，形成了又一次声势浩大的抗辽高潮。辽派北院枢密使耶律化哥前往征剿，俘获其羊马、辎重，阻卜溃逃。萧图玉遣人招谕，各部又陆续归附。

开泰二年（1013年），以东京留守萧惠为西北路招讨使。萧惠暴虐，不善绥抚，对属部和招讨司军卒临以威刑。太平六年（1026年），招讨使征兵讨回鹘，阻卜酋长直剌因未能如期到达，被杀。其子聚兵袭击萧惠，西阻卜各部又叛。都监涅鲁古（又作涅里姑）、突举部节度使谐里、阿不吕（又作曷不吕）将兵赴援，与阻卜战于可敦城西。涅鲁古、阿不吕为阻卜所杀。萧惠设

伏兵，阻卜败走。此后，阻卜各部时降时叛，加重了辽朝西北部的边防负担。

4.大延琳领导的反辽斗争

东京地区早期在东丹国统治下，享有若干特殊待遇。"自神册来附，未有榷酤盐曲之法，关市之征亦甚宽弛。"随着辽朝境内封建因素的增长，封建统治的加强，对东京地区的控制也在逐步增强。圣宗太平年间，东京户部使韩绍勋等在东京地区推行行之于南京地区的赋税制度，加重了当地负担，引起了渤海人的不满。时值南京连年饥荒，户部副使王嘉使人造船，募熟

辽代金牌

谙航海的东京民自海道运粮，赈济燕地。水路艰险，船只覆没者多。韩绍勋、王嘉等不加体恤，反而严刑峻法威逼，民心思乱。太平九年（1029 年）八月，东京舍利军详稳、渤海人大延琳利用人民的不满情绪，掀起反抗斗争。杀韩绍勋、王嘉、四捷军都指挥使萧颇得，囚禁东京留守、驸马都尉萧孝先和南阳公主崔八，自称皇帝，国号兴辽，年号天庆，设官任职，建立了统治机构。大延琳举起反辽旗帜后，一面派太府丞高吉德使高丽，以反辽建国相告，并争取高丽的援助、支持；一面派太师大延定鼓动女真起兵反辽，配合东京。

南、北女真一致响应，高丽也停止了向辽纳贡，对辽在东北的统治形成了很大威胁。同时，大延琳又遣使黄龙府、保州，争取后援。东京副留守王道平逃出辽阳，与遣往黄龙府的大延琳使者一起至行在告变。驻戍保州的渤海太保夏行美将大延琳反辽实情报告了保州统军将领耶律蒲古，蒲古杀渤海兵 800 人，断绝了大延琳的东路之援。国舅详稳萧匹敌的投下渭州（今辽宁彰武境）地近东京，遂率本管武装和家兵占据要害地点，断绝了大延琳西进之路。大延琳北方援绝，东、西都为辽军所阻，遂分兵攻沈州（今辽宁沈阳），又中缓兵之计，不克而还。

这时，朝廷也立即组织力量进行镇压。十月，辽圣宗任命南京留守燕王萧孝穆为都统，萧匹敌为副都统，奚六部大王萧蒲奴为都监，率军往讨。

先败大延琳于蒲河，然后一方面占据冲要，阻遏高丽、女真援军；另一方面追击大延琳，再败其于手山（今辽宁首山）。大延琳退保辽阳城。萧蒲奴率军讨周围各城邑。萧孝穆于东京城四周筑城堡、置楼橹，断绝东京与外部的联系，城中不得不拆屋为薪。十年（1030年），守将杨详世等擒大延琳以降，大延琳发动的反辽战争失败。

五、五代政权和与战，灭晋援汉抗后周

1. 耶律阿保机与李克用结盟

契丹人南下，首当其冲的是割据幽州的刘仁恭、刘守光父子和河东的李克用、李存勖父子。史料载："刘仁恭习知契丹情伪，常选将练兵，乘秋深入，逾摘星岭击之，契丹畏之。每霜降，仁恭辄遣人焚塞下野草，契丹马多饥死，常以良马赂仁恭买牧地。"刘守光守平州，则以欺诈手段陷契丹于被动。终刘仁恭之世，契丹人在燕蓟不曾取得重大进展。

耶律阿保机取代遥辇时，刘守光囚其父自立，刘氏骨肉相残。刘守光弟、平州刺史刘守奇率众降契丹，兄刘守文以讨逆为名，发兵击幽州，并以财物赂遗契丹，请其相助，使契丹人得以参与幽蓟地区争夺权力、土地的斗争。后梁开平五年（911年），契丹人乘幽蓟混乱之机，从刘守光手中夺取了平州。及刘守光为李存勖所逼，也遣使契丹求援，耶律阿保机因刘守光为人无信，坐视不救，刘守光终为李存勖所败。

早年，李克用曾联合契丹，与刘仁恭和朱温对抗。唐哀帝天祐二年（905年），李克用为报刘仁恭木瓜涧役之仇，曾遣人与耶律阿保机联络，双方盟于云州，易袍马，约为兄弟，开创了割据势力联合契丹打击对手的先例。耶律阿保机乘机击刘仁恭，掳掠数州。后梁开平元年（907年），李克用再会耶律阿保机于云州东城，约以共击朱温，同收汴、洛。

河南的朱温与契丹没有直接冲突，也曾遣使奉书币、衣带、珍玩，与之通好，以期牵制和削弱李氏，刘氏的势力。朱温篡唐自立后，又遣使相告。于是，耶律阿保机转而向梁求册封，朱温则以"共灭沙陀"为条件。又值李克用死，河东、契丹联兵之议遂寝。后梁开平三年（909年），李存勖向契丹借骑兵以抗朱温，契丹不应，关系恶化。

辽政权建立后，继续向河北、河东用兵，并将攻占黄河以北作为军事、政治目标。这时，燕、蓟与河东都已为李存勖所控制，辽军的南下导致了与后唐之间的多次军事冲突。

神册元年（916年），辽政权一经建立，就在掳掠突厥、党项、吐浑、小蕃、沙陀诸部后，进军朔州，掳掠蔚、新、武、妫、儒、幽、涿、定等州，并改武州为归化州，妫州为可汗州，置西南面招讨司，为管理所占州县和向西南发展势力的机构。此后，辽与后晋王李存勖和后唐发生了几次大的争夺。

2. 新州、幽州之战

晋王李存勖率军南下征后梁，以弟、威塞军节度使李存矩守新州。神册二年（917年），李存勖令李存矩招募山北部落和刘守光亡卒，支援南讨的李存勖，又令民出马，激起不满。新州兵杀李存矩，拥副将卢文进降辽。辽命卢文进再攻新州，并派30万大军增援，大败晋军，乘胜围攻幽州达半年之久。

李存勖遣李嗣源、李存审、阎宝率军增援。三将自易州北行，距幽州60里与辽军遇，"存审、嗣源极力以拒之，契丹大败，委弃毳幕、毡庐、弓矢、羊马不可胜纪，进军追讨，俘斩万计"，辽不得不仓促撤军。耶律阿保机之弟耶律撒剌也乘机背辽奔李存勖。

辽以卢文进为卢龙节度使，常居平州。此后，奚、契丹兵不时南下，而卢文进每以汉军为向导。李存勖所辖卢龙诸州，不断遭到辽军的袭扰。同时，辽军也不断袭扰云州等地，伺机大举南下。

3. 望都之战

神册六年（921年），辽太祖趁镇、定混乱之机，率军南下，与李存勖再次交锋。

十二月，耶律阿保机亲率辽军入关，下涿州，围定州。李存勖亲自率将兵救定州。天赞元年（922年）正月，双方战于沙河，

辽金面具

辽军败，耶律阿保机率众退保望都。李存勖又引兵追至，辽军又败。退至易州，"会大雪弥旬，平地数尺，契丹人马无食，死者相属于道"，辽军北撤。

辽军屡攻河北、河东，牵制了李存勖南下灭后梁的军事力量，客观上延缓了后梁覆灭。但是在与李存勖的争战中，辽方并未取得预期的进展。

天赞二年（923年），李存勖建后唐，灭后梁。耶律阿保机也改变了战略部署，暂时放弃对中原的军事进攻，转而出兵渤海，为进一步南下中原解除后顾之忧。对中原，则采纳皇后述律氏的意见，只以少量兵力袭扰燕、赵，并不深入。但是辽统治者并没有放弃南下中原的长远目标。天显元年（926年），唐明宗遣姚坤出使辽朝，见耶律阿保机于扶余府，耶律阿保机仍坚持以取得河北为条件，与后唐讲和。

4. 曲阳、唐河之战

天显三年（928年），后唐削王都官爵，以王晏球为北面招讨使、权知定州行州事。王都求救于奚秃里铁刺（秃馁），辽遣铁刺以万骑援王都，与王晏球战于曲阳，不胜，退保定州。辽援军至，王都、铁刺率军再至曲阳，辽军又败，死者过半。铁刺、王都退保定州。六月，辽又遣惕隐涅里衮、都统查刺援救定州，王晏球逆战于唐河北，援军再败，退至易州。"时久雨水涨，契丹为唐所俘斩及陷溺者，不可胜数。"败军北撤，道路泥泞，人马饥疲，至幽州，又遭幽州节度使赵德钧军邀击，涅里衮等数十人被擒。

在与李存勖、后唐的战争中，辽军屡屡失利，未能达到向南扩张境土的目标。天显五年（930年），东丹王耶律倍浮海奔唐，唐以之为检校太师、安东都护、怀化军节度使，赐姓名李赞华。

为争取后唐放回唐河之役的俘虏和东丹王，辽不再轻易对后唐用兵，并多次遣使与后唐交涉，后唐明宗也不想结怨于辽，放回了部分契丹俘虏。

契丹人引马图

5. 援立石敬瑭

天显十一年（936年），后唐末帝李从珂与河东节度使石敬瑭互相

猜忌，移石敬瑭为天严军节度使，治郓州。石敬瑭不受命，并遣使至辽求援。九月，辽太宗率5万骑，号称20万，自扬武谷（今山西朔县南）南下，至晋阳，与后唐兵战于汾水，后唐军大败，太原四面招讨使张敬达等被围于晋安寨。后唐末帝李从珂问计群臣，吏部侍郎龙敏请立李赞华为契丹主，自幽州送归辽境，使辽太宗有后顾之忧，必无心恋战，然后选精锐奋击，可解晋安之围。群臣恐其无成，计竟不行。

后唐遣将自洛阳、魏州、幽州、耀州等地趋山西救晋安，卢龙节度使赵德钧父子欲乘乱取代后唐，逗留不进，伺机兼并诸军，扩充实力。赵德钧密与辽太宗联络，要求立己为帝。晋安被围数月，城中食尽，援军不至，副将杨光远杀张敬达出降。晋安失守，后唐军解体，后唐末帝自焚死。十一月，辽太宗作册书立石敬瑭为大晋皇帝。石敬瑭称臣于辽，尊耶律德光为父，割幽、蓟、云、朔、蔚等十六州给辽，每年向辽供帛30万匹。

从此，辽朝境土扩展至河北、山西北部。中原失去了古北、居庸等天险。后晋成了辽朝的附庸。这对辽朝政治、经济、军事、文化的发展和国力的增强都具有十分重要的意义。石敬瑭依辽为后盾，稳定了对中原地区的统治。因此，他对辽太宗奉命唯谨，每有辽使至，必拜受诏敕。吉凶庆吊，岁时赠遗玩好珍异，相继于道。太后、太子、诸王、大臣处也多有馈遗。小不如意，辽便遣使责问，石敬瑭则卑辞逊谢，故终石敬瑭之世，辽晋间少有嫌隙。会同五年（942年），石敬瑭死，侄石重贵立，辽晋关系恶化。

6. 灭晋之役

石敬瑭死后，后晋群臣在向辽奉表告哀的问题上发生分歧。同平章事、侍卫亲军都指挥使景延广主张致书称孙而不称臣；中书侍郎、同平章事李崧则主张依旧称臣，以避免战事再起。石重贵终从景延广议，"朝廷遣使告哀契丹，无表致书，去臣称孙"。辽大为不满，遣使问故。景延广又口出狂言，激化了辽与后晋的矛盾。后晋平卢节度使杨光远因与景延广有隙，暗通辽朝，鼓励辽对晋用兵。赵德钧之子赵延寿更希望借机实现多年的梦想。

会同六年（943年）十二月，辽太宗至南京，集山后（指太行山北段西北地区）及卢龙兵5万，命赵延寿等由沧、恒、易、定等州分道而进，六军继之。七年（944年）正月，辽军攻陷任丘、贝州；围忻、代，东路军前锋已达黄河西岸、北岸，与后晋兵相持于澶、魏间。三月，因后晋军势尚盛，撤军，留赵延寿守贝州。十一月，辽太宗征兵诸道。十二月，再次大举南下。八年（945年）正月，连下邢、洺、磁三州，入邺都。后晋军与辽军战于漳水南，辽军撤退，石重贵下诏亲征。二月，后晋诸军会于定州，取泰州（今河北保定）、满城、遂城。辽回军反攻，后晋军退守定州。辽军两次出兵均无进展，辽太宗退回南京，整肃军纪，杖责出战不利者。

辽墓壁画

　　会同九年（946年）七月，再征诸道兵。九月，诸军集于南京枣林淀。辽使赵延寿诈降，约后晋军接应，将后晋军调往河北。十一月，辽军再举，后晋北面行营招讨使杜重威军败瀛州。辽军自易、定趋恒州，双方夹滹沱河陈兵对阵。河北辽军"夜则列骑环守，昼则出兵抄掠"，辽太宗则"自将骑卒夜渡河出其后，攻下栾城，降骑卒数千"，凡获晋民，皆黥其面为"奉敕不杀"，运夫在道遇见，皆弃车惊走。杜重威等与外界隔绝，探报不通。奉国都指挥使王清率9000步卒突围，后军不继，王清战死。十二月，杜重威以20万大军降辽，后晋军精锐尽失。辽遣后晋降将张彦泽与御史大夫解里、监军傅住儿（《辽史》作桂儿）将2000骑持诏入汴，石重贵奉表降。辽先后三次兴兵，历时三年，终于灭亡后晋，实现了占领黄河流域的夙愿。

　　会同十年（947年）正月，太宗入汴，令石重贵举族北迁，并对群臣说："自今不修甲兵，不市战马，轻赋省役，天下太平矣。"二月，改国号大辽，年号大同。但是，为解决军食，契丹人四出打草谷。辽太宗又命判三司刘昫筹措钱帛犒军，括借都城和诸州吏民财物，群情骚动。各地吏民多杀辽所任官，太原刘知远也乘机称帝自立，辽未能真正控制中原局势。

　　三月，以萧翰为宣武军节度使留守汴梁。四月，辽太宗北归，载后晋图籍、卤簿、法物等，以晋百官、方技、百工从。辽大军北归后，中原汉

宫、汉将多投靠刘知远，萧翰与中京留守麻答（耶律拔里得）弃汴梁、镇州、北归草原，辽灭晋所得州县旋复失去。

7. 援汉抗周

大同元年（947年）二月，后晋北平王刘知远在太原即位，六月改国号汉。天禄五年（951年）正月，后汉天雄军节度使郭威灭汉建周，这是五代的最后一个政权。刘知远从弟刘崇不承认后周，在太原建立北汉。北汉、后周都遣使与辽结好。辽世宗选择了北汉，以"书辞抗礼"为由，留后周使姚汉英。六月，遣使册封刘崇为大汉神武皇帝，北汉成为辽朝在中原的又一个附庸，并得以依辽与后周抗衡。九月，北汉自团柏谷出兵击后周，辽世宗率军南下相助，诸部厌战，辽世宗强行发兵，至新州，为泰宁王察哥所杀。

辽穆宗继续奉行援汉抗周的政策。十月，北汉出兵与后周争夺晋（今山西临汾）、绛（今山西新绛），辽彰国军节度使萧禹厥率契丹、奚军5万人援。此后，仍不断派兵掠夺河北州县，并伺机兴兵南下。应历四年（954年），郭威死，北汉乘机大举击后周，遣使向辽请兵，辽遣武定军节度使、政事令杨衮将万骑至晋阳，配合北汉军自团柏谷趋潞州，与后周激战于高平。由于刘崇轻敌，不使辽军参战，后周军拼死力战，北汉大败而归。刘崇忧愤成疾，以子刘承钧监国。五月，刘崇死，刘承钧即位，奉表向辽穆宗称男，成为自石敬瑭之后的又一个儿皇帝。受北汉、辽联兵的威胁，后周则不得不把防线南移至胡芦河（今河北深州市、冀州市间衡漳水）。

这时，后周意在灭汉，却不愿与契丹发生直接冲突。晋阳之战后，北线退守胡芦河，与辽、北汉相持。军锋则转而南向，同南唐、后蜀争夺淮北和陕南。立国于金陵的南唐希望借助辽朝的力量牵制和削弱中原势力，同辽一直保持着联系。后晋时，制造事端，暗杀辽使，嫁祸于后晋，蓄意离间辽、后晋关系。后周时，仍不断遣使与辽相结，约为兄弟。应历六年（956年）、应历七年（957年），南唐屡遭后周攻击，多次遣使向辽求援。辽朝只重视与南唐的经济往来，对它的军事要求不过虚与周旋而已。当后周致力于淮南时，北汉与辽又联兵乘机南下，夺取潞州，依旧无功而还。应历八年（958年），后周结束南征，回师北向。应历九年（959年）四月，后周世宗亲率大军自沧州沿水路入辽境，辽益津关、瓦桥关守将和莫州、瀛州刺史举城降，辽关南二州十县地入后周。后周世宗改瓦桥关为雄州，改益津关为霸州。从此，辽失去了十六州中的瀛、莫二州。

六、辽宋对峙数交恶，澶渊之盟战事休

应历十年（960 年），后周殿前都点检赵匡胤取代后周，建立北宋。从此中国历史进入了辽宋对峙时期。北宋初年，在审慎分析当时全国形势后，决定暂时放弃北进的军事目标，采取先南后北的方针，集中力量消灭南方割据势力，对辽采取守势。辽穆宗也无意进取，双方没有直接的利害冲突。而当北汉遭到宋军攻击时，必向辽求援，辽也必出兵相助。正是这种支持，使北汉得以苟延残喘 20 年。

辽景宗保宁六年（974 年），辽主动调整与宋的关系，命涿州刺史耶律琮与宋议和，得到了宋朝的响应。双方开始通好，互派使节，吉凶节日皆有庆吊馈遗，沿边任人互市。九年（977 年），宋在镇、易、雄、霸等州置榷务，加强了对互市的管理。但这种和好的局面只维持了 5 年，当宋朝削平南方割据政权回军北向后，辽宋关系开始恶化，直至澶渊之盟签订，双方才进入和平交往时期。

1. 抗宋战争

开宝二年（969 年），二月，辽世宗第二子耶律贤（辽景宗）率领侍中萧思温、飞龙使女里和南院枢密使高勋等领甲兵千人，赶到辽穆宗枢前即皇帝位，改年号为保宁。辽太宗次子耶律罨撒葛逃入沙陀。辽朝皇权由此又转到耶律倍、辽世宗一系。

辽景宗即位后，将拥立他的萧思温和高勋分别任北院和南院枢密使。萧思温封魏王，高勋封秦王，又任命他早已交结的汉人

辽金花银唾盂

韩匡嗣（中书令韩知古之子）为上京留守。亲信贵族耶律贤适封检校太保，辽景宗由此组成了他的统治集团。

但是，这个统治集团的内部，又很快地出现了相互倾轧的争斗。保宁二年（970年），统领汉军的南院枢密使高勋和飞龙使女里合谋，指使萧海只、萧海里等刺杀了北院枢密使萧思温。辽景宗处死了萧海只、萧海里等凶手。随即任命耶律贤适为北院枢密使，并且把即位前的侍卫组成为挞马部，以加强皇权。高勋、女里到978年才被处死。

辽景宗即位后，宋太祖赵匡胤即领兵攻打北汉，辽出兵援汉，宋兵退走。保宁六年（974年），辽宋议和。十一月，宋太祖病死，宋太宗赵光义即位。保宁十一年（979年），宋太宗亲领大兵攻太原。耶律沙、耶律敌烈与宋兵战于白马岭，耶律敌烈战死，辽兵大败。六月，北汉帝刘继元降宋。北汉是辽朝的属国，宋灭北汉，是辽朝一个惨重的失败。宋太宗乘胜向辽南京进攻。驻在南京的北院大王奚底与南京留守韩德让（韩匡嗣子）合力防守。奚底出战，南京城被宋兵围困，韩德让登城坚守，辽景宗命惕隐耶律休哥代奚底领兵。

七月，耶律沙自太原退兵来援，与宋军战于高梁河（今北京外城一带），耶律休哥与南院大王耶律斜轸从后面分兵合击，宋兵大败，宋太宗乘驴车仓皇逃走，韩德让乘胜出击。此次战役被称为高梁河之战或幽州之战，宋军损伤惨重，而辽兵则转败为胜。九月，辽景宗以燕王、摄枢密使韩匡嗣为都统，反攻南伐。十月，韩匡嗣与耶律休哥等与宋兵战于满城。韩匡嗣指挥失误，辽兵大败。耶律休哥力战退敌。辽景宗下诏责备韩匡嗣，赏赐耶律休哥，任命他为北院大王，总领南面戍兵。

辽乾亨二年（宋太平兴国五年，980年）十月，辽景宗到南京，领兵攻宋，围瓦桥关。耶律休哥斩宋守将张师，追击宋兵，至莫州还军。

辽景宗击败了宋朝收复燕云的企图，巩固了对这些地区的统治。

2. 高梁河之战与燕云之战

辽景宗乾亨元年（979年），宋灭北汉。七月，宋太宗乘胜率师北征，意欲收复后晋割让与辽的燕云诸州，引起辽宋正面冲突。宋军一路东进，辽易州、涿州守将开门迎降。宋军直抵南京城下，宋太宗驻跸城南，分兵遣将，备御东南，攻击西北。辽五院详稳奚底、统军使萧讨古和乙室王撒合与宋军战于沙河，辽军失利。蓟、顺二州又降。辽南京守军人数不多，留守韩德让率军民坚守，城垂陷，惕隐耶律休哥和南院大王耶律斜轸将五院、六院援军赶到，左右夹击，败宋兵于高梁河。同时宋军发生哗变，宋太宗仓促撤军，为辽军追袭，乘驴车逃归。此即高梁河之战，也称围城之役。

乾亨四年（982 年），辽景宗死，圣宗隆绪幼年继位。宋君臣认为："契丹主年幼，国事决于其母，其大将韩德让宠幸用事，国人疾之"，正是北伐的绝好时机。于是宋太宗决定再次出兵，收复燕云。统和四年（986 年），宋大举兴兵，三路北伐。以天平军节度使曹彬为幽州道行营前军马步水陆都部署，侍卫马军都指挥使、彰化军节度使米信为西北道都部署，出雄州；侍卫步军都指挥使、靖难军节度使田重进为定州路都部署，出飞狐，检校太师、忠武军节度使潘美为云、应、朔等州都部署，出雁门。并选在辽帝春捺钵的三月出师。辽方初无戒备，宋东路军曹彬连下岐沟（今河北涿州市西南）、涿州、固安、新城，军声大震。西路潘美兵进寰、朔、云、应等州。中路田重进出飞狐北，俘辽西南面招讨使大鹏翼等，进军飞狐、灵丘、蔚州。辽遣宣徽使蒲领（耶律阿没里）驰援，同时征兵诸路，下诏亲征。南京留守、于越耶律休哥避开宋军兵锋，乘夜以轻骑出两军间，杀其单弱以胁其余众；昼则以精锐虚张声势，使宋军疲于防御；同时设伏于林中，绝宋粮道。曹彬以粮饷不继，退师雄州。五月，闻中、西两路进展顺利，再回师涿州。所带军粮又尽，而辽亲征军已至，东路军再退。辽军追至岐沟关，宋军大败，溺死于拒马河者不可胜计，弃戈甲若丘陵。西路军撤退时又失大将杨继业。

高梁河和燕云两次大战的胜利，巩固了辽对河北、河东北部的统治。宋朝两次北征失利后，也放弃了武力收复燕云的方针。此后，宋对辽取守势，而辽却不时伺机南下，掠夺河北州县，向南扩张境土。当辽圣宗巩固了统治地位以后，又开始大举南下，与宋争夺河北了。

3. 澶渊之盟

统和十七年（宋真宗咸平二年，999 年），辽军南下，于瀛州俘宋高阳关都部署康保裔。十九年，又胜宋军于淤口、益津。二十一年（1003 年），南京统军使萧挞凛攻入望都，俘宋副部署、殿前都虞候、云州观察使王继忠。二十二年九月，辽圣宗、太后萧绰亲率大军南下，攻遂城、望都、

辽墓壁画

祁州、定州、瀛州，下德清，兵临澶州城下，宋廷震动。在宰相寇准的主持下，宋真宗亲征，双方隔河对阵。辽将萧挞凛出营，误触宋军伏弩，重伤致死，辽军士气受挫。王继忠乘间调停，主南北议和。他致书宋真宗，通报辽方有息民止戈之意。宋真宗也复书愿息战以安民。于是，议和使者频繁往来。辽要求收回后晋所割关南地，宋则取寸土不让而不惜金帛的方针。经反复谈判，终于以宋方向辽提供助军银帛达成协议，从此双方结束军事对峙状态。

澶渊之盟规定：

（1）辽宋为兄弟之国，辽圣宗年幼，称宋真宗为兄，后世仍以世以齿论。

（2）以白沟河为国界，双方撤兵。此后凡有越界盗贼逃犯，彼此不得停匿。两朝沿边城池，一切如常，不得创筑城隍。

（3）宋方每年向辽提供"助军旅之费"银10万两，绢20万匹。至雄州交割。

（4）双方于边境设置榷场，开展互市贸易。

既为兄弟，吉凶庆吊，生辰节日，便当互派使节，双方经济、文化联系加强。澶渊之盟是在辽、宋都无力完成统一的情况下签订的和平协议，它使双方从互相对峙，转为和平往来，统治者得以巩固各自的统治地位，致力于境内的治理。人民也得以免受战乱之苦，有了从事生产的和平安定环境。此后120年间，辽宋不曾兵戎相见。

契丹人十分重视与宋朝的友好关系。澶渊之盟后，宋使首次入辽，"所过州县，刺史迎谒，命幕职、县令、父老送于马前，捧卮献酒。民庶以斗焚香迎引，家置盂勺浆水于门。令接伴使察从人中途所须即供应之。所至民无得鬻卖物受钱，违者全家处斩。行从刍秣之事，皆命人掌之"。此后，对宋使也非常热情，每有宋使入辽，辽朝大臣必争相问慰，并一一询问前曾使辽诸人平安与否，令宋使十分感动，回宋后纷纷上言建议宋方也应依例热情对待辽使。辽圣宗恪守信誓，对宋"岁献方物，皆亲阅视，必使美好中意，守约甚坚，未尝稍启边衅"。

辽兴宗即位后，自视国力强盛，又欲广土扩地，再立新功。于是，在萧惠、刘六符等人的主持下，又欲谋取后周占领的二州十县。

4. 关南十县的交涉

西夏建国后，连续在三川口（今陕西安塞东，延川、宜川、洛川三水汇合处）、好水川（今宁夏隆德东）大败宋军，宋朝的军力被牵制在西北。辽君臣认为"宋人西征有年，师老民疲"，正是取关南十县的大好时机。重熙十年（宋仁宗庆历元年，1041年）十月，宋河北转运司得知辽朝的动向，请调民夫修河北21城，又给辽朝遣使出师提供了借口。次年正月，辽朝遣南院宣徽使萧特末（又作萧英）和翰林学士刘六符使宋，指责宋于河北"填塞隘路，开决塘水，添置边军"，要求宋交还关南十县。同时会兵南京，声言南伐，以武力为谈判后盾。宋朝一面调兵、遣将、买马、修路、治河、屯粮，做军事防御的准备，一面派出谈判使者，并坚持许和亲、岁币而不许割地。

六月，宋使富弼、张茂实至辽。弼以"北朝与中国通好，则人主专其利而臣下无所获，若用兵，则利归臣下而人主任其祸"的道理打动辽兴宗，使其接受金帛而放弃军事行动。九月，在澶渊之盟的基础上，再定盟约。辽放弃对关南十县的要求，米则"别纳金帛之仪，用代赋税之物，每年增绢一十万匹，银一十万两"，并迫使宋朝将所输银绢名目改为"纳""贡"。

5. 河东地界之争

澶渊之盟签订之初，辽宋双方都能谨守条款，少有争执。和平既久，边民或有互相越界耕牧的情况发生，或由边民典卖土地导致边境地界不明。宋朝一边能及时督促地方官员，约束百姓，避免生事。辽朝则对边民侵占边地的行为不加约束。重熙年间（宋康定、庆历年间），因辽边民过境耕种，侵占宋境，宋地方官曾上奏本朝，请旨定夺，宋仁宗认为宋辽"和好多年，不欲争竞"，曾与辽朝重新划定朔州一带地界，将朔州原定疆界自六蕃岭南移至黄嵬大山北麓。宋朝的迁就姑息助长了辽边民向南侵占耕地的行为，

辽道宗咸雍年间，仍屡有辽人南向侵耕宋界土地，双方也曾派员再次明确地界。此时，河北有边民违约在界河捕鱼，河东则发生了咸雍、大康年间的地界之争。

宋神宗即位后，起用王安石实行新法，以期富国强兵。为了钳制西夏，派遣王韶经营熙州（今甘肃东乡族自治县西南）、河州（今甘肃临洮）、洮州（今甘肃临潭）地区，成功地招抚和征服了这一带的吐蕃部落，增强了宋朝在黄河上游地区的实力，对西夏的西部形成了一定的威胁，也直接影响了辽利用西夏牵制宋的效果。宋夏双方再定誓约，关系也趋于缓和。为了分散宋经略河西的精力，试探宋方的虚实，辽朝以宋边民侵耕辽属土地为借口，挑起了河东地界的纷争。咸雍十年（宋熙宁七年，1074 年），辽遣林牙萧禧使宋，指责宋朝在"雄州拓展关城"，在应、朔、蔚州辽境一边"营修戍垒""存止居民"，要求双方派员"同共检照"。宋神宗许以雄州"创盖楼子箭窗等，并令拆去"，又先后两次遣使至河东边界与辽方共同勘验地界，都没能解决问题。萧禧违制留居宋境不归，宋神宗忧形于色，以"国家与契丹通和年深，终不欲以疆场细故有伤欢好大体"为由，满足了辽的要求。除重熙年间新定地界外，又承认了辽在应州、武州南界侵占的宋边地。熙宁八年（辽大康元年，1075 年）遣知制诰沈括使辽回谢，次年双方再遣使按新定地界重新分划，九年各开壕立堠置铺，宋又向辽出让了大片领土。辽此次与宋交涉，前后历时三年，不论是谈判还是划界立标，多有故意拖延的情况，其根本目的当不在得地，而在窥探宋方的军事动向，以确保自身的安全和采取相应措施。

自澶渊之盟后的多次地界交涉，都是以谈判方式解决的。辽方深知宋迫于西夏的军事压力，不愿与辽重开战局，屡以政治手段向宋方施压，同时以武力解决虚声恫吓，冀以在不破坏盟约的前提下，得到更多的实惠。这一点，不少宋人也看得很清楚，李焘"契丹实固惜盟好，特为虚声以动中国"的认识，是符合实际的。由于辽朝君臣充分掌握和利用了宋朝的这一弱点，故每次都能如愿以偿。

七、左右逢源夏与宋，辽方坐收渔人利

西夏是党项贵族建立的政权，同宋辽双方都有密切关系。辽朝成功地利用了西夏同宋朝的矛盾与军事冲突，在辽、宋、夏三方角逐中得以坐收渔人之利。

1. 册封李继迁，降伏党项割据势力

宋朝建立后，割据银、夏诸州的党项贵族曾与之建立联系，受宋册封，并曾帮助宋朝攻击北汉，乾亨四年（宋太平兴国七年，982年），党项首领李继捧因不能解决党项贵族间的矛盾冲突，入朝并请留住宋京师，献所辖州县。宋太宗征党项贵族入朝，激起李继捧族弟李继迁的不满。李继迁率所属逃往夏州东北地斤泽（今内蒙古鄂尔多斯市巴彦淖尔），组织武装力量，与宋对抗。统和二年（宋雍熙元年，984年），李继迁为宋军所败。次年，李继迁组织反攻，占领银州，自称定难军留后。为了增强与宋对抗的实力，李继迁决定依附辽朝。统和四年（986年），向辽称臣。辽十分重视李继迁的内附，遂授他为定难军节度使、银夏绥宥等州观察处置等使、特进检校太师、都督夏州诸军事，并将王子帐节度使耶律襄之女耶律汀封为义成公主许嫁李继迁，赐马3000匹。统和八年（990年），辽遣使封李继迁为夏国王。李继迁在依附辽朝的同时，并不彻底断绝与宋的交往，或因受到宋的军事压力，或希冀来自宋的经济实惠，随时都会向宋请降。所以辽与夏间也不时发生战争。统和九年（991年）宋兵致讨，李继迁奉表降宋，宋授他银州观察使。当军事压力稍减，李继迁又将宋所授敕命转交给辽，连李继捧也附辽接受册封。不久李继迁又暗中与宋通款，辽朝遣使责问，李继迁托以西征，避

辽银制錾双凤纹令牌

匿不出，辽遂大掠银州。

统和二十二年（1004年），李继迁死，子李德明立，遣使纳贡，借助辽朝的外援，巩固对本部的统治，辽仍封他为西平王，统和二十八年（1010年）再封为夏国王。李德明受册封，使辽得以安抚境内的党项部落。开泰二年（1013年），辽属部分党项部落叛辽逃往黄河北，其余各部也相继逃离，有的投靠西夏。李德明顾惜与辽朝的臣属关系，拒不接纳。辽朝兴兵讨叛时，又下诏令李德明东击以配合辽军。但是，李德明为加强对内统治的需要，对辽、宋取等距离交往的政策，也得到宋朝定难节度使、西平王的册封，并从宋朝得到银、帛、钱各4万，茶2万斤的岁赐。辽与李德明间时有摩擦，他对辽圣宗出兵配合追讨叛逃部落的诏令不予理睬，并阻止吐蕃使者借道西夏通贡于辽。此时，辽宋间已定立盟好，对李德明的两属方针辽方并未提出异议。辽兴宗景福元年（1031年），又将兴平公主嫁与李德明子李元昊，封李元昊为驸马都尉、夏国公。当年，李德明死，李元昊立。李元昊改变其父的做法，采取依辽为援、与宋对抗的方针，同时积极筹划建立独立的政权。

2.西夏政权建立，辽夏关系恶化

重熙元年（1032年），辽册封李元昊为夏国王。同时李元昊也接受宋的册封，他在父祖两代割据经营的基础上，继续向西与吐蕃争夺河西和青海，向东、南攻打宋朝的麟、府、环、庆诸州。重熙七年（1038年）正式建国称帝，国号大夏。

李元昊遣使以建国告宋，仍请册封，未获应允。宋仁宗下诏削夺李元昊官爵，停止互市，募人擒杀李元昊，宋夏关系恶化。李元昊认为：夏与辽联姻通使多年，宋与辽也有和平协议，宋朝若出兵西夏，辽方定不会坐视。于是他有恃无恐地不断骚扰宋朝边镇。重熙九年（1039年），夏军攻下金明寨（今陕西延安西北），围延州（今陕西延安），在三川口大败宋军，俘宋鄜延、环庆副都部署刘平和鄜延副都部署石元孙。

宋朝在讨论对夏的攻守之策时，也充分考虑辽朝的态度。知延州范雍主攻，认为宋朝久以恩信对待辽朝，可遣一介之使，令其出师相助。如败李元昊，则增金帛10万与辽。于是，宋先遣使以出师伐夏相告。

辽朝的态度却出乎夏宋双方所料，它态度超然，不倾向任何一方。重熙十年（1041年），宋兵败于好水川，西夏遣使献宋俘，辽的态度随之明朗了。次年，辽遣使至米，指责宋朝兴兵伐夏，俨然以西夏的宗主、保护者的身份与宋交涉，以此作为索要关南十县的借口，迫使宋每年增加20万匹两的岁币。

辽朝既已从宋夏交兵中得到了实惠，又知宋不会对己构成军事威胁，而西夏军事力量增长却于己不利。于是，将防御的重点转向西夏，一方面限制边境吐蕃、党项向西夏卖马，另一方面遣使令西夏与宋讲和，又开始对夏行使宗主国的权力和为宋扮演调停人的角色。辽与宋的矛盾冲突缓和而同夏的关系开始紧张。

3. 河曲之战

李元昊建立政权的最大障碍来自宋朝，辽对他的自立并未多加干涉，对宋的战争也得到了辽方的默许，甚至怂恿。为了得到辽朝的支持，在政权建立之初，李元昊对辽态度还算恭顺，按例朝贡马、驼，战胜献俘，同时也按辽的意志与宋讲和。但随着辽朝态度的转变，李元昊的不满情绪也在与日俱增。

李元昊与宋议和，尽管有其自身的原因，但辽态度的反复也令他十分不快，因而时出怨言。重熙十二年（夏天授礼法延祚六年，1043年）七月，夏遣使向辽上表，再请伐宋，辽仍不从，李元昊当然失望。于是，他开始争取辽属党项部落。

重熙十三年（1044年），辽属夹山党项岱儿族（呆儿族）人叛辽附夏，被李元昊收容。既而辽山西部族节度使屈烈又以五部叛入西夏，辽西南面招讨都监罗汉奴发所部兵往讨，李元昊又出兵接应屈列，辽军失利。辽朝责令放还叛部，李元昊非但不遣，反而自称西朝，称辽为北边，摆出分庭抗礼的姿态。辽兴宗遂下诏征诸道

辽三彩凤纹皮囊

兵以讨李元昊，并拘留和责罚夏使。七月，遣使以伐夏告宋，书称"元昊负中国当诛，故遣林牙耶律祥问罪，而元昊顽犷不悛，载念前约，深以为愧。今议将兵临战，或元昊乞称臣，幸勿亟许"，作出为宋兴兵以伐不臣的姿态，实则担心宋趁辽夏交兵与李元昊修好。九月，大军会于九十九泉，以皇太弟耶律重元和北院枢密使萧惠为先锋，举兵西征。

西夏不愿与辽战，辽军既出，李元昊立即上表谢罪，同时遣使贡方物，表示愿归还所收容的党项部落。并亲率所纳党项，送往辽军。北院枢密副使萧革责备他纳叛背盟，李元昊伏罪，遂赐酒遣还，许以自新。但辽君臣认为"大军既集，宜加讨伐"，于是诸军继进。辽军三路渡河，辽兴宗入夏境400里不见夏军迎战，遂军于河曲得胜寺。北路萧惠与李元昊战于贺兰山北，接连获胜，辽军兵数益多，李元昊请降，不许。夏军连续三次退却，每退，必纵火烧草，使辽军马无所食。待辽师老兵疲，夏军组织反攻，时"大风忽起，飞沙迷目，军乱，夏人乘之，蹂践而死者不可胜计"。北路军既败，李元昊又回师至河曲击南路，驸马都尉萧胡笃被俘。夏乘胜请和，归还所俘，称臣纳贡如故。

但是，辽兴宗深以河曲之败为憾，必寻找时机以图报复。不久，双方再次交兵。

4. 贺兰山之战

重熙十七年（1048年），李元昊死，不满周岁的儿子李谅祚即位，辽兴宗终于得到了报仇雪耻的机会。

重熙十八年（1049年）正月，辽拘留西夏贺正使，停李谅祚封册。同时遣使宋朝，以伐夏相告，宋则照例献赆礼。七月，以萧惠为河南道行军都统，耶律敌鲁古为北道行军都统，辽兴宗自统中路，再次兴兵伐夏。萧惠自河南进，认为夏军主力必直取界路迎击辽兴宗，故不设备，所率"战舰粮船绵亘数百里。既入敌境，侦候不远，铠甲载于车，军士不得乘马"。不意夏军突至，辽军猝不及防，兵将不及被甲，仓皇逃走，死伤惨重。北路进至贺兰山，俘李元昊妻和西夏官僚家属，小胜夏军。

重熙十九年（1050年）三月，殿前都点检萧迭里得败夏军于三角川。辽兴宗又诏西南面招讨使萧普奴等率师伐夏，"不与敌遇，纵军俘掠而还"。

夏人连续遣使要求依旧称藩，贡献马、驼、牛、羊等物。辽终于可以向宋夸示胜利了，遣使向宋赠送战利品。重熙二十三年（夏福圣承道二年，1054年），辽、夏和议成。

辽虽然两次伐夏均以先胜后败或小胜大败告终，但它毕竟有较强的军事、经济和政治实力，西夏难于与之持久抗争。河曲之战时，宋与夏正在议和。宋朝一方面致书西夏，称"当顺契丹如故，然后许汝归款"；另一方面向辽送去赆礼，并称"已诏元昊，如能委谢辕门，即听内附，若犹固拒，当为加伐"。但私下却筹划"速行封册，使元昊得以专力东向，与契丹争锋"，希望辽夏"自相杀伐，两有所损"。于是重熙十三年（1044年），宋封李元昊为夏国主，宋、夏和议成。通过宋夏、辽夏和议的签订，夏成为辽、宋双方的臣属。它无力取得与辽、宋平等的地位，不能不接受这一既成事实。但是，西夏不敢轻易对辽动武，却不断袭扰宋朝边境，这就使辽得以坐制宋、夏两方。辽朝既不能以武力征服西夏，又重视与宋朝的和好，还可以利用宋、夏矛盾从中渔利。所以，尽管在对夏战争中两次失利，却是三方中得利最多者。这一结局客观上对巩固辽夏、辽宋、宋夏的既定关系都有好处，也稳定了辽、宋、夏鼎立的局面。

5. 辽夏宗藩关系稳定发展

经受辽朝两次军事打击后的西夏，实力已大不如前。自辽兴宗与夏毅宗重定和议后，"夏国事之极为恭顺"，辽夏宗藩关系稳定发展，夏对辽的依赖增强。为了加强同辽朝的关系，西夏除定期朝贡和遣使庆吊外，还迎合辽朝君臣笃信佛教的需要，多次遣使献回鹘僧、金佛和佛经。辽朝也得以再次利用西夏牵制宋朝。同时向西南发展势力，与吐蕃董毡部落和亲，借以牵制夏、宋。

西夏有辽朝为后盾，得到辽的默许、怂恿甚至支持，得以有恃无恐地骚扰宋朝边境，宋夏间的和平局面维持不到20年。1067年（辽咸雍三年，宋治平四年，夏拱化五年），宋神宗即位，七月，知青涧城种谔突袭西夏，收回绥州，宋、夏战事再起。宋神宗采纳王韶"欲取西夏，当先复河、湟"的建议，一方面与夏议和，另一方面致力于河、陇，同西夏、辽争夺吐蕃部落。宋以王韶兼管勾秦凤路缘边安抚司，负责招纳蕃部、市易、营田等事。

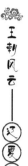

定窑人首鱼龙壶

王韶先后取熙、河、洮（今甘肃临潭）、岷（今甘肃岷县）、叠（今甘肃迭部）、宕（今甘肃宕昌）等州，降抚吐蕃俞龙珂（包顺）、瞎药（包约）、瞎吴叱（赵绍忠）、巴毡角（赵醇忠）等部，加强了宋在甘肃一带的实力，对西夏构成了很大的威胁。辽朝挑起的地界之争无疑牵制了宋朝的战略部署，宋朝也终因辽朝之故，不敢轻易加兵于夏。

辽大康七年（宋元丰四年，夏大安八年，1081年），夏惠宗李秉常为其母所囚，宋大举伐夏，期在荡平。夏求救于辽，辽朝国内政局不稳，未能派兵助战，只在宋军兵败撤军后，令涿州致书于宋问兴兵之由。

此后，夏屡受宋朝攻击，银、夏、宥诸州曾一度为宋军攻陷。夏多次向辽求援。此时辽境内也爆发了阻卜诸部的反抗斗争，自顾不暇，只好连续遣使至宋为夏人请和，同时要求西夏配合讨伐拔思母等反叛部落。

此时，辽、夏国力都已大不如前，宋朝实行变法后实力却有所增强，宋徽宗在王韶经营熙河的基础上，继续招抚西蕃部落，加强了对西夏的军事压力，夏崇宗李乾顺多次遣使向辽求援，为了表示恭顺，密切与辽的关系，还不断恳请尚主，自大安八年至乾统五年（夏天祐民安三年至贞观五年，1092—1105年），夏求援使者不绝于途。辽天祚帝即位后，辽朝既不能向夏提供军事援助，只好利用祖宗的影响，遣使为夏请和，并于乾统五年（1105年）将族女南仙封为义成公主，嫁与李乾顺，以巩固辽夏关系。宋朝一贯认为，要解除辽的威胁，必须先制伏西夏。当辽、夏均已衰弱之际，宋朝的态度却强硬起来。乾统六年（1106年），辽遣参知政事牛温舒为夏请和，宋朝虽许和，却绝不归还所攻占的西夏土地，辽朝也无能为力。

由于辽朝的支持和调停，李乾顺得以维持其统治。尽管辽朝的统治也已朝不保夕，辽夏关系却依然密切。辽天祚帝在金朝强大的军事压力下走投无路时，李乾顺还曾派兵援助，并遣使请辽天祚帝到西夏避难。辽天祚帝被金军逼往夹山，也正是在逃往西夏的途中被金军俘获的。

八、侵略外族屡兴兵，东征西讨欺弱邻

1. 辽对邻族的侵略

建国后，耶律阿保机继续不断地向周围邻族和地区展开了大规模的掠夺和扩张。以武力压服了邻近的奚、室韦等部族，取得了一部分突厥故地。耶律阿保机还以武力西征突厥、吐谷浑、党项、沙陀等部，俘获无数的人口和驼马牛羊。契丹政权的领地，西达甘州（今甘肃张掖），西北至鄂尔浑河。耶律阿保机又南下侵入中原地区。当时中原正处于混乱时期。神册六年（921年），耶律阿保机率大军冲入居庸关（今北京市昌平西北云台），攻陷了檀州（今北京市密云）、顺州（今北京市顺义）等10多个城市。耶律阿保机还亲自率领皇后述律氏、太子耶律倍、次子耶律德光等东征。汉族知识分子韩知古、康默记、韩延徽等人，成为辽太祖的重要帮手，随军出征，终于在天赞五年（926年）年初占领扶余城（今吉林农安），吞灭了辽东的渤海政权。耶律阿保机改渤海为"东丹"，即东契丹的意思，并封太子耶律倍为东丹王，统治具有较高封建文明的渤海故地。渤海故地出产粟米、布、马匹等，是农业生产比较兴旺的地区。耶律倍采用"权法"建立各项制度。七月，耶律阿保机死于扶余府。

耶律阿保机死后，皇后述律氏月理朵称制，权决军国大事。天显二年（927年）十一月，掌握兵马大权的大元帅耶律倍被迁往东平（今辽阳），受到疑忌和监视，后来，耶律倍偕妻子高氏逃奔到后唐，后唐明宗赐姓李名赞华。

辽太宗耶律德光即位后，继承太祖耶律阿保机的事业，继续进兵汉族地区，一再率大军南下，深入中原，大规模掠夺财富和奴隶，抢占中原土地，使契丹族由奴隶制迅速转入封建制。

天显三年（928年），后唐定州守将王都降契丹，后唐派兵讨伐。辽太宗命奚兵统帅铁刺去救定州，败后唐将王晏球。后唐兵又大举攻定州。辽惕隐涅里衮等出兵增援。七月，后唐兵破定州，铁刺战死，涅里衮等被俘。

十一月，太宗准备亲自领兵攻后唐。后唐停止进攻，遣使臣来辽。辽太宗班师。天显四年（929年）十月，辽太宗检阅诸军，命皇弟耶律李胡领兵攻掠云中诸郡。耶律李胡攻下寰州。次年二月，还军。辽太宗以耶律李胡为天下兵马大元帅。

天显十一年（936年），后唐河东节度使石敬瑭反后唐自立，向契丹求援。八月，辽太宗亲率大兵南下救石敬瑭。九月，入雁门，进驻太原，大败后唐张敬达军。十一月，辽太宗与石敬瑭约为父子，册封石敬瑭为"大晋皇帝"。后唐将赵德钧、赵延寿父子投降。十二月，石敬瑭进驻河阳。后唐废帝李从珂兵败，杀死投奔后唐的耶律倍，然后自焚而死。辽太宗自太原领兵北还。天显十二年（937年），石敬瑭遣使臣来，愿以幽、蓟、瀛、莫、涿、檀、顺、妫、儒、新、武、云、应、朔、寰、蔚等16州土地"奉献"给契丹。会同元年（938年），燕云十六州归入契丹的统治领域。辽太宗把皇都建于上京，称临潢府。幽州称南京，原南京东平府改称东京。又改年号为会同。这时，契丹政权已有3个统治中心：上京统治草原地区；南京统治16州之地；东京统治渤海故地。

会同五年（942年），后晋石敬瑭死，石重贵（后晋出帝）继位，向契丹称孙，拒不称臣。会同六年（943年）冬，辽太宗到南京，以后晋降将赵延寿为先锋，统兵5万，大举伐后晋。会同七年（944年），后晋贝州守将开城投降。辽太宗采赵延寿议，大兵直趋澶州，石重贵也亲至澶州督战。两军在澶州北戚城交锋，互有胜负。契丹不能胜，沿路掳掠大批财物和民户北还。这年冬季，辽太宗再度领兵南侵，进围恒州，后晋兵退守相州。

会同八年（945年），契丹分兵在邢、洺、磁3州大肆杀掠，进入磁、洺之间的邺都。后晋石重贵下诏亲征，至澶州，并攻下契丹所占泰州。

泰州战后，契丹受挫，准

契丹公主金面具

备再度大举南侵。后晋兵获胜，却以为从此太平无事。会同九年（946年）八月，辽太宗再次领大兵南侵直至恒州。杜重威领后晋兵迎敌，两军夹滹沱河对阵。

后晋杜重威怯懦不敢战，置酒作乐。契丹别部由萧翰（辽太宗妻兄）率领，出后晋军之后，切断后晋军粮道和归路。萧翰至栾城，后晋守城军投降。

辽太宗率领契丹兵自相州南下，杜重威率领后晋降兵从行。辽太宗命皇甫遇为前锋攻打后晋都城开封，皇甫遇拒命自杀。后晋降将张彦泽领先锋军攻开封。后晋石重贵奉表投降。

会同十年（947年）正月，辽太宗进入晋都开封，改穿汉族皇帝的服装，受百官朝贺。二月，建国号大辽，改年号为大同。

辽太宗并没有在汉地建立统治，而是按照奴隶制的传统，把后晋国的宫女、宦官、百工等作为奴隶掳走，连同后晋宫中的财宝，运回上京临潢府。辽兵灭后晋过程中，四处掳掠人口和财物，称为"打草谷"。各地人民纷起反抗，辽兵遭到沉重打击。辽太宗慨叹说："不知中原的人，难治如此！"在返回上京的路上，病死在栾城（今属河北）。晋河东节度使刘知远在晋阳（今山西太原西南）称帝，建立后汉，进驻开封。

辽朝的统治制度在辽太祖耶律阿保机和辽太宗耶律德光统治时期，也逐步建立起来。

2.对鞑靼和回鹘的战争

辽朝西境的鞑靼，这时有了较快的发展，已开始形成部落联盟。辽圣宗在古可敦城设镇州（今蒙古鄂尔浑河上游哈达桑东北古回鹘城），镇压北方诸部。统和二十九年（1011年），对鞑靼采取分部统治的办法，辽向各部落分别派遣节度使统治。鞑靼诸部杀辽节度使，起兵反抗。辽发大兵镇压，鞑靼兵败降辽，每年向辽进贡马驼和皮张。

甘州回鹘，在耶律阿保机时曾被契丹所征服，但此后与辽朝并无从属或朝贡关系，而与宋朝通贡使。统和二十六年（1008年），萧图玉进讨甘州回鹘，直抵肃州，俘掠大批生口。太平六年（1026年），萧惠再统兵攻甘州，不能取胜，被迫还军。

沙州回鹘在敦煌郡王曹顺的统治下，也曾一度向辽纳贡。西州回鹘世

居高昌，可汗号为"阿厮兰汉（汗）"。

辽圣宗时，阿萨兰回鹘连年有贡使来辽。996年，阿萨兰回鹘王遣使来为子求婚，辽朝不许。大抵至辽兴宗时，许嫁公主，加强了联系。

3. 西联大食，东侵高丽

耶律阿保机时，大食曾遣使来契丹。此后，不见再有往还。开泰九年（1020年），大食遣使来辽，进象及土产，并为王子册割请婚。次年，再遣使来，辽以皇族女可老封公主许嫁。

高丽王建（太祖）在神册三年（918年）建高丽国。天显十年（935年）、天显十一年（936年）先后灭新罗、百济，统一了朝鲜半岛，成为海东强国。辽太祖、辽太宗时与高丽曾有聘使往来。934年，渤海世子大光显率众数万投高丽，赐姓王氏。此后，高丽与辽绝交，互相敌视。统和十年（992年）十二月，辽以东京留守萧恒德统兵东侵高丽。次年，辽兵攻破高丽蓬山郡，高丽请和。辽册封高丽成宗王治为高丽国王，并以萧恒德女许嫁。统和二十八年（1010年），高丽穆宗（成宗子）被贵族康兆谋杀，显宗继位。辽圣宗亲率大兵40万出征，高丽康兆率兵30万迎击。辽兵连陷郭州、肃州，直抵高丽都城开京。高丽显宗弃城而逃。辽圣宗入开京，大肆焚烧而去。

开泰二年（1013年），辽圣宗遣耶律资忠使高丽，强索兴化、通州等6城。高丽拒绝，扣留资忠。开泰五年（1016年），辽耶律世良统兵再侵高丽，破郭州。高丽死者数万人。开泰六年（1017年），辽萧合卓攻兴化，失败。开泰七年（1018年），辽萧排押等以兵10万入侵高丽，高丽姜邯赞大败辽兵，辽军死伤甚众。开泰八年（1019年），辽集结大军，准备再侵高丽，高丽显宗遣使议和，送还耶律资忠。辽朝强索高丽6州被挫败，此后，高丽仍依成宗时旧制，对辽"纳贡如故"。

第四章 社会发展

一、辽朝治域西东南，政治制度各不同

辽太宗时期，统治地区西至流沙，东至黑龙江流域及原属渤海的地区，北至胪朐河（今克鲁伦河）南部包括燕云十六州地。以上京为中心的契丹旧地和西北各游牧部落居地，实行奴隶制的统治。东部地区灭渤海后仍实行原有的封建制。南部燕云十六州地，则继续实行汉人传统的封建社会制度和政治制度。由此形成西部、东部以及南部三个不同的区域。在这三个区域内居住着不同的民族，实行不同的制度，统一于辽朝的统治之下，因而其统治制度具有许多特点。

辽朝制度在太祖、太宗和世宗时逐步建立。辽圣宗时都中京，各项制度也有所改革。

1. 斡鲁朵宫帐制

皇帝宫帐称斡鲁朵。斡鲁朵有其直属的军队、民户、奴隶和州县，构成一个独立的军事、经济单位。皇后也可有自己的斡鲁朵。

耶律阿保机宫帐称算斡鲁朵。侍卫亲军，称腹心部。另在地方要地设提辖司。各地番汉民户抽丁充军，归提辖司统辖，称提辖司人户，直属斡鲁朵。辽太宗宫帐直属军称皮室军。述律后也有宫帐直属军，称"属珊"。

宫帐设有著帐诸局，契丹奴隶编入"瓦里"，为皇室制造各种器物，由著帐郎君统辖。后妃也各有自己的著帐局。又有"著帐户"，是为皇室宫帐服役的契丹奴隶。服役奴隶首领称"小底"，统由承应小底局统领。

宫帐的侍从、伶官也属著帐户。著帐户隶属宫帐，又称"宫户"。辽朝皇帝有时也把宫户赐给臣下贵族，成为他们的私奴。

斡鲁朵所有的奴隶财产，为皇帝所私有。皇帝死后，他的斡鲁朵依然存在，由帝后家族继承，以奉陵寝。

2. 投下州县制

耶律阿保机南侵汉地，俘虏大批汉族居民做奴隶。被俘掠的渤海人也掳到契丹故地建置州县统治，或与汉人俘户杂居。在耶律阿保机和辽太宗时代，先后建置了许多这样的州县。

俘户州县起初当是属于契丹最大奴隶主耶律阿保机所有，或者说，其实只是他私有的奴隶，隶属于宫帐斡鲁朵。皇后另有自己的州县。述律皇后以西征的俘奴建仪坤州广义县（本回鹘牧地），当是属于述律后的"私奴"。

皇帝、皇后以下的契丹贵族，也各自占有这样的寨堡，称"投下"或"头下"。

辽灭渤海后，东丹国内基本上仍保持原有的封建制度和文化，只是以汉人和渤海俘户新建了一些州城。燕云十六州汉族居住地区，仍然实行原来的封建社会制度。这样，辽朝境内，便以上京、南京（幽州）和东丹国为中心，形成社会状况互不相同的三大区域。

3. 中央官制

契丹以东向为尚，皇帝宫帐坐西向东，官员分列宫帐两侧，因此官职都分称北、南。辽朝中枢官制分为北面官与南面官两大系统。北面官管理契丹政事，南面官管理汉人事务，即所谓"以国制治契丹，以汉制待汉人"。北面官制仍保存着契丹氏族部落制的某些痕迹。职名多源于突厥、回纥，建国后又采用汉人官制的某些职名。部落联盟时期的最高官职称"于越"。建国后仍保留这一称谓，但不实际任事，成为皇帝以下最为显贵的尊称。辽世宗以后，北院枢密使是最高的军事行政官员。契丹遥辇氏八部原以迭剌、乙室两兄弟部落最强大。建国后，将八部居民分别编组为以迭剌、乙室两部为核心的两大集团，分设北府宰相和南府宰相管理政务。两府宰相分别由后族和皇族充任。皇帝从出的迭剌部，辽太祖时分设为五院、六院两部，首领称"大王"。北、南院大王成为仅次于北、南府宰相的重要官员。乙室部也称大王，与北、南院大王并立。皇族事务专设大惕隐司管领，官员称"惕隐"。后族事务设大国舅司管理，官员称"常衮"（敞稳）。皇帝有自己的侍卫亲军，又有宿卫和宿直官，例由贵族大臣轮番担任。北面朝官中有大林牙院掌理契丹文翰诏令。官员有都林牙、林牙承旨、林牙（契丹语：文士）。

辽代契丹文大辽龙州刺史职官金牌

南面官制，《辽史》记载极为疏略。辽太祖时曾任韩知古"总汉儿司事"，总管汉人事务，依唐制加号中书令。辽世宗时，建"政事省"，主管汉人事务。辽兴宗时，又改政事省为中书省。南枢密院是综理汉人军政的最高官衙。中书省只是管理汉人官民的一般行政事务，设同中书门下平章事、参知政事等，为正、副宰相。辽代一些加号尚书、中书、门下的官称，多只是附加的尊称或封赠的虚衔。南面官中设有翰林院掌管汉文文书。官员有总知翰林院事、翰林学士、翰林学士承旨等名目。契丹人任职者称为南面林牙。

4. 地方官制

契丹族征服奚族后建国，在契丹族、奚族及北方游牧族居地建立起统治制度。灭渤海后，基本保持渤海原有的官制。得燕云十六州汉人地区，则沿用后唐的旧制。因此，辽国境内的地方官制形成三个系统。契丹族和北方诸族地区实行部族制。大小部族一般各有居地，但地域统治取代了血缘组织，居民或不限本部族血统。奚族被征服后，仍保持五部或六部组织。奚族首领称奚王。辽朝设契丹北、南院大王府、乙室王府与奚王府并列，四大王府各领一大部族，即五院部、六院部、乙室部和奚六部。辽太宗时，仿汉制于奚王以下设宰相二员、常衮二员。辽太祖时又将俘降的边地各族分编为八部，分属北、南两府。辽圣宗时扩建为28部，一度撤销奚王府，奚六部改属北府统领，合共34部。34个小部族按民族成分包括契丹、奚、室韦、乌古、敌烈等各族。各小部族首领原称夷

离堇，后改令稳，辽圣宗时一律设节度使统辖。以下州县由帝、后斡鲁朵和诸王公主贵族派遣官员管理，节度使仍由朝廷任命。辽太宗时号皇都为上京，设临潢府。辽圣宗时在奚族居地建中京大定府。上京、中京的长官称留守。在渤海地区，辽太祖灭渤海后，于其地建东丹国，封皇子耶律倍为东丹王，成为特殊的政区。东丹国沿渤海旧制下设左、右大相、次相及平章事等官，由契丹人与渤海人担任。辽太宗时废东丹国，称中台省。迁

辽朝文官像

渤海人于东平郡（今辽宁辽阳），升东平郡为南京，又改称东京辽阳府。辽世宗时，恢复东丹国，仍设中台省，官制仍设左右大相、次相等职。辽圣宗时废中台省。东京设留守司及统军司统辖所属州县。州设节度使，县设县令。燕云十六州地区，以幽州（今北京）为中心，称南京幽都府，又改名析津府。地方官制基本上沿袭后唐制度设州、县。州有刺史州、节度州之分。县设县令。辽兴宗在大同军设西京大同府（今山西大同），下辖州县，官制略同于南京。东京、南京和西京的最高长官均称留守，由契丹重臣任职。汉人、渤海人等聚居区地方统治体制相近，为州县制，属辽南面官系统；而契丹人、奚人等地方统治体制为部族制，属辽北面官系统。

5. 科举

辽朝原无科举考试制度，辽圣宗时始置科举取士。设进士科，分甲、乙两科。考试分为乡试（乡贡）、礼部试和廷试（殿试）。辽朝科举只限汉人文士考试，契丹人不得应试。

二、辽的经济概况

辽朝国内各民族从事不同的生产职业，契丹人、奚人、汉人、渤海人等各族在此期间交流了生产经验，在一些部门取得了成就。

1. 渔猎

契丹族居住在潢河、土河之间，以渔猎为基本的生产方法。捕鱼有钩鱼法。冬春之间，河湖冰冻，凿冰眼用绳钩捕捉。狩猎以骑射为主，因季节而不同。春季捕鹅、鸭、雁。四五月打麋鹿，八九月打虎豹。又有"呼鹿"法，猎人吹角模仿鹿鸣，引诱鹿来以捕射，契丹人饲养猎鹰做助手，捕捉各种飞禽。东北地区号为海东青的鹰，最为有名。契丹人还驯养豹，在出猎时随行捕兽。辽朝建国后，居住在潢河流域的契丹人，继续从事渔猎。辽朝皇帝和随行官员，四季也在捺钵进行渔猎活动。

2. 畜牧

契丹人以畜牧为业，随水草游牧。辽朝统治下的北方各民族也经营畜牧。畜牧业在辽朝经济中占有重要的地位。畜牧有马、驼、牛、羊等牲畜，而以马、羊为主。马是射猎放牧所必需，也是交通和作战的必要工具。羊提供皮毛和肉食，是牧区衣食的来源。辽朝国家经营的畜牧，设有专门的机构管理。辽圣宗时，改变部落奴役制度，北方各族向辽朝进贡牲畜，由驻地官员就地统领畜牧。私人占有牲畜，也有很大的数量。占有牲畜的多少，是契丹族人区分贫富的标志。

3. 农业

辽朝农业主要在南京道、西京道汉人地区和东京道的渤海人住地。辽太宗以后，部分契丹人和奚人也从事农业耕作。辽太宗曾将一些契丹氏族迁到海勒水（今海拉尔河）一带开垦农田。辽圣宗以后，头下州县从事农耕的部分汉人农民沦为契丹和奚人的佃户。辽道宗时，屯田积谷，农业有较大的发展。辽朝的农作物，汉人、渤海人地区以麦、粟、稻为主，契丹和奚人地区，多种穄米。

4. 手工业

契丹奴隶制时期，手工业即是重要的生产部门。汉人和渤海人地区的

辽兴宗斡鲁朵钱

手工业也很发达。辽朝各民族相互交流生产技术，手工业的许多部门出现具有特色的成就。铁器是渔猎和作战所必需。室韦、渤海的冶铁技术传入契丹，经过各族人民的共同创造，生产出著名的镔铁。金银矿的开采和金银器的制造，也是辽朝的主要成就。用金银制作的各种马具、饮食用具、服饰和佛教器物，都达到相当高的工艺水平。辽朝的马鞍，被宋人称为"天下第一"。汉族的制瓷技术传入契丹，辽朝瓷器生产颇为发达，质地、色彩和形制都具有特色，鸡冠壶、长颈瓶、袋形壶等是辽瓷中最有代表性的产品。汉人和渤海人的丝织业在辽朝得到传播，上京和中京都有专门的机构，从事多种丝织品的生产。印刷和造纸也得到发展。辽兴宗时雕印大藏经，约近 1000 册，高丽僧人称赞它"纸薄字密"，"帙简部轻"，说明辽朝的造纸术和印刷术都已达到相当的水平。辽朝虽禁止火药制造技术出口，但至晚在辽道宗时，辽朝已掌握此项技术，在南京"日阅火炮"，说明辽已能制造火药武器；此外，辽还在榷场私买硫黄、焰硝等火药原料。

三、辽的宗教与文化

1. 宗教

契丹在建国前只有对自然界的原始崇拜和原始文化。辽朝建立后，佛教逐渐在契丹贵族中传播。汉人、渤海人居住地区，仍继承唐代的文化传统。辽圣宗以后，汉族的封建文明为契丹贵族所接受，在辽朝得到发展。

契丹族在原始时代，以白马与青牛作为互通婚姻的两个部落的象征。天地、白青、马牛、男女等概念形成对立统一的两极。辽朝建国后，皇帝称天皇帝，皇后称地皇后。相信天地都有神。出兵作战前用白马、青牛祭祀天地。用白羊骨炙卜。巫和太巫执行占卜和各种原始的宗教仪式。辽朝皇帝举行祭山仪、岁除仪、瑟瑟仪（射柳祈雨）仍由巫师赞祝行礼。契丹崇拜太阳，故以东向为尚。

辽太祖、辽太宗时，佛教从渤海和燕云两个地区传入辽国的中心。耶律阿保机建国前，俘获汉人，据说已在潢河上游的龙化州建开教寺。天显元年（926 年）灭渤海国后，渤海僧人崇文等 50 人到上京，建天雄寺传教。辽太宗得燕云后，河北汉人僧尼也陆续来到上京。辽圣宗以后，佛教更为发展。

各地区建造佛寺甚多，并通过贵族信徒的施舍，占有大量的土地和民户。头下户被施给寺院后，将原来交纳给领主的赋税转交给寺院。同时仍向国家交租，称为寺院二税户。辽代佛教以华严宗为最盛。佛教圣地五台山在辽朝境内，由西京管辖，是华严宗的教学中心。上京开龙寺僧也专攻华严。辽道宗并曾亲撰《华严经随品赞》十卷。密宗也在辽朝传播。五台山和南京都有究习密宗的高僧，并翻译密典多部。密宗的经咒也在契丹社会中流行。

辽圣宗以后，对佛教典籍的刊校，作出两大业绩。一是石经的刊刻，一是雕印大藏。隋代僧人静琬在涿州（今河北涿州市）大房山，开凿石室，用石板刊刻佛经收藏。唐代建云居寺，继续刊刻石经。后经战乱中断，云居寺被毁。辽圣宗时重修云居寺，发现石室。辽圣宗命僧人可玄继续刊刻经板。经辽兴宗、辽道宗两朝，刻完《大般若经》《大宝积经》等经石600块。合原存《涅槃经》《华严经》石共有2730块，合称四大部经。石经的刊刻也是对佛经的一次校勘整理。辽兴宗时开始校印佛经的总集《大藏经》。佛经以木版雕印，全用汉文，并经僧人详为校勘，完成597帙。辽道宗时继续收罗刊印。在此以前，971年宋太宗曾在成都雕印大藏经，号称"宋藏"。辽代印本通称"丹藏"。

辽朝僧人的著述，主要有《续一切经音义》和《龙龛手镜》两书流传，都完成于辽圣宗时代。南京崇仁寺僧人希麟（汉人）依仿唐慧琳《一切经音义》体例，对唐开元以后的佛经，续作音注，成《续一切经音义》10卷。此书广泛参阅了有关训诂和音韵文字的古代著述，详征博引，是一部有价值的著作。僧人行均（汉人，俗姓于）在五台山金河寺著《龙龛手镜》，是一部通俗的汉字字书，依平、上、去、入四声分编四卷，共收2.64万多字，注释16.3万多字，行均收录当时实际读音和通用字体，并多收民间通行的俗字，是一部有独创性的字书。此书曾传入宋朝，在浙西雕版，

辽铜镏金观音菩萨立像

因避讳改名《龙龛手鉴》。

辽朝的佛教建筑，有自己独特的风格。现存天津市蓟州区独乐寺观音阁，建于辽圣宗统和二年（984年），是三层重叠的木构建筑，继承了唐代建筑的框架法。辽代的佛塔遍布于五京地区。现存北京天宁寺砖塔、宁城（辽中京）砖塔和山西应县的木塔，都是实体，八角层檐，为前代所未有。这种新形制为金代所继承，形成独特风格的辽金塔。内蒙古赤峰市林西（上京路）的白砖塔，八角七层，但内部中空可以直登，近似唐塔。

2. 文学

辽朝创造了契丹文字，但由于汉文化的传布，见于记载的辽代文学作品，仍多用汉文。最早的诗篇是辽太祖皇子耶律倍的五言诗："小山压大山，大山全无力。"辽圣宗以后，契丹贵族多学作汉诗。辽圣宗时曾以契丹字译白居易讽谏集。流传的辽圣宗佚诗有"乐天诗集是吾师"句。传说辽圣宗喜吟诗，曾作曲百余首，但并未流传。北宋苏轼诗曾传到辽朝，在南京书肆刻印，很有影响。辽道宗和宣懿后，辽天祚帝的文妃（渤海人）都能作汉诗。辽道宗所作诗赋曾编为《清宁集》，已失传。辽朝贵族文人也有一些诗集，都未能传留后世，可能也都是汉诗。近年不断有契丹文物出土，但由于契丹语文尚不能通解，契丹语写成的文学作品，还有待于研究发掘。

3. 绘画

辽太祖皇子耶律倍醉心于汉文明，不但能诗，也能作画。宋朝藏有耶律倍的绘画15幅。有"猎骑图"一幅，到元代仍受到珍视。辽兴宗曾画鹿赠给宋仁宗赵祯。辽朝的庆陵和近年在吉林库伦旗发现的辽墓，都有大幅壁画，当是受到唐壁画墓的影响。

4. 历史著述

辽圣宗时，依仿汉人的修史传统，撰修辽朝的历史。室昉、邢抱朴等曾撰实录20卷。辽兴宗时，又编录遥辇可汗以来的事迹共20卷。辽道宗时，撰修太祖以下七帝实录。辽天祚帝时，耶律俨（汉人）修成《皇朝实录》70卷，是元人所修《辽史》的主要依据。辽道宗时，汉人王鼎撰《焚椒录》一书，记述宣懿皇后被诬案始末，是辽朝仅存的一部私人的历史著述。

第二编

西夏风云

　　西夏乃党项族拓跋氏所建的封建割据王朝。自景宗李元昊称帝到末主李睍被杀，共传 10 帝，历时 190 年。西夏朝前期同辽、北宋鼎立，后期与金、南宋并存。从其存在的合法性意义上讲，西夏始终未能取得独立的地位，不是向北宋和辽称臣，便是依附于金朝和成吉思汗的蒙古王朝。但从客观实际上看，西夏是当时中国西部地区的一个军事强国，完全能够同北宋和辽朝相抗衡，甚至强于北宋。

　　在汉文化影响下发展繁荣起来的西夏文化，是西夏封建政治、经济在观念形态上的反映，它丰富了中华民族古代文化的内容，是祖国统一多民族文化的一个有机组成部分。

第一章 西夏建国

一、党项内迁渐崛起，强力扩张建政权

1. 党项的内迁

党项族是羌族的一支。原居地在今青海省东南部黄河曲一带。隋唐时期，活动范围扩展，东及松州（今四川松潘北），西抵叶护（即处于今新疆的西突厥领地），南邻春桑、迷桑诸羌（在今青海果洛藏族自治州），北接吐谷浑（在今青海北部与甘肃南部一带）。他们按分衍出来的家族结成部落，大的5000余骑，小的1000余骑，各自分立，不相统一。著名族姓有细封氏、费听氏、往利氏、颇超氏、野利氏、房当氏、米擒氏、拓跋氏等，以拓跋氏最强。过着无法令，无徭赋，不知稼穑，土无五谷的原始游牧生活。

党项衣装

开皇五年（585年），党项族大首领拓跋宁丛率部落徙至旭州（今甘肃临潭境）住帐。隋朝封赐他大将军官号。唐太宗时，党项首领细封步赖于贞观三年（629年）率部归附，唐就其居地设轨州（今四川阿坝境），任细封步赖为刺史。其他党项诸部也闻风归附。贞观八年（634年），唐将李靖率大军讨吐谷浑，党项首领拓跋赤辞助吐谷

浑主优允抵抗，兵败请降。唐即其地设懿、嵯、麟、可等 32 羁縻州，以其部落酋领为刺史。拓跋赤辞为西戎州都督，赐姓李，受松州都督府节制。

随后，吐蕃北上扩展，灭吐谷浑。散居在今甘肃南部与青海境内的党项部落，因不堪吐蕃的逼胁，请求内迁。唐朝把原设在陇西地区的静边州都督府移置庆州(今甘肃庆阳)，辖下的 25 个党项州，也一道迁徙。8 世纪中，吐蕃进而夺取河西、陇右之地，与灵（今宁夏灵武）、盐（今宁夏盐池北）、庆州一带的党项部落勾结，进行骚扰。唐朝为了拆散他们的联系，便把党项部落迁到银州（今陕西米脂）以北、夏州（今陕西靖边北白城子）以东地区；静边州都督府也移置银州。绥州（今陕西绥德）、延州（今陕西延安）一带，也陆续迁来大批党项部落。居住在庆州一带的称东山部；夏州一带的称平夏部；平夏地区的南界横山一线，唐人谓之南山，居住在这一区域的，被称作南山部。

迁入内地的党项部落，仍然游牧，财富渐有积累，人口迅速增殖。他们用土产的劲马、善羊换取汉族商人的铠甲弓矢，用以抵抗唐朝官吏的勒索奴役，并加强对唐边境地区的抄掠。部落之间为了争夺财富而争战不休。部落内部阶级分化也渐趋明显。

2. 夏州政权的建立与发展

当拓跋赤辞降唐时，其侄拓跋思头同时降附。唐中宗时受褒赠为静边州都督，称拓跋思太。拓跋思太子拓跋守寂，唐玄宗时受封为西平公，以参与平安史之乱有功，升容州刺史、领天柱军使，后赠灵州都督。拓跋守寂孙拓跋乾晖曾任银州刺史。其孙拓跋思恭因参与镇压黄巢起义，升任夏州定难军节度使，统领夏、绥、银、宥（今陕西靖边东）四州地，再次赐姓李，进爵夏国公。从此夏州拓跋氏改称李氏。乾宁二年（895 年）李思恭死，弟李思谏继位，李思谏死，李思恭孙李彝昌继位。后梁开平四年（910 年），李彝昌为部将高宗益所杀，其族父李仁福为定难军节度使，臣附于后梁、后唐。后唐长兴四年（933 年），李仁福死，子李彝超继为留后。后唐明宗图乘机并吞夏州，下令将李彝超内调延州，派兵 5 万人前往接收夏州。李彝超闻讯，集军坚守，挫败后唐军，从而大大提高了李氏在党项诸都中的威望。李彝超死，兄李彝殷继掌夏州政权。开运元年（944 年），他率兵从麟州（今陕西神木北）

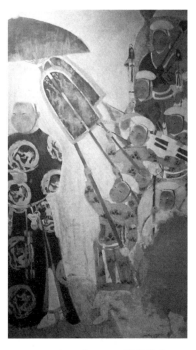

西夏壁画《西夏王供养像》

渡黄河，助后晋进攻契丹。乾祐二年（949年），后汉增设静州（今陕西米脂北），属定难军，李氏的辖区又扩为五州。

建隆元年（960年），宋太祖赵匡胤建立北宋，宋加封李彝殷为太尉。乾德五年（967年），李彝殷死，宋赠封为夏王，其子李光睿继位。太平兴国三年（978年）李光睿死，其子李继筠继位。太平兴国七年（982年），李继筠死，其弟衙内都指挥使李继捧袭位。李继捧无力解决族属内部的矛盾，便率领族人亲朝宋帝，献出四州八县的辖区，留居于开封。宋太宗赵炅授李继捧为彰德军节度使，发兵前往接收统治权力，并发遣所有李氏亲族齐赴汴京。李继捧族弟李继迁反对降附，率领族属逃奔夏州东北300里的地斤泽（今内蒙古鄂尔多斯市巴彦淖尔市）反宋。

3. 党项族的对外扩展

太平兴国七年（982年），党项贵族内部相互争战。拓跋部首领李继捧率领部落、氏族长270余人，民户5万余帐，投附宋朝，愿留居宋朝的京师东京。宋太宗加封李继捧为彰德军节度使，并派使臣到夏州护送李继捧家族全部迁居东京。夏州党项贵族李克文、绥州李克宪也相继投宋。宋太宗派出官兵，占领了夏、银、绥、宥等5州。党项内部由此引起了急剧的分裂，李继捧之弟李继迁住在银州，不愿内迁。李继迁与其弟李继冲、亲信张浦商定，决计"走避漠北""奔入蕃中地斤泽"（今内蒙古鄂尔多斯市巴彦淖尔市），抗宋自立。

李继迁联络党项部落，进攻葭芦川，又进攻夏州三岔口，都被宋兵击败。张浦献策攻打宋兵力薄弱的宥州，李继迁率领党项兵2万人攻宥州，又被宋宥州巡检使李询战败。于雍熙元年（984年），宋知夏州尹宪与都巡检使曹光实乘势出兵反攻，夜袭地斤泽，焚烧党项部落400余帐。李继迁母、妻被俘。李继迁败逃至夏州北黄羊平，与当地野利部通婚，召集各部落复仇。李继迁利用祖先在银夏地区的影响，"出其祖彝兴像以示戎人，戎人皆泣拜"。

雍熙二年（985年），李继迁派人骗曹光实，约在葭芦州会见。曹光实带领百骑赴会。李继迁设伏兵杀曹光实，袭据银州。李继迁据银州，自称都知蕃落使、权知定难军留后。三月，李继迁进攻会州，焚会州城。宋太宗派知秦州田仁朗与李继隆等出兵讨伐李继迁。党项部落长折罗遇及弟乞埋战死，折罗遇被宋朝俘虏处死。四月，李继迁放弃银州退走。六月，宋兵乘胜进击，党项部落多败破。李继迁见部落败溃，宋兵势盛，于次年降附辽朝以对抗宋朝。辽圣宗授李继迁定难军节度使、都督夏州诸军事，继冲为副，又以宗室女义成公主嫁李继迁。

雍熙四年（987年），李继迁再攻夏州。宋太宗见李继迁附辽，利用李继捧回夏州抵抗李继迁。端拱元年（988年），宋太宗赐李继捧姓赵，改名保忠，授夏州刺史、定难军节度使及夏、银、绥、宥、静等5州观察处置押蕃落等使，入守夏州。

宋端拱二年（989年）四月，李继捧出兵击败宥州御泥、布啰树两部。淳化元年（990年）四月，与李继迁战于安庆泽，李继迁中流矢败退。十月，李继迁派破丑重遇贵至夏州诈降李继捧。李继迁率领部落攻城，破丑重遇贵在城中接应，李继捧大败。同年，辽封李继迁为夏国王。李继迁得到辽朝的支持，又足以与宋朝争胜负了。淳化二年（991年）初，继迁再攻夏州，宋朝派兵来援。九月，李继迁占领银、绥二州。宋朝被迫授给李继迁银州观察使封号，赐姓名赵保吉。

李继迁以毛乌素沙漠为寄托，以弱小之军经常袭击宋军，宋军处于被动不利的局面。在此关键时刻，宋政府开始禁止买卖青白盐。青白盐产于盐州乌白二池，党项人以畜牧为业，主要靠青白盐与边民私自贸易。

青白盐不论色和味，都胜过山西解池的食盐。由于制盐的成本低，陕西一带的汉族老百姓，乐于拿出自己的粮食交换党项的食盐。当地的汉族人民不愿购买宋朝政府专卖的高价盐。曾经有一个时期，一斤解池的官盐，要卖30多个铜钱，而党项地区的青白盐，只要15文就能买到一斤。宋朝为了增加国家的财政收入，强制陕西人民购买昂贵的解池盐，不让党项的

食盐流入陕西境内。这种强制手段，破坏了各族人民之间自然的经济联系，损害了各族人民的利益。淳化四年（993年），转运副使郑文宝向政府献策，只许商人贩运安邑和解池的官盐，不许买卖党项的青白盐。

结果"西人"果然"大困""无以为生"，不过也使一万多帐党项人归附李继迁，大大加强了李继迁的力量。李继迁于是联合43族，会盟于杨家堡，引兵13000多人，进攻环州（今甘肃环县）的石昌镇，劫掠居民，焚烧财物，弄得社会很不安宁。至道二年（996年），又围攻灵州（今宁夏回族自治区灵武），宋军在战斗中都要按照宋太宗的阵图行事，处处被动挨打。加上沙漠地带交通阻滞，军粮运输极度困难，大批士兵和民夫死于饥渴，损失十分惨重，最后不得不撤退。李继迁击退宋朝五路兵马，"大集番部"，采取围困方式，并开屯田以解决军粮，最后攻下灵州，并改名为西平府。灵州是宋代西北交通的据点，也是黄河上游沿岸沙漠地带最肥沃的地区。宋朝政府当然不愿意放弃这个重要据点，双方展开了激烈的战斗。景德元年（1004年），李继迁战死，由他的儿子李德明继承首领。

李继迁死后，他的儿子李德明向辽朝报哀。辽朝封李德明为西平王。李继迁临死前，叮嘱李德明向宋朝进表称臣。景德二年（1005年）六月，李德明派牙将王昱到宋朝奉表入朝，宋真宗厚加赏赐。宋朝提出7件事要李德明承允，主要是把灵州归还给宋朝和派子弟入宋宿卫做人质；宋朝开放贸易，许贩青白盐。李德明始终不应允宋朝的条件，宋朝只好让步。景德三年（1006年），遣使封授李德明为定难军节度使、西平王。宋朝又先后开榷场贸易。夏州天旱歉收，榷场不再禁止夏人买粮。李德明时，只是边地部落有过小的冲突，一般说来，和宋朝始终保持着和好关系。李德明的劲敌主要是西方的吐蕃部落和回鹘。

景德元年（1004年），吐蕃六谷部潘罗支在击败李继迁后，又与宋朝联络，愿率领六谷部及回鹘兵乘胜攻打党项。李继迁统属的党项部落迷般嘱部及日逋吉罗丹部投附者龙族。李继迁出兵攻者龙，潘罗支领兵援助者龙抵抗。迷般嘱部及日逋吉罗丹部乘机杀潘罗支。者龙13部中，6部归附党项。六谷部落选立潘罗支弟厮铎督为首领附宋，继续与李德明为敌。宋朝加号厮铎督为西凉府六谷大首领。

大中祥符元年（1008年）十月，李德明派夏州万子等四部军主率领党项兵攻打西凉府，见六谷部兵势盛，转而引兵攻打回鹘。回鹘伏兵袭击，万子等败走。大中祥符二年（1009年）四月，李德明又派张浦率领精兵2万向回鹘复仇，攻打甘州。甘州回鹘夜落纥可汗领兵拒守，乘间出兵袭击，张浦大败而回。大中祥符四年（1011年），李德明又派西凉人苏守信袭击凉州样丹部。六谷部厮铎督会集诸部兵迎敌，苏守信败退，据守凉州。大中祥符九年（1016年），甘州回鹘攻占凉州，苏守信子啰麻弃城走（时苏守信已死）。回鹘成为李德明的一个严重威胁。

天禧四年（1020年），李德明在灵州怀远镇修建都城，从西平迁到新城，号为兴州。天圣二年（1024年），又在怀远西北省嵬山下建省嵬城，作为兴州的屏障。天圣四年（1026年），甘州回鹘叛辽，辽萧惠兵攻甘肃，李德明出兵助战，不能战胜，随辽朝退兵。天圣六年（1028年），李德明之子李元昊领兵攻下甘肃，又乘胜攻下西凉府，取得对回鹘作战的重大胜利。李德明仿宋朝制度，立李元昊为皇太子。天圣八年（1030年），瓜州回鹘可汗贤顺也率部投降。李德明、李元昊战胜回鹘，党项的历史进入了一个新时期。

二、元昊称帝建西夏，确立封建一统制

1. 李元昊称帝

党项族从唐末据有西北五州之地，到11世纪时，人口已有数十万户。由于汉族经济和先进文化的影响，又跟吐蕃人、回鹘人生活在一起，使党项族内部的经济生活和社会制度发生变化。在经济生活方面，从狩猎转为畜牧和农业并举，手工业和商业也有一定程度的进展，党项人已经学会制造铁器。从社会制度的变化来看，部落联盟的首领变成有势力的贵族，控制汉人、党项人和各族人民从事农垦，缴纳赋税，出现了封建剥削制度。德明时代，党项的势力已经扩大到甘州（今甘肃张掖）、凉州（今甘肃武威）一带。这些地区的自然条件都比较好，既有适宜于游牧的水草，又有便于农田灌溉的河流，使党项人民的物质生活得到改善。

天圣十年（1032年），李德明病死。在对外作战中立有大功的太子李

夏景宗李元昊

元昊，继承李德明的职位。宋朝封李元昊为定难军节度使，袭爵西平王。

李元昊继续统率党项部落，向吐蕃、回鹘进攻。明道二年（1033年），李元昊战胜吐蕃唃厮啰部，攻破牦牛城。西夏广运三年（北宋景祐三年，1036年），又西攻回鹘，攻下瓜州、沙州和肃州，占领了河西走廊。统治的领域"东尽黄河，西界玉门，南接萧关，北控大漠"，包括夏、宥、银、会、绥、静、灵、盐、胜、威、定、永和甘、凉、瓜、沙、肃等州的广大区域。

领域的扩展，被统治的外族分子的大量涌入和俘掠奴隶的急剧增加，原来以兴州为中心的松散的部落联合，显然已经不够了。历史的发展，迫切需要建立一个适宜的统治机构，以保护党项奴隶主贵族的利益，统治奴隶和各族人民。建立国家的条件，日益成熟了。

唐末宋初以来，拓跋部和被称为平夏部的夏州部落首领，接受唐、宋封授的官职，并且入居州衙通过贡赐的方式，接受了汉族的物质生活和文化。他们以这种特殊的地位，在对外作战时召集各部落形成暂时的联合。宋朝皇室也通过他们来控制党项各部落的对外掳掠。历史形成的这种特殊的状况，不仅越来越不能适应党项奴隶制发展的要求，而且日益成为发展的障碍。

在党项族这样一个历史转变的时期，党项贵族中出现了两种不同的主张。早在李德明时，以李德明和李元昊为代表，便对党项的发展道路展开了争论。李德明主张继续维持现状，依附宋朝。他说："我族有30年不穿皮毛，而能穿着锦绮的衣服，这都是宋朝的好处。"李元昊说："穿皮毛，事畜牧，是我们本来的习俗。英雄应当成霸王之业，何必穿锦绮。"党项贵族接受宋朝的赏赐，部落居民穷困，矛盾也日益尖锐。李元昊对李德明说："我们所得俸赐，只归自己。可是，众多的部落都很穷困。我们失掉了部落，还怎么能自守？不如拒绝朝贡，练习兵事，力量小可以去掳掠，力量大还可夺取疆土，上下都能富裕，何必只顾我们自己。”

李元昊继位后，便按照自己的主张，摆脱宋朝的控制，按照党项奴隶制发展的道路，着手建立夏国。明道二年（1033年），将兴州改为兴庆府，扩建宫城殿宇，做立国的准备。

李元昊建国时，野利部的野利仁荣成为他重要的支持者。野利仁荣通晓党项和汉族的文化。他提出“商鞅变法而国霸，赵武胡服而兵强”，主张按照党项本民族的状况和风俗，“顺其性而教之功利，因其俗而严以刑赏”。以兵马为务，反对讲礼乐诗书。依据这个方针，李元昊在建国前采取了一系列的新措施。

李元昊继立，首先下令秃发，即推行党项的传统发式，禁止用汉人风俗结发。李元昊首先自己秃发，然后下令境内人民三日内必须秃发，不服从命令者杀头。接着废除唐朝和宋朝的赐姓李氏和赵氏，改用党项姓“嵬名”。又废去宋朝西平王的封号，用本族语称“吾祖”（兀卒，青天子）。李德明时用宋朝年号纪年。1032年，李元昊自立年号显道。1034年，改年号开运、广运。1036年，又改为大庆。1038年，李元昊正式建国号大夏，称“始文英武兴法建礼仁孝皇帝”（景宗），改年号为“天授礼法延祚”。

2. 封建统治的确立

西夏建国以后，李元昊吸收汉族失意的地主阶级知识分子，仿照唐、宋封建制度，以兴州（今宁夏回族自治区银川）为中心，建立起统治机构。官府分为五品，职官分文武班。最高长官是中书令和枢密使。设御史台，由御史大夫司监察。中书、枢密以下有三司、翊卫司、官计司、受纳司、农田司、群牧司、磨勘司、飞龙苑、文思院等机构。大庆二年（1037年），增至16司，管理政务，官员由番、汉人分别担任。野利仁荣、嵬名守全、张陟、张绛、杨廓、徐敏、张文显等分任中书、枢密、侍中等官。天授礼法延祚二年（1039年），又仿宋制，设尚书令，总管16司事。专授党项人的官职，有宁令、谟宁令、丁卢、丁弩、素赍、祖儒、吕则、枢铭等。野利仁荣任谟宁令（天大王），在党项官员中，处在极高的地位。

《辽史·西夏外纪》记载，夏有专司曲直的"和断官"。李元昊建国前即注意法律，案上常置法律书。后来，还陆续出现了官修的审刑、治狱的专书，夏国的法律和监狱也作为国家的组成部分建立起来了。

随着夏国阶级统治的建立，文字成为必需了。李元昊通汉文，建国后与谟宁令野利仁荣，制成西夏文字12卷。夏国文书纪事，规定一律用新制的夏国文字。大庆二年（1037年），设立国字院和汉字院。汉字只用于和宋朝往来的文书，同时以西夏国字并列。对吐蕃部落、回鹘和张掖、交河等地的各民族，一律用西夏国字，同时附列各民族文字。西夏文是依据汉字改制成的方体字。在夏国统治的近200年中，一直行用。在夏国亡后，也还长久流传。西夏文字的创制，对夏国统治的确立和经济、文化的发展起了重要的作用。

李元昊创制西夏文字后，又命野利仁荣主持建立"蕃学"（党项学）。用西夏文字翻译《孝经》《尔雅》《四言杂字》等书，选拔党项和汉族官僚子弟入学学习。学成之后，出题试问。学习精良，书写端正者，酌量授给官职。蕃学的建立实际上是仿照宋朝的科举授官制，并借以推动夏国文化的发展。元昊反对儒学而又译读《孝经》，显然是为了适应氏族部落制的传统习俗的缘故。

李元昊建国称帝，不再采用宋朝的衣冠，改穿白色窄衫，戴红里的毡帽，脑顶后垂红结绶。这是采择了吐蕃赞普和回鹘可汗的服制。文武官员的服式也有规定：文官戴幞头，穿靴执笏，穿紫衣、绯衣，基本还是宋朝的样式。武官按照等级戴镂金、镂银和黑漆冠，穿紫衣，系涂金的银束带。平民穿青绿衣，以分别贵贱等级。又参用宋制，改定朝仪。每六日，官员朝见皇帝，称"常参"。九日朝见，称"起居"（问候皇帝起居）。凡吉凶、嘉宾、宗祀、燕享等，改宋九拜礼为三拜。

由于西夏是在战争中诞生的，为与宋辽抗争，李元昊筹建了一个庞大的军事系统，与契丹辽国一样，党项夏国所实行的是一种全民兵役制，即达到规定年龄的男子都要承担兵役。

党项部落住帐幕，一家称一帐，小部数百帐，大部千余帐。男子年过15成丁。每逢发生战争，各部落出丁作战。李元昊建立夏国的军队，各部落每二丁取"正军"一人,配备随军服杂役的"负担"一人,合称一"抄"。原来是以 4 丁为两抄,同住一帐幕,后来改为 3 丁同住一帐幕,即二正丁合用一"负担"。正军每人给马、骆驼各一,如倒毙需赔偿,称为"长生马驼"。又置十二监军司,委豪右分统其众,自河北至午腊,蒻山 7 万人,以备契丹;河南洪州、白豹、安盐州、罗落、天都、惟精山等 5 万人,以备环庆、镇戎、原州;左厢宥州路 5 万人,以备鄜、延、府;右厢甘州路 3 万人,以备西蕃、回鹘;贺兰驻兵 5 万、灵州 5 万人、兴州兴府 7 万人为镇守,总计 50 余万。这个数目也许有些夸大,据估计,当时党项境内全部户口在 15 万—18 万户,100 万人上下。《隆平集》中称"德明时兵十余万而已,曩霄之兵逾十五万",这个数字应该是比较符合当时的实际数目的。

李元昊又设立擒生军,是西夏军的精锐,职责是在作战中掳掠生口做奴隶。擒生军每一正军平均有"负担"两人以上,大概装备特别精良。又有炮手 200 人,称"泼喜迭",立旋风炮于骆驼鞍上,发拳大的石弹攻击敌人。擒生军的设立是西夏国兵制中的一大变革,它使夏景宗李元昊为首的皇室贵族拥有强大的兵力,也使西夏国拥有众多的国家奴隶,各部落首领无法与之抗衡了。

西夏国出兵作战,仍保持着若干原始的风俗制度。出兵前各部落首领要刺血盟誓。李元昊率领各部首领在出兵前先外出射猎,猎获野兽,环坐而食,共同议论兵事,择善而从。这实际上是一种贵族议事的制度。

第二章 皇室风云

一、雄毅多略李元昊，开国建制夏景宗

李元昊（1003—1048年）是党项族人，本姓拓跋，因唐、宋王朝为其赐姓，故亦名李元昊、赵元昊，后改为曩霄。元昊小字嵬理，"嵬理"在党项语中是"爱惜富贵"的意思。

李元昊的祖父李继迁、父亲李德明，都是党项贵族首领。他们分别受唐、宋的封赐，统治着今陕西白城子、横山、绥德、靖边和宁夏永宁五州之地。这种完全靠武力保持藩镇割据地位的军阀贵族家世，对李元昊产生很大影响。据史载，李元昊少年时就喜爱军事，连穿着也好"衣长袖绯衣，冠黑冠，佩弓矢"，打扮成武士模样。李元昊还喜爱学习兵法，常把《野战歌》等兵书带在身上，以备随时阅读。他还学习法律，通晓浮图（佛经）学和番（西藏）、汉文字。尤其对绘画有较深造诣，因此他还作为我国古代著名画家之一，载入了《中国美术家名人辞典》。

天圣九年（1031年），其父李德明去世，李元昊袭位。宋朝授他为定难军节度使和西平王。之后，李元昊不断用兵扩张领土，其统治逐渐扩展到东到黄河、西至玉门、南达兰州、北抵大漠，幅员达2万余里的疆域。当他感到其力量足以同宋王朝相抗衡时，遂于1038年更名为曩霄，自立为帝，定国号大夏（史称西夏），成为我国古代西夏政权的开国皇帝。

李元昊善于发挥骑兵特长，创造性地运用我国古兵法中以计取胜和灵活用兵等原则。这些，是他成功的主要原因。仅举他攻宋的两个例子：一是延州之战。延州（今陕西延安）是宋朝西北边陲的军事重镇，也是通往西夏的交通要道。李元昊在攻宋时，首先选取了这个目标。然而，宋军在延州北部地区筑有 36 个据点，其中金明寨是延州正面的主要屏障，宋朝在这里部署的兵力最强，其守将李士彬素有"铁壁相公"的称号。面对这种情况，李元昊未采取正面直接进攻的战法，而采取声东击西、诈降、设伏等多种灵活战术。

天授礼法延祚三年（1040 年）二月，李元昊声言将发兵攻延州，而实际却派兵一部攻打延州西北的保安郡（今陕西志丹）。保安告急，宋延州边帅范雍令石元孙和刘平两部，分由延州和庆州（甘肃庆阳）驰援保安。宋军被调动后，李元昊又巧妙地变声东击西为"声东击东"，亲率主力 10 万人乘虚南下，在诈降人员的配合下，里应外合，一举攻占了金明寨，生俘宋守将"铁壁相公"李士彬。紧接着，李元昊再用声东击西的战术，仅派一部兵力攻打延州，而将主力埋伏于保安至延州间的三川口地区。胆小怕事的范雍得知延州受敌，又急令刘平、石元孙等从保安东援延州，当行至三川口时，陷入夏军预设的重兵包围圈。苦战数日，宋军伤亡惨重，主将刘平、石元孙被俘，宋军几乎全军覆没。之后，李元昊围攻延州 7 日后才撤军北归。

天授礼法延祚四年（1041 年）三月，李元昊率兵 10 万人从天都寨（今宁夏海原）出发，再次南下攻宋。为麻痹宋军，他事先派人到延州诈向宋将请和。然后，将其主力沿着由北向南走向的瓦亭川（今葫芦河）直抵好水川（今宁夏隆德至西吉间），并在川口预设重兵埋伏；又分兵一部至怀远城（今宁夏西吉县偏城）一带诱敌深入。宋陕西经略安抚副使韩琦闻夏军攻来，一面急令镇戎军(今固原)守将出兵迎战，

夏景宗李元昊雕像

一面命大将任福率勇士 1.8 万人从侧后攻击。三月十七日，担当诱敌的夏军一部进至张义堡（今固原张易）南时，按李元昊的原定方案，佯败诱敌，骄傲轻敌的任福等率部脱离辎重，轻装追击。当晚，任福率军宿营好水川、笼络川（今宁夏隆德西北）等地，约定次日会合各路宋军全歼夏军。次日，任福率军沿川西进，当进至夏军伏击圈时，发现道旁有数个银泥盒，外蒙布幕。宋军打开察看，百余只带哨家鸽腾空飞起，这原来是李元昊预定的合击信号。夏军见到信号，立即发起四面合击。经激战，任福阵亡，宋军战死 1 万多人。

李元昊率夏兵与宋作战的同时，与辽国的"甥舅之亲"也发生了问题。嫁给李元昊的辽国兴平公主突然病死，导致两国关系破裂。天授礼法延祚七年（1044 年）十月，辽兴宗亲率骑兵 10 万向西夏进攻，双方战于贺兰山北。辽兵大败，俘虏辽将萧胡睹等数十人。辽兴宗败回，与夏谈和。

李元昊在分别与宋、辽议和后，形成了西夏、宋、辽相互对峙的三足鼎立局面。

李元昊生性暴戾，多猜疑，好杀虐。如此的性格给他的事业造成许多不应有的损害。李元昊继位后，为了排除异己，防止外戚篡权，实行"峻诛杀"政策，为立国称帝扫清道路。开运元年（1034 年）十月，母族卫慕氏首领卫慕山喜密谋杀害李元昊，被李元昊察觉，山喜一族人都被溺死河中。李元昊又用药酒毒死母后卫慕氏，尽诛卫慕氏族人。

大庆二年（1037 年）九月，李元昊叔父、左厢监军使嵬名山遇因劝李元昊勿进攻宋朝事不被采纳，遂叛逃宋朝后又被执送回西夏，李元昊将其父子一族尽皆处死。李元昊生性多疑，出兵善用疑计，又易中敌人离间之计。李元昊的心腹重臣野利旺荣、野利遇乞兄弟，是李元昊野利后的兄长，分统西夏明堂左厢与天都右厢，野利旺荣称野利王，野利遇乞称天都王。二将善用兵，有谋略，他们统领的"山界"士兵以善战著称。在李元昊对宋朝作战的三川口、好水川两大战役中，击败宋将刘平、石元孙、任福等人，也多有二将之谋划，宋朝边帅对野利二将恨之入骨，早欲去之而后快。宋将种世衡巧设离间之计，使李元昊轻易地杀害了二将。

天授礼法延祚十年（1047 年），宋仁宗再赐元昊姓赵，可是元昊不肯姓赵，他便改回李姓。另外，他晚年沉湎酒色，好大喜功，导致西夏内部日益腐朽，众叛亲离。据说他下令民夫每日建一座陵墓，足足建了 360 座，作为他的疑冢，其后竟把那批民夫统统杀掉。李元昊好色，妻妾成群，犹喜强夺他人之妻。据传妻室（后妃）凡七娶，一说五娶，实际有八人之多。废皇后野利氏、太子李宁令哥，改立与太子定亲的没移氏（另有一说没藏氏）为新皇后，招致杀身之祸，于天授礼法延祚十一年（1048 年）为其子李宁令哥所弑，享年 46 岁。李宁令哥后因弑父之罪被处死。李元昊幼子李谅祚继位，上谥曰武烈皇帝，庙号景宗，葬泰陵。

二、尊用汉礼改蕃俗，摆脱外戚建树多

西夏毅宗李谅祚（1047—1067 年），又名拓跋谅祚、嵬名谅祚，党项族。夏景宗李元昊之子，生母宣穆惠文皇后没藏氏。西夏第二位皇帝，天授礼法延祚十一年（1048 年）至拱化五年（1067 年）在位。

李谅祚生母没藏黑云本是李元昊重臣野利遇乞之妻，之后野利遇乞被李元昊赐死，没藏氏出家为尼，后被李元昊迎入宫中私通。被野利皇后发现，又令没藏氏到戒坛寺出家为尼，赐号没藏大师，李元昊经常到寺中幽会。天授礼法延祚十年（1047 年）二月六日，没藏氏在跟从李元昊打猎时生下李谅祚，养于其兄没藏讹庞家。李元昊将国事委以没藏讹庞，自己与诸妃到贺兰山离宫享乐。没藏氏兄妹开始策划危害太子李宁令哥、改立李谅祚为皇太子的阴谋。其时因野利皇后失宠被废，太子李宁令哥爱妻被夺，天授礼法延祚十一年（1048 年）正月，夏景宗李元昊为太子李宁令哥刺杀身亡。没藏讹庞杀死李宁令哥，拥立出生仅 11 个月的李谅祚。李元昊临终时本有遗命立其从弟委哥宁令继承帝位，大臣诸

夏毅宗李谅祚

移赏都等都主张遵从李元昊遗命，没藏讹庞反对说："委哥宁令非子，且无功，安得有国？"诺移赏都反问道："国今无主，然则何所立？不然，尔欲之乎？尔能保守夏土，则亦众所愿也。"讹庞回答说："予何敢哉！夏自祖考以来，父死子及，国人乃服。今没藏后有子，乃先王嫡嗣，立以为主，谁敢不服！"众大臣唯唯称是，遂奉李谅祚为帝，尊没藏氏为宣穆惠文皇太后。

李谅祚年幼，没藏太后摄政。太后之兄没藏讹庞以诺移赏都等三大将久掌兵权，令分掌国事，自任国相，总揽朝政。没藏讹庞因在没藏大族中为长，朝中贵为国相，权倾朝野。四月，宋朝派遣尚书刑部员外郎任颛出任册封使臣，供备库副使宋守约出任副使，册封李谅祚为西夏国主。十二月，西夏亦遣使到宋朝谢封册，并献马、驼各50匹。其时辽朝不肯对李谅祚行封册，又借口西夏所遣贺正使迟期，遂羁留夏使，欲集兵讨伐。没藏氏闻讯后，又遣使赴辽朝以观动静，使臣再次被扣留。

延嗣宁国元年（1049年）七月，辽兴宗乘西夏新主李谅祚初立，下诏亲征。夏军匆忙迎战，一路败退。到次年五月，辽军进至兴庆府（今宁夏银川）周围，纵兵大掠。又攻破贺兰山西北之摊粮城，抢劫夏仓粮储积而去。十月至十二月，没藏氏又两次派遣使臣赴辽，为李谅祚上表请和，并请求向辽称藩、称臣，辽兴宗都置之不理，反于边境布置重兵。这一举动对夏的威慑很大，不时遣使赴辽进呈表章、纳贡、献马驼。

另一方面，没藏讹庞连年侵扰宋朝边境。福圣承道三年（1055年），派兵侵占了宋朝麟州西北屈野河（今陕西境内窟野河）以西的肥沃耕地，令民种植，收入归己。宋方一再交涉，没藏讹庞采取"迫之则格斗，缓之则就耕"的对策。没藏氏信奉佛教，建寺咏经，大办佛事。曾征调数万军民修建承天寺，费时五载，耗资巨大。

福圣承道四年（1056年）十月间，没藏氏与她的侍从宝保吃多已又到贺兰山出猎，夜归途中，突然有蕃兵数十骑跃出，击杀没藏氏与其侍卫吃多已等。没藏讹庞侦知此事为没藏氏幸臣李守贵所为，遂下令诛灭李守贵全家。

福圣承道四年（1056年），没藏氏一死，没藏讹庞恐失去朝政大权，便把自己的女儿嫁给李谅祚做皇后，把持政权。奲都三年（1059年），李谅祚开始参与国事。他眼见没藏讹庞在朝飞扬跋扈，胡作非为，对其专权日益不满。没藏讹庞借故诛杀了李谅祚的亲信六宅使高怀昌、毛惟正，李谅祚深知这是杀给他看的，就对讹庞的政敌大将漫咩屈尊礼敬，结为心腹。李谅祚与没藏讹庞的儿媳梁氏私通，后来没藏讹庞父子密谋欲杀李谅祚，梁氏告变，李谅祚在大将漫咩等的支持下执杀没藏讹庞及其家族，结束了没藏氏专权的局面。

奲都五年（1061年），李谅祚亲理国政之后，开始实行亲宋的政策。同年五月，李谅祚终于解决了夏宋双方多年来存在的屈野河地界争端问题。七月，李谅祚得悉辽朝将约唃厮啰兵共取河西，遂遣使臣嵬名聿正赴宋朝纳贡，并"请尚公主"，意在结宋朝为援，宋仁宗未允纳。九月，李谅祚杀皇后没藏氏，立梁氏为皇后，任用梁皇后弟梁乙埋为宰相。十月，李谅祚上书宋仁宗说羡慕中原地区的衣冠，明年应当身穿中原衣冠迎接宋朝使者，宋仁宗允许。

拱化元年（1063年），李谅祚上书请求恢复宋夏边境的榷场，宋朝方面不许。这年秋天，西夏出兵秦凤、泾原，抢掠这里的居民，杀掠人畜以万计。拱化二年（1064年），夏使吴宗赴宋贺。正月，与宋朝引伴使发生争执，宋使声称"当用一百万兵逐入贺兰巢穴"。听了夏使的回报，李谅祚认定宋朝侮辱西夏，决定以武力维护自尊。这年七月，夏毅宗率兵数万攻掠宋朝秦凤、泾原诸州。其后二三年间，西夏的进攻持续不断，但这些似乎只是警告宋朝必须尊重西夏，交战期间，西夏派赴宋朝的使节依旧不绝。李谅祚力图在三国关系间为西夏寻找一个支撑点：既不与宋朝闹翻，以免宋朝彻底断绝岁赐和贸易，让辽朝有机可乘；又必须向宋朝显示西夏的实力和尊严。

拱化三年（1065年）正月，李谅祚又进攻宋庆州。宋朝遣文思副使王无忌持诏诘问，李谅祚不予理会，反遣贺正使荔茂先献表，归罪于宋朝边吏。同时招诱宋朝陕西熟户投向西夏。三月，遣右枢密党移赏粮出兵攻保安军，进围顺宁寨。八月，复扰泾原。十一月，又同宋军争夺德顺军威戎堡外之同家堡。

拱化四年（1066年）八月，李谅祚又率步骑围攻庆州大顺城（今甘肃

华池东北），身披银甲，头戴毡帽，亲临阵前督战，宋军箭下如雨，他被流矢射穿铠甲，死里逃生。时隔一月，他就遣使向宋请求时服和岁赐。在宋朝颁诏谴责时，他不失时机地保证履行前朝合约，于是两国关系恢复正常。

拱化五年（1067 年），李谅祚诱杀保安军（今陕西志丹）的宋将，又企图征服河湟吐蕃。他乘唃厮啰与辽失和，率兵直攻青唐城（今青海西宁），先后收降了吐蕃首领禹藏花麻及木征等，巩固了西夏的南疆。他亲附辽朝，向辽进贡回鹘僧、金佛和《梵觉经》。

正当李谅祚周旋于宋、辽、吐蕃部族之间，在内政外交上颇有作为时，十二月，李谅祚去世，时年 21 岁。谥号昭英皇帝，庙号毅宗，葬于安陵。

三、惠宗秉常两即位，母党囚辱悲一生

夏惠宗李秉常（1061—1085 年），即西夏第三位皇帝。西夏毅宗李谅祚之子，母亲梁太后为汉族。

拱化五年（1067 年），毅宗突然病死，李秉常继位，年 7 岁，由其母梁太后执政，梁乙埋为国相。

太后梁氏姐弟是汉人，在西夏皇族中自然没有多大威望，但是他们依靠先帝谅祚的专宠，经过多年的经营，已经在朝中形成相当大的势力。为了巩固自己的地位，梁氏姐弟乘新帝幼冲之机，大力扩展自己的力量。他们选用亲信，培植党羽，凡近臣要职，全用亲属。同时排斥异己，如都统军嵬名浪遇，是夏景宗李元昊之弟，夏毅宗时任过国相，他精通兵法，熟谙边事，因为对梁氏不满，这个三朝元老被罢官流放。这样，很快地在贵族中聚成一个以梁太后、梁乙埋和大将都罗马尾、贵族罔萌讹为首的母党集团，牢牢地控制了西夏的最高统治权。

为了争取党项贵族的支持，梁氏提出恢复蕃礼来笼络人心。乾道二年（1069 年），梁太后用李秉常的名义，上表宋朝，请求恢复夏国的蕃仪，得到宋朝的允许。李元昊曾经提倡蕃礼，李谅祚改用汉礼，此时梁氏又恢复蕃礼。在对宋关系上，他们不顾夏毅宗与宋订立的讲和条件，连年进攻宋朝，企图用战争手段来提高自己的威信，并以此向宋索取厚赐。天赐礼盛

国庆元年（1069年），梁氏点集
夏国全部兵力，号称数十万之众，
倾巢而出，分几路大军进攻宋朝
的环、庆等州。实际上这是一次
军事冒险行动，夏兵气势汹汹，
但外强中干，国内空虚，吐蕃首
领董毡探悉实情，出兵骚扰夏境。
梁乙埋闻听后方被扰，十分惊恐，
连忙撤兵回夏。一场声势浩大的
侵宋战争，烟消云散。天赐礼盛
国庆二年（1070年），梁乙埋又
率夏兵攻宋，但出战屡遭不利，
士气低落，后来几乎连兵都点集

夏惠宗李秉常

不起来，只得乞求辽道宗出兵助战，才勉强收场。同年五月，梁氏见出师
不利，退兵无颜，在进退无奈之下，只好遣使与宋议和。

梁氏母党集团的倒行逆施和穷兵黩武，加深了西夏国内的矛盾，银、
夏一带的生产遭到破坏，西夏居民的生活更加恶劣。

大安二年（1075年），李秉常15岁，开始亲理朝政。但是，当时梁氏
母党已经完全控制国政，李秉常只是一个傀儡而已。大安六年（1079年），
李秉常在一部分皇族的支持下，提出下令取消蕃仪，恢复汉礼。然而就连
这么一点小小的反抗表示，也被母党势力否定了。

大安七年（1080年），李秉常已经20岁，他对母党的跋扈行为深感不
满，为了削弱梁氏的势力，他接受大将李清的建议，将黄河以南的不毛之
地划归宋朝，以此借助宋朝的力量，对付梁氏。但是李清尚未出发赴宋联
系，此事已被梁氏得知，即命幸臣罔萌讹先将李清诱出杀害，然后将李秉
常囚禁在兴庆府城外。此讯一出，朝廷内外震惊。李秉常的皇族亲党和各
部酋长非常愤怒，即领各部兵卒，固守堡寨，与梁氏对抗，一时国中大乱。
保泰统军禹藏花麻以皇帝失位为由，请求宋朝发兵征讨梁氏。

宋神宗正在等待复仇的机会，一看时机来到，就出兵分五路伐夏。宋

军的部署是以李宪为五路统帅,出熙河路;种谔出鄜延路;高遵裕出环庆路;刘昌祚出泾原路;王中正出河东路,计划由刘昌祚、高遵裕两路会师灵州,直捣兴州;王中正、种谔两军会师夏州,进攻怀州,最后合攻兴州;并且有吐蕃大首领董毡派兵从征,利用侧击,牵制西夏右厢兵力。

战争开始,刘昌祚的5万人马先进,夺取堪哥平磨哆隘口,直抵灵州城下。但是刘昌祚受高遵裕节制,高遵裕嫉妒刘昌祚独成大功,故意命令刘昌祚稍待后兵,致使刘昌祚不能乘胜立即攻城。待高军到达,夏兵已经做好防御准备,严阵以待。宋军在互相嫉妒之中轻失战机,以致围城18天不能攻克。夏兵则趁宋军久攻困乏之时,突然决放黄河七级渠水,淹灌宋营,同时抄绝宋军粮道。宋军连困加饿,又遭冻溺,伤死无数,不战自溃。高遵裕军8.7万人,只剩下1.3万残兵。种谔军9.3万人,虽初战获小胜,但行至夏州索家平时,适逢天降大雪,军中衣粮缺乏,士卒溃散,只剩3万人归队。王中正军6万人,出麟州,渡无定河,循水北行,但沿途都是沙湿地带,宋军很不习惯,人马多遭陷没,几至寸步难行,勉强行至宥州奈王井,军粮已经告竭,士兵已失2万,无法再进,被迫退回。宋军五路统帅李宪虽获小胜,驻营于天都山下,得悉各路失利,不能久战,领兵撤归熙河路。宋朝声势浩大的五路讨伐就这样草草收兵了。

这场战争使西夏遭受了不小的损失,战后不仅"岁赐既罢,和市亦绝",而且由于坚壁清野,前线空虚,被宋军取得边境许多据点。宋、夏交界的横山之地,"不敢耕者至二百余里"。

一年后,夏、宋之间又发生了一场战争——"永乐之战"。为了消除西夏的威胁,宋廷内有些大臣主张从银州起,在宥州、夏州、盐州、会州、兰州等地修筑城寨的计划,认为用这种修筑堡寨、步步为营的办法可以困逼兴州、灵州,迫使西夏就范。实际上这是用牢固的前哨基地组成防御线,并不是什么高明的计策。宋神宗决定派徐禧到边境视察,并且接受徐禧的建议,兴工修造了位于银、夏、宥三州交界处的永乐城(今陕西米脂县西,近无定河),城成,新名银川寨。西夏当然不会允许宋朝把钉子钉在自己的地面上。城刚筑就,西夏就派30万之众来攻。徐禧带诸将登城瞭望,只见城西夏兵布满原野,竟然一眼望不见边。宋将见夏兵人多势众,阵列有序，军旗猎猎，喊声震天，不免惊恐万状。夏兵发动进攻时，先由叶悖麻率领号称"铁鹞子"的精锐骑兵冲荡过河，来回驰骋，声势非凡，军威振奋。徐禧被迫领兵应战，宋军不战先惧，一触即溃，逃回城中。夏兵乘势迅即将永乐城团团围住。夏兵占据水寨，切断城中水源。城中宋军饥渴难忍，甚至绞马粪汁充作饮料，渴死大半。永乐城告急，宋方沈括、李宪等率兵赶来增援，在半途被夏兵阻击，无法赴援。守城宋军在夏兵围城打援之下，外无救兵，内无饮水，力竭难支。入夜，急降大雨，宋军如逢甘露。正在庆幸之际，夏兵却已乘雨势急攻，永乐城即告陷落。此战，宋军自徐禧以下 200 余将全部阵亡，兵士损折万余。夏兵接着包围米脂，耀兵三日，扬长而去。宋神宗接到永乐城惨败的消息，又气又恨，竟然临朝痛哭，弄得宋廷上下一片悲恸。战后，夏、宋再度议和。

两次战争虽然都以西夏的胜利而告终，但是西夏的国力有限，承受不了战争的耗费。连年战争造成国内财力困乏，物价暴涨，一尺布竟涨至十千文钱。官兵怨恨，民不聊生，朝中对梁氏专权的不满情绪日益激烈，要求夏惠宗复出的呼声也日趋高涨。梁太后与梁乙埋自知众怒难平，只好决定让李秉常复位，以此缓和国内的矛盾。

大安九年（1082 年），就在永乐之战结束后约半年，李秉常复位，这时他已 22 岁。

尽管朝中上下对李秉常复位寄予希望，但是李秉常并不能改变西夏的困境。西夏国政仍然掌握在梁太后和梁乙埋手里，他们一面遣使向宋表请称臣纳贡，重新得到宋朝的"岁赐"；一面又以索要西夏旧有疆土为由，不断攻略宋朝边境。

大安十一年（1084 年），国相梁乙埋终于死去，但是梁太后又将梁乙埋之子梁乞通立为国相，梁氏姐弟专权变成姑侄专权，李秉常仍然摆脱不了梁氏的控制。8 个月后，专横一世的梁太后也死了，梁乞通失去了靠山，地位开始动摇。

这样，与母党对抗多年的皇族势力抬头了，皇族仁多保忠分掌左右厢兵，握有兵权，于是以他为首的皇族势力开始与梁乞通公开抗衡。西夏统治集团内皇族与母党的斗争一度尖锐起来。

复位才两年的李秉常，在这种激烈的争权夺利之中结束了短促的一生，于天安礼定元年（1085 年）死去，终年 25 岁，在位 19 年。庙号惠宗，谥号康靖皇帝，葬献陵（贺兰山西北）。

四、处事谨慎守成主，汉法治国开盛世

夏崇宗李乾顺(1083—1139 年)，西夏第四位皇帝(1085—1139 年在位)。夏惠宗李秉常长子，母亲昭简文穆皇后梁氏和祖母毅宗皇后梁氏都为汉族。西夏杰出的君主、政治家。

李乾顺即位时只有 3 岁，国政仍然操纵在梁氏母党手中。李乾顺的生母梁氏是国相梁乙逋之妹，梁乙逋依仗梁氏"一门二后"的威势，气焰更为嚣张。但是皇族嵬名阿吴和仁多保忠分掌兵权，不服梁氏擅政，于是展开了皇族与母党之间互相倾轧的斗争。梁氏兄妹不断对宋用兵，企图以此转移矛盾，巩固自己的地位，满足自己的物质享受。然而这种穷兵黩武的政策给西夏带来了恶劣的后果。

天仪治平元年（1087 年），梁乙逋与吐蕃首领阿里骨联络，侵宋定西城，相约若战胜，以熙、河、岷三州地归吐蕃，兰州及定西城归夏。阿里骨如约攻破洮州，梁乙逋则领兵出河州，大肆焚掠。梁乙逋令仁多保忠率兵攻

夏崇宗李乾顺

镇戎军，仁多保忠不愿为梁出力，只是出兵一夜，应付一下就回兵。梁乙逋又令仁多保忠率兵侵泾、原州，围攻镇戎军西寨。宋军困守不出，待宋知庆州范纯粹派兵来援，仁多保忠即撤围而退。战后，夏、宋又立和议，宋朝把米脂、葭芦、安疆、浮图四寨地退给西夏，西夏把永乐城之战中俘获的宋朝人口退还给宋朝。对方暂时休战。

天祐民安三年（1092 年），梁乙逋取得辽的支持，又对宋动兵。

夏兵攻绥德城，大掠 50 余日而回。但在攻打环庆时，被宋军击败，梁乙逋又向辽求援。至这一年十月，梁太后亲自领兵打环州，围攻 7 日不能下，还军至洪德寨，反被宋军打得大败，梁太后丢弃帷帐，改换衣服，方得生还。

对宋战争的接连失利，更加剧了西夏统治集团内部的矛盾，贵族和诸大臣对梁乙逋群起而攻之。梁太后见势不妙，决定不让梁乙逋领兵，而由自己亲率兵马出战。这个决定引起梁氏兄妹反目，梁乙逋心中极为不满，进而阴谋伺机篡权。不久，梁乙逋的篡权阴谋被皇族嵬名阿吴等侦知，嵬名阿吴和仁多保忠就先发制人，率领部众，杀掉梁乙逋并其全家。

梁太后亲自掌握兵权后，继续对宋用兵。天祐民安七年（1096 年），梁太后和李乾顺御驾亲征，带兵 50 万，侵入宋鄜延路，攻陷金明寨，并把俘虏献给辽国。天祐民安八年（1098 年），梁太后又领兵 40 万，攻击宋朝在好水川北修筑的平夏城。这次用兵，夏军声势很大，连营百里，制造一种名为"对垒"的战车，每次用百余辆，载数百人，填沟壑而进。还用飞石激火攻城，昼夜不息。但是宋军严阵固守，夏兵强攻 13 天仍不能克，士卒渐显疲劳，加上粮食短缺，斗志日衰。正在夏兵无心恋战之际，一日忽起狂风，飞沙走石，兵车都被卷动，夏兵见此险情，十分恐怖，又遭兵车冲撞，损失很大。梁太后眼看夏兵纷纷溃散，急得痛哭流涕，领残兵而退。

面对如此败局，梁太后仍一意孤行，再次派人赴辽求援。永安元年（1098 年），辽朝看出梁太后已经不得人心，不能再给予支持，就派使臣到夏，用药酒害死梁太后。梁太后一死，母党即告败亡。同年，夏崇宗李乾顺在辽朝支持下，开始亲政，时年 16 岁。

梁氏母党专权时，基本上执行附辽反宋的政策，结果弄得西夏财用枯竭，人怨沸腾。为了扭转这种不利局面，李乾顺将附辽反宋改为附辽和宋，以此求得外部环境的稳定，可以全力整顿内部事务。

为了继续取得辽的支持，李乾顺在亲政的当年就接受辽的号令，同时为辽出兵攻打反辽的拔恩母部。因此，辽朝同意派使臣到宋朝，为夏说和。过了一年，李乾顺正式向辽请婚，想用传统的联姻方式来巩固双方的关系。又过了两年，李乾顺再次请婚。辽天祚帝询问前来请婚的夏使李至忠李乾顺的为人如何，李至忠答道："我们皇帝秉性英明，处事谨慎，是个守成的

好皇帝。"贞观四年（1104年），辽天祚帝将宗室女南仙封为成安公主，嫁给李乾顺。辽、夏之间的关系就更加密切了。

在辽的调解之下，李乾顺派使臣向宋帝上誓表，承认夏国由于"两经母党之擅权，累为奸人之窃命"，因而"频生边患，颇亏事之大仪"，表示今后愿意"饬疆吏永绝争端，诚国人恒遵圣化"。宋哲宗见誓表言辞恳切，就答诏许和，恢复"岁赐"，并赐给银器500两，衣着500匹。

李乾顺对内部的整顿，旨在加强皇权。为了加强皇权，仿照汉族王朝的封王制度，对嵬名氏宗室加封王爵。李乾顺之弟李察哥勇敢善战，很有谋略，封为晋王，掌兵权。宗室李景思在夏惠宗李秉常被囚时，曾防止罔萌讹对夏惠宗的暗害，并且敢于同后党梁氏对抗。这时李景思虽死，其子李仁忠、李仁礼通蕃、汉字，有文才，于是李仁忠封为濮王，李仁礼封为舒王。李乾顺以此表示对忠臣的怀念，对人才的重视。

西夏自建国以来，一直存在蕃学与汉学、蕃礼与汉礼之争。夏景宗李元昊兴蕃抑汉，夏惠宗李秉常兴汉抑蕃，梁氏专权又改汉礼复蕃礼，此后汉礼汉学随之衰落。虽然每次兴抑都有特殊的社会历史背景，但是反映了西夏统治者对先进文化的态度。

李乾顺十分倾慕高度发展的汉族文明，他决定大力提倡汉文化，来改变西夏的落后风气。永安三年（1100年），有个汉官御史中丞薛元礼上疏说："士人之行，莫大于孝廉，经国之模，莫重于儒学。"他认为夏国承平日久，已经是"文教不明，汉学不重"，"民乐贪顽之习，士无砥砺之心"。因此只有重新提倡汉学才能挽救夏国的不良风气。薛元礼的上疏，正中李乾顺的心思，于是，李乾顺下令在蕃学之外，特建"国学"，教授汉学。西夏的"国学"设置教授专门讲学，收弟子员300名，建立养贤务，用公费供给食用。"国学"不仅传播了儒学，而且为西夏政权培养了适用的官僚人才。李乾顺把儒学定为"国学"，大力培植，说明了他推行汉文化的坚强决心，也说明西夏政权的封建化又前进了一步。

李乾顺自己也喜欢武文弄墨，像汉族士大夫那样养成了"附庸风雅"的习气。他曾经亲自撰写《灵芝歌》，与国相李仁忠唱和，并把歌词刻石置于学校，显示自己的博学和文采。

李乾顺这些重文轻武的举措，曾经引起一些贵族和大臣的不满。贞观十一年（1111 年），李乾顺因为前两年不断发生饥荒和水灾，以"天变"为由，命令臣僚直言施政的得失。有个御史大夫谋宁克任上疏，对乾顺的重文轻武表示反对。他说："吾朝立国西陲，向以射猎为务，现在国中养贤重学，以致兵致日益松弛。"他认为："治法之要，不外兵刑。富国之方，无非食货。"主张皇帝应该"既隆文治，尤修武备"。但是李乾顺不予采纳，依然坚持提倡汉学。

李乾顺在位的后 30 年，赶上了一个中国政治形势急剧变化的时代。女真族总首领完颜阿骨打于 1115 年在黑龙江畔建立金国之后，以很快的速度攻陷了辽朝的上京，曾经以强悍著称的契丹兵，在新兴的金兵面前，却节节败退，形势十分紧张。元德元年（1119 年），金与宋约定联合灭辽，金兵取辽中京，宋军取辽燕京。西夏向来是依附辽朝的，现在看到辽朝吃紧，李乾顺就派使臣赴辽，请求由夏国先出兵攻取宋地。辽天祚帝虽然自顾不周，仍然担心西夏插足，乱中取利，因此不允许西夏出兵。元德三年（1121年）春，金兵蹈辽中京，围西京，辽朝危在旦夕。李乾顺派出 5000 兵援辽，但夏兵未到，西京已破，辽天祚帝仓皇逃入阴山。李乾顺又派大将李良辅领 3 万人马援助辽天祚帝。夏兵与金兵初战虽获小胜，不久在宜水与金兵遭遇，夏兵渡涧水时，突然水势暴涨，夏兵漂溺而死者不可胜计。元德四年（1122 年），李乾顺再发兵救辽，但被金兵阻击，不能前进。李乾顺又派大臣曹价向辽天祚帝问候起居，并馈赠粮饷。此时，辽天祚帝已逃往云内，李乾顺即遣使迎辽天祚帝入夏境，金兵攻陷云内，辽天祚帝逃入夹山。为了对李乾顺的多次支援表示酬谢，辽天祚帝在临亡之前给了李乾顺一个西夏皇帝的空头封号。

在金兵的连连追击下，辽天祚帝如丧家之犬，一路逃亡，无处存身。金朝看到夏国仍在支援辽朝，就改用威胁利诱的手段，逼夏投降。金将斡离不写信给李乾顺，说明辽国的灭亡已是必然之势，如果辽天祚帝逃到夏国，则应擒送给金，金朝当割地给夏，作为酬赏。李乾顺审时度势，权衡利害之后，决定投靠新主。元德五年（1123 年），李乾顺遣使赴金上誓表，表示愿按事辽的旧例事金，向金称臣，金太祖接着就赐夏誓诏，视如藩国，

并且把原属辽朝的西北地带，阴山以南吐鲁泊以西之地割让给夏国。元德六年（1124年），辽天祚帝在应州城做了金兵的俘虏，辽朝灭亡。20年前嫁给李乾顺的辽国成安公主听到故国灭亡的消息，悲痛不已，在夏国宫中绝食而死。

辽国灭亡，夏国称臣，金朝在西面和北面不再有后顾之忧，就立即将矛头指向南面的宋朝。

在宋徽宗、蔡京集团统治下的北宋，极度腐败，自然抵挡不住生气勃勃的金朝猛烈攻击。金兵南下，势如破竹。元德七年（1125年）十二月，金兵会师开封城下，宋钦宗投降。正德元年（1127年）四月，金兵俘获徽、钦二帝，掳掠大批人口、财物而回，北宋灭亡。

投靠了新主的李乾顺，看到辽、北宋相继灭亡的局面，认为自己正好乘此乱世，扩大地盘。于是，他在金兵攻宋时，乘虚而入，派兵将原来北宋在夏边境设下的城堡陆续攻占。他依照金朝的许诺，进占天德、云内、武州及河东八馆地带，攻下震威城（距府州300里），又攻占兰州东北的宋西安州，攻破宋麟州建宁寨，破平夏城怀德军，并进攻天都、兰州诸堡，得到了当年梁太后梦寐以求而不能得到的大块土地。不久，金朝完颜宗弼军将天德、云内占去。李乾顺认为金朝不信守诺言，向金提出质问。金朝在灭宋以后，把陕西北部地割给夏国，以河为界，作为天德、云内的抵偿。金、夏在陕西划定分界，确立了夏国的疆域。大德二年（1136年），李乾顺出兵攻占了乐州和西宁州；第二年，金朝接受乾顺之请，把乐州和积石州、廓州三州地割给夏国，这样，李乾顺取得了湟水流域。至此，西夏形成了前所未有的广阔疆域。

李乾顺看着自己的辉煌成绩，沉浸在无比的喜悦之中。大德三年（1137年），知西安州任得敬将女儿献给李乾顺为妃。李乾顺对任氏非常宠爱，第二年就将任氏立为皇后。同年，宋鄜延故将李世辅欲归宋未成，投奔夏国。乾顺得此战将，心中大喜。

次年，李世辅为李乾顺擒获了酋豪青面夜叉。但是大德五年（1139年），当李乾顺命李世辅带兵攻打延安府时，李世辅竟然临阵生变，率部众投宋而去。此事弄得李乾顺又气又恼。就在这一年的六月，李乾顺病死在宫中，终年 57 岁，在位 55 年。庙号崇宗，谥号圣文皇帝，葬于显陵。

五、忍无可忍惩佞臣，附金和宋儒治国

夏仁宗李仁孝（1124—1193 年），西夏第五位皇帝。夏崇宗之子，母曹贤妃。

李仁孝即位时 16 岁，生母曹妃与夏崇宗所立的皇后任氏，并立为太后。李仁孝娶党项大族罔氏女为后。罔氏酷爱汉文化，对李仁孝施政多有赞助。

李仁孝新立，就发生了萧合达叛乱的事件。萧合达原是辽将，辽朝成安公主嫁给夏崇宗李乾顺，他扈从来夏，后来担任了夏国的夏州都统。辽亡，成安公主绝食死，萧合达愤愤不平，就乘新帝刚立，占据夏州起兵。他联络阴山和河东的契丹人，图谋拥立辽朝皇室后裔，恢复辽朝。李仁孝闻讯，即命静州都统任得敬出兵平叛。任得敬出师顺利，不久即收复夏州，萧合达败死。因平叛有功，任得敬升为翔庆军都统军，封四平公。但李仁孝将朝中军政仍交给晋王李察哥、中书令濮王李仁忠等皇室贵族，保持皇权的绝对优势。

李仁孝继位的第三年，夏国发生饥荒，粮价腾贵，一升米竟卖百钱。接着，在大庆四年（1143 年）三月，国都兴庆府发生强烈地震，余震一月不止。城壁倒塌，官私庐舍毁坏，人畜死亡上万，一片惨象。四月，夏州发生地裂，黑沙涌出，阜高竟有数丈，数千居民被陷没。地震之后，饥荒更甚，党项部民无粮食可吃，无法生活下去，只有铤而走险，举行起义了。

不可躲避的天灾固然是蕃部起义的导火线，但起义的根本原因还在于社会内部的矛盾激化。

西夏社会是在奴隶制向封建制

夏仁宗李仁孝

迅速发展的过程之中，封建化的速度虽然很快，奴隶制的残余仍然严重地束缚着西夏社会的发展。党项贵族、大臣在不断的对外征战中掠夺了大量的财富，他们残酷地压榨党项部民，在接受汉文化的同时，效法汉族贵族的生活方式，追求骄奢淫逸，尽情享乐。如晋王李察哥，执掌军权，居于元老重臣地位，气势熏灼，"贿货公行，威福自用"，他任意抢夺民宅，"广起第宅，横征多诛求，蕃汉苦之"。虽年已70余，仍是姬妾成群，腐朽不堪。蕃汉人民本已厌苦不迭，加上地震灾害，饥荒频仍，起义的烈火就燃烧起来了。蕃部起义在威州大斌部，静州埋庆部，定州笆浪部、富儿部等同时爆发，人数多者上万，少者也达6000。起义群众攻打州城，夏国官兵一时不可抵挡。

李仁孝对蕃部起义十分惊慌，急忙命在外领兵的任得敬前去镇压。任得敬非常狡猾毒辣，他用屠杀和瓦解相结合的办法，陆续镇压了各州起义的队伍。笆浪、富儿两部起义部民，在官兵的袭击下，经过两个多月的顽强抵抗，最后因众寡不敌而失败，起义领袖哆讹也惨遭杀害。

蕃部起义沉重打击了西夏贵族的统治，使李仁孝不得不采取一些措施来缓和社会矛盾，适应社会发展。

随着社会的发展，西夏内部的封建制度不断发展，并且越来越在社会关系中占据主要地位。李仁孝必须在夏崇宗发展封建关系的基础上，进一步确立封建制的统治，完成夏国的封建化过程。李仁孝制定了《新法》和《天盛律令》(即天盛年间修订的《天盛年改新定律令》)，作为封建制度确立的法律依据。

在土地占有关系方面，西夏境内已经形成了皇室占田、贵族地主占田和农民小私有田等三种占有形式。皇室占田，在夏崇宗时代已经有"御庄""御仓"等形式，这是由士卒屯田转化为皇室私有的。李仁孝的《新法》中规定："从来就已利用的渠道、土地、水等，永远属于国君和个人所有。"这样就从法律上确认国君是夏国最大的地主。贵族地主占田，一种是国家的"赐田"，另一种是依仗权势无限扩占的土地。《新法》规定，夏国的居民、诸王、官员、庶民都可以使用国君赏赐的土地。法律规定土地买卖自由，贵族地主则可以用不同形式的"买田"来扩大土地占有。农民的小私有田，主要是荒地，开垦者和其族人可以永远占有，并且有权出卖。

在剥削方式方面，李仁孝主要是确立地租和赋税，使之成为普遍的封建剥削形式。《新法》规定，赐田要按亩征收地租。土地占有者都要向国家交纳赋税。大庆四年（1143 年）地震后，李仁孝下令兴庆府和夏州的人民减免租税，家中死二人者，免租税三年；死一人者，免租税二年；受伤者免租税一年。《天盛律令》还规定了土地买卖法，土地所有者在买卖土地时要呈报官府，并在赋税册上勾掉卖主姓名，改填买主。这就与中原地区汉族封建政权的办法无异了。

在政治方面，李仁孝花了很大的气力来进行整顿和改善。首先，他确立了辽阔的疆域，将直接统治的地区分成 27 个州，包括黄河以南 12 州，黄河以西 11 州，熙、秦河外四州。随后又得到原属宋朝的麟州、府州、丰州，后又从金朝割让得到德威城（甘肃靖远县西）、定边军等边沿地。这样，西夏仁宗朝的疆域包括了今天宁夏、甘肃的大部，陕西的北部，内蒙古的西南部，青海的东北部以及新疆和蒙古人民共和国的一部分地区。

李仁孝进一步完善了中央官制和地方官制。西夏的中央官制原是蕃、汉两个体系并列，李仁孝将中书令、御史大夫以下的汉制官员，多由党项贵族充任。后来，又把中书省、枢密院移到宫廷内门之外，以备顾问。这样，逐渐用汉制代替蕃制。在地方官制中，李仁孝采取州(府、军)、县(城、堡、寨)两级制。《天盛律令》中规定了西夏官衙司署和州县的品第。骨勒茂才编撰的《蕃汉合时掌中珠》中记载了地方官职有州主、通判、正听、都案等。州、县官吏主要由中央委派，城、堡、寨主则主要由各氏族首领充任。

在文化方面，李仁孝的一大改革是仿照宋制，实行科举。人庆四年（1147 年），李仁孝正式策试举人，立唱名法，又设立童子科，通过科举策试，选拔一批官僚人才。

李仁孝将崇宗时的"国学"进一步扩大。人庆元年（1144 年），他下令各州县普遍设立学校，增子弟员达 3000 人。又在皇宫中立小学，设教授，凡宗室子孙自 7 岁至 15 岁皆可入学。李仁孝自己还时常亲临训导。人庆二年（1145 年），模仿中原制度，建立太学，亲行"释奠礼"（向先圣先师举行隆重的祭祀），对师生分别给予赏赐。人庆三年（1146 年），李仁孝追

李仁孝当政时期货币

尊孔子为文宣皇帝，下令州郡修建殿宇巍峨的孔庙。人庆五年（1148年）又建内学，李仁孝亲选名儒生主持讲学。又命令乐官李元儒采取汉族乐书，参照西夏制度，新作音律，历时三年方告成功，赐名"鼎新"。在连续几年中，李仁孝采取各种措施，提倡汉学，尊崇儒学，从多方面吸收汉文化，对西夏文化的发展具有积极的意义。天盛十四年（1162年），李仁孝追封夏字创制人野利仁荣为惠王，以表示他对本族文化的尊崇。

任得敬品质很坏，他原来是宋朝西安州（今宁夏海原县西）的通判，夏兵进攻西安州，他率兵投降，当上了知州。他把女儿进献给夏崇宗李乾顺为妃，用巴结逢迎的手段，经常贿赂朝廷显贵，使女儿得以立为皇后。他为李仁孝平定了萧合达的叛乱，镇压了蕃部起义，因而受到李仁孝的青睐，官位急遽上升，成为翔庆军都统军，封为西平公。当时李仁孝为了加强皇权，将中央的军政枢要交给皇族元老晋王察哥和濮王李仁忠，任得敬只能在外领兵。但是任得敬依仗外戚的特殊身份，窃弄权术，扩大势力，他的野心迅速地膨胀起来。他不甘心在外领兵的有限地位，千方百计地要参与朝廷的中枢要政。人庆四年（1147年）任得敬请求以西平公入朝。御史大夫热辣公济进谏说："自古以来，凡是外戚擅权，国家没有不乱的。任得敬虽然是太后的亲戚，但不是我们族的人，能保证他没有异心吗？"李仁孝鉴于前朝外戚专权的恶果，亦认为不能允许任得敬的请求。不久濮王李仁忠死去，任得敬看到机会来到，就用金珠贿赂贪婪的晋王李察哥，得到李察哥的援引，被召为尚书令，接着又升中书令。天盛八年（1156年），晋王李察哥死去，任得敬即跃居国相的高位。从此任得敬大权独揽，野心日炽，更加无所顾忌，极力在朝中安插亲信，扩展私人势力，他将几个兄弟都安排在朝中重要的职位：任得仁为南院宣徽使，任得聪为殿前太尉，任得荣为兴庆府尹，侄任纯忠为枢密副承旨。这样，任氏家族几乎把持了西夏政府中的军政要职。

天盛十二年（1160 年），任得敬对李仁孝的崇儒兴学不满，上疏谏废学校，说："经国在乎节俭，化俗贵有权衡，夏国贫瘠，士多而滥，廪禄浩繁，供养不起，难以行于夏国。"实际上是企图废弃科举取士，以便独揽大权。李仁孝对此不予采纳。任得敬还胁迫李仁孝封他为楚王，出入仪仗，几乎与皇帝相等。李仁孝对任得敬一再忍让，天盛十九年（1167 年）任得敬生病，李仁孝亲自为其向金朝请医，金遣医生王师道来夏为任得敬治病，任得敬病愈后又是李仁孝派人赴金谢恩。任得敬反而视李仁孝为软弱可欺，野心恶性发作，要阴谋篡夺政权，取而代之。他计划使李仁孝赶到瓜州和沙州，自己占据灵州、夏州。为此他积极营建自己的根据地。他役使 10 万民夫，大兴土木，修筑灵州城，在他的翔庆军监军司建造宫殿，当时正值盛夏酷暑，民工们汗流浃背，不得休息，身体都发生糜烂，怨声四起。天盛二十年（1168 年），任得敬派人进四川，与南宋联络，约南宋出兵攻吐蕃，企图以此为由，将灵州、兴州周围的兵力调开。但携带帛书的信使被巡逻士兵俘获，李仁孝就将帛书献给金朝，让金世宗知道任得敬的阴谋。

任得敬的篡权活动已经到了明目张胆的地步。天盛二十一年（1169 年），任太后去世，任得敬失去靠山，唯恐有变，忙加紧步伐，制造分裂。乾祐元年（1170 年）五月，任得敬公然胁迫李仁孝分国，并欺凌宗亲，诛锄异己。李仁孝无力制止，被迫将夏国西南路和灵州、罗庞岭（在凉州境内）一带地方，划作楚王直辖的封疆。因为夏国对金朝是藩属的关系，这种"分国"的大事，必须得到金朝的同意。李仁孝遣使向金国奏报，并且代任得敬请求金朝的封册。但是，金世宗对任得敬的"分国"阴谋非常不满，对李仁孝的妥协退让也很反感，因而不予认可。他退还了西夏的贡物，并且下诏书给李仁孝说："自从我金朝戡定中原，怀柔西土，始则划疆给你父亲，继而赐命给你本人，这样的厚恩，已经有 30 多年了，藩臣之礼，应当践修，你祖业所传的国土，也应当固守。今天你为任得敬请命，实在是反常的事情，不知你此举的原因是什么？你要继续派使臣来解释清楚。"

任得敬一看自己的"分国"请求遭到金朝的反对，就转而投靠宋朝来

求得自立。他派人带帛书与南宋联络，南宋的四川宣抚使虞允文见此事可以利用，就让人送蜡丸书给任得敬，相约夹攻金人。但南宋的密使被夏兵捕获。李仁孝在得到金世宗的支持后，正在与皇族亲信策划消灭任得敬，现在又得任得敬叛国的铁证，就决定迅速采取行动。李仁孝先命弟李仁友等诱捕任得聪、任得仁等，在八月三十日，李仁孝设计杀任得敬及任氏亲党。李仁孝一举成功，取得胜利后，即派殿前太尉芭里昌祖等到金朝奏报，并把宋使和蜡丸书一起献给金朝。

李仁孝扑灭了任得敬的分国阴谋，避免了割据分裂，巩固了夏国的封建制统治。他起用刚直的蕃、汉学教授斡道冲为中书令，又进为国相，朝中文臣多奉斡道冲为师，这样，夏国又转危为安了。

李仁孝是个善于纳谏的皇帝，因而他也鼓励群臣直言进谏。天盛十四年（1162年），李仁孝提出："上无勿知之隐，下无不达之情。"认为只有这样才能将国家治理好。为此，他将中书、枢密院移置到皇宫的内门外，以便于顾问。他对斡道冲、热辣公济等敢于直谏的大臣，一向非常器重。李仁孝对党项世家贵族崇尚奢侈、追求淫逸的不良现象非常不安，为此他在天盛十五年（1163年）下令禁止奢侈，以节约国家的财政支出。李仁孝的禁奢侈在一定程度上对贵族和官僚起了约束的作用。在西夏的官吏中确实出现了一些以清正廉洁而著名的人物，如老臣斡道冲，不仅学问渊博，刚正不阿，而且为官清廉，洁身自好，他任国相十几年，对李仁孝的后期统治有重要贡献，他死时，家里除了大量的书籍，别无私蓄。

在李仁孝的治理下，西夏经济繁荣，国力强盛，西域各国都很羡慕。天盛五年（1153年），畏兀儿国（指在今新疆建立的回鹘政权，又称西州回鹘）第一次派遣使臣到夏国贡献方物。李仁孝本人非常崇信佛教，天盛十一年（1159年），他遣使请吐蕃的朵陇地区的著名喇嘛都松钦巴，都松钦巴是后来元、明时代盛行的哈立麻教派的初祖。他派弟子格西藏琐布赍经像来到凉州。后来粗布寺建塔，仁孝献饰塔的金璎珞、金幢盖，成为这个寺院的"镇塔之宝"。乾祐二十年（1189年），李仁孝已66岁，他派人请来宗律、净戒、玄密图师等，在大度民寺作盛大法会，并施散夏、汉佛经文15万卷。

李仁孝很注意国史的编纂，斡道冲一家曾专掌夏国史，成为专门的官职。天盛十三年（1161 年）李仁孝设立翰林学士院，以王佥、焦景颜为学士，王佥成为夏国历朝实录的总纂。罗世昌罢官后居家，曾为夏国"谱叙世次"。乾祐十四年（1183 年），李仁孝派人编印了《圣立义海》，全书依照汉籍类书的体例，采取诗注形式，由简短的格言编成。

乾祐二十四年（1193 年），李仁孝去世，终年 70 岁，在位 55 年，在西夏皇帝中在位最久，寿命最长。谥号圣德皇帝，庙号仁宗，葬于寿陵。

六、桓宗被废不明死，襄宗篡位蹈覆辙

1.夏桓宗李纯祐

夏桓宗李纯祐（1177—1206 年），夏仁宗李仁孝长子，母亲罗皇后。西夏第六位皇帝（1193—1206 年在位），年号天庆。

李纯祐的生母罗氏为汉人，是夏仁宗李仁孝在周后死后所立的皇后。李纯祐出生时，夏仁宗已经 54 岁。

乾祐二十四年（1193 年），夏仁宗病死，李纯祐即位，时年 17 岁。李纯祐基本上能奉行夏仁宗时期的政治和外交方针，对内安国养民，对外附金和宋。但是党项贵族和地主官僚的腐朽堕落已成不可挽回之势，李纯祐根本无力扭转西夏政权由盛转衰的局面。然而，外患却加深了。蒙古在漠北兴起，并且迅速强大起来，构成了西夏来自北方的严重威胁，加速了西夏由衰至亡的历史过程。

李纯祐即位的第四年，发生了一件事情，成为以后发生宫廷政变，使李纯祐遭到杀身之祸的隐患。这一年十二月，越王李仁友病死。李仁友是夏仁宗之弟，在粉碎任得敬篡权分国阴谋中有功，进封为越王。其子李安全生性阴鸷，颇有野心，他向李纯祐上表炫耀其父的功绩，请求承袭越王爵位。李纯祐不许，反而降封他为镇夷郡王。李安全由失望而生怨，萌发篡夺皇位之心。

天庆十二年（1205 年），蒙古铁木真在消灭乃蛮部后，率兵向西夏进军，追击亦剌哈桑昆。对于蒙古铁骑的来临，李纯祐紧张万分，只能坐观事变。幸而蒙古军当时并无侵占西夏的打算，他们在攻破西夏的力吉里寨之后，又在落思城大掠人口、牲畜而回。蒙古退兵，李纯祐庆幸自己躲过

了一场危机，下令把都城兴庆府改为中兴府，表示大难之后，必有中兴之意。然而，事实恰恰相反，等待他的是死亡。

第二年正月，镇夷郡王李安全勾结李纯祐的生母罗太后，在夏国刚刚经历了一场蒙古威胁的风险之后，合谋发动宫廷政变，废黜了李纯祐，自立为帝。两个月后，李纯祐又突然死去，死因不明。终年30岁，在位14年。谥号昭简皇帝，庙号桓宗。陵号庄陵。

2. 夏襄宗李安全

夏襄宗李安全（1170—1211年），西夏第七位皇帝，夏崇宗李乾顺之孙，夏仁宗李仁孝之侄，越王李仁友之子。

李安全是越王李仁友之子，史料上说他"天资暴狠，心术险鸷"。他用宫廷政变的手段，废黜夏桓宗李纯祐，自立为帝。但是没有得到金朝的立即承认，为此，罗太后遣御史大夫罔执中去金朝，上表说："李纯祐不能嗣守，已与大臣议立李安全。"请求金朝给予册封。金朝对此表示怀疑，反而派使者来夏，询问废立的原因。罗太后再次上表请求册封。至七月，此时李纯祐已死，李安全篡位已是既成事实，金朝才派使臣赴夏，册封李安全为夏国王。

此时，成吉思汗已经结束了蒙古草原的长期分裂局面，开始向外扩张，首当其冲的便是西夏和金。在强敌压境的情况下，夏、金双方的统治者不是联合起来，共同对敌，而是从各自的私利出发，往往在利用对方之后，抛弃对方，保住自己。于是，夏、金关系出现了裂缝，以至完全破裂，最后被蒙古各个击破。李安全在位期间，夏国正处于附金抗蒙到附蒙侵金的转折。

应天二年（1207年）秋，蒙古发兵攻夏，破兀剌海城，四出掳掠。李安全急调右厢诸路兵马抵抗，蒙古兵攻略五个月后，于次年二月退去。

夏襄宗李安全

应天四年（1209 年）三月，成吉思汗从黑水城（哈剌和托）北兀喇海关口攻入夏境。李安全命皇子李承祯为主帅，大都督府令公高逸为副，领 5 万兵抗击。蒙古兵勇猛冲杀，夏兵抵挡不住，溃败而去。高逸被俘，至死不屈。四月，蒙古兵再攻兀剌海城，夏守将不战而降。七月，蒙古兵攻克夷门，李安全派嵬名令公领 5 万兵抵抗。嵬名令公借地形之利，命部队自山坡急驰而下，冲击蒙古兵。两军相持两个月后，蒙古设置埋伏诱战，夏兵中计败走，嵬名令公被俘，囚禁在土室。成吉思汗多次派人说降，嵬名令公坚持不屈。直到一年后，李安全投降蒙古，嵬名令公才得放还。

蒙古兵攻破克夷门，迅速进围夏都中兴府。李安全只得亲自督战守城。由于全城将士奋力登城抵御，蒙古兵一时不能攻破。至九月间，天降大雨，河水暴涨。蒙古兵引河水灌城，城中居民淹死无数，情势危急。李安全派人向金朝告急求援，金帝卫王允济却隔岸观火，拒不出兵，还对群臣说："现在敌人相攻，正是我国之福。"十二月，河堤决塌，水势更大，城墙被水淹浸，行将塌陷，河水四溢，城中几成泽国。蒙古派在兀剌海城巷战中俘获的西夏太傅西壁讹答入城招降，李安全走投无路，只得献女给成吉思汗乞和。由于河水淹漫，蒙古兵也难以久驻，此时正好以胜利者班师回朝。

蒙古退兵后，李安全对金朝见死不救、幸灾乐祸的态度非常恼火，极想寻找机会报复，同时将蒙古铁骑的矛头引向金朝。皇建元年（1210 年）八月，李安全派出万余骑兵，攻打金朝的葭州（今陕西佳县境），夏、金关系正式宣告破裂。同年，蒙古开始进攻金国西北沿边。夏、金关系的破裂，反而被蒙古得到了各个击破的机会，夏和金的日子都更加难过了。

皇建二年（1211 年），在蒙古的威胁日益加重的时候，西夏却又发生了宫廷政变。这年七月，齐王李遵顼废黜了夏襄宗李安全，继立为帝。李安全处心积虑夺来的龙椅只坐了短短的六年。被废一个月后，李安全又不明不白地死去，终年 42 岁。谥敬穆皇帝，庙号襄宗，葬康陵。

七、中国唯一状元帝，西夏仅有太上皇

夏神宗李遵顼（1163—1227年），西夏宗室齐国忠武王李彦宗之子。西夏第八位皇帝。

李彦宗在凉州起兵，定都凉州，将儿子李遵顼扶上皇位，废掉夏襄宗，后从凉州迁都兴庆府。史书上说李遵顼"端重明粹，少力学，长博通群书，工肃篆"，在夏桓宗李纯祐时，李遵顼曾以"廷试进士，唱名第一"，是个状元。后来嗣齐王爵，擢升为大都督府主，统领军兵，可见很得夏桓宗的赏识和重用。这样的出身和经历，使他成为西夏皇族中具有威望的人物。李遵顼继位时，已经49岁。

李遵顼继位后，并不扭转夏襄宗李安全的错误方针，反而越走越远，干脆实行附蒙侵金，企图乘蒙古攻金的机会，掳掠财物，扩大领土，于是，西夏对金的战争越来越频繁，规模也越来越大。

李遵顼继位时，不再向金朝求册封，即派兵万骑围攻金东胜城，金派大兵来援，才得解围。同年冬，李遵顼乘蒙古兵围攻金中都之机，派兵侵入金泾州、邠州，又进围平凉府。

光定二年（1212年）三月，金朝处于两面受敌的危机之中，主动派使臣册封李遵顼为夏国王，想以此缓解与夏国的紧张关系。李遵顼并不立即酬答，一直拖到年底，才遣使臣谢封，但并不罢兵，仍然继续攻金。

光定三年（1213年）六月，夏兵攻破金保安州，围庆阳府。八月，破金邠州。十二月，破巩州。光定四年（1214年）八月，攻庆、原、延安诸州。光定五年（1215年）十月，攻破金临洮府。光定六年（1216年）秋，成吉思汗出兵侵金。李遵顼出

夏神宗李遵顼

兵配合蒙古作战，攻延安、代州，进而破潼关。十一月，李遵顼又派兵4万余，乘胜围攻金定西城，此次因遇金兵奋力抵抗而退兵。十二月，金兵反攻西夏，分兵攻打盐、宥、夏、威、灵等州。金朝欲以此重创夏兵，教训李遵顼，但李遵顼已派重兵分道防御，金兵不能前进。

光定七年（1217年），蒙古攻金，李遵顼因已经降蒙，只好应蒙古的征调，派兵3万助攻，结果在宁州被金兵打得大败而回。蒙古西侵花剌子模，再次向西夏征兵。这时，西夏因连年用兵，军费耗费巨大，兵民厌战，朝议沸腾。李遵顼鉴于宁州新败，不敢随蒙西征，拒绝出兵。蒙古见西夏不肯出兵，就发兵渡河进攻西夏，迅速围困夏都中兴府。李遵顼见蒙古突然来攻，惊恐万状，逃奔西凉府，只留太子李德任守城。直到蒙古兵退，李遵顼才返回国都。

经过这场惊吓，李遵顼深感蒙古的威胁，想改变方针，于是，李遵顼时而联金抗蒙，时而联宋抗金，以求得自保，然而越搞越乱。

光定八年（1218年）二月，李遵顼起用主张联金抗蒙的秘书监苏寅孙为枢密都承旨，做出抗蒙的姿态。三月，李遵顼写信给金朝的保安、绥德、葭州，商请恢复边地互市，与金朝讲和。金宣宗恼恨李遵顼反复无常，没有允许。李遵顼见联金不成，转而联宋。

光定九年（1219年），金宣宗由于在北面受到蒙古和西夏的时时打击，为了摆脱困境，发兵渡淮，分道南侵宋朝。李遵顼乘机派人去四川与宋将联络，企图联宋侵金，与南宋两面夹击金兵。宋利州路安抚使丁焴回信答复西夏，同意联兵抗金，但宋军没如约出师。次年初，李遵顼又派人写信向四川质问负约原因，至五月间，宋四川安抚使安丙正式复信，定议宋、夏同时出兵，夹击金兵。

光定十年（1220年）八月，李遵顼发兵万人如约出师，攻破金会州城，金守将乌古论世显投降。金朝非常恐慌，金宣宗即向夏国请和，遵顼正在胜利的兴奋之中，自然不许讲和。九月，鬼名公辅等人领兵20万攻打金朝军事重镇巩州。宋安丙派张威、王仕信等分道进兵，攻下定边城，与夏兵会师于巩州城下。金行元帅府事赤盏合喜组织兵民，奋力拒守。夏兵久攻不下，死伤者数以万计，只好退军。在撤退途中，又遇金兵伏击，伤亡

甚众。十月，宋安丙再约夏兵攻秦州，李遵顼惧于巩州之败，不肯再出兵了。

光定十一年（1221年）三月，蒙古木华黎部由东胜州渡过黄河经西夏攻金，再向夏国征兵。同时，蒙古兵已攻破西夏河西诸堡，夏守将无力抵抗，纷纷投降。在蒙古大军压境面前，李遵顼急忙派监府塔海设宴招待蒙古军，并派塔哥甘普领兵5万归木华黎指挥，随蒙古军向金葭州、绥德州进军。十月，木华黎率蒙古、西夏军队破金朝葭州，并围绥德、延安、安塞等城砦。十二月，李遵顼得悉金主令临洮府总管女奚烈古里间等招抚10万大军，准备进攻西夏兴、灵二州，便先发制人，发兵数十万，分三路攻金，对金边境大肆掳掠和破坏。

光定十二年（1222年）六月，木华黎和右都监石天应率兵攻金陕西诸州，向夏国借道，李遵顼马上应允，并于十二月出兵配合，但夏兵行至质孤堡被金兵打败。光定十三年（1223年）春，蒙古木华黎进军凤翔（今陕西凤翔县），李遵顼发兵10万随蒙古军攻城，被金兵挫败。夏兵见势不妙，不告蒙古，自行逃归。

刚愎自用而又昏聩无能的李遵顼，在蒙古大军的威胁下，坚持附蒙侵金的错误政策，造成西夏经济凋敝，财用匮乏，兵员消耗严重，国力损失巨大。光定十三年（1223年），兴、灵诸州发生春旱，颗粒无收，出现"饥民相食"的惨状。西夏居民处在战火蹂躏和自然灾害的双重袭击下，痛苦不堪，怨声四起。西夏统治集团内部也矛盾重重，日益激化。早在光定六年（1216年）就发生葩俄、苤蓼等氏族首领汪三郎、青觉儿、阿令结等人，因不满李遵顼对金作战的政策，率部投金。朝廷中以太子李德任为首，竭力反对李遵顼的错误政策。

光定十三年（1223年），李遵顼令太子李德任领兵进攻金朝，李德任拒不受命，并且对父亲进谏道："现在金朝的兵力还很强大，进攻金朝很不合适，不如与金修好，结为盟友，共抗蒙古。"李遵顼不听，反而训斥说："你懂得什么？金朝失去了兰州竟无力收复，它强盛在哪里？"李德任再三劝阻无效，主动请求放弃太子位，出家为僧。李遵顼见儿子都反对自己，恼羞成怒，下令将李德任软禁在灵州。

同年十月，跟随蒙古出征的夏兵反而在积石州遭到蒙古兵的围困。对此，朝中议论纷纷。李遵顼不仅不引以为戒，反而征集全国十二监军司的兵马，孤注一掷，进攻金朝巩州。御史中丞梁德懿挺身而出，上疏谏阻。李遵顼一点也听不进去，反而将他痛骂一顿。梁德懿在悲愤之余，只好辞官退隐。

蒙古统帅木华黎在山西闻喜病死，由其子孛鲁继续领兵，向金进攻。蒙古为了惩罚夏兵在凤翔之战中不辞而别，竟派兵包围积石州，并四处抄掠，将夏兵围困达半个月之久才退兵。

李遵顼为保全自己，甘心做蒙古的附庸，但是蒙古已经对他失去兴趣，多次遣使责令他退位。十二月，在蒙古的威逼下，李遵顼在朝中上下一片反对声中，不得不宣告退位，传帝位给次子李德旺，做了西夏历史上唯一的太上皇。

乾定四年（1227 年），李遵顼死去，终年 65 岁，在位 13 年。谥号英文皇帝，庙号神宗，葬于今宁夏贺兰山平羌堡西北西夏王陵第 161 号陪葬墓。

八、身当末造值艰危，病入膏肓难回天

1. 夏献宗李德旺

夏献宗李德旺（1181—1227 年），夏神宗之次子。西夏第九位皇帝。

李德旺继位于危难之际。夏神宗附蒙侵金的政策使西夏蒙受巨大的损失，有个殿中御史曾在奏疏中描绘当时的情景是"国经兵燹，民不聊生。耕织无时，财用并乏"。后来蒙古军队在攻破应里县（今宁夏中卫市）时，看见夏国"仓库无斗粟尺帛之储"。

夏国经济已经到崩溃的边缘了。西夏已经经受不住蒙古军队的打击，它的灭亡是必然的。懦弱的李德旺根本无力挽救西夏的败局。

李德旺即位后，想改变夏神宗的附蒙政策，试图抗拒蒙古。他遣使与漠北诸部联络，企图结为外援，牵制蒙古军队南下。当时正是蒙古木华黎的儿子孛鲁继为国王，统领蒙古在华北的探马赤军和汉军。孛鲁得知西夏"阴结外援、蓄异图"的消息，就在乾定二年（1225 年），调动大军从东面攻夏。蒙古军队一路顺利，直抵银州。不久攻破银州，夏兵战死数万，夏将塔海被俘，蒙古军队俘获生口，牛羊数十万之多。李德旺此策失败，就

改为联金抗蒙。乾定二年（1225年）十月，他采纳右丞相高良惠的计策，遣使去金朝议和。金朝早已自顾不周，对西夏的联合也不抱多少希望。次年八月，李德旺派出吏部尚书李仲谔，南院宣徽使罗世昌，尚书省左司郎中李绍膺等赴金，以隆重的姿态与金订立和议：金、夏为兄弟之国，各用本国年号，双方互相支援。这个和约确立了夏、金双方平等的关系，但是对联合抗蒙起不了任何作用。因为当时金朝已处于亡国前夕，财尽兵虚，根本无力抗蒙，也无力援夏。这种状况连赴金议和的使臣都看得很清楚。南院宣徽使罗世昌回来后，坦率地对李德旺说："金朝的援助不足依靠，我们还是要靠自己来壮大力量。"然而李德旺对和议充满希望，他不听罗世昌的劝谏，反而将罗世昌罢官，流寓龙州。

乾定三年（1226年），成吉思汗从西域回到漠北，看到夏国尚未屈服，就在这年秋天出兵征夏。

乾定四年（1227年）春，成吉思汗的大军从北路进入夏境。二月，攻破黑水、兀剌海等城。蒙古大将阿答赤率军与畏兀儿亦都护配合，进军沙州。夏沙州守将籍辣思义组织兵力全力守城。蒙古先派忽都铁穆尔与昔里钤部前往城前招抚。籍辣思义用伪降之计，设置埋伏，袭击蒙古军，蒙古将阿答赤险些被擒。蒙古军诱降不成，反遭袭击，就全力攻城。但籍辣思义拒守严密，一时攻不下来。蒙古军在夜间挖地穴攻城，籍辣思义派兵在地穴中放火，蒙兵多被烧死。最后，蒙古军强攻月余才攻破沙州。五月，蒙古军队进侵肃州，肃州守军坚守不降，城被蒙古军攻破，夏国军民被屠杀无数。蒙古军进围甘州，派使者招降夏守将曲也怯律。副将阿绰等36人杀掉蒙古使者和曲也怯律，率领城中军民浴血抵抗。城破，阿绰等人全部牺牲。七月，蒙古军攻西凉府，夏守将战败投降。一个个失败的消息频频传入国都中兴府，

夏献宗李德旺

西夏朝廷束手无策。五月间太上皇夏神宗先已病死，到七月间，胆小的李德旺也惊忧而死。终年47岁，在位4年。庙号献宗，谥号孝哀皇帝。同其父葬于西夏王陵第161号陪葬墓。

2. 夏末帝李睍

夏末帝李睍（？—1227年），西夏神宗李遵顼之孙，西夏献宗李德旺之侄，清平郡王之子，西夏最后一位皇帝。

李睍是夏献宗李德旺的侄子，夏献宗死后，被拥立继位。

李睍在仓皇中登上皇位时，蒙古军队已经分东、西两路向夏国都城挺进。宝义元年（1227年）八月，蒙古西路军越过沙陀（今宁夏中卫市西），抢占了黄河九渡，攻陷应里。十月，蒙古东路军攻破夏州。于是，蒙古军队两路夹击，形成钳形攻势，指向西夏的政治、经济中心灵、兴地区。十一月，成吉思汗亲率大军围攻灵州，末帝李睍见全朝文武大臣中竟无一能统率兵马作战的，只好请出老将嵬名令公带领10万兵卒赴援救急。成吉思汗渡过黄河，亲自指挥蒙古大军进攻，嵬名令公亦抱着以身殉国的决心奋勇迎战。两军厮杀之激烈，据史书记载是"蒙古人在作战中所少见的"。西夏将士英勇抵抗，终因损失惨重而败退。蒙古大军乘势进围灵州，守灵州城的是曾被夏神宗囚禁过的前太子李德任，他率领夏兵拼死奋战，但因守城将士伤亡过重，灵州失陷，李德任被蒙古军俘获，不屈被杀。十二月，蒙古军攻克盐州川，四处搜索，烧杀抢掠，夏国居民得幸免者"百无一二，白骨蔽野"。宝义元年（1227年），成吉思汗留兵围攻中兴府，自率一军渡河，攻积石州，进入金境。二月，破临洮府。三月，破洮、河、西宁三州。

李睍被围困在中兴府，眼看蒙古军队兵临城下，国势濒危，一筹莫展。他委托右丞相高良惠指挥抵

夏末帝李睍

抗。高良惠重任在肩，"内镇百官，外励将士"，严密部署，派兵拒守。他昼夜巡逻，终于积劳成疾，劳累过度而死。夏国在危难之际，又失国相，局面更难维持。

闰五月，成吉思汗回师隆德，因天气炎热，避暑于六盘山。他派御帐前首千户察罕赴中兴府谕降，遭到李睍的拒绝。六月间，发生强烈地震，房屋倒塌，瘟疫流行。已被蒙古军队围困达半年之久的中兴府内，粮尽援绝，军民多患病，已经完全丧失抵御能力。李睍在走投无路之下，只好向蒙古请降，但要求宽限一个月献城投降。

七月，成吉思汗在清水县（今甘肃清水县）西江得重病，立下遗嘱：为了防止西夏有变，死后暂秘不发丧，待夏主献城投降时，将夏主李睍与中兴府内所有兵民全部杀掉。不久，李睍率李仲谔、嵬名令公等出降，蒙古军队带着李睍等行至萨里川。七月己丑（公历8月25日），成吉思汗死于清水县行宫。李睍等赴蒙古军晋谒，蒙古军即按成吉思汗遗嘱，将李睍等杀害，同时，蒙古军队进入中兴府准备屠城。蒙古军将领察罕努力使银川避免了屠城的命运，并入城安抚城内军民，城内的军民得以保全。

至此，立国190年的西夏，最后灭亡。

蒙古铁骑进侵西夏，大肆蹂躏的时候，西夏居民向境外逃走，他们向着中国而去，经过数千里跋涉，在四川省甘孜藏族自治州的木雅地方（即今康定市拆多山以西，雅砻江以东，乾宁县以南，九龙县以北的地区）定居下来，建立了一个小政权，至今在当地的藏族居民中留下传说，他们把这个小小政权的首领叫作"西吴王"，实际也就是"西夏王"的称号。这个小政权直到清朝康熙年间才被彻底消灭。

元至元二十五年（1288年），元朝改西夏故都中兴府为宁夏路。此名一直沿用至今。

第三章 内外关系

一、番汉政治一元化，汉法制度习儒家

1. 中央机构

西夏的国家体制和统治方式深受儒家政治文化影响。官制自 1038 年夏景宗立国后确立，大体上学自宋朝制度，官分文武两班。中书司、枢密司与三司（盐铁部、度支部与户部）分别管理行政、军事与财政。御史台管监察、开封府管理首都地区的事务。其他还有翊卫司、官计司、受纳司、农田司、群牧司、飞龙苑、磨勘司、文思院、蕃学与汉学等机构。

1039 年，夏景宗仿照宋朝制度设立总理庶务的尚书令，改宋朝 24 司为 16 司，分理功、仓、户、兵、法、士六曹，使西夏官制和机构已颇具规模。到夏毅宗时又增设各部尚书、侍郎、南北宣徽使及中书、学士等官。一来职官和机构愈分愈细，二来官制改革由扩充政治军事的官职转向扩充社会经济文化方面的官职。

2. 官职机构

西夏制度由番汉两元政治逐渐变成一元化的汉法制度。西夏的皇权备受贵族、母党与权臣等势力的挑战而动荡不安。

番官是专由党项族担任的官职，有一说此为爵位制度。番官主要是为了保持党项贵族在政权中的主导地位，非党项族不能担任，有宁令（大王）、谟宁令（天大王）、丁卢、丁弩、素斋、祖儒、吕则、枢铭等官称。夏景宗增设番官后，还学习辽朝与吐蕃的一些制度，如南北面官制。西夏的番

西夏王陵

官制度很杂乱，夏毅宗时又增设不少官职，至今仍不太清楚其官职功能，有一说番官只是西夏文表示的汉官官名而已。西夏文谚语也提到"衙门官员曾几何，要数弭药为最多"，表明党项族当官为数不少。随着西夏皇帝越来越崇尚汉法，改蕃礼、用汉仪，番官系统逐渐式微。夏崇宗以后，番官就再也没出现在相关文献中。

西夏政治是番汉联合政治，党项族为主要统治民族，并且联合汉族、吐蕃族、回鹘族共同统治。皇族注意与党项贵族的关系，以通婚与权力笼络党项贵族，而母党"贵宠用事"。这些都使皇族与母党、党项贵族之间时常发生冲突。

3. 法律制度

关于法律方面，因为西夏旧律有不明疑碍处，夏仁宗在"尚文重法"的主张下颁布《天盛改旧新定律令》，又称《天盛律令》《开盛律令》。主要由北王兼中书令嵬名地暴与中书、枢密院宰辅要员及中兴府、殿前司、合门司等重要官员参与编写。该法典参考了唐朝、宋朝的法典，并且结合本国的国情、民情和军情，使得更加切合实际。在某些方面（如畜牧业、军制、民俗等等）更具有本民族的特点。

4. 军事制度

西夏的军事制度是在党项的部落兵制的基础上吸取宋制而发展起来的。枢密院是西夏最高的军事统御机构，下设诸司。军队由中央侍卫军、擒生军和地方军三部分组成。

中央侍卫军包括"质子军"、皇帝卫队和京师卫戍部队。"质子军"人数约5000人，是由豪族子弟中选拔善于骑射者组成的一支卫戍部队，负责保卫皇帝安全，号称"御围内六班直"，分三番宿卫。另有皇帝亲信卫队3000人，是从境内各军中精选出来的强勇之士组成，皆为重甲骑兵，分为10队，每队300人，随皇帝出入作战。京城地区还屯驻一支训练有素的卫成部队，共2.5万人，装备优良，是中央侍卫军的主力。擒生军人数约10万，是西夏的精锐部队。主要任务是承担攻坚和机动作战。因在战斗中生擒敌军为奴隶，故此得名。

西夏的地方军由各监军司所辖，共有50万人，军兵种主要是骑兵和步兵两种。西夏兵役制度是全民皆兵制，平时不脱离

西夏陵区出土的西夏文印章

生产，战时参加战斗。最小单位是"抄"，每抄由三人组成，主力一人，辅主一人，负担一人。

西夏由于处于列强环伺的河西走廊与河套地区，对外采取依附强者、攻击弱者、以战求和的外交策略。军事手段十分灵活，配合沙漠地形，采取有利则进，不利则退，诱敌设伏、断敌粮道的战术；并且有铁鹞子、步跋子与泼喜等特殊兵种辅助。

西夏的兵力重点，设置在以兴庆府为中心的一个三角线上，以7万人护卫兴庆，5万人镇守东南的西平府，5万人驻守西北的贺兰山。左右两厢和河南北四条线上也配备了军队。其中左厢宥州路5万人和河南盐州路5万人防宋，河北安北路7万人防辽，右厢甘州路3万人防吐蕃和回鹘。每逢要向西用兵，则从东点集而西、要向东就从西点集而东，在中路就东西都向中集合。

二、皇族后族生死斗，巩固皇权封建制

1. 统治集团内部斗争

从西夏景宗李元昊到夏崇宗李乾顺四代中，统治集团内部不断发生皇族与后族斗争，以及奉行汉礼或蕃礼的矛盾。

西夏国是以党项族为主体，并包括汉族、吐蕃、回鹘等民族的多民族政权。从中唐、五代以来是党项部落内家长奴隶制迅速向早期封建制即领主封建制过渡的时期。西夏景宗李元昊为了强化自己的统治权力，一方面效法汉官仪式，借以提高君权；另一方面又蓄意保存和发扬党项

固有的淳风悍俗。集中皇权与坚持享有平等议政旧俗的贵族领主势力不可避免地产生矛盾。这些守旧的贵族、领主多是与皇族世通婚姻的后族。西夏景宗对这些显贵氏族首领，如卫慕氏族、野利氏族都进行镇压。西夏景宗先有妻野利氏，生子宁令哥；复纳妻没藏氏，生子李谅祚。天授礼法延祚十年（1047年），任国相的没藏讹庞（没藏氏之兄）唆使宁令哥刺杀西夏景宗，然后又乘机杀害宁令哥及其母野利氏，与大将诺移赏都等共立年幼的凯名谅祚为帝（西夏毅宗）。没藏氏为太后，与其兄没藏讹庞尽揽朝权。延嗣宁国元年（1049年），辽兴宗乘西夏景宗新死，大举亲征，但为夏军所败。

奲都五年（1061年），没藏讹庞父子阴图杀害西夏毅宗李谅祚，子妇梁氏先期告发。夏毅宗在大将漫咩支持下，擒杀没藏讹庞父子，尽诛其家族，废皇后没藏氏（没藏讹庞女），纳梁氏为后，以后弟梁乙埋为国相。夏毅宗下令停止使用蕃礼，改行汉礼，并向宋请求书籍及宋廷的朝贺仪式。拱化元年（1063年），他改用汉姓，恢复姓李。

拱化五年（1067年），夏毅宗死，子李秉常（夏惠宗）继位，年仅7岁，母梁太后摄政，梁乙埋任国相。他们一反夏毅宗所为，废止汉礼，恢复蕃礼。梁氏集团在天赐礼盛国庆二年（1070年）大举攻宋，游骑进抵庆州城下。次年，宋袭据罗兀城（今陕西米脂北），夏国乞辽师为援，全力攻夺宋沿边城堡。宋任王韶经营熙河路地区，有力地改善了在夏国右侧的攻防形势。

大安二年（1075年），西夏惠宗亲政，又下令以汉礼代替蕃礼。这项措施虽得到皇族的支持，但遭到朝中后党的强烈反对，无法实行。

西夏武士

大安七年（1080 年），夏惠宗试图借助宋朝削弱梁氏势力，梁太后得知，将夏惠宗囚禁。拥帝将领拥兵自重，不听梁氏号令；保泰军统军禹藏花麻吁请宋出兵讨伐。宋五路进兵，夏军坚壁清野，引敌深入，在西平府击败宋军，然宋犹占据银、石、夏、宥诸州之地。大安八年（1081 年），宋在银、夏、宥三州交界地修筑永乐城（今陕西米脂西北）。夏军来攻，城陷，宋军损失惨重。梁氏集团迫于拥帝势力的强大，次年又让夏惠宗复位。天安礼定元年（1085 年），惠宗死，3 岁的幼子李乾顺（西复崇宗）即位，母梁氏（梁乙埋之女）当政。梁乙逋与皇族嵬名阿吴、大将仁多保忠三大家族分揽朝权，互相倾轧。天祐民安五年（1094 年），嵬名阿吴、仁多保忠等联合，在梁太后的支持下，杀了擅权骄纵的梁乙逋。

皇族与后族的斗争，实际上体现封建专制君权和守旧封建领主贵族特权的生死斗争。采行汉官仪制有助于君权的发展，维护蕃礼有利于保持封建领主的固有权势，因此这一斗争又表现为行汉礼与蕃礼的斗争。专制皇权战胜氏族首领的共治形式，使夏国封建社会由早期的领主制进一步发展为地主制。

2. 皇权的巩固与封建制的进一步发展

天祐民安六年（1095 年），宋宰相章惇对夏实行强硬措施，先后在沿边修建了平夏城（今宁夏固原北三营附近）、灵平寨（平夏城南）等城寨 50 余所，且发兵边破洪州（今陕西靖边南）、盐州，一度攻入宥州。夏军全力反攻平夏城，无效。宋于是在新拓的地区修建了西安州（今宁夏海原西）和天都寨（今宁夏海原南），接通了泾原与熙河两路，遂把秦州（今甘肃天水）变为内地，巩固了自己的边防，对西夏构成严重威胁。

夏崇宗亲政以后，对外采取了附辽和宋的方针。这时，宋徽宗赵佶在位，累遣边将进攻，夏崇宗求援于辽而与宋约和。雍宁元年（1114 年），童贯企图借开边以树威，复大举进攻西夏。从此，连年混战。雍宁五年（1118 年），统安城之战，宋军大败，夏崇宗仍以辽国名义再次向宋请和。夏崇宗在国内扶植宗室掌权，消灭贵族酋豪势力，以巩固皇权。他积极倡导学习汉族的仪制与文化；建立"国学"（即汉学），设教授，收学生 300 员，官给廪饩，以培养官僚人才。贞观十二年（1112 年），又公布了按照资格任用官员的

西夏文"首领"铜印

规定，除"宗族世家议功、议亲俱加蕃、汉一等"外，对于擅长文学者也特予优待。他还确立了后妃等级及有功宗室册封王爵的制度。

金灭辽后，元德五年（1123年），夏崇宗向金称臣，共同对北宋作战。夏占领天德军（今内蒙古乌拉特前旗北）、云内州（今内蒙古呼和浩特西南），又攻占震威城（今陕西榆林境）。天德、云内两地被金国夺去，夏又取宋西安州（今宁夏海原西）和怀德军（今宁夏固原北）以为补偿。以后，夏以藩属礼事金，金、夏双方划疆而守，设榷场贸易。

大德五年（1139年），夏崇宗死，子李仁孝即位。夏仁宗十分重视儒学教育。大庆四年（1143年），下令各州普遍设置学校。又在宫廷内设立皇家学校，7岁至15岁的宗室子弟都必须入学学习。尊孔子为文宣皇帝，令州郡兴修孔庙。人庆五年（1148年），又兴建内学，选名儒主持讲授。夏仁宗妻罔氏，出身党项大族，也好汉礼。人庆四年（1147年），夏仁宗依仿宋朝科举制，策试举人，立唱名法；又设立童子科。通过科举擢用官员，限制了贵族的特权。

3. 社会经济的凋敝

长期的战乱，对西夏国内的生产和人民生活造成极其严重的恶果。西夏对金的战争，双方互有胜负。在战争中，西夏劳动人民被杀被俘，社会生产力遭到极大破坏，大量牲畜和其他物资投入战争，致使生产资料严重不足。李德旺时的殿中御史针对西夏社会的经济情况，曾奏疏指出："自兵兴以后，败卒旁流，饥民四散，若不招集而安抚之，则国本将危。"又说："国经兵燹，民不聊生，耕织无时，财用并乏。"这些话绝不是夸大之词。乾定四年（1227年）蒙古军队攻破应里县（今宁夏中卫市）后，看见夏国"仓库无斗粟尺帛之储"。由此可见，夏国的社会经济确实已经陷于全面崩溃的绝境。

对金朝无休止的战争，最直接的受害者，自然是生活在社会最底层的广大劳动人民。战争使他们背井离乡，流离失所，处于深重的灾难之中。特别是光定十三年（1223 年）兴、灵地区大旱不雨，造成"饥民相食"的悲惨局面。乾定三年（1226 年）又因大旱，河西诸州草木枯死，人、畜大批死亡。可是，西夏的贵族地主阶级却完全不顾人民的死活，依然挥霍着朝廷给他们的巨大"赏赉"，吮吸劳动人民的血膏，耗费大量资财，"清歌夜宴"，纸醉金迷。对国家的危亡却置若罔闻，无动于衷，"舌结口钳"，提不出任何拯救办法。统治阶级的彻底腐朽，进一步加速了西夏的灭亡。

由于西夏对金战争造成的国力衰竭，邻境的一些弱小民族也开始乘虚而入。西夏皇建二年（1211 年），黑塔坦酋长白厮波发兵进攻西夏的河州（甘肃临夏县西南），李安全领兵仓促应战，遭到惨败，以致将公主都丢失在战场上。最后只得向黑塔坦称臣，以妥协屈辱求得黑塔坦的退兵。西夏这时国力衰落已经不能抵御一个弱小民族的进攻，更不可能抗御蒙古军队的强大攻势了！

三、左拥右附时逆反，夹缝生存究可哀

1. 西夏与辽的关系

李元昊即位前，辽兴宗以兴平公主嫁李元昊。李元昊与兴平公主不睦。大庆三年（1038 年），兴平公主死，辽兴宗曾遣使诘问。西夏与辽，以大河相隔，无城堡可守。交界处的党项部落原来处于辽朝统治之下，西夏建国后，多叛辽附夏。庆历四年（1044 年）十月，辽兴宗亲率骑兵 10 万向西夏进攻。皇太弟耶律重元、北院枢密使萧惠、东京留守萧孝友分 3 路渡河，战于贺兰山北。夏兵败退，拒守贺兰山。李元昊向辽上表谢罪。辽将萧惠等以为大兵已集，应该乘胜进击。李元昊突围反攻，大败辽兵。俘虏辽将萧胡睹等数十人。辽兴宗败回，与夏谈和。辽朝放回扣留的西夏使臣，李元昊放回萧胡睹。西夏在建国前即依附辽朝以抗宋。李元昊战胜辽兴宗，显示夏国有足够的力量抗辽自立，由此形成夏与辽、宋相互对峙的鼎立局面。

西夏、宋之间不断进行战争的时候，辽朝统治下的女真族在我国东北地区逐渐强大。雍宁二年（1115年），女真贵族首领完颜阿骨打称帝建国，国号金。金国建立后，随即南下，展开了大规模的侵夺，

西夏镏金铜牛

首当其冲的自然是它的邻国——辽。宋徽宗和蔡京、童贯等，以联金灭辽为宗旨，企图乘机收取燕云等失地；而西夏则采取了援辽抗金的方针。

西夏元德四年（1122年），金兵攻下辽中京（今辽宁宁城县西）后，又进攻辽西京（今山西大同市）。三月，李乾顺遣兵5000援助辽国，刚出夏境，辽西京已被金兵攻破，遂即还师。五月，李乾顺得知辽天祚帝逃入阴山，遣大将李良辅领兵3万前去援救。至天德军境，遇金兵都统完颜娄室遣数百骑来战，李良辅击败金兵，乘胜进军宜水（今内蒙古呼和浩特市东南）。完颜娄室将兵分为两队，轮番出战，逼夏兵于宜水河畔。金兵都统斡鲁率军从旁合击，夏兵大败。

西夏元德五年（1123年）正月，李乾顺再次出兵救辽，受到金兵阻击，不能前进。五月，金都统斡鲁派斡离不、银术可等率兵袭击辽天祚帝于阴山。辽天祚帝遣使向金送国印伪降，作缓兵之计，然后西遁云内州（今内蒙古土默特左旗）。李乾顺得知天祚帝已临近夏境，遣使前去迎接。这时，金朝也派遣使臣入夏，向李乾顺提出如果辽天祚帝进入夏国，希望将他擒获送金，以后如能以对待辽国那样待金，可以将辽国西北一带割让。李乾顺见辽朝的灭亡已无可挽回，为了保全夏国的割据地位，答应了金国的条件。

2. 西夏与宋的关系

党项贵族在建立西夏地方政权的过程中，迅速向封建制转化。但是他们本身仍然带着落后民族的掠夺性，掠夺的对象就是社会经济发展程度较

高的中原地区。西夏的骑兵经常向宋朝边境进行骚扰。宋朝的西部边防军虽有三四十万，但分散在五路，各路驻军各自听命于皇帝，不能随机应变、通力合作、有效地进行防御。

当西夏政权强大的时候，宋朝企图从经济上加以牵制，采取禁止物资交流，割断双方经济联系的手段。宋朝一度下令关闭陕西和河东地区的贸易场所，保安军的榷场也取消了。陕西的官兵和汉人，不能自由地和党项人民进行交易，这就人为地加深了民族矛盾，引起党项人对宋朝的不满和怨恨。

宋朝得知李元昊建国称帝的消息后，大为震惊。天授礼法延祚元年（1038年）十二月，宋仁宗命知永兴军夏竦兼泾原、秦凤路安抚使，知延州范雍兼鄜延、环庆路安抚使，准备出兵夏州。天授礼法延祚二年（1039年）正月，夏景宗向宋朝进表，说明已建国号，称帝改元。但李元昊名义上仍向宋称臣，请求宋朝承认夏国，册封帝号。宋朝君臣议论不决。六月间，终于下诏削去李元昊的官爵，并在边地揭榜，募人擒捕李元昊。又派庞籍为陕西体量安抚使，协同夏竦、范雍备战。十一月，夏军侵宋保安军，被宋部将狄青战败，损失帐2000余。天授礼法延祚三年（1040年）初，李元昊侵宋延州，范雍惊惧不敢战。李元昊派牙校诈降，范雍不再戒备。夏兵乘势攻保安军，袭击金明寨，生擒宋都监李士彬，乘胜取延州，范雍召部将刘平、石元孙来援。李元昊伏兵三川口，生俘刘平、石元孙二将，进而攻破宋塞门寨、安远寨，获得胜利。

宋朝兵败，贬范雍，任命韩琦、范仲淹经略陕西。范仲淹把延州的18000名士兵，分配给6名将领固定训练，每人带领3000名。范仲淹又招徕流亡人民，大兴营田，修筑山寨，使无家可归的汉人和党项人，在生活上得到安顿。范仲淹还注意减轻人民身上的沉重负担，稳定社会秩序。这些措施在一定程度上缓和了北宋政府和各族人民的矛盾，对防御党项贵族的侵犯是很有好处的。

但是范仲淹的"以和好为权宜，以战守为实事"的战略方针，没有得到其他大臣的赞同。韩琦急功近利，主张以攻战为主，速战速决。天授礼法延祚四年（1041年），韩琦派任福率8000名壮士出击，李元昊以10万

精兵进行对抗。任福等几支军队会合于好水川（今甘肃平凉西北），西夏骑兵有意北遁，引诱宋军深入。任福领兵猛追，人马三日不食，饥疲不堪。宋军一到六盘山下，就被西夏伏兵冲垮。任福力战阵亡，宋军死伤1万多名，并有好几名大将阵亡。韩琦和范仲淹因好水川的惨败被贬官。

天授礼法延祚五年（1042年）闰九月，西夏兵再次出击。宋将葛怀敏屯驻定川寨。西夏兵在夜间围城放火。宋将葛怀敏等14名将官战死。西夏军俘虏宋将兵9400余人，获战马600余匹，乘胜直抵渭州，俘掠大批居民而回。

宋、夏的短期冲突，使西夏统治者感到得不偿失。李元昊虽然多次取胜，掠夺了一批物资和人口，但兵员死伤已达半数，人力和物力感到匮乏。在战争的年代里，就不能像平时那样进行经济交流，致使党项人得不到茶叶、丝绸、粮食等必需品。李元昊被迫于天授礼法延祚六年（1043年）派出使臣，跟宋朝和好。夏军连续获胜，腐朽的宋朝连遭惨败后，不得不妥协求苟安。夏、宋往来交涉。天授礼法延祚七年（1044年）十二月定议，宋朝接受李元昊建国时提出的条件，册封李元昊为夏国主，夏对宋仍保持名义上称臣。宋朝每年给西夏银72000两，绢帛153000匹、茶3万大斤（约合18万小斤）。李元昊表示"世世遵守，永为和好"。天授礼法延祚九年（1046年），宋朝又恢复保安军和镇戎军两处的交易场所，陕西四路人民和党项人民的物资交流又热闹起来了。

从此以后，宋、夏维持了长时期的和好关系。

3. 西夏与金关系的破裂

西夏和金朝之间的睦邻友好关系，始于夏崇宗李乾顺末年。在此之后80多年，金和西夏之间虽有一些小的摩擦，但基本上维持着比较友好的关系。两国之间的使节往来频繁，政治上互相支持，经济上互通有无，这种关系对双方都有好处。李安全篡位后，改变国策，依附日渐强大的蒙古，与金之间开始了长期的战争，使西夏面临严重威胁的局势。

11、12世纪时，在今蒙古草原及其周围，散居着许多游牧部落，如蒙兀部，塔塔尔部、乃蛮部、汪古部等。其中蒙兀部即蒙古部。蒙古部贵族铁木真在12世纪末至13世纪初，联合一些部落击败、兼并另一些部落，于1206年结束了蒙古草原上长期分裂的局面，在斡难河即位为蒙古大汗，尊号成吉思汗。蒙古汗国统一成一支强大的力量后，以成吉思汗为首的蒙古贵族，开始向外扩张和掳掠，首当其冲的便是西夏和金。

夏应天四年（1209年）九月，蒙古军队围攻西夏都城，李安全向金朝求援。金朝因此遭到蒙古的侵扰，不能自保，没有派兵援救。西夏受到蒙古的打击以后，李安全慑于蒙古的强大，企图将矛头引向

西夏瓷器

金朝。蒙古兵退后的第二年八月，李安全发兵万余骑，攻打金朝的葭州（今陕西佳县境），从此，夏、金关系正式宣告破裂。

夏皇建二年（1211年）七月，齐王李遵顼发动宫廷政变，废黜夏襄宗李安全，自立为帝。夏神宗李遵顼是宗室齐王李彦宗之子，尽管史书上说他"端重明粹，少力学，长博通群书，工隶篆"，李纯祐时曾以"廷试进士，唱名第一"，嗣齐王爵，并擢升为大都督府。实际上，他却是一个比李安全明智不了多少的昏君。李遵顼夺得帝位以后，全盘承袭了从李安全开始的亡国政策，妄图乘蒙古攻金的机会，掳掠财物，扩大领土，对金的战争越来越频繁，规模也越来越大。李遵顼嗣位伊始，便遣万余骑攻打金朝的东胜城（今内蒙古托克托），金朝西南路马军万户纥烈石鹤寿及时赶来救援，夏兵败退。十一月，李遵顼又以兵万余攻打金军事要地平凉府（今甘肃平凉市），由于金朝早有准备，围城时又听到金有援兵万人即将赶到，遂匆忙解围而去。夏光定三年（1213年）元月，夏兵攻破金保安州（今陕西志丹县），进围庆阳府（今甘肃庆阳市）。八月，乘金靖难节度使乌林答琳患病的机会，攻破邠州（今陕西彬县）。十一月，金朝内乱，李遵顼乘机出兵攻打会州。十二月，又以万余骑攻破巩州（今甘肃陇西县），进围平凉府，被金兵击败。光定四年（1214年）秋，李遵顼令吐蕃路招讨使万庆义勇派人到南宋西和州（今甘肃西和县西），约宋制置使董居谊出兵，夹击金朝，

遭到南宋的拒绝。光定五年（1215年）一月，金朝边境官吏派兵侵扰夏境，金主得悉后怕事态扩大，立即派使臣向李遵顼赔情道歉，但李遵顼不肯罢休，出兵攻金积石州（今青海贵德县），接着又进攻环州。十月，李遵顼集聚右厢精兵8万余人，破金临洮府（今甘肃临潭县西南），然后退兵转攻金绥德境内的克戎、绥平诸地。十二月，李遵顼派兵和金国叛将程陈僧一起再攻临洮府，遭到金兵痛击。光定六年（1216年）九月，李遵顼派人联络蒙古军队，合兵攻打金延安、代州等地，并攻陷潼关。同年冬，李遵顼派兵4万余围攻金定西城，被金兵打败，死2000余人。

金朝遭到西夏的连续攻击，忍无可忍，于十二月分兵两路，发起反击。右监军陀满胡土门、延安总管古里古石伦率兵攻西夏的盐、宥、夏诸州；庆阳总管庆山奴、知平凉府移剌塔不也攻西夏的威、灵、会等州。李遵顼面对金朝的两路攻势，分兵抵抗，夏、金双方势均力敌，出现了相持不下的局面。光定七年（1217年）一月，李遵顼以3万余骑随蒙古兵攻金平阳府（今山西临汾市西南）。金兵顽强抵抗，蒙古兵大败。西夏只得退兵，途经宁州（今甘肃宁县），遭到金将庆山奴的伏击，大败而归。

李遵顼附庸蒙古、合兵攻金的策略，不仅不能消除蒙古的威胁，反而把自己降为被蒙古役使的地位。十二月，蒙古军队再度围困西夏都城，李遵顼仓皇出逃。可是，李遵顼仍未能从中吸取教训。

光定八年（1218年）五月，李遵顼又以步骑3000余人，引蒙古兵由葭州入鄜、延，遭到金兵的沉重打击。李遵顼不甘心，又先后两次派人到四川，请南宋出兵攻金，再次遭到拒绝。光定十年（1220年）二月，夏兵攻金朝镇戎军，接着又攻新泉城（今甘肃靖远县西南）。金兵则入夏宥州，围神堆府(今陕西靖边县西),杀夏兵2000余,缴获各种牲畜3000多。八月，李遵顼遣万余兵攻破会州，金主命陕西行省与夏议和。李遵顼拒绝议和，于九月派兵3万，乘胜破西宁州（今青海西宁市），围定西州（今甘肃定西市）。接着，又遣枢密使宁子宁、嵬名公辅率兵20万，进攻金军事要地巩州，久攻不下，死伤者数以万计。光定十一年（1221年）三月，蒙古木华黎部渡过黄河，攻西夏河西诸堡，守将无力抵抗，纷纷投降。面对蒙古大兵压境，李遵顼急忙派监府塔海设宴招待蒙古军队，并派塔哥、甘普等人率兵 5 万归木华黎指挥，随蒙古军进攻金朝，使西夏进一步紧绑在蒙古的战车上。十月，木华黎率蒙古、西夏兵破金朝葭州，并围绥德、延安、安塞等城砦。十二月，李遵顼得悉金主令临洮府总管女奚烈古里间等招抚10 万大军，准备攻取兴、灵二州，便先发制人，发兵数十万，分三路向金发起进攻，金边境地区遭到西夏军队的极大蹂躏和破坏。光定十二年（1222年）六月，木华黎和右都监石天应率兵攻金陕西诸州，向夏国借道，李遵顼马上应允，并于十二月出兵配合，至质孤堡被金兵打败。翌年一月，李遵顼派步骑十万，配合木华黎围攻金凤翔府（今陕西凤翔县），遭挫败后，不告蒙古，先撤兵退还。

光定十三年（1223 年），兴、灵诸州春旱，粮食无收，"饥民相食"。西夏境内的各族人民在战火和自然灾害的袭击下，处于水深火热之中。但是，以李遵顼为首的夏国统治集团，却完全不顾人民的死活，继续全力对金作战。七月，李遵顼令亲军万人攻破金积石州。十月，蒙古为了惩罚凤翔之战夏兵不辞而别，派兵包围积石州，并四出抄掠，将夏兵围困达半个多月才退兵。蒙古大军的铁拳又一次打到了李遵顼自己的头上。李遵顼为保全自己，甘心做蒙古的附庸，但是蒙古对他却早已失去了兴趣，多次遣使责令他退位，李遵顼成了他自己制定的附蒙抗金政策的牺牲品。在蒙古的逼迫下，李遵顼只好于十二月将皇位传给次子李德旺，做了西夏历史上唯一的"太上皇"。

夏献宗李德旺接位以后，改变李遵顼依附蒙古的政策，重新和金朝修好，共抗蒙古。乾定元年（1224 年）十月，李德旺采纳右丞相高良惠的建议，派使节到金朝议和。乾定二年（1225 年）九月，李德旺派吏部尚书李仲谔等去金朝讲和，商定双方相互支援。但这时蒙古已兵临金都城下，金朝危在旦夕，自顾不暇，早已无力援助西夏，夏国的灭亡也同样已经不可避免。

第四章 / 经贸文化

一、农牧发达占主体，官府控制手工业

农业和畜牧业，是西夏建国以后的主要经济部门。

1. 农业和畜牧业

党项族在唐末、五代时期，奴隶制有了很大发展。西夏景宗李元昊建国称帝，从奴隶制转化为早时期封建制，即领主封建制。11、12 世纪之交夏崇宗统治时期，转变为更加成熟的地主封建制。

党项人原来主要从事畜牧业。李继迁提倡垦殖，兴修水利，使境内农业生产有所发展。李德明统治时期，国内相对安定，农业出现兴盛局面。西夏国的主要农产区，除东部的横山，西部的天都、马衔山一带外，还有兴庆府、西平府，甘、凉诸州之地。这些地区土宜种植，特别是兴庆府、西平府地区有良好的水利条件，历代所开凿的大小水渠甚多。夏景宗李元昊又兴修了从今青铜峡至平罗的水利工程。世称"昊王渠"或"李王渠"。因此，这一带成为夏国粮食生产的主要基地。河西、陇右地区历来是著名的牧区，但也有相当发达的农业。甘、凉两州利用祁连山的融雪水灌溉。西夏国在许多地区都有所谓"御仓"的设置，大量收储粮食。

西夏国的农业生产技术和农产品种，基本上与汉族地区相同。粮食作物有麦、大麦、荞麦、青稞、糜粟、稻、豌豆、黑豆、荜豆等。蔬菜有芥菜、香菜、蔓菁、萝卜、茄子、胡萝卜、葱、蒜、韭菜等。水果、药材也有栽培。耕作农具有铧犁、镰、锄、锹、碌碡、子耧、耙、馒扴（坎）等。牛耕已

普遍采用。从事农耕的多是汉人，但也有一部分从事畜牧的党项人开始转事农耕。

党项、吐蕃和回鹘人则以畜牧业为主，横山以北和河西走廊地带是良好的牧场。牲畜品种以羊、马、牛、驼为主，还有驴、骡、猪等。国家设有群牧司以管理畜牧，官营的畜牧业是政府收入的重要来源。

2. 手工业

西夏建国以前，除有简单的皮、毛加工外，其他手工业很不发达。西夏建国以后，由于农牧业的发展和贵族、地主阶级对各种生活用品的奢求，使手工业迅速发展。西夏手工业种类繁多，某些产品除满足本国的需要外，还大量出口。

手工业主要由官府控制工匠生产。西夏国设有文思院、工艺院以及金工司、绢织院、铁工院、木工院、造纸院、砖瓦院、出车院等机构，管理各种手工业生产，为王家服务。

（1）毛纺织业。

西夏国毛皮原料丰富，毛纺织业发达。产品有罽毼、毛布、毡、毯等，它们是党项人制作帐幕、衣服、被单、帽、鞋、袜等的原料，也是对外交易的重要物资。

（2）冶铁和金属制造业。

夏景宗在夏州东境曾置冶铁务，管领铁矿的开采和冶炼。现存安西榆林窟的西夏壁画中有锻铁图，图中二人持锤锻铁，一人在竖式的风箱后鼓风。1976 年在西夏王陵区出土的镏金铜牛，形体硕大，重达 188 公斤，形态逼真，显示了当时高超的冶铸工艺水平。

（3）兵器制造业。

西夏国统治者十分重视兵器制造。夏景宗曾在其官厅东厢后设有锻造作坊。兵器的种类有弓箭、枪、剑、锹、镬、斤、斧、刀等，工巧质优。铠甲片采用冷锻工艺制造，坚滑晶莹，非一般箭弩所能射透。有"天下第一"的美誉。但因金属资源贫乏，无法自给，常遣使赴宋购买兵器；或者将购到的铁就地打造，再运回本国。

（4）陶瓷业。

灵武县发现的西夏国瓷器，器壁很薄，瓷胎呈灰白色，胎质欠细腻，有的成型不规整，釉为白色，但不稳定，器表下部及圈足部分都不挂釉，器底有砂痕，其质量显然不能与宋瓷相比。在内蒙古伊金霍洛旗发现的酱褐色釉剔花瓶，瓶身上刻有牡丹花纹画式，其形制与花式凝重大方，是西夏国瓷器的精品。

（5）采盐业。

采盐是西夏最为兴盛的手工业，并在西夏经济中占有十分重要的地位。仅盐州一处，就有乌池、白池、瓦窑池、细项池四个盐场。乌池、白池更以出青、白盐而驰名，故又叫青、白盐池。其中乌池周围 80 里，小盐池方圆 20 里，都是自然凝结而成盐，产量很大。西夏对采盐实行官营，在中央机构"三司"中，设有盐铁使一职，专管盐铁，足见对采盐业的重视。元吴时"数州之地，财用所出，并仰给青盐"，要求宋朝每年买进西夏青盐 10 万石，宋朝由于要保护山西解县池盐的收入，不接受这样多的数量，由此估计西夏每年至少采盐数十万石之多。盐是西夏与宋、辽、金进行官方贸易，换取粮食的主要产品，但是，由于"青盐价贱而味甘"，解池盐不能和它竞争，民间走私始终不断。

（6）建筑业。

西夏的建筑业，在李元吴称帝后也有很大的发展。唐朝初期党项族以游牧为生，"织氂尾，羊毛覆屋，岁一易"，建筑还不能成为专门的手工业。但在逐渐定居之后，由于社会经济的发展，宋初有了明显的变化。李德明时，在镣子山"大役民夫数万"，"大起宫室，绵亘二十余里，颇极壮丽"。李元吴称帝，先于兴庆府城内建避暑宫，"逶迤数里，亭榭台池，并极其胜"；以后又在贺兰山"大役丁夫数万，于山之东营离宫数十里，台阁高十余丈"。此外，西夏还在西安州天都山建宫殿七座，"极壮丽，府库官舍皆备"。天祐民安五年（1094 年）重修的凉州护国寺，"金碧相间，辉耀日月，焕然如新，丽矣壮矣"。这些宏伟瑰丽的宫殿、寺庙，虽然早已焚于兵火，但无疑反映了西夏建国以来建筑技术水平所达到的高度。

西夏建筑技术也表现在营造皇帝的陵园上。西夏陵园，在今宁夏银川市西郊贺兰山东麓。陵区范围东西四公里、南北十公里，帝陵按时代先后，依山势由南向北顺序排列，庄重严整，宏伟壮观。西夏各代帝王各有陵号，每座陵园都独自成为一个完整的建筑群体，占地面积达 10 万平方米以上。

西夏王陵

各个陵园均由角台、阙台、碑亭、月城、内城等部分组成。月城内原树有石像生，内城四周有神墙，城内有献殿和灵台。平面严格按照中轴线左右对称的格式布局。根据近年来考古工作者的调查发掘，在陵园废址内发现大量的兽面纹与花卉纹瓦当、虎头纹滴水、长条砖、槽形砖、白瓷墙贴、琉璃瓦、脊兽、琉璃砖、鸱吻、莲花柱础等建筑材料。

其中琉璃鸱吻高达 1.52 米，用于宫殿建筑的正脊上，十分瑰丽，是迄今国内发现最为高大的古建鸱吻。从陵区东部边缘发现的数十座西夏砖瓦和石灰窑址，说明这些建筑材料是就地烧制的。陶窑的结构，也和中原地区唐宋时代马蹄形砖瓦窑的基本特点相同。

西夏黑水镇燕军司所在地的黑城，在今内蒙古额济纳旗。据 1908 年沙俄军官柯兹洛夫和 1914 年英国人斯坦因的调查，城址略呈长方形，北垣长 466 米，西垣 381 米，外表用砖包砌。为了增加城墙夯土的牢固性，墙中加夹木构。城墙底部厚约 12 米，城门宽 5.5 米，有月城护卫，十分坚固，至今遗址尚存。宁夏境内现存的西夏城址也有多座，石嘴山的省嵬城、同心的韦州城、海原的西安州城等，都是保存较好的西夏古城遗址。西夏文和汉文的甘肃武威"重修护国寺感应塔碑铭"中有石匠、瓦匠头监等称谓。《番汉合时掌中珠》中有回廊、重袱、平五袱、檐袱、桄袱、椽准、檩、栏栀、柱脚、斗拱等建筑术语。这些都足以说明西夏建国以后在砖木建筑技术上的成熟。

二、商业贸易通有无，和市榷场使者忙

1. 国内商业

农业、畜牧业和手工业的发展，必然会促进商业市场的繁荣。但是由于目前资料较少，所以对西夏国内的商业情况还缺乏进一步的了解。从零星的史料中可以看出，西夏国内在粮食、布匹、牲畜等物资方面都有商业买卖。元昊建国以后，屡次侵占宋朝土地，宋则常用断绝"岁赐"和禁绝贸易等手段予以制裁。由于货源断绝，天授礼法延祚六年（1043年），西夏国内市场"一绢之直八九千钱"，"尺布至直钱数百"。大安九年（1082年），梁氏专权，对北宋不断侵扰，"岁赐和市两绝"，造成国内"匹帛至十千文"。李仁孝时，国内发生饥荒，"民间升米百钱"。上述记载说明西夏存在国内的商业市场。

沙俄柯兹洛夫从黑城盗去的大批西夏文物中，有一幅"肉商图"。图中一个卖肉的小商，用牙咬住屠刀，卷起衣袖，正准备从悬挂在柱子中间的羊肉上切割；另一个出售家禽的商人，正在杀鸡，身旁还放着一些宰过的鸭子。这幅图生动地反映了西夏屠宰商的情况。甘肃武威发现的西夏文卜辞中，有"辰日买卖吉""戌日得倍利"等有利商业活动的记载。这些，都从不同的侧面反映了西夏国内的商业情况。

此外，西夏的一些官僚贵戚，还以高利贷盘剥人民。鞐都三年（1059年）六宅使高怀正放贷款牟取暴利，被没藏讹庞借机杀掉，说明金融商业在西夏也同样存在。

西夏市场的繁荣

2. 对外贸易

对外贸易在西夏的经济中十分重要。由于西夏所需的许多原料、物品自己不能生产，只有依靠与宋、辽、金进行贸易交换。宋朝知并州庞籍曾经说："夏人仰吾和市，如婴儿之望乳"，一语点出了党项人民渴

望对宋贸易的心情。

早在 10 世纪中叶，党项族就和中原人民有密切的贸易往来。宋朝建立初年，李彝兴多次用马和宋朝进行过贸易。宋淳化三年（992 年），灵州一带财用渐乏，李继迁请宋朝解除陕西的边禁，设立集市，互通贸易，得到宋太宗的允许。翌年，宋朝又解除不许青、白盐入境的禁令，允许党项人在宋朝沿边进行贸易，以青、白盐交换谷物。

宋大中祥符元年（1008 年），李德明请求宋朝在陕西保安军设立榷场，得到宋朝的允许。西夏以驼、马、牛、羊、玉、毡、甘草、蜜、蜡、麝香、毛褐、羚羊角、硇砂、柴胡、苏蓉、红花、翎毛等换取宋朝的缯、帛、罗、绮、香药、瓷、漆器、姜、桂等物品。除沿边互市、榷场的贸易外，李德明还通过派遣使节，深入宋朝内地进行贸易。这些使节携带大批货物，利用出入宋朝境界可以免交关税的便利条件，在沿途和宋朝都城出售和购买各种禁止出入的货物。"德明使至京师……因市禁物隐关，算为奸利，朝议听之，自是岁以为常。"一些使者看有利可图，竟利用其出使的特权，大做投机生意。史书记载"夏国进奉使入边，辄鬻其所乘马，边人以价值贱，争市之，于是使者带马日多"。

西夏建国以后，和宋朝贸易不断扩大；同时又和辽、金及西南邻境各少数民族间建立了贸易往来。

李元昊称帝后，以名义上的向宋"称臣纳贡"，每年换取大量的银、绢、茶等物品的"赏赐"和厚礼，并获准在夏、宋边境开设榷场和夏使入宋可以免税贸易等特权。夏、宋两国人民始终保持着友好往来。即使是在两国统治阶级相互挑起战

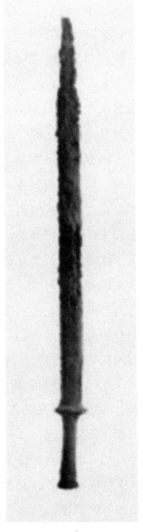

宁夏西夏古城遗址出土的
铭文铁剑

争，和市断绝的时候，西夏边民也还经常利用宋朝边吏管理不严的机会，与宋朝边民进行贸易，甚至驱赶牛、马在沿边私籴谷粟。夏、宋和好时，两国人民之间的贸易交往更加频繁，时常出现"略无猜情，门市不讥，商贩如织"的盛况。

李元昊以后的西夏统治者，也仍然把派遣使臣作为谋取厚利，从中增加朝廷收入的一种手段。大安十一年（1084 年），梁乞逋对宋朝不断发动掳掠战争，但一年之内向宋朝派遣使节四次，其目的，正如司马光所言："使者往来既得赐赍，且可因为市贩"。龤都五年（1061 年）李谅祚派出的使人，一次所带货物，价值便达 8 万贯。乾顺时，"使人入京赐予贸易，得绢帛五万余匹，归鬻之民，匹值五六千。再以他物计之，一使所获不下三十万缗。故以进奉为利"。一次转手买卖，便可赢利 30 万贯，所以利用使臣进行贸易，是西夏经济收入的一个重要途径。

西夏和辽的贸易，与宋朝相比规模要小，但西夏也常常向辽出售羊只等物，从对方购买金、铜、铁等金属或制品。

金灭辽和宋室南迁以后，金朝成为西夏对外贸易的主要对象。西夏采取和宋辽进行贸易的同样办法：一是通过在双方商定的榷场进行贸易。金除了继续开放过去辽在东胜、天德、云内、银瓮口等地设立的榷场外，又在关陇地区的环州、兰州、保安州、绥德等地开设榷场，西夏以青白盐、珠玉、马、牛、羊、驼等交换金朝的粮食、丝帛、铁、钱等物。二是通过向金朝派遣使节，利用金朝允许西夏使人带货物与商人交易的规定，在金都的都亭、会同馆等处和金人进行公开贸易。

此外，西夏和邻境的一些少数民族也有贸易关系。西夏经常用宋朝"赏赐"，或贸易得来的茶叶，换取西南边境少数民族的羊只，然后再转售给宋和辽、金等国，从中牟取暴利。对过境的各族商人，西夏则征收高额的过境税。回鹘盛产珠玉和兜罗绵、狨锦、纰丝、熟绫、斜褐等纺织品，还有腽肭脐、硇砂、乳香、安息香、笃耨等药材和名贵香料。镔铁刀、乌金银器等产品也很负盛名。西夏利用他们去宋、辽进行贸易必经由夏国的机会，征收十分之一的实物过境税，并且从中选择上等物品，回鹘商人为此怨声载道。

为了便利交通，夏国修筑驿道，通贯全境。东西 25 驿，南北 10 驿，从兴庆府东北行 12 驿可至契丹。驿道的兴修便利了商业的发展。

3. 西夏货币

西夏建国以后，为了适应商业和贸易的需要，也发行自己的货币。但由于境内少铜，而宋、辽、金又常常禁止输出，所以原料缺乏，发行数量不能不受到一定限制。西夏遗址和墓葬的发掘材料说明，宋、金货币，尤其是宋代货币，在西夏长期使用。目前发现和出土的西夏货币，以夏景宗李元昊时铸的汉文天授通宝钱为最早，以夏神宗李遵顼时铸的汉文光定元宝钱最晚。除夏献宗李德旺、夏末主李睍两代外，西夏各代帝王都有铸钱的实例。西夏货币分西夏文钱和汉文钱两类。目前发现的西夏文钱有福圣宝钱、大安宝钱、贞观宝钱、乾祐宝钱、天庆宝钱五种；汉文钱有天授通宝、大德元宝、元德通宝、元德重宝、天盛元宝、乾祐元宝、天庆元宝、皇建元宝、光定元宝九种。书体以楷书居多，兼有篆、隶、行书体。除铜钱外，也有少量铁钱和银币。李仁孝时，金对西夏掌握的宋朝货币采取贬值的办法，使夏国及其商人受到重大经济损失。鉴于这种情况，李仁孝于天盛十年（1158 年）设立铸钱的专门机构"通济监"，命监察御史梁惟忠执掌，铸天盛元宝钱，与金正隆元宝钱并用。其他各代虽有实物，但铸钱情况不详。西夏钱虽发行量少，但其轮廓规整，书写清晰秀丽，完全可与宋朝货币相媲美。西夏的铸钱技术，远远超过辽朝。

三、引进科技求发展，结合自身再图强

1. 雕版印刷技术

我国是世界上发明印刷技术最早的国家。隋末唐初，在吸取魏晋南北朝镂石刻志技巧的基础上，发明了雕版印刷。甘肃敦煌发现的唐代咸通九年（868 年）的《金刚经》，为我国现存最古的刊本。宋代在雕版印刷的基础上，又发明了活字版印刷，将印刷技术提高到一个新的水平。内地的先进印刷技术，这时也传入西夏，对促进西夏文化的提高和传播起了巨大的作用。

西夏国从宋、金输入大量汉文典籍。金平阳的印本在夏国销行。西夏

国刻印书籍，以佛经为多。现存的印本书籍有夏崇宗正德六年（1132年）刻行的《音同》，夏仁宗乾祐二十一年（1190年）刊行的《番汉合时掌中珠》、夏桓宗天庆七年（1200年）雕印的《密咒圆因往生集》等。乾祐二十年（1189年），夏仁宗就大度民寺作大法会，一次就散施刻印的夏、汉文《观弥勒上升兜率天经》10万卷，汉文《金刚普贤行愿经》《观音经》等5万卷。佛经之外，还刻印诗、文、小说、谚语、文字、音韵、法律、医术、日历、卜筮、咒文等书籍，以及大量以西夏文翻译的汉籍，包括儒家经籍、诸子、史传、兵书、医书以及版画等等。政府设有"刻字司"，作为官家的出版机构。

2. 历法天文

西夏在建国以前很长的一段时期没有历法，"不知正朔几二十年"。李德明请以"仪天历"颁赐，才开始有党项使用历法的记载。李元昊称帝后，"自为历日行于国中"，但西夏自己制定历法的具体情况不见记载和实物，无从查考。天授礼法延祚八年（1045年）十月，西夏实行宋朝天圣元年制的"崇天万年历"。天空礼定元年（1085年），宋哲宗又以"奉天历"赐李秉常。宋朝每年孟冬将下一年历法颁施西夏，定为常例，一直到正德六年（1132年），由于李乾顺依附金朝日久，宋朝不再颁施，西夏才停止使用宋朝颁赐的历法。据《天盛年改定新法》，西夏设有"大恒历司""史卜院"和司天、太史等主管天文、历法的机构和官职。从近年甘肃新发现的西夏人庆二年（1145年）的日历残件可以看出，宋朝虽然停止了对西夏的历法颁施，但西夏以后所施行的历法，仍和汉族地区一样，以干支记时日，而且每月朔日干支的推算较为准确。

由于西夏重视历法，所以对

以西夏文刻印的《金光明最胜王经》

一些天文现象和大自然变异情况的观察和记载也就比较详细。尽管西夏的统治阶级也同样把自然界的一些异常现象，如地震、彗星、日月食的出现等，看成是神和上天意志的体现，但对这些现象的记载本身，却为研究大自然异常现象的发生、发展规律提供了宝贵的资料。如大庆三年（1142年）三月，记载西夏境内发生强烈地震，"有声如雷，逾月不止，坏官私庐舍城堡，人畜死者万数"；又记载同年四月，夏州一带地震情况："出黑沙，阜高数丈，广若长堤，林木皆没，陷民居数千"。这些对震前预兆和地震后情况的具体描述，今天仍不失为研究地震的重要参考资料。

3. 医药学

西夏建国以后，在汉族文化的影响下，逐渐改变了"有疾但占筮，令厮者送鬼或迁他室谓之闪病"的旧俗，广泛使用汉族的中医、中药学。早年在黑城出土的西夏文刊本中，便有《治疗恶疮要论》等医学著作。1971年在甘肃武威发现的西夏文药方残页里，有治疗伤寒病的药方，药物有牛膝、椒等，明显地反映了汉族医药的影响。根据西夏文《天盛年改定新法》，西夏还设有"医人院"，隶属三品。这些都足以说明西夏在吸取汉族地区先进的中医学技术之后，开始建立了西夏的医药学。

4. 地理学和史学

西夏的地理学也有一定的成就。天授礼法延祚九年（1046年），李元昊遣使向宋朝献出卧贵庞等九城寨，以换回在宋朝境内的党项人户时，使人杨守素持有详细的地图。据记载，李仁孝时宣德郎李师白两次出使到金朝，他根据出使金朝的见闻，广采金国的土俗民风和山川形胜，著有《奉使日记》三卷，可惜此书已散佚。

西夏对史学也很重视。除由宋朝传入史书外，西夏自己也相当重视国史的编纂工作。斡道冲的先祖是灵州人，本是汉族，归附李德明后迁居兴州，好几代都掌管撰修西夏史实的职务。天盛十三年（1161年），李仁孝曾令史臣修实录，王佥等奉命纂修有《李氏实录》。乾定二年（1225年）南院宣徽使罗世昌罢职之后，见西夏将亡，愤而撰写《夏国世次》20卷。但这些史学著作都没有能够流传下来。

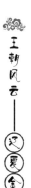

四、倡佛道宗教杂陈，学汉儒文化初兴

1.宗教

党项人原崇信鬼神和自然物，巫术流行。西夏建国以后，大力提倡佛教，李德明和西夏景宗都通晓佛学，多次从宋朝请来《大藏经》。此后，以西夏文翻译了大量佛经。西夏国境内庙宇遍布。景宗在兴庆府东建高台寺，鸣沙州建大佛寺。西夏毅宗的生母没藏氏曾出家为尼，在兴庆府戒坛寺受戒。她修建了承天寺，前后役使兵民达数万人。西夏崇宗在天祐民安五年（1094年）重修凉州的护国寺感应塔，后又在甘州兴建崇庆寺和卧佛寺。在西夏国后期官署中设有僧众功德司、出家功德司、护法功德司，位居次品（即五品中的第二级）。有不少高昌（今新疆吐鲁番）的大乘高僧来到夏国宣教，他们都有颇高的佛学造诣，权势甚盛。约自学景宗时起，喇嘛教在西夏国已见流行，朝中达官有的便是喇嘛教徒，后期影响更加扩大。天盛十一年（1159年），吐蕃迦马迦举系教派初祖都松钦巴建立粗布寺，西夏仁宗遣使入藏奉迎。都松钦巴派他的大弟子格西藏琐布带着经像随使者来到夏国，夏仁宗尊礼他为上师，大规模翻译佛经。

西夏国也流行道教。夏景宗的太子李宁明从定仙山道士路修篁学辟谷法，因此丧命。大安七年（1080年）宋军对西夏大举进攻，西夏人散逃，西平府城里留下僧道数百人。据马可·波罗游记中记述西夏国地区除偶像教徒外，还有景教（基督教聂斯脱利派）及伊斯兰教教徒。

党项民族风情——礼佛之国

西夏人笃信巫术，称巫师为"厮乩"，或音译为"厮也"。出兵作战时，总要求巫师卜问吉凶。

2.西夏文

西夏文是记录西夏党项族语言的文字，属表意体系。西夏景宗李元昊正式称帝前的大庆元年（1036年），命大臣野利仁荣创制，3 年始成。共 5000 余字，形体方整，笔画烦冗，称为蕃书或蕃文。结构仿汉字，又有其特点。用点、横、竖、撇、捺、拐、拐钩等组字，斜笔较多，没有竖钩。单纯字较少，合成字占绝大多数。两字合成一字居多，三字或四字合成一字者少。合成时

岩画上的西夏文字

一般只用一个字的部分，如上部、下部、左部、右部、中部、大部，有时也用一个字的全部。会意合成字和音意合成字分别类似汉字的会意字和形声字，约占总数的 80%。部分译音字由其反切上下字的各一部分合成，类似拼音字。有的字以另一字的左右或上下两部分互换构成。两字多为同义字。象形字和指示字极少。书体有楷、行、草、篆，楷书多用于刻印，篆书散见于金石，行草常用于手写。

西夏文创制后，尊为西夏国字，下令推行，用于书写各种文书诰牒，应用范围很广。还特设蕃字、汉字二院。汉字院掌管与宋朝的表奏，中书汉字，旁列西夏文；蕃字院掌管与其他王朝的文字往来，用西夏文书写，附以该王朝使用的文字。目前已发现的文献十分丰富。其中包括法律著作《天盛年改定新律》《猪年新法》和卷子式西夏官阶表。历史著作有《太祖继迁文》。官私应用文书如天赐礼盛国庆元年至二年（1069—1070 年）的瓜州审案记录、天盛二十一年（1169 年）卖地契、天庆元年（1194 年）会款单、光定元年（1211 年）谷物借贷文书、乾定二年（1225 年）黑水城守将告近禀帖。辞典字书如《文海》《音同》《番汉合时掌中珠》《圣立义海》《义同一类》《五音切韵》及《杂字》数种。此外还有大批金石碑刻和汉文典籍以及大量的佛经译本。

西夏灭亡后，西夏文仍继续使用。元代称为河西字，用它刻印了大批佛经，并有活字印本。元至正五年（1345 年），居庸关过街塔门洞内的六体文字石刻中，西夏文是其中一种。明初曾刻印西夏文经卷，保定出土的

两座刻有西夏文的石幢，建于明弘治十五年（1502 年）。表明西夏文至少使用了四五百年。随着党项族逐渐融合于其他民族，西夏文也成为无人可识的文字。直至 19 世纪末才有人开始研究，逐渐成为一门专学。由于西夏文解读的进展，西夏语的秘密也逐渐被揭开，它属于汉藏语系藏缅语族。目前国内外对其语音、词汇和语法的研究都在逐步深入。西夏文及其文献的研究成果为文字学、语言学和历史学的研究提供了重要资料。

国内保存西夏文文献最多的是北京图书馆，故宫博物院、中国历史博物馆以及宁夏、甘肃、陕西、天津、上海、内蒙古等地的文博单位也有一些藏品。不少珍品流失于苏联、英国、法国、日本、瑞典等国，苏联科学院东方学研究所列宁格勒分所入藏最多，是 20 世纪初沙俄的柯兹洛夫从中国黑水城遗址（在今内蒙古额济纳旗）掠去的。

3. 儒学

西夏儒学的发展是一种处在儒家影响下的官僚体制与政治文化，制度深受儒家文化影响，从李继迁伊始至西夏末年，历代帝王莫不学习与模仿汉制。例如李继迁时"潜设中官，尽异羌人之体，曲延儒士，渐行中国之风"，李德明时"大辇方舆，卤簿仪卫，一如中国制"。西夏党项世代皇亲宗室，崇拜孔子，钦慕汉族文化。

除了崇儒尚文，还编写了一些融合和宣扬儒家学说的书籍，如《圣立义海》《三才杂字》《德行记》《新集慈孝传》《新集锦合道理》《德事要文》

西夏课堂复原图

等。其儒学经过夏景宗、夏毅宗、夏惠宗与夏崇宗的提倡，到夏仁宗之时出现盛况。

西夏还设立蕃学和太学。史家戴锡章《西夏记》曾言："夫西夏声明文物，诚不能与宋相匹，然观其制国书、厘官制、定新律、兴汉学、立养贤务、置博士弟子员。尊孔子为文宣帝，彬彬乎质有其文，固未尝不可与辽金比烈！"以博学多才的野利仁荣主持蕃学以重视蕃学，并于各州蕃学里设置教授，进行教学。西夏大致设立了五种学校：蕃学、国学、小学、宫学、太学。西夏建立学校的目的主要是为了培养人才的需要，尊孔子为文宣帝。西夏在中后期还发展科举制度，夏崇宗后期开始设童子科实行科举考试，人庆四年（1147 年）夏仁宗策举人，立唱名法，复设童子科。西夏后期基本以科举取士选拔官吏，不论蕃汉及宗室贵族由科举而进入仕途成为必然的途径。

4. 学术文化

李继迁、李德明两代是夏国学术文化的发轫时期。西夏景宗建国，经西夏毅宗、夏惠宗两代，文化渐趋兴盛；及至夏崇宗、夏仁宗之世，汉文化影响日益深广。夏国统治者多喜爱汉文化，大量翻译汉文典籍，或依据汉籍编译书籍。夏国涌现出一批对汉文化颇有造诣的学者、文士，如儒学学者斡道冲，诗人濮王李仁忠，撰修夏国《实录》的焦景颜、王佥，编纂《番汉合时掌中珠》的骨勒茂才，写作《夏国谱》的罗世昌等。

5. 文学艺术

西夏国的文士多有诗词之作。一些通俗的劝世行善作品，也常采用诗体形式。宋词人柳永的作品在西夏国广泛流行。大德五年（1139 年），西夏国攻占府州（今陕西府谷）时，夏崇宗亲作《灵芝歌》，与濮王李仁忠相唱和，诗篇的石刻曾保存在兴庆府的孔庙里。

西夏谚语对偶工整，结构严谨，字数多少不一，内容广泛地反映了西夏社会的各种面向，并涉及百姓生产、风俗与宗教等内容。著名的西夏谚语集《新集锦合辞》，是由西夏人梁德养于 1176 年初编、1187 年由王仁持补编，共有 364 条，其内容有"谚语不熟不要说话"的记载，"千千诸人""万万民庶"都离不开谚语，凸显出谚语对西夏人民的重要性。

佛教艺术在夏国有较突出的发展。现存的西夏文物中，佛画以佛、菩萨的画像为多，画风精致巧丽，与敦煌艺术有着某些共同点；在姿态容貌的表现手法上，则与吐蕃画风相似。敦煌莫高窟、西千佛洞和安西榆林窟等处都保存有西夏国时期的艺术作品。榆林窟第一窟内的西夏国"水月观

西夏《打铁图》壁画

音"壁画，是造型艺术中的杰作。榆林窟内还有一些反映西夏国人民生活状况的壁画，如《打铁图》《酿酒图》《农耕图》等。

书法在楷书多见于写经与碑文，篆书见于碑额与官印。夏仁宗时期的翰林学士刘志直，工于书法，他用黄羊尾毫制作之笔，为时人所效法。雕塑方面十分发达，有铸铜、石雕、砖雕、木雕、竹雕、泥塑与陶瓷等。其特点比例均衡，刀法细腻，十分写实。泥塑以佛寺塑像为代表，多运用写实与艺术夸张手法，刻画现实生活的人物形象。例如夏崇宗时期修建的甘州大佛寺释迦牟尼涅槃像、敦煌莫高窟第491窟西夏供养天女彩塑等等。其他陶瓷艺术品也是刻工精细而生动。

党项人早期使用的乐器有琵琶、箫、笛等，以击缶为节。羌笛悠扬清越，最为流行。党项人也十分喜爱汉族歌曲。宋沈括有"万里羌人尽汉歌"句。唐僖宗曾赏给拓跋思恭一部鼓吹乐（即军乐），这是西夏人有完整乐队的开始。夏景宗时，汉族音乐在夏国仍有相当的影响。人庆五年（1148年），西夏国乐官李元儒曾参酌汉人乐书（歌谱集）更定音律。哈拉浩特出土了《刘知远诸宫调》残本，说明金朝汉人的说唱艺术也传到西夏国。

第三编

金朝风云

　　金朝（1115—1234 年），是中国历史上由女真族建立的统治中国北方和东北地区的封建王朝，完颜阿骨打所建。西与西夏、蒙古等接壤，南与南宋对峙。共传 10 帝，享国 120 年。

　　1114 年，金太祖完颜阿骨打统一女真诸部后起兵反辽。于翌年在上京会宁府（今黑龙江哈尔滨阿城）立国，国号金，建元"收国"。并于 1125 年灭辽朝，1127 年又发动靖康之变灭北宋。1130 年，宋高宗赵构向金帝上降表称臣，南宋成为金朝属国。1153 年，海陵王完颜亮迁都中都（今北京）。金世宗、金章宗统治时期政治文化达到巅峰，金章宗在位后期急剧由盛转衰。金宣宗继位后，内部政治腐败、民不聊生，外受大蒙古国南侵，被迫迁都汴京（今河南开封）。1234年，金在南宋和蒙古南北夹击下覆亡于蔡州。

金朝鼎盛时期统治疆域包括东北、华北、关中以及俄罗斯远东地区。南至大散关至淮河一线，与南宋对峙；西北与西夏并立；东北地区达外兴安岭，东临日本海。

金作为征服王朝，其部落制度的性质浓厚。初期采取贵族合议的勃极烈制度，后吸收辽朝与宋朝制度后，逐渐由二元政治走向单一汉制。军事上采行军民合一的猛安谋克制度，其铁骑兵与火器精锐，先后打败周边诸国。金是历史上第一次提出了"中华一统"的朝代。

经济方面，陶瓷业与炼铁业兴盛，对外贸易的榷场还掌控西夏的经济命脉。金朝在文化方面也快速汉化，杂剧与戏曲在金朝得到相当的发展，金代院本为后来元曲的杂剧打下了基础。

第一章 金朝盛衰

一、女真族兴起抗辽，完颜部努力建国

1. 女真兴起

建立金朝的女真族，原来居住在黑龙江流域。在古代文献上，曾出现过"肃慎"的译名，作为这一带各族的泛称。辽人和宋人称他们为"女直"或"女真"，包括了黑龙江流域和松花江流域属于同一族系的各部落。他们使用大体相同的语言。生活在辽阳一带的女真部落，逐渐接受辽文化，被编入辽朝户籍，称为"熟女真"，又称曷苏馆女真（意为篱笆内的女真）。松花江以北宁江以东的女真诸部落，保持本族的习俗和制度，被称为"生女真"。生女真散居在山河之间，从事农业和狩猎；用木板或桦树皮构筑房屋，向南开门，环室为土炕，炕下燃火，家人饮食起居都在炕上；颅后蓄发，穿皮毛衣。当时，生女真正处在父权制的氏族部落时期。氏族部落小者千户，大者数千户，各有首领。他们向辽朝交纳贡品，并以马匹皮毛等与辽人交换货物。

大约在辽兴宗时，活动在安

女真骑士

出虎水一带的女真完颜部发展为强大的部落。他们联合白山部、耶悔部、统门部、耶懒部、土骨论部和辽朝称为"五国部"的蒲聂（蒲奴里）、铁骊、越里笃、奥里米、剖阿里五部，组成部落联盟，斡泯水蒲察部、泰神忒保水完颜部、统门水温迪痕部、神隐水完颜部等相继加入了联盟，完颜部长乌古乃为联盟长，接受辽朝加给的节度使称号；又设有"国相"管理联盟事务，由完颜部的雅达充任。

辽道宗时，乌古乃死去，其子劾里钵继任联盟长，以弟颇剌淑为国相，免去了雅达的职任。雅达之子桓赧、散达等起而反抗，部落贵族间展开激烈的战斗，颇剌淑被桓赧、散达军战败。随后劾里钵与族弟辞不失击败桓赧军，桓赧、散达率部归降。以锻铁驰名的温都部部长乌春，曾与桓赧等联兵反抗，也被完颜部欢都战败。劾里钵与弟盈歌又战胜活剌浑水的纥石烈部，巩固了部落联盟。

辽道宗大安八年（1092 年），劾里钵病死。颇剌淑继任联盟长，命劾里钵长子乌雅束、次子完颜阿骨打等讨平纥石烈部。辽朝加给完颜阿骨打"详稳"称号。大安十年（1094 年），颇剌淑死，盈歌继任联盟长，以其兄之子撒改为国相。这时，女真族的徒单部另组成十四部的联盟，乌古论部也组成十四部联盟，蒲察部组成七部联盟。三个联盟联合攻打完颜部为首的十二部联盟，展开激战。盈歌、撒改与完颜阿骨打击败三联盟，组成统一的部落联盟，通告各部今后不得另组联盟称"都部长"（联盟长）。辽乾统三年（1103 年），盈歌死，乌雅束继任。天庆三年（1113 年）乌雅束死，其弟完颜阿骨打继任联盟长，称"都勃极烈"。天庆四年（1114 年）六月，辽天祚帝耶律延禧加给完颜阿骨打节度使称号。

2. 金朝建国

女真族组成统一的部落联盟后，完颜阿骨打即开始向外掳掠和扩张。天庆四年（1114 年）九月，集合各部落兵 800 人向辽朝统治下的宁江州（今吉林扶余东南小城子）进攻，十月，攻破宁江州城。辽朝派出各族兵士大举反击。十一月，两军战于出河店（今黑龙江肇源西南）。完颜旻领兵3700 人迎战，获得大胜利，收降辽军各族兵士编入女真军。女真军由此发展到 1 万人，乘胜攻占辽宾州（今吉林农安东北红石垒）、咸州（今辽宁开原老城镇）。

此时，女真社会中原已出现由于犯罪或负债而沦为奴隶的现象，奴隶主与奴隶两个对立的阶级在逐渐形成。完颜阿骨打胜利进军，女真奴隶主贵族在战争中掳获大批奴隶。随着占领区的迅速扩展，又需要加强对被征服的各族人民的统治，女真族的氏族部落制已不能再适应历史发展的要求。完颜阿骨打之弟完颜晟、国相完颜撒改等拥戴完颜阿骨打建立国家。天庆五年（1115 年）夏历正月元旦，完颜阿骨打依仿汉族制度，称皇帝（金太祖），建国号大金，立年号收国。

完颜阿骨打废除国相制，设立谙班勃极烈等辅佐国政，由完颜晟、完颜撒改、完颜习不失和完颜杲（斜也）充任，女真军兵仍由猛安谋克统领，收编的辽东降军依辽制设都统或军帅。又命完颜希尹依仿辽、汉文字创制女真文字。天辅三年（1119 年），颁布行用。

金朝建国后，继续攻打辽朝。收国元年（1115 年）九月，攻占黄龙府（今吉林农安）。后大败辽天祚帝统率的辽军。收国二年（1116 年），攻占辽东京辽阳府（今辽宁辽阳），改年号天辅。此后，连年对辽作战，不断取胜。天辅四年（1120 年）四月，攻占辽上京临潢府（今内蒙古巴林左旗南）。天辅五年（1121 年），完颜阿骨打命完颜杲、完颜昱、完颜宗翰等领大兵进攻。天辅六年（1122 年），攻下辽中京大定府（今内蒙古宁城西大名城）、西京大同府（今山西大同），辽天祚帝逃入夹山（今蒙古萨拉齐西北）。十二月，完颜阿骨打亲率大兵攻下辽南京析津府（燕京、今北京）。天辅七年（1123 年）八月，完颜阿骨打自燕掳获北返，中途病死。

二、女真大军灭北宋，矛盾重重渐衰落

1. 金灭北宋

完颜阿骨打死后，其弟谙班勃极烈完颜晟（即金太宗）即位，联合西夏，追击辽天祚帝。天会三年（1125 年）二月，擒辽天祚帝。辽皇族耶律大石（西辽德宗）西迁，后在中亚建西辽。

同年十月，金太宗下诏进攻北宋，以完颜杲为都元帅，完颜宗翰为左副元帅。金太祖曾与宋朝订立"海上之盟"，约定南北出兵攻灭辽朝。金

兵破燕京后，掳掠而去，燕京六州之地归属宋朝。金太宗命完颜宗翰与完颜希尹等攻打太原，即太祖次子完颜宗望领兵攻夺燕京。十二月，宋燕京守将降金。完颜宗望继续挥师南下进围北宋都城开封。

天会四年（1126年）正月，宋钦宗割太原、中山（今河北定县）、河间三镇求和，金军北撤。八月，金太宗再次进军。完颜宗翰攻下太原，完颜宗望攻占真定（今河北正定）。闰十一月，两军在开封城下会师，随即破城，北宋灭亡。

天会五年（1127年）四月，金军俘虏北宋徽宗、钦宗二帝北返。五月，宋宗室赵构（宋高宗）在宋南京应天府（今河南商丘）重建宋朝，放弃中原，逃往江南，史称南宋。金太宗派出重兵分路南下，逐步侵夺宋河北、河东、陕西、京西、京东各路大片土地。天会七年（1129年）至天会八年（1130年），完颜宗弼军一度渡过大江，攻下临安（今浙江杭州），掳掠而回。

金军灭北宋后，金立宋降臣张邦昌在开封称帝，建国号楚。宋高宗称帝后，张邦昌投依宋高宗。天会八年（1130年）九月，金朝又立刘豫为儿皇帝，国号齐，为金朝属邦，都大名府（今河北大名），以后又迁都开封。

2. 金朝衰落

金章宗完颜璟以能女真语得到金世宗的赞赏，但他即位后却积极地学习和倡导汉文化。金章宗本人擅长汉字书法，又大量收藏历代绘画、图书，是金朝历代皇帝中汉文化素养最高的一人。在金章宗倡导下，女真贵族研习汉文化成为风气。金章宗正式下令鼓励女真屯田户与汉族通婚，加速了民族间的融合。猛安谋克户出租田地，坐事享乐，尚武之风逐渐消失，作战能力日益削弱。

在金章宗统治的20年间，北方和南方又都爆发了战争。北边的鞑靼和蒙古合底斤、山只昆等部一再起兵反抗金朝的控制。金右丞相完颜襄连年出兵，攻打北边各族，在北边修筑长达千余里的壕堑，以防游牧骑兵南下。临潢府路的契丹人和被统治的各族分子也相继起兵、威胁着金朝在边疆的统治。

泰和六年（1206年）四月，南宋宁宗、韩侂胄发动了对金朝的进攻。

五月，宋宁宗下诏北征，各路宋军相继失败，金军乘胜分路南下，攻占宋京西、淮南部分地区，南宋兵败求和。泰和八年（1208 年），宋金双方重新订立和约。金朝在这次作战中也损失惨重，金右副元帅仆散揆、都元帅完颜宗浩等相继死于军中；金章宗也于当年病死，金世宗第七子完颜永济（卫绍王）即位。

在战乱频仍的年代，自大定二十九年（1189 年）至明昌五年（1194 年），黄河三次决口，泛滥成灾，黄河两岸农村遭到严重破坏，大批农民死于水患或被迫逃亡。金朝赋税收入急剧减少，对外作战的军费却与日俱增。财政入不敷出，大量发行交钞（纸币），又造成社会经济秩序的紊乱。当金朝内外矛盾重重的时候，北边的蒙古族兴起，开始了灭金的过程。

三、成吉思汗屡南侵，蒙古联宋共灭金

1. 蒙古侵金

泰和六年（1206 年），蒙古成吉思汗建立大蒙古国，占据漠北。大安二年（1210 年）二月，开始南侵金朝。金卫绍王命平章政事独吉思忠领兵抵御，在乌沙堡战败退兵。七月，蒙古军攻占乌月营，进而攻入抚州（今内蒙古兴和境）。八月，卫绍王罢独吉思忠，命参知政事完颜承裕领大兵据野狐岭，又大败于蒙古军，退守宣德州宣平县（今河北旧怀安东北）。成吉思汗领兵追击，在浍河堡（今河北怀安东）大败金军，完颜承裕逃往归德。蒙古的另一路大兵，由西路占领金净州（今内蒙古四子王旗西北），进攻西京大同府（今山西大同），金守将纥石烈执中弃城逃跑。十月，蒙古由哲别率领的先锋军直抵中都，久攻不下，于十二月撤军。

崇庆元年（1212 年）秋，成吉思汗再次大举南侵，掠昌州（今内蒙古锡林郭勒盟太仆寺旗白城子）、桓州（今内蒙古正蓝旗西北）、抚州，再攻金西京。金西京留守抹燃尽忠坚守，蒙古军退回。又攻金东京辽阳府，掳掠而归。贞祐元年（1213 年）秋，成吉思汗自阴山进军，经宣德州至怀来（今河北怀来东），大败金完颜纲军，乘胜进攻居庸关，威胁中都。蒙古军

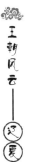

兵分三路攻略黄河以北的山东、河东、河北路州县,直抵登州（今山东蓬莱）、莱州（今山东莱州市）海滨。贞祐二年（1214 年）春,掳掠大批财物后又返回居庸关一带,围攻中都。

2. 金朝灭亡

金宣宗死后,太子完颜守绪即帝位（即金哀宗）。金哀宗停止南线的侵宋战争,集中兵力抵抗蒙古。正大三年（1226 年）至正大四年（1227 年）秋,金兵进军河东,连续收复绛州（今山西新绛）、平阳、太原府。正大四年（1227 年）,成吉思汗军又占领德顺州（今甘肃静宁）,破临洮府等地。六月,灭西夏。金哀宗遣使向蒙古求和,被拒绝。七月,蒙古军进攻凤翔府和京兆府（今陕西西安）,关中大震。成吉思汗病死,延缓了金朝的灭亡日程。正大五年（1228 年）,陕西蒙古军经泾州（今甘肃泾州北）进入大昌原（今甘肃宁县东南）。金平章完颜合达命忠孝军提控完颜陈和尚击败蒙古军,取得重大胜利。

正大六年（1229 年）,蒙古窝阔台即汗位,继续出兵侵金,攻庆阳府（今甘肃庆阳）,不下。正大七年（1230 年）,攻破代州（今山西代县）、石州（今山西离石）,在卫州（今河南汲县）被完颜陈和尚军击退。正大八年（1231 年）二月,蒙古军攻破凤翔府。九月,蒙古军分三路,窝阔台亲率中军攻河中府,转攻河南府（今河南洛阳）,斡陈那颜率左军进攻济南府。成吉思汗幼子拖雷率右军自凤翔府过宝鸡,沿汉水而下,穿行宋境趋均州（今湖北均县西北）,企图转攻南京,一举灭金。窝阔台攻下河中府,拖雷进军邓州（今河南邓州市）。金哀宗诏枢密副使完颜合达与副使移剌蒲阿自潼关东移兵邓州。拖雷部蒙古兵不满 4 万人,与一部分由窝阔台派来的军兵会合,进至禹山（今河南邓州市西南）。天兴元年（1232 年）正月,完颜合达与移剌蒲阿率骑兵 2 万、步兵 13 万自邓州进军钧州（今河南禹县）,至三峰山（今河南禹州西南）,遭到蒙古大军袭击,金军全部溃败,完颜合达败死,移剌蒲阿、完颜陈和尚等被俘处死。钧州三峰山之战,金军主力全部溃灭,决定了金朝的灭亡。蒙古军乘胜进围南京开封府。城内空虚,军民制造名为"震天雷"的火炮反击,激战 16 昼夜。金哀宗求和,蒙古军暂退。南京粮食断绝,援兵不至。十二月，金哀宗率群臣自南京逃往汝州（今河南临汝），中途改道逃往归德府（今河南商丘）。

天兴二年（1233年）正月，南京守将崔立降蒙。六月，金哀宗又自归德府逃往蔡州（今河南汝南）。蒙古联宋，夹攻金朝。十一月，宋孟珙率兵2万至蔡州。十二月，蒙古军攻破蔡州外城。蔡州被蒙古军及宋军围困达3个月之久。天兴三年（1234年）正月，哀宗将帝位传给东面元帅完颜承麟，自缢而死。蒙古军入城，杀金末帝完颜承麟，金朝遂亡。

第二章 皇权更替

一、十丈丰碑势倚空，风云犹忆下辽东

金太祖完颜阿骨打（1068—1123年），汉名完颜旻，虎水（今黑龙江省哈尔滨市阿城区）人。金朝开国皇帝。父为金世祖完颜劾里钵，母为翼简皇后拿懒氏。

完颜阿骨打出身于女真完颜部的一个贵族家庭，是女真部落联盟首领劾里钵的次子。天庆三年（1113年），他继任女真部落联盟首领。

女真族是我国东北古老的少数民族之一。他们长期生活在黑龙江、松花江流域和长白山麓的"白山黑水"地区，系唐朝黑水靺鞨的后裔，契丹建国后从属于辽朝的统治。从这时起，黑水靺鞨便以女真的名称见称于世。

女真族在长期的发展过程中，深受契丹贵族的种种奴役和残酷压迫。完颜阿骨打继任部落首领后，积极做好抗辽的准备。他发动女真人"力农积谷，练兵牧马"，并积极统一内部。在统一诸部的过程中，"好则结为亲，以和取之，怒则加以兵，以强夺之"。各部的统一，加强了完颜部的武装力量。经过一年多的准备，完颜阿骨打对辽朝内部虚弱情况也更加了解，反辽的时机成熟了。

天庆四年（1114年）九月，完颜阿骨打会集各路人马在拉林水举行反辽誓师。完颜阿骨打历数辽朝罪状，说："我们世事辽国，恪守职责，有功于辽，但辽国对我们有功不赏，反而侵夺侮辱我们。对罪人阿疏，无视我们的要求，不肯放他回来。今天问罪于辽，请天地保佑。"完颜阿骨打还告诫诸将士："你们要同心协力，凡有功者，奴隶、部曲释放为平民，庶人加官；原有官职者，可根据功劳大小升迁。如违背誓言，要处死刑，对于家属也不宽容。"一时间，群情激昂，士气高涨。

完颜阿骨打率精兵 2500 人，奔袭混同江边的辽朝东北边防重镇宁江州（今吉林扶余东南石头城）。在进军宁江州的战斗中，完颜阿骨打身先士卒，指挥若定。女真将士同仇敌忾，奋勇争先。契丹军一触即溃，纷纷逃命，相践踏而死者十有七八。十月，攻克宁江州，士气倍增。十一月，辽朝数万大军与女真军会战于出河店（今黑龙江肇源县西北）。当时大风四起，沙尘遮天，英勇的女真军乘风暗渡混同江进击，大破辽军，俘获车马兵甲无数。辽军"士无斗志，望风奔溃"。女真军又乘胜攻克咸（今辽宁开原）、宾（今吉林安东北）、祥（今吉林农安）三州，在辽朝东北边境建立了据点。这时，女真军迅速扩大，兵力增加到 10000 余人，军势更盛。同时，铁骊、兀惹二部也接受了完颜阿骨打的领导，加入了反辽战线。

战争开始时，辽朝兵力远远超过女真人。由于完颜阿骨打得到了女真各部人民的大力支持，故能以少胜多，百战百胜。

收国元年（1115 年），完颜阿骨打在初期反辽的胜利声中，采纳汉族地主阶级知识分子的建议，在诸将拥戴下，称帝建国，改名旻。他说："辽以镔铁为号，取其坚也，镔铁虽坚，终亦变坏，唯金不坏不变。"于是称国号为大金，以会宁（今黑龙江哈尔滨阿城区）为都城，年号收国。完颜阿骨打就是金太祖。

金政权建立的当年，辽朝

完颜阿骨打

内部矛盾重重，各族人民反辽起义不断发展，完颜阿骨打趁此机会，不失时机地向辽朝发动了一系列的军事进攻。

同年，完颜阿骨打率军在达鲁古城击败辽行军都统耶律斡里朵，接着又大败辽将张琳于涞流河（今拉林河）。九月，完颜阿骨打的骑兵便攻占了辽朝的北方军事重镇黄龙府（今吉林农安）。收国二年（1116年）正月，渤海高永昌据东京起兵反辽，辽天祚帝派张琳镇压。张琳募辽东两万饥民进攻东京城。高永昌向金求援，完颜阿骨打乘机进兵，击败张琳，攻下东京城。高永昌也为金军所擒，东京等54州皆为金朝所占有。

张琳失败后，辽天祚帝命耶律淳为都元帅募军抗金。耶律淳招募辽东饥民28000人，组成"怨军"，另外又选燕、云、平几路禁军和募兵数千人，也编入怨军，共30000余人。天辅元年（1117年）十月，在徽州（今辽宁阜新市）东，耶律淳与金军相遇，怨军"皆无斗志"，"未阵而溃"。十二月，耶律淳的"怨军"与金兵大战于蒺藜山，"怨军"又大溃。

天辅二年（1118年），北宋遣赵良嗣从山东登州过海到东北使金，金也派人使宋，商议攻辽问题。天辅四年（1120年），最后商定，宋、金夹攻辽国，长城以北的中京，由金军负责攻取；长城以南的燕京，由宋军负责攻取。夹攻辽朝胜利后，燕云地区归宋，宋将原来输辽的岁币如数转送给金国。这就是历史上宋、金"海上之盟"。

同年四月，金兵向辽上京进发，完颜阿骨打亲自督战。早晨发动进攻，不到中午，即攻下上京城，辽上京留守投降。辽天祚帝逃往西京，金兵胜利班师，辽朝疆土已被金兵占领过半。天辅五年（1121年），辽都统耶律余睹来降，金太祖从而进一步得知辽国内部空虚，决定再度发兵。完颜阿骨打以完颜杲为内外诸军都统，以完颜昱、完颜宗翰、完颜宗干、完颜宗望为副，统领大兵进攻。完颜阿骨打下诏说："辽政不纲，人神共弃，今欲中外一统，故命汝率大军以行讨伐。"明确把夺取辽朝领土，作为这次作战的目的。

天辅六年（1122年），完颜杲攻下辽中京（大定府），进据泽州，辽天祚帝逃往鸳鸯泺（今河北张北县西北）。完颜杲和完颜宗望分道向鸳鸯泊进击，辽天祚帝又逃往西京。金兵攻占西京（今山西大同），进而招降天德、云内、宁边、东胜等州，辽天祚帝逃入夹山（今内蒙古萨拉齐西北）。

六月间，完颜阿骨打亲自领兵自上京出发，追击辽天祚帝，直到大鱼泊。完颜昱和完颜宗望部追及辽天祚帝，大败辽军，辽天祚帝又逃走。归化、奉圣二州相继投降。完颜阿骨打统率大军到奉圣州，蔚州辽臣也来归附。十二月，完颜阿骨打率军向辽的燕京（今北京）进发，宋军自燕京南路配合攻辽。左企弓、虞仲文开城降金，完颜阿骨打入燕京城，接受官员们朝贺，金兵获得大胜。

天辅七年（1123年），金兵将燕京的工匠和财宝等掳掠一空，然后按约将燕京六州之地交给宋朝，完颜宗望、完颜斡鲁等继续追击辽天祚帝，完颜阿骨打领兵回师。同年八月，完颜阿骨打在返回上京的路上病死。

金朝的国家是在对辽战争的过程中建立的，它还不可能立即形成完整的国家制度。但在完颜阿骨打在位的几年间，作为阶级压迫机关的军事政治制度，已经初步建立起来。

金国建立后，废除原来的部落联盟长制度，完颜阿骨打自称皇帝，确立了皇权的统治。完颜阿骨打没有像耶律阿保机建立辽国那样，模仿汉制立太子，皇权的继承仍然暂时保留着推选的制度，但实际上已完全掌握在完颜阿骨打家族手中。

在金国中央，废除部落联盟时的"国相"制，设立勃烈极四人，组成皇帝以下的最高统治机构。勃烈极的设置，保留了古老议事制的一些痕迹，但它实际上已是辅佐皇帝的统治机构，是全国最高的行政管理中枢。

全国军队仍由猛安谋克统领，但已打破了古老的部落、氏族组织，而成为由女真大小奴隶主统率的军事编制。完颜阿骨打是金军最高统帅，遇有战争，皇帝直接任命大将为诸部统

完颜阿骨打陵

帅，指挥作战。

完颜阿骨打没有制定完整的法律，但在建国前后，陆续颁发了几项法令，旨在保护平民利益，以减少反抗，巩固奴隶主的利益。

随着国家的建立，文字成为必需，完颜阿骨打命完颜希尹创制女真文字，在天辅三年（1119年）八月正式颁行。女真字的创制，是汉族、契丹和女真族文化交流的一个明显的事例。女真字颁行后，成为全国通用的文字。

作为女真奴隶主的总首领，完颜阿骨打完成了建国、破辽两件大事，女真族的历史从此开始了一个新的时期。

二、经国规模至此定，法度详明垂久远

金太宗完颜晟（1075—1135年），女真名完颜吴乞买，金太祖完颜阿骨打的四弟。金朝第二代皇帝。

完颜晟自幼就受到哥哥完颜阿骨打的喜爱，收国元年（1115年），完颜阿骨打称帝后，他被授命为谙班勃极烈，辅弼朝政，并成为帝位的合法继承人。金太祖每次出兵征战，完颜晟就奉命留守京师，代理朝政。

天辅六年（1122年）十二月，金太祖在攻下燕京后开始班师回京。连年的征战使太祖积劳成疾，行至鸳鸯泺，金太祖重病突发，便诏令留守京城的完颜晟速来迎驾。天辅七年（1123年）八月，完颜晟与金太祖相会于浑河北，金太祖随即去世。九月，国论勃极烈完颜杲、郓王完颜昂、完颜宗峻、完颜宗干率宗亲百官劝进，完颜晟被拥立为帝，改天辅七年为天会元年（1123年），是为金太宗。

金太宗即位前后，灭辽战争已濒临结束，金军攻克燕京，使辽天祚帝惊慌失措，急忙率数千名残兵败将向北逃窜，经天德军（今呼和浩特市东）、渔阳岭逃至夹山（今内蒙古萨拉齐西北）。天辅七年（1123年）初，完颜阿骨打命完颜斡鲁为都统，完颜宗望为副都统，领兵追袭辽天祚帝。四月，完颜宗望、完颜娄室、完颜银术可率领3000金兵在辽降将耶律大石的引导下，于青冢寨（今呼和浩特市昭君坟侧）围攻辽军大营，俘获了辽天祚帝的儿子秦王耶律定、许王耶律宁、诸妃、公主、从臣，缴获了大批战骑

武器。五月,辽天祚帝受夏崇宗李乾顺所请,领兵逃往西夏。天会二年(1124年)七月,辽天祚帝得耶律大石精兵,又得阴山室韦谟葛失兵,自以为"天助",再谋出兵,以收复燕云地区。辽天祚帝亲率诸军,自夹山出兵,南下武州(今山西五寨),遇金军,双方在奄遏下水(今山西大同西北)展开激战,辽军大败,辽将纷纷降金。天会三年(1125年)正月,辽天祚帝穿过沙漠仓皇西逃。至天德军城,恰遇大雪,将士饥困交加,不久又逃到西夏。二月,辽天祚帝逃至应州(今山西应县)新城东60里,又遇大雪,终于被尾随追击的金军统帅完颜娄室擒获。这样,辽朝除了耶律大石在西方的残余政权外,在内地的统治完全被推翻,女真人经过金太祖、金太宗两代的顽强斗争,终于灭掉了辽朝。

随着灭辽战争的进行,金太宗继续实行金太祖的和平友好的外交政策,对于西夏、高丽联络议和,以示友好。西夏是党项族在西北地区建立的政权,天祚帝曾几次流亡到西夏避难。天会二年(1124年)正月,太宗命完颜宗翰、完颜宗望与西夏谈判议和。金以下寨以北、阴山以南,乙室耶剌部吐禄泊西之地割给西夏作为条件,西夏要按对辽的旧制对金奉表称藩。同时,还规定如果辽天祚帝再逃到西夏时,西夏必须将其捕送给金朝。同年三月,西夏崇宗李乾顺遣使来朝,向金太宗递交誓表,表示向金称臣以结永久盟好。同年闰三月,完颜吴乞买赐西夏国誓诏,双方结为友邻。对于处在女真人东北面的高丽王朝,早在金太祖起兵南下之初,就采取友好态度。这种和平的外交政策,使金兵很快取得了灭辽战争的胜利,并为南下攻宋建立了稳固的后方。

北宋统治者极力想把女真人的进军局限在原辽朝地区,并企图收回被辽占去的土地。为达到这一目的,北宋统治者曾与金太宗谈判,双方结成南北夹击、联合灭辽的"海上之盟"。金太宗继位后不久,北宋政府依据协议又前来索取西京大同府及武、应等八州土地,但是驻守西京的完颜宗翰坚决不同意金太宗将西京及八州之地划归北宋。天会二年(1124年)他上书金太宗,指责北宋政府不遵守"海上之盟",还招纳叛逃者,同时指出辽天祚帝还没有被彻底消灭,如果把西京划归北宋,就会使金军失去屯居之所。金太宗同意了他的建议,北宋统治者的收复西京及八州之地的企

完颜晟

图落空。

当初，金军攻占燕京后，统帅完颜宗望便派遣辽降臣康公弼到平州招降辽兴军节度副使张觉。张觉归附，完颜宗望便改平州为南京，以张觉为南京留守。天辅七年（1123年）五月，张觉又打出了反金的旗帜并投降宋朝。张觉有兵5万屯在润州近郊，欲占据迁、来、润、隰四州。金太祖的弟弟完颜阇母率军自锦州前来讨伐，大败张觉军。天会元年（1123年）十月，双方又决战于怀柔兔耳山，完颜阇母大败，张觉向宋报捷，宋徽宗以建平州为泰宁军，以张觉为节度使，并以银、绢数万犒赏张觉。同年十一月，金太宗命宗望统领完颜阇母军攻张觉，并强迫迁、来、润、隰四州人民迁到沈州。张觉大败奔宋，金军遂入南京。完颜宗望派使致书北宋宣抚司，指责他们违背协议、招纳金朝叛逃，并要索回张觉。宋宣抚使王安中将张觉藏于武器库中，欺骗金使说没有，完颜宗望坚决要索回，王安中就将一个与张觉相似的士兵交给完颜宗望，又被完颜宗望识破。最后实在没有办法，王安中只好将张觉杀死，把人头交给了完颜宗望。但是事情并没有就此了结，以完颜宗翰、完颜宗望为首的金军统帅乘机上书金太宗，请求以张觉事件为借口，南下攻宋。

天会三年（1125年），在金军俘获辽天祚帝之后，八月，金太宗诏令有司，挑选勇猛善战的将士加以训练、整顿，以备南下。十月，金太宗正式下诏，出兵攻宋。金太宗以谙班勃极烈完颜杲（完颜斜也）兼都元帅，兵分东西两路。西路军以移赉勃极烈完颜宗翰兼左副元帅先锋，经略使完颜希夷为元帅右监军，左金吾上将军耶律余睹为元帅右都监，自西京入太原。东路军以六部路军帅完颜挞懒为六部路都统，完颜斜也为副都统；完颜宗望为南京路都统，完颜阇母为副都统，知枢密院事刘彦宗兼领汉军都统，由完颜宗望任主帅，自南京入燕山。计划金军两路推进，会攻北宋都城汴京。

东路军由完颜宗望统率，出兵不久就很快攻占了北宋的檀州、蓟州。十二月初，在白河和郭药师、张企徽、刘舜仁统率的宋军遭遇，双方展开激战，宋军大败，郭药师投降，金军又攻占了燕京；自此，完颜宗望以郭药师为开路先锋，引导金军迅速南下，又先后攻下了中山、真定、信德府。

与此同时，完颜宗翰统领的西路军在攻下朔州、代州之后，进围太原城。

天会四年（1126年）正月，完颜宗弼攻取汤阴，完颜大臭攻下浚州，完颜迪古补夺取黎阳。东路军迅速渡过黄河，攻下了滑州，包围了汴京。宋徽宗闻讯连夜仓皇出逃。出逃未遂的宋钦宗，在主战派吴敏、李纲等的胁迫下不得已留驻汴京。但暗地里派使李棁向金求和。完颜宗望提出议和条件，要宋交纳犒军费黄金500万两，银5000万两，绢100万匹，牛马各万匹；还要割太原、中山、河间三镇给金；宋对金称侄，并以亲王、宰相作为人质。宋钦宗昏庸透顶，完全接受了完颜宗望的不平等条件，以康王赵构、少宰张邦昌为质，完颜宗望军解围回师。

同年二月，宋将姚平仲将兵40万夜袭完颜宗望大营，被金军击败，完颜宗望军又进师包围了汴京。宋钦宗慌忙派使臣宇文虚中带着国书前来金营谢罪，并且改换了人质，由肃王赵枢代替康王赵构，张邦昌也由少宰升为太宰，金军再次退兵。

天会四年（1126年）八月，金太宗下诏第二次侵宋，以右副元帅完颜宗望、左副元帅完颜宗翰分统东、西两路军，南下进击。十月，东路军攻下河北重镇真定，然后渡过黄河。完颜宗翰的西路军在攻下太原后，沿太行山南下，渡过黄河攻占洛阳。十二月，东、西两路军会师于汴京城下，宋钦宗投降，接受了金朝提出的以黄河为界的议和条件，并亲自到金营议和。

天会五年（1127年）二月，金太宗诏令废北宋徽、钦二帝，降为庶人，宣告了北宋王朝的灭亡。三月，金太宗又下诏立宋太宰张邦昌为大楚皇帝，建立了伪楚傀儡政权。四月，完颜宗翰、完颜宗望带着俘获的宋徽宗、宋钦宗和赵氏宗室、大臣3000多人，以及掠夺来的大量金银财宝、仪仗法物，北归金朝。

同年五月一日，曾在河北建立兵马大元帅府的北宋康王赵构在南京应

天府（今河南省商丘市）称帝，重建宋朝，史称"南宋"，改年号为建炎，赵构就是宋高宗。伪楚皇帝张邦昌被废。金太宗便以此为借口准备再次南侵，宋高宗一面南逃至扬州，一面派王伦赴金求和。

但是，起初金军只是攻取了两河州郡，直到十二月，金太宗才下诏出兵，发动了对南宋的第一次侵略。金军分两路进击：东路军由完颜宗辅与完颜宗弼兄弟统领，他们渡过黄河便很快占领了淄州、青州、潍州；西路军由宗翰统率，进军洛阳，然后又攻下了邓州、襄阳、颍昌府、郑州等；另外，完颜宗翰还派出完颜娄室部进军陕西，占领了同州、华州、京兆、凤翔。

天会六年（1128年）七月，金太宗下令追击逃到扬州的宋高宗赵构。但是，出兵前东西两路军统帅发生争执，完颜宗辅、完颜宗弼等东路军将领主张停止用兵陕西，集中兵力南下攻宋。但完颜宗翰认为，陕西与西夏国为邻，事关重大，不能罢兵，在争执不下的情况下，金太宗两用其策，一方面命完颜娄室继续进攻陕西，另一方面令完颜宗翰与完颜宗辅合兵南下伐宋。十月，完颜宗辅与完颜宗翰在濮州会师，渡过黄河后，接连攻下了滑州、开德府、大名府、又占领了东平府、徐州、济南府。

天会七年（1129年）五月，完颜宗翰派遣完颜拔离速领兵奔袭扬州，宋高宗又率官属渡过长江，南逃建康。然后，派使向金求和。金太宗拒绝了使臣的请求，命令完颜宗翰派完颜挞懒、完颜宗弼、完颜拔离速、完颜马五等分路南侵。十一月，金军在和州渡江，包围了建康，南宋建康守将陈邦光、江淮宣抚使杜充相继降金，宋高宗自建康，经杭州，逃至越州。十二月，完颜宗弼军经湖州攻下了杭州，他自己坐镇杭州，命完颜阿里、完颜蒲卢浑以精兵4000追击宋高宗，宋高宗又自越州逃到明州。金军在离明州25里处大败宋军，宋高宗仓皇入海，逃奔温州。完颜阿里、完颜蒲卢浑率军入海追击300余里，因找不到宋高宗的去向，乃还军。

天会八年（1130年）二月，完颜宗弼在杭州大肆掳掠之后，引兵北还，在回师途中，金军先后在镇江、建康遭到韩世忠水军的阻击，伤亡惨重，直到五月中旬才得以渡江北上。在这次穷追宋高宗之后，金太宗充分认识到金朝无法以掠夺的办法征服南宋。南宋小朝廷偏安江南，金军不习水土，鞭长莫及，加之宋朝各地人民纷纷起来反抗，金朝很难一时将南宋灭亡。

于是，金太宗又将战场转向了陕西，他采纳完颜宗翰的建议，派最得力的右副元帅完颜宗辅增兵陕西。到天会九年（1131年）春，经过近一年时间的经略、金军占领了陕西五路，然后班师，金太宗下诏，提升完颜宗翰为都元帅，完颜宗辅为左副元帅。

天会八年（1130年）是金、宋战争史上的重要转折点。在这一年里，金朝的侵宋战争达到顶点，力量渐渐衰竭，无力彻底亡宋。金军内部也产生了厌战情绪，金太宗审时度势，决定对南宋罢兵议和。

金朝是一个落后的奴隶制国家，他们占领中原北部地区，接触到的是汉族的封建经济和文化，根本无法用落后的奴隶制进行统治，只有维持原有的统治制度，实现这一目的的最好办法就是建立傀儡政权，进行间接统治。昙花一现的张邦昌伪楚政权就是金太宗灭亡北宋后建立的第一个傀儡政权，它曾一度成为金太宗防守宋军的挡箭牌。天会六年（1128年），金太宗在下令讨伐南宋时，就曾表示等到扫平南宋之后，要再建立一个张邦昌那样的政权来对付南方的汉人。天会八年（1130年），金军自江南班师后，就扶植起刘豫伪齐政权。

刘豫，字彦游，景州阜城人。宋高宗即位之初，刘豫受命知任济南府，完颜挞懒领金兵来攻，刘豫杀死守城的宋将关胜，投降金军。金太宗任命他为京东东、西路、淮南路安抚使、知东平府兼诸路马步军都总管。他听说金太宗要立一个傀儡政权，就多方运动，送给完颜宗翰许多珍宝，于是，完颜宗翰在太宗面前推荐了刘豫。天会八年（1130年）九月，金太宗下诏册立刘豫为大齐皇帝，建都大名，号为北京，划定山东、河南、陕西为其控制。刘豫当上皇帝后，对人民横征暴敛，苛捐杂税多如牛毛；以什一法检括民田，强拉壮丁建立乡军；刘豫还助纣为虐，多次侵宋，给南宋以很大威胁。

随着南北对峙局面的到来，金太宗开始内部的改革与整顿，使得自即位以后的各项制度得到了进一步的完善。为了维护女真族猛安谋克户对奴隶的剥削，金太宗继承了金太祖的徙民实"内地"政策，在攻下汴京后，把大批的赵宋皇族、大臣、宫妃、工伎迁到女真"内地"充作官奴婢。然后，在天会九年（1131年）四月，下诏说各猛安谋克户有奴婢不足4口者，由

官奴婢补足其数，缺少耕牛的由政府拨给官牛，以保证农业生产的恢复和发展。

为了维护奴隶制的剥削，金太宗对女真族猛安谋克户的土地占有和赋税的征收做了制度化的规定。早在天会初年，太宗就下诏规定女真人猛安谋克户中每25个人准许占有土地4顷4亩。但是，金朝赋税的征收并不是根据占有土地的多少，而是根据占有耕牛、牛具的数目，故称"牛头税"。天会五年（1127年）九月，金太宗下诏，规定每3头耕牛算作一具，民户每占有耕牛一具，就要交纳赋税粟5斗。

随着灭辽战争的进展，金朝尽数占有了原属辽朝的领土。为了扩张奴隶制，金太祖曾试图在这些地区实行猛安谋克制。攻下燕京后，辽平州节度使兼汉军都统时立爱投降，金太祖就下令在平州推行猛安谋克制。但当地的汉民不满这种统治方式，他们拥护张觉在平州发动了叛乱，并且归顺宋朝。完颜宗望率金军平定张觉叛乱后，金太宗就停止了这一地区猛安谋克制，继续采用原有的汉官制进行统治。这样，金太宗将女真人的统治由单一的奴隶制统治发展到南北面官制，即在女真人旧地和辽属辽东的汉人、渤海人居住区实行奴隶制统治，而在南面的汉人聚居区则实行原来的汉官制进行统治。

完颜宗翰出身于女真宗室中最显贵的家庭，其地位和声望仅次于皇室。金朝初年，他追随金太祖南征北战，在灭辽战争中立下了赫赫战功。金太宗即位后，采纳完颜宗干、完颜宗弼等改革派建议，积极准备进行社会改革。完颜宗翰此时却结成朋党，骄横跋扈，竭力阻挠金太宗的改革。

金太宗即位后，封自己的弟弟完颜杲（本名斜也，劾里钵第五子）为谙班勃极烈，作为帝位继承人。天会八年（1130年），完颜杲病死，谙班勃极烈一位空缺。天会十年（1132年）四月，完颜宗翰班师回朝后，就勾结完颜希尹和完颜宗干，以太祖遗训为由，阻止金太宗将帝位传给自己的儿子完颜宗磐，强使太宗下诏以太祖嫡孙完颜亶为谙班勃极烈，以完颜宗磐为国论忽鲁勃极烈，完颜宗干为国论左勃极烈，完颜宗翰为国论右勃极烈兼都元帅，右副元帅完颜宗辅为左副元帅，完颜宗翰一跃成为军事最高统帅。同时，还规定，凡是军国大事，无论大小，一律都要申报元帅府，由都元帅决断。完颜宗翰的权势达到了最高点。

完颜宗翰反对金太宗改革，反对实行汉官制。他对汉族人民进行残酷的压迫和掠夺，用严刑峻法，专杀立威，规定盗窃一钱以上都处以死刑。还下令各州县设置地牢，深3丈，分为3层，死囚居下层，徙流居中，笞杖居上，外面建有夹城，并以壕沟重围，他强迫汉人接受女真习俗，禁穿汉服，强令汉人剃发，拒不从命者格杀勿论，还大肆掳掠汉人作为奴隶。金太宗对完颜宗翰进行了针锋相对的斗争。他在位期间，曾多次颁布诏令严禁女真士兵骚扰汉人以误农时，严禁私役百姓，禁止将汉人变为奴隶；还多次减免农民的赋税。金太宗尤其重视发展农业生产，多次派劝农使到各地敦劝农桑，并诏令各地方官劝民农功。

但是天不假人以时，天会十三年（1135年）正月，金太宗病死于明德宫，终年61岁。谥号为文烈皇帝，庙号为太宗，遗体葬在和陵。皇统年间，金熙宗又增谥为体元应运世德昭功哲惠仁圣文烈皇帝，并改葬大房山恭陵。

三、金熙宗始勤终怠，遭篡权梦中被杀

金熙宗完颜亶（1119—1150年），字合剌，虎水（今黑龙江省哈尔滨市）人。金朝第三位皇帝。金太祖完颜阿骨打嫡长孙，景宣皇帝完颜宗峻之子，母为蒲察氏。

完颜亶虽然出生于女真皇族，但是，他自幼接受的却是汉族式教育，曾随从韩昉等汉人儒士学习汉文经典，吟诗写字，雅歌儒服，醉心于汉族先进的封建文化，逐渐与女真人旧的功臣良将发生了隔阂。旧的宗室大臣视完颜亶为"汉家少年"，完颜亶则鄙视他们"无知夷狄"，粗俗残忍。在宗室中只有完颜宗干、完颜宗弼二人崇尚汉制，为完颜亶所看重。完颜宗干是金太祖完颜阿骨打庶长子，又是完颜亶的养父。在开国之初，他追随金太祖南征北战，立下赫赫战功。金太宗即位后，完颜宗干受命为国论勃极烈，与谙班勃极烈完颜杲共辅朝政，先后采取了一系列措施，制定了各种制度，为女真人的汉化打下了基础。完颜宗弼是太祖的第四个儿子，曾多次兴兵侵宋，在长期与宋交战的过程中，逐渐为汉族先进的经济、文化所征服，认识到了女真人的愚昧落后，因此，班师回朝后，完颜宗弼就曾

上书金太宗，要求进行汉制改革。

天会八年（1130 年），谙班勃极烈完颜杲病死，皇帝继承人的位子出现空缺。两年后，金太宗立完颜亶为谙班勃极烈，完颜亶成为皇帝的合法继承人。天会十三年（1135 年）正月，金太宗病死，完颜亶即皇帝位，是为金熙宗。

早在金太宗统治时期，女真族统治阶级内部就孕育着激烈的矛盾。以完颜宗翰、完颜宗磐、完颜挞懒为首的贵族集团，把持军权，涉足政务。他们为了维护贵族传统的统治地位，主张维护旧的奴隶制度，反对建立新的统治秩序。对待北方的汉族人民，完颜宗翰、完颜挞懒都采取以汉人治汉人的办法，进行残酷的压迫和剥削，企图强制地把女真人落后的风俗习惯和社会制度加在汉族人民头上。以完颜宗干、完颜宗弼为首的女真族改革派拥护主张汉化的金熙宗，采取与完颜宗翰、完颜挞懒截然不同的统治方法。双方之间交织着复杂的矛盾。

金熙宗在即位以前，由完颜宗翰、完颜宗干等提名为谙班勃极烈，他能当上皇帝是由于守旧派与改革派共同拥护的结果。因此，金熙宗上台后，守旧派便以功臣自居，与改革派之间的冲突更为激烈。面对这种情况，金熙宗在全面进行社会改革的同时，采取了打击守旧势力、任用忠臣贤良的措施。

完颜宗翰在太宗时骄横专权，"淫刑毒政"，金熙宗即位后要打击守旧势力，他便首当其冲。为了夺取完颜宗翰执掌的兵权，金熙宗采取了以相位易兵权的办法，解除了完颜宗翰的国论勃极烈和都元帅的任职，任命他为太保、封晋国王，把他架空。与此同时，把完颜宗翰的爪牙韩企先、高庆裔、萧庆等也调来京城任职，将他们置于皇权的直接控制之下。然后，金熙宗又利用完颜宗翰与完颜宗磐、完颜宗干的矛盾来打击完颜宗翰的势力。他授命尚书令、宋国王完颜宗磐为太师，完颜宗干为太傅，并领三省事，位在完颜宗翰之上。天会十五年（1137 年），金熙宗又让完颜宗磐以贪赃罪杀死了完颜宗翰的心腹、尚书左丞高庆裔、转运使刘思。完颜宗翰慌忙上书金熙宗请求免去自己的官职，为高庆裔赎罪，金熙宗没有应允。不久，完颜宗翰便在郁闷、愤恨中死去。为了肃清完颜宗翰的影响，同年十月，金熙宗又下令废除完颜宗翰谋划册立的伪齐政权，降刘豫为蜀王，迁于临潢府。

完颜宗磐是金太宗嫡长子，按其身份有直接继承皇位的权利。金熙宗即位后，视完颜宗磐为眼中钉肉中刺，要设法将他除掉。起初，金熙宗利用他来打击完颜宗翰势力，采取了以相位易储贰的办法，完颜宗磐被授予尚书令、太师，地位最尊。完颜宗翰死后，完颜宗磐跋扈，越发骄恣，甚至在金熙宗面前持刀要杀完颜宗干，被都点检萧仲恭呵止。金熙宗为制服完颜宗磐，提拔完颜宗隽为左丞相，又升为太保，领三省事，结果完颜宗隽反而与完颜宗磐勾结在一起反对金熙宗。天眷二年（1139年）七月，金熙宗以完颜宗磐、完颜宗隽谋反为由杀了他们。左副元帅完颜挞懒亦被降为行台左丞相，不久，又因与翼王完颜鹘懒谋反事觉被杀。在这次与完颜宗磐的对立斗争中，完颜宗干、完颜宗弼始终站在金熙宗一边，事后他们都受到金熙宗的重用，完颜宗干升为太师，兼领三省事，晋封为梁宋国王；完颜宗弼也升为都元帅，晋封越国王。这样，金王朝的政治、军事大权便掌握在以金熙宗、完颜宗干、完颜宗弼为首的改革派手中。

左丞相完颜希尹是完颜宗翰副手，属于完颜宗翰集团，金太宗早就想除掉他，由于他们兵权在握，一直没有成功。金熙宗上台后，对完颜希尹伺机而发。天眷三年（1140年）九月，有人密告完颜希尹目无圣上，言宣不道，金熙宗便以此为借口，杀死了完颜希尹。完颜希尹的心腹萧庆、他的两个儿子昭武大将军完颜把答、符宝郎完颜漫带也同时被杀。至此，金熙宗取得了打击奴隶主贵族旧势力的胜利，为

完颜亶

他进行汉制改革创造了条件。

金熙宗自幼接受汉化教育，同他交游密切的大都是汉族中的文人墨客、儒生士子，对他思想的形成有很大的影响。即位以后，他重文轻武，一改女真人的尚武习俗。他任用士人做官，曾开经义、词赋两科取士；还诏令韩昉、耶律绍文等编修国史，并于天眷元年（1138年）正月，颁行了女真小字。

为了取得汉族地主阶级的广泛支持，金熙宗身为大金朝皇帝，表现出了极度的偏爱。天眷三年（1140年）十一月，金熙宗下诏，由孔子的第四十九代孙孔玠袭封衍圣公。金熙宗本人还几次祭拜孔庙。有一次祭完孔庙，金熙宗感触万端，对侍臣们说："我少年时候喜爱交游玩耍，不努力学习，耽误了学业，随着年龄的增长，我越来越觉得很后悔。孔子虽然没有什么名分、地位，但他一生勤奋好学，矢志不怠，以其学识和品德为后世人所景仰。"从此以后，金熙宗更加致力于学习汉族儒家经典，《尚书》《论语》《五代史》《辽史》等都使他爱不释手，赏叹不止。

金熙宗上台后，采取重用汉族知识分子的政策。他的老师韩昉先后被拜为翰林学士、参知政事，受命参与朝政，一生恩宠无比。汉人蔡松年、曹望之、许霖依附于完颜宗弼，也受到金熙宗的恩遇，分别被授命为刑部员外郎，尚书省都事，省令史。皇统八年（1148年）十一月，金熙宗又诏令左丞相完颜宗贤等人，任命州郡地方长官时要参用当地的豪家名士，无论是本族人还是汉人以及其他族人，都同一对待，量才使用。

金熙宗尊孔养士，重用汉人，得到了汉族知识分子的普遍支持。

金熙宗受儒家大一统思想影响，有着浓厚的皇权思想。他即位后不久，为改变金朝多种制度并存的情况，下诏废除女真人勃极烈制，全面实行汉族官制。他仿照辽、宗官制，兼采唐制，制定了系统的金朝官制。按照当时的官制，金熙宗在皇帝之下设有太师、太傅、太保（三师）和太尉、司徒、司空（三公）。中央政权仍是实行三省之制，金朝三省之制最初由金太宗在天会四年（1126年）设置，只是当时称丞相为仆射。金熙宗始改仆射为丞相，尚书省设有尚书令一人，其位最尊，尚书令下设左、右丞相，管理政务，左、右丞为参知政事，辅助丞相处理政务。中书省设有中书令，门下省设有侍中，职位都在尚书令之下，并且都是兼职，由左丞相兼任侍中，右丞相兼任中书令。军事方面，在中央设有都元帅府，作为最高的军事机构，设置都元帅、左、右副元帅，左、右监军，左、右都监。

地方上，天会十五年（1137年）十一月，金熙宗下诏废除刘豫伪齐政权，在汴京设置行台尚书省，作为特殊地区的地方行政机构，以完颜宗弼领行台尚书省事，原齐宰相张孝纯为权行台左丞相，萧保寿奴为右丞相。温敦师中为左丞，张通古为右丞。天眷元年（1138年）九月，金熙宗又改原燕京枢密院为行台尚书省。行台尚书省作为地方行政机构，一方面接受中央尚书省的统一领导，另一方面又保有其地域性，它贯彻的是以汉人治汉人的施政原则，官员的组成以原宋朝地方官为主，同时参用女真人、契丹人、渤海人。

在金朝的一般地区，金熙宗沿用原辽、宋旧制，设路、府、州（军）、县四级。各路设兵马都总管统领军兵、路治所在府称总管府，兵马都总管兼任总管府的府尹。不设总管府的只称府，长官为府尹。各地州郡设节度使、防御使、刺史统领军兵并兼管政务。县一级不专设军兵，县令只管民政。最基层的组织为村社。金熙宗采用辽、宋旧制，又不失女真传统，他任用地方官统一管理各路府州的军事和行政，保持了女真人军政合一的统治习惯。

随着各种制度的确立和实施，金熙宗还不断地完善了各种官制。天眷年间，他又对官制进行了重大改革，史称"天眷新制"。

在天眷新制中，为加强相权，金熙宗增设了平章政事和参知政事，他们的地位分别在左右丞相和左右丞之下。平章政事为丞相，参知政事为执政官，大大增强了丞相和副丞相的权力。金熙宗还在中央设立了监察机构——御史台。并承唐、宋旧制，把台院、殿院、察院合属御史台。御史台长官为御史大夫，御史中丞为其副职，掌管纠察朝仪、弹劾官员，勘鞫官府公事。另外，刑事案件中有判处不当的也可以上诉御史台，由御史大夫仲裁。侍御史掌管判决台事，并负责向皇帝奏事。殿中侍御史在上朝时对立于龙墀之下，专门检查朝臣们的仪矩，还负责向皇帝进呈臣下的奏章，监察御史负责纠察百官过失。

为了严肃君臣之别，金熙宗在礼仪方面也做了重要改革。天眷元年（1138年）开始建立京城，称上京，所在府称会宁府，并在宫城内外大建宫殿亭台。后来又依照北宋都城汴京进行了改建。金熙宗还设立了极其完备的京城制度，设置仪卫将军，禁止亲王以下佩刀入宫等，大大提高了皇帝的威严，加强了皇权。为了严格上下等级秩序，天眷二年（1139年）三月，金熙宗诏令百官讨论制定各种仪礼。不久，百官上朝开始穿用朝服，行君臣之礼，金熙宗也穿上了新制的冠服。

为了维护其统治，金熙宗以本国法制为蓝本，参考辽、宋法令，制成一部系统的法典——《皇统制》颁行内外，作为治国治民的依据。

金、宋之间连年的战争，严重地破坏了北方农业生产。完颜宗翰、完颜挞懒、刘豫等酷吏对汉族人民实行酷刑暴政，使残破的北方经济濒于崩溃，广大人民不堪压迫和剥削，纷纷杀死耕牛，焚毁家园，逃入山林。仅太行山上占山为王的就有3万多人。金熙宗上台后，努力消除社会弊政，恢复和发展北方经济，下诏把国家剩余的土地，农民遗弃的闲地分给百姓，甚至连自己在京西的狩猎地也分给了无地的农民开垦种植。为了收买民心，鼓励农民开垦荒田、发展生产。

为了恢复北方农业生产，金熙宗逐渐改用封建的统治方式来统治北方的汉族及其他非女真族人。皇统五年（1145年），金熙宗下诏罢除辽东的汉人、渤海人的猛安谋克承袭制，并规定汉人、渤海人不得为猛安谋克户，只有女真人中功绩卓著的才能赐给世袭猛安谋克，这样做在主观上是为了剥夺汉人、渤海人的兵权，将国家的军事力量全部集中控制在女真人的手中，以防止各族人民的反抗，巩固金朝的统治。而客观上，猛安谋克世袭制的废除使汉人、渤海人获了自身解放，促进了北方农业生产的恢复和发展。

金熙宗还继承了金太宗时候的移民政策，即将女真人举族内迁。在废除刘豫后，金朝占有淮水以北的大批肥沃土地，金熙宗诏令女真人猛安谋克户大规模南迁，让他们同中原的汉族人交错杂居，进行屯田。金熙宗还改变了女真人过去"牛头地"的生产经营方式，重定土地制度，计算每户的人口数，然后由官府分给他们相应的官田，让他们自己从事生产，这就是金朝历史上所谓的"计口授田"。

宋、金之间连年的战争使金王朝在经济、军事上都受到极大削弱，到太宗天会八年（1130年）完颜宗弼侵宋北还，双方力量对比已发生了巨大变化。天会十三年（1135年），金熙宗令金军与刘豫伪齐军联合攻宋，结果惨败而归，更加暴露了金军的虚弱情况。当时的形势就像金将韩常所说的那样："现在的情况与过去大不相同了，过去我们强大，南宋软弱；现在我们的势力受到削弱，而南宋的力量却大大加强了，所幸的是南宋君臣还没有觉察到这种情况罢了。"不仅如此，宋高宗反而一心一意地谋求与金议和，任命投降金朝的奸臣秦桧为右相，并把向金屈膝求和的事交给他专办，其他大臣不得参与。宋高宗还多次遣使向金求和，要求取代刘豫的地位，对金称臣纳贡。天会十五年（1137年）春，宋徽宗病死于金朝幽禁地，宋高宗便派王伦以"迎奉梓宫"为名出使金朝，请求金熙宗归还伪齐政权控制之下的河南、陕西地。金熙宗明察秋毫，充分估计了自己上台后所面临的局势，认识到既然不能武力征服南宋，又要复兴北方残破的农业生产，那么，采取与南宋议和的政策对金王朝是极为有利的。金朝君臣上下虽然都主张与南宋议和，但是围绕如何取得与南宋议和这个问题，金统治者内部众说纷纭，大体可分为两派，完颜挞懒、完颜宗磐与完颜宗隽作为主和派，主张以河南、陕西地归宋求得议和；完颜宗干、完颜宗宪与完颜亶作为改革派，坚决反对将河南、陕西地与宋，不仅如此，他们还积极准备收复河南、陕西地。天眷元年（1138年），分歧的双方展开了激烈的争论。完颜宗隽认为将河南、陕西地归宋，南宋必然对金感激不尽；完颜宗宪则反对说："我们掳来宋朝徽钦二帝，结下怨仇已不是一天两天的事情。如果归还他们土地，势必要助长对我们的怨仇。"最后，掌握军政大权的完颜挞懒、完颜宗磐与完颜宗隽一派获得胜利，强使金熙宗同意将河南、陕西地与宋，以此作为与宋议和的条件。金熙宗派使乌陵思谋南下与宋谈判，不久又派张通古、萧哲为江南招谕使到宋。天眷二年（1139年）正月，金、宋议和成立（即宋绍兴九年和议），南宋代替伪齐政权成为金的属国，对金称臣，每年贡献银25万两，绢25万匹；金朝将河南、陕西归还南宋，送还韦太后及宋徽宗的棺木。

由完颜挞懒为首的一派所主持的议和成立之后，完颜宗干、完颜宗弼等改革派并没有放弃收复河南、陕西地的想法，而是积极地做好了各方面的准备。首先，由完颜宗干以太师的身份出面，联络各级官员，谋求在收复河南、陕西地这一问题上取得一致意见，官员们大都认为：宋高宗蒙受金朝再造之恩，不思报德，反而贪得无厌，现在如果不收复失地，以后恐怕会更难。与此同时，完颜宗弼绞尽脑汁，罗织罪名以除掉完颜宗磐和完颜挞懒。他察知完颜挞懒接受南宋的贿赂，并准备谋反，便奏请金熙宗杀死了完颜挞懒。完颜宗弼受命身领元帅府和行台尚书省，控制了金朝的军政大权。

天眷三年（1140年）五月，金熙宗诏令元帅府收复河南、陕西地。金军兵分两路，西路由左副元帅完颜撒离喝自河中出兵陕西，东路由完颜宗弼亲率主力南下，自黎阳直奔亳州、顺昌府。金军迅速占领了河南、陕西地。东路军在完颜宗弼的统率下又企图渡淮南进，南宋爱国军民进行了英勇抵抗。在顺昌战役中，完颜宗弼军10余万"常胜军"铁骑数次攻城都未能奏效，完颜宗弼无奈，回师入汴。

金军溃退后，南宋军乘胜追击，在著名将领岳飞的统率下，先后收复了颍昌、陈州、洛阳等地。完颜宗弼非常恼怒，亲率精骑1.5万偷袭由少量岳飞亲军驻屯的郾城，企图一举消灭岳飞军的指挥中心。金军来势汹汹，其主力是重装骑兵，都是铁兜重甲，号称"铁浮图"（铁塔）；左右翼也是铁骑，号称"拐子马"。岳飞亲自率军迎战，双方鏖战数十回合，金军大败，不支而退。事后，完颜宗弼感慨地对部将们说："撼山易，撼岳家军难！"

皇统元年（1141年）正月，完颜宗弼奏请金熙宗应允，再次举兵南侵，开始渡淮南进，企图以武力胁迫南宋君臣接受议和投降的条件，结果又被宋军岳飞、韩世忠等击退。在军事进攻失败之后，金军重谋议和。金熙宗下令放回了过去扣留的南宋使臣，表示愿意与南宋议和。不久，金熙宗又派使萧毅到"江南抚谕"，提出了南宋向金投降的具体条件。为促成早日议和，金熙宗还利用内奸秦桧在南宋朝廷内部打击抗金势力。完颜宗弼派人送密信给秦桧，要求以杀死岳飞为议和条件。秦桧早年便投降金朝，他当宰相后，提出了"南自南，北自北"的投降论调，勾结贪生怕死的宋高宗卖国求荣。他们首先剥夺了抗金名将岳飞、韩世忠的兵权，不久，又以谋反罪将岳飞下狱，消除了投降道路上的障碍。十一月，宋高宗派使魏良臣来金议和，经过再三的讨价还价，双方达成和议，南宋接受金朝的封号，对金称臣；双方边界东自淮水中流，西至大散关，京西的唐、邓二州，陕西的商、秦二州的一部分依约割给金朝；南宋每年向金交纳岁币银 25 万两、绢 25 万匹，这就是历史上的"绍兴十一年和议"。金宋议和之后，双方之间出现了暂时的和平局面。

金熙宗虽然建立了文治武功，但其生活却是骄奢淫逸。他即位之后，曾多次役使民夫，大兴土木，修筑京城。为了满足自己的荒淫生活，金熙宗还每年在全国范围内进行选美，凡是 13 岁以上、20 岁以下的美貌女子，无论门第身份的高低，一律要入侍宫禁。到金熙宗晚年，后宫之内嫔妃充斥，金熙宗渐疏朝政，纵情声色。

金熙宗鄙视女真粗陋，与过去的元勋重臣格格不入，在位期间屡兴大狱，淫刑嗜杀。到了晚年，熙宗更是滥杀无辜。有一次宴请百官，金熙宗喝醉了酒，竟当场下令杀死了户部尚书完颜宗礼，并亲手杀死了十几个侍卫。皇弟完颜元、完颜查刺、皇后裴满氏及妃嫔多人都遭杀戮，群臣震恐。他的暴虐因此出了名。

天会、天眷年间，金熙宗即位之初，年幼无知，完颜宗干、完颜宗弼共同辅弼朝政，吏清民简，百姓乐业。皇统三年（1143 年）、皇统四年（1144 年），金熙宗的两个儿子太子完颜济安、魏王完颜道济相继去世。帝位失嗣，金熙宗变得更加郁闷不乐，开始嗜酒如命。他每日必喝，每喝必醉，整日与近臣宠嬖饮于宫中，不理朝政。有时大臣前来劝谏，金熙宗则说："你的意见我已经知道，你先替我处理政务，我今天饮完，明天就戒。"金朝政治因此迅速腐败。

皇统八年（1148 年）十月，完颜宗弼病死，金熙宗开始亲自过问政治。由于缺乏政治经验，悼平皇后裴满氏便开始干涉朝政。完颜宗弼死后，悼平皇后勾结金朝勋贵旧臣把持了朝政，完颜亮、完颜宗宪、完颜秉德等人都依附于她，孤立了金熙宗。

完颜亮是完颜宗干的第二个儿子，对金熙宗嗣位早已心怀不满，便私

下网罗党徒，伺机准备取金熙宗而代之。皇统九年（1149 年），完颜亮以右丞相身份兼都元帅，掌握了金朝的政治、军事实权。他勾结擅政的悼平皇后，加快了其篡权步伐。

皇统九年（1150 年）十二月九日，完颜亮以金熙宗亲信侍臣大兴国为内应，率领党徒数十人，混入金熙宗寝宫，金熙宗在熟睡中被杀，终年 32 岁。

金熙宗被杀后，完颜亮自立为帝。为了确立自己的正统地位，完颜亮降封金熙宗为东昏王，尸体葬在皇后裴满氏的墓中。直到金世宗大定年间，金熙宗才得正名，牌位迁入太庙，改庙号为熙宗，并增谥号为弘基缵武庄靖孝成皇帝，尸体也被改葬于峨眉谷的思陵。

四、穷兵黩武完颜亮，荒淫好色海陵王

海陵王完颜亮（1122—1161 年），字元功，女真名迭古乃。金太祖完颜阿骨打庶长孙，太师完颜宗干次子，母为完颜宗干姜大氏。金朝第四位皇帝。

完颜亮自幼聪睿好学，曾拜汉儒张用直为师，学习汉族儒家的经典著作。对于自中原汉地传入的琴棋书画，他也无所不好。和他交往的大都是汉人儒生，他们常常聚在一起吟诗作画，纵情歌舞。其言谈举止俨然一位汉家少年，而同族之人都与他格格不入。

天眷三年（1140 年），完颜亮年方 18 岁，金熙宗以他是宗室，授之为奉国上将军，赴梁王金宗弼军前效命。完颜亮少年得志，意气风发，作战勇猛，身先士卒，再加上他足智多谋，很快就受到完颜宗弼侧目，被授予行军万户，不久又升为骠骑上将军。

皇统四年（1144 年），完颜亮又被金熙宗封为龙虎卫上将军，受命留守中京，并升为光禄大夫。完颜亮为人城府极深，表面上对人宽厚仁慈，实际上却心怀猜忌。起初，金熙宗以金太祖嫡孙身份继立帝位，完颜亮就心怀不满，认为自己的父亲宗干是金太祖庶长子，自己也是金太祖的孙子，也应当有继位的均等机会。在中京留守期间，完颜亮便开始建立自己的势力，四处搜罗、培植党徒，萧裕是其中最得力的心腹。萧裕本名遥折，是

奚族人，当时以奚人猛安的身份驻中京，完颜亮到中京后便与他结为知己。在频繁的交往中，萧裕见完颜亮对帝位心怀觊觎，便劝说海陵王谋取帝位，并且表示自己将竭力协助，誓死不辞。

皇统七年（1147年），完颜亮被召至京城，受命同判大宗正事并加特进。不久，又被提升为尚书左丞。完颜亮开始致力于招揽权柄，把自己的心腹势力安插到各省台的重要位置上。萧裕先被提拔为兵部侍郎，不久又做了同知北京留守事。次年，完颜亮被拜为右相，并兼都元帅，掌握了金朝的政治和军事大权，开始从各个方面进行夺权活动。

金熙宗在位初期积极进行社会改革，虽然性格暴虐，生活荒淫，但未失民心。完颜亮为达到最后夺取帝位的目的，不得不暂时隐藏夺位的野心，在金熙宗面前尽心侍奉，以取得信任。金熙宗皇统末年，完颜宗干、完颜宗弼相继去世，金熙宗失去了两位重要辅佐之人；同时又失去了两位皇子。帝位失嗣，金熙宗郁闷不乐，整天酗酒玩乐，不理朝政，政事全部落到擅政的悼平皇后裴满氏手里。悼平皇后独断专行、肆无忌惮，文武百官对她奉迎巴结。身为右相的完颜亮见此状况也拜倒在悼平皇后的脚下，与她勾结在一起。对此金熙宗略有所闻，只是佯装不知。皇统九年（1149年），完颜亮生日，金熙宗下诏赏赐完颜亮北宋名臣司马光画像及大批的金银珠宝，并委派近侍大兴国前往祝贺。悼平皇后也附带赐给海陵王生日礼物，金熙宗得知后很不高兴，将大兴国杖打一百，并勒令他追回赐给完颜亮的礼物。完颜亮害怕自己会大祸临头，开始惶恐不安。过了不久，学士张钧在为金熙宗起草诏书时违背了皇上的旨意，被赐死。左丞相完颜宗贤乘机弹劾完颜亮参与其事，金熙宗便借此机会将完颜亮贬职，让他出领行台尚书省事。路过北京时，完颜亮会见了正任北京留守的萧裕，两人密谋迅速夺取帝位，约定：先由完颜亮在河南兴兵称帝，占领河南、河北后再举兵北上，萧裕在北方联络各地的猛安谋克起兵响应。到了良乡，完颜亮意外地接到金熙宗的诏令，要他返回京城。完颜亮一时弄不清金熙宗葫芦里装的是什么药，忐忑不安地回到京城，结果仍被授予平章政事。完颜亮大难不死，不仅没有感恩，反而更加快了夺权的步伐。

在朝臣中，完颜秉德、唐括辩、完颜乌带等人也有废除金熙宗之意。

完颜秉德本名完颜乙辛，完颜宗翰的儿子，少年得志，年纪很轻就被金熙宗拜为丞相。皇统八年（1148年），完颜秉德因勤于政事被授命为平章政事。朝廷议定将居住在辽阳府周围的渤海人迁移到燕山以南居住，完颜秉德与左司郎中三合奉命办理此事。金熙宗近侍高寿星是渤海人，家住辽阳，按规定也要举族南迁。高寿星不愿意南迁，就到悼平皇后面前哭诉，悼平皇后便向金熙宗求情，并且诬陷完颜秉德徇私枉法，目无圣上。金熙宗大怒，下令将三合斩首示众，并杖打了完颜秉德。完颜秉德无端受辱，内心愤愤不平，便联络驸马都尉唐括辩、大理寺卿完颜乌带等图谋废掉金熙宗。完颜乌带与完颜亮素有交往，见完颜亮对帝位怀有异心，便将与完颜秉德等人的谋划告诉了完颜亮，海陵王又与他们联合了起来。

大兴国是金熙宗寝殿侍臣，并充任近侍局值长，是金熙宗的亲信，执掌宫殿符钥。完颜亮要发动政变，必须先得到他的内应方可伺机入宫行事。于是，完颜亮就利用大兴国无端被杖的冤屈心理，通过李老僧与他结交劝说他推翻金熙宗。大兴国遂表示赞同，二人便约定十二月初九夜起事。

为了寻找政变的支持者，完颜亮想方设法联络与父亲完颜宗干有亲近关系的人。徒单阿里出虎，任金熙宗护卫十人长，与完颜宗干家也为姻亲，完颜亮就许诺以自己的女儿嫁给他的儿子为妻而取得了他的支持。仆散师恭，出身微贱，因受完颜亮提拔也做了护卫十人长，很自然就成了完颜亮政变的得力助手。另外，完颜亮还联络了自己的妹夫特厮。

皇统九年（1150年）十二月初九，唐括辩妻代国公主为其母悼平皇后做佛事，住在寺中。当晚，完颜亮、完颜秉德等都聚会到唐括辩家里。入夜，他们一行人身藏刀剑，直奔皇宫。这天晚上恰好是阿里出虎、仆散师恭内

完颜亮

值皇城，他们很容易地混了进去。二更时分，大兴国打开了金熙宗寝殿的大门，海陵王、完颜秉德、唐括辩、完颜乌带、徒单贞和李老僧等蜂拥而入。金熙宗睡觉时常把佩刀放在御榻上，大兴国事先取下扔到了榻下。匆忙中金熙宗没有摸到佩刀，死在乱刀之下。完颜亮被拥立为帝。

第二天，完颜亮诈称金熙宗要议论册立皇后的事宜，召来文武大臣，宣布金熙宗无道被诛，由自己继承皇位，改皇统九年为天德元年。海陵王下令杀死曹国王完颜宗敏，左丞相完颜宗贤。授予政变同谋者完颜秉德为左丞相兼侍中、左副元帅等职，唐括辩为右丞相兼中书令，完颜乌带为平章政事，仆散师恭为左副点检，阿里出虎为右副点检，徒单贞为左卫将军，大兴国为广宁尹。

完颜亮政变的成功是在各方面的联合之下取得的，因此，继位之后如何保住帝位就成为摆在他面前的一个新问题。在统治集团中威胁帝位的仍是女真贵族的守旧势力，尤其是同他一起合作诛杀金熙宗而又与守旧势力紧密联系的完颜秉德和唐括辩等人。完颜秉德是完颜宗翰的孙子，唐括辩是金熙宗的驸马，他们都是朝廷勋贵，拥立完颜亮并非出自他们本意。完颜秉德本意欲立太祖孙葛王，唐括辩欲立金太宗子完颜宗懿，后欲立完颜宗本。对于完颜秉德、唐括辩与自己同床异梦，完颜亮早就有所察觉。完颜乌带的妻子唐括氏年轻风骚，完颜亮曾与她私通。完颜秉德在金熙宗面前斥责过完颜乌带，完颜乌带怀恨在心。天德二年（1150年）完颜乌带上书海陵王密告完颜秉德与完颜宗本谋反，完颜亮听后大怒，利用这个机会派人前往完颜秉德供职的行台尚书省将他杀死。

完颜亮弑君篡位引起了众多女真贵族的反对，其中势力最大者首推金太宗诸子。金熙宗时，对宗室实行比较优厚的政策，金太宗的儿子们都有自己较大的势力。等到完颜亮上台时，金太宗的儿子在河朔、山东、真定等地任职，占据着要冲之地，如果一旦有变，后果不堪设想。于是完颜亮在上台后的第二年就向金太宗一系子孙开刀，完颜卞、完颜宗哲、完颜京、完颜宗雅、完颜宗义等金太宗子孙被杀的有70余人，金太宗后代全部死绝。出于同一目的，久握重兵在外的宿将老臣完颜撒离喝也被杀。此后，他又借故把宗室完颜宗本、完颜宗美、完颜宗懿等人尽行诛杀，遂使完颜宗翰子孙30余人、

完颜斜也子孙百余人、完颜谋里也子孙 20 余人等众多宗室大臣满门除绝。

完颜亮不但杀宗室大臣，而且还把他的嫡母徒单氏也杀了。他派遣大怀忠、习失、高福等人将太后杀戮于宁德宫，并将太后侍婢 10 余人一并灭口。杀死了太后还觉得不过瘾，又投其骨于水，到了几近疯狂的地步。

完颜亮自幼接受儒家教育，追慕汉民族先进文化及朝廷礼仪；同时还有着强烈的正统思想，他鄙视女真的野蛮无知，又反对夷狄诸夏之分、南北贵贱之别，认为只要实现了南北统一便可以成为正统。因此他执政之后，就把武力统一天下、入主中原、成为正统之君作为自己的奋斗目标和政策的核心。

金灭北宋后，与南宋划淮为界，占有中原和中国北部的疆土。大金国威服高丽、西夏等国，所辖地域广袤，而首都却偏于东北一隅，物资运输与公文传递多有违误，使节往来也艰于行旅，致使政令无法及时畅达内外。更重要的原因是金上京会宁府的宫殿楼阁、佛寺道观、市井街巷，无不留有金熙宗风行君主制的痕迹，金上京皇族的怀旧和睹物思人，极容易形成一呼百应的政治气候，给完颜亮这个以杀兄夺位的帝王带来灭顶之灾。因而完颜亮想通过迁都，通过分化、分治、溶化的过程达到完全解除女真皇族的组合力与反抗力，来确保自己的皇位。

虽然完颜亮的迁都意向一表露，立即遭到女真贵族的强烈反对，但他还是取得了多数朝臣的支持，便积极地做迁都的准备，他命卢彦伦等人，在燕京原有的基础上进行扩建和改建，历时 3 年燕京皇城建完。又以都城"僻在一隅，官艰于转输，民艰于赴诉"为由借以摆脱反对派的牵制，于天德五年（1153 年）让女真贵族们离开白山黑水间的上京来到燕京，改燕京为中都，析津府改为大兴府，同时改汴京为南京，辽中京大定府为北京，辽阳府为东京，大同府为西京，保留五京之制。还下诏改天德五年为贞元元年。此举加速了女真的封建化及与汉族的融合。

正隆二年（1157 年）八月，完颜亮下令撤销上京留守司衙门，罢上京称号，只称会宁府，派吏部郎中萧彦良来会宁府督办，毁掉了旧宫殿、宗庙、诸大族宅第及皇家寺院储庆寺，接着把它夷为平地，听任耕种，不留任何痕迹。

完颜亮迁都促进了女真贵族同汉族地主官僚的进一步结合，实现了对中原人民的直接统治，也为他进行政治、经济改革奠定了基础。

天德二年（1150 年）正月，完颜亮颁布诏书以励官守、务农时、慎刑罚、扬侧陋、恤穷民、节财用、审才实七事告示朝野，明确宣布了定国之策，揭开了政治改革的第一页。

完颜亮在打击守旧势力的历史进程中，逐渐剥夺了女真贵族享有的传统特权。首先采取各种措施加强了皇权。天德二年（1150 年），为消除女真贵族执掌的权柄，完颜亮下诏废除中京、东京、临潢、咸平、泰州等路节镇及猛安谋克。取消猛安谋克的上中下三等之分，只称"诸猛安谋克"。第二年（天德三年）完颜亮又废除了守土一方的"百户之官"，移权于千户长。贞元二年（1154 年）完颜亮下令重定荫叙法，规定皇族自一品至七品荫各有限，削除八品用荫制度。正隆二年（1157 年）完颜亮彻底改订亲王以下封爵等第制度，规定朝廷不再封两字王，过去封为两字王者改为一字王，一字王除掉王号，高品位的大官也要参酌消降。以后无论公私文书，凡是带有王爵字样的一定要立即除掉，即使是坟墓碑文也不例外。

金朝内部统治机构臃肿不堪，官吏人浮于事。完颜亮继位后，运用强硬的政治手腕，迅速精简统治机构，加强了中央集权。完颜亮把金熙宗期间的"三省六部制"改为"一省六部制"。第一，弱化三师、三公兼领三省事，将其变为最高荣职，只给俸禄，不给权力。在正隆初年，最终废掉了三师、三公兼领三省事。第二，实行一省制，在正隆元年（1156 年）废除中书省、门下省，只保留尚书省。尚书省直接由皇帝控制，作为中央政权最高执行机构。第三，取消行台尚书省。第四，废除元帅府，改为枢密院，以此来改变都元帅掌重兵，中央难以指挥的局面。海陵王通过对官制的改革，确立了"一省六部制"的中央官制，机构精简、效率倍增、协同共事、互为制约，更加有利于君主集权制。为了加强中央对地方的控制，海陵王还划定了一整套的地方行政区划系统，将全国分为五大京路和 14 个总管府。

除此之外，完颜亮还恢复了辽制登闻检院，以供民众得以就尚书省行事之不当进行检举。登闻检院自唐朝开创，五代后唐庄宗时再度起用，延续至宋辽之际，直至女真入主中原方才废弃。完颜亮这次恢复登闻检院，一方面保障尚书省的权力不会因此过度庞大；另一方面给予百姓与政府上层就政事

进行交流的通道，并帮助了海陵王及金章宗的汉化改革，保证了廉政。

完颜亮是金朝历史上颇有远见卓识的一代明君，他在位期间勤于政事、察纳雅言、严以律己。执政后不久，他便诏示文武百官直言朝政阙失与居民利害。如果有正确的一定采纳，如果不当也不加罪。在这一政策之下，各级官员纷纷上书言事，一时间朝野上下涌现出一批直言上书、面折廷论的好谏官。高桢、阿勒根彦忠、高德基等都因直言得到海陵王的重用。为了更好地听取臣下的谏诤，海陵王还特别挑选廷臣十人组成一个智囊团以备咨询。

完颜亮当政期间，精于吏治，用法律约束臣下，严禁官吏耽于民事、苟图自安，并以勤惰与否作为对官吏奖罚的标准。当时有许多朝官经常假托有病不理职事，完颜亮便下令监察御史与太医同去诊视，如有不符者严加惩办。官吏不得无故旷职，只有父母去世才能停假三日。完颜亮还禁止各级官员妄信神鬼、崇尚佛事。完颜亮提倡为官清廉、生活节俭，他自己也身体力行，平日常穿补过的衣服，吃饮只进鱼肉，不进鹅鸭，还除掉宫廷御苑中所养禽兽。正隆五年（1160年）十二月，海陵王颁布禁酒令，规定朝官不得随便饮酒，只有宋、高丽、夏三国有使来朝方可饮酒。

完颜亮坚决贯彻文治思想，为此他致力于人才的培养和选用。完颜亮不看背景家世，大批起用渤海、契丹、汉人人才，无论贵寒，以扩大政权的基础，巩固统治。天德三年（1151年），罢世袭万户职，以改变贵族"子孙相继"，专揽威权状况。同年，完颜亮效仿古中原王朝制度，设国子监以教育生员，并恢复乃至重新改革科举考试，创立监考院，用于监督科举。完颜亮还屡次亲自监督殿试，并自身上台出题乃至解题，其思颇妙，每言及国家大事常自感慨而言语恳切，一时也传作佳闻。

完颜亮统治初年，勤于政事，改革吏治，大大提高了行政办事效率，牢固地建立起了金朝一代强有力的封建中央集权，为后代盛世的出现打下了基础。

完颜亮即位之后，注意把握国家的财源，重视发展经济。完颜亮继续执行女真人南迁的政策，并对众多的猛安谋克进行整顿合并。他在中原实行扩地，派人到各地拘收原侵官地和荒闲的牧地，授予南迁的女真猛安谋克户耕作，积极扶植女真贵族向封建地主转化。多余的土地允许汉人租佃。这一措施促进了女真族猛安谋克内部封建制生产关系的形成，同时也扩大了国家的封建领户，增加了税收。

完颜亮的另一重大经济措施是印钞铸钱，改革币制。金朝建国以来，一直沿用辽、宋的旧钱，没有铸造货币。贞元二年，他命户部尚书蔡松年主持印制交钞（纸币），与铜钱并行。交钞分为大钞、小钞两类，共十种。朝廷设交钞库，管理印造、兑换事务。正隆二年（1157年），他又下令铸造铜钱"正隆通宝"，与旧钱通用。先后在中都和京兆府（今陕西西安）设置了三处铸钱监，专司其事。朝廷制造交钞和铜钱，从而掌握和控制了货币流通，进一步从经济上加强了中央集权的统治。

完颜亮荒淫好色，曾对大臣高怀贞说他的志向："吾有三志，国家大事，皆我所出，一也；帅师伐远，执其君长而问罪于前，二也；无论亲疏，尽得天下绝色而妻之，三也。"称帝初期，完颜亮勤于政事、生活俭朴，颇似一位圣明的君主。但是随着时间的推移，完颜亮逐渐开始放纵自己的各种私欲，纵情声色成为他生活的主要组成部分。他继位之后，充斥后宫的嫔妃，与隋炀帝相比，有过之而无不及。他荒淫无度、无视伦理，连自己的亲外甥女也不放过。完颜亮的堂姐妹共有数人，并且大都早已出嫁，海陵王便以各种借口把她们的丈夫调往上京留守，而将她们召入后宫，与她们赤身裸体，欢歌狂舞，纵情淫乱，有时对文武百官也毫不避嫌，淫秽无耻到了极点。完颜亮还经常召见百官家眷，见有年轻貌美者，一定要想方设法搞到手。平章政事完颜乌带与完颜亮同谋篡位，为开国元勋，其妻唐括氏风骚妖冶，海陵王早在当皇帝以前便通过唐括氏的侍女定哥的撮合，与她私通。完颜乌带作为臣下，万般无奈，只好睁一只眼闭一只眼。完颜亮篡位后，随着其占有欲的增强，已不满足于与唐括氏的频频幽会，他要将唐括氏据为己有。于是，就借口完颜乌带越职擅权，将他贬为崇义军节度使，过了不久，又支使唐括氏毒死了完颜乌带，遂将唐括氏纳入宫中。唐括氏入宫后，海陵王封之为贵妃，但是过了不长的时间，海陵王又另觅新欢。唐括氏无法忍受孤寂与冷落，便与过去的家奴阎乞儿通奸，海陵王

闻听，大为恼怒，下令处死了唐括氏。

海陵王学出汉儒，有着强烈的权力欲，他把统一全国做中国的正统皇帝作为自己一生追求的目标，迁都燕京是他统一全国的第一步。在燕京他排斥宗室勋贵，重建中央统治机构，重用汉族、渤海、契丹等族的有识之士，建立了强有力的皇权，实现了个人独裁，为他南侵赵宋打下了基础。

正隆六年（1161年）六月，完颜亮率文武百官迁都汴京。九月，完颜亮在汴京誓师南下侵宋。兵分四路，完颜亮亲自率领32名总管兵，进军寿春。以太保枢密使完颜昂为左领军大都督，尚书右丞李通为副；尚书左丞纥石烈良弼为右领军大都督，判大宗正乌延蒲卢浑为副；御史大夫徒单贞为左监军、同判大宗正事徒单永年为右监军；左宣徽使许霖为左都督、河南尹蒲察翰沦为右都督，都随同海陵王进军。第二路由工部尚书苏保衡受命为浙东道水军都统制、益都尹郑家为副，率领水军经由海道进驱临安。第三路由太原尹刘萼为汉南道行营兵马都统制、济南尹仆散乌者为副，自蔡州出发攻荆襄。第四路以河南尹徒单合喜为西蜀道行营兵马都统制、平阳尹张中彦为副，由凤翔攻取大散关，驻军后待命入川。进军中以武胜、武平、武捷三军为开路先锋。另外，命徒单贞将兵两万进军淮阴，在出兵的同时，完颜亮下诏由皇后徒单氏与太子光英留守汴京，由尚书令张浩、左丞相萧玉、参知政事敬嗣晖在汴京处理政务。

战争一开始，金军出师不利。从海上进攻临安的一路在密州胶西县陈家岛被南宋李宝的水军打得大败。副统制郑家战死。向川陕进攻的金军也受到南宋四川巡抚的痛击。由唐、邓南侵的金军也因宋军有所准备，再加上所积粮草又被焚烧，改去淮东。只有完颜亮率领的金军主力在宋军毫不设防的情况下，占领庐州、扬州、和州等地，形成与宋军沿江对峙的局面，取得了暂时的胜利。

正在这时，完颜亮之从弟完颜雍，乘他南征和中原空虚而在东京（辽阳）称帝。南征将士也有从前线逃回去拥立完颜雍的。十一月二日，完颜雍登位的消息传到前线，军心动摇，加之有三路水军被宋军击败，至此金军无斗志。

就完颜亮的性格而言，绝不肯在败时无功而返，因此他决定先取南宋或至少胜利渡过长江，捞回个"面子"后，再北上与完颜雍抗衡。于是金军自和州渡江攻宋，宋将虞允文大败金朝水师于采石矶，战船全被宋军烧毁。金军伤亡惨重，海陵王被迫移驻瓜洲渡。完颜雍称帝和采石之战的溃败，使完颜亮觉得更没面子了，但他仍无退意。

为了继续南侵，完颜亮在和州赶造战船，筑台江上，准备渡江攻采石镇。海陵王身披金甲登台，亲自指挥渡江。他在长江两岸设置红旗、黄旗。红旗立则进，黄旗立则退。由于金军不习水战，再加宋军的英勇抗战，金军大溃，移军瓜洲。完颜亮又准备从瓜洲渡口渡过长江夺取镇江。海陵王急欲渡江，军令惨急，下令军中士卒逃亡者杀其猛安；猛安逃亡者杀其总管。军中上下甚为畏惧，士气涣散，完颜亮越来越陷入孤立。

十一月二十七日，兵部尚书兼领浙西道兵马都统制完颜元宣趁此与其子王祥、武胜军、总管徒单守、猛安唐括乌野、谋克斡卢保、委薛、温都长寿等率领将士袭击完颜亮营帐，完颜亮被乱箭射死，享年40岁。尚书右丞李通、监军徒单永年、副使大庆山等也都被杀。完颜元宣代行左领军副大都督事，引军北还，杀太子完颜光英于南京。完颜亮被以庶人之礼安葬。

完颜亮的文学成就极高，不但影响了大金国的一代文风，也给南宋文学溶入了刚健朴质的活性因素。完颜亮诗词雄浑遒劲，气象恢宏，充满了不为人下的雄霸之气。

完颜亮自幼聪明好学，曾拜汉儒张用直为师，"学弈、象戏、点茶、延接儒生，谈论有成人器"，汉文化功底甚深。他雅歌儒服，能诗善文，又爱同留居于金地的辽宋名士交往。品茶弈棋，谈古论今，成为文韬武略兼备，且神情闲逸、态度宽和之人。从一些现存的完颜亮诗篇来看，他不但精通汉学而且颇有文才且野心勃勃。做藩王时，他给人题写扇面，有"大柄若在手，清风满天下"之句，呈现志向非凡；他一日入妻子居室，见瓶中木樨花灿然而放，溢彩流金，乃索笔为诗曰：绿叶枝头金缕装，秋深自有别般香。一朝扬汝名天下，也学君王著赭黄。

其诗笔力雄浑，气象恢宏，鸿鹄之志，梦想"黄袍加身"的意旨，已跃然纸上。乃至决定南征而了解临安（杭州）风物时，则触景生情，写下"万里车书一混同，江南岂有别疆封？提兵百万西湖上，立马吴山第一峰！"

的诗；志在"天下一家"的情绪，益显激越豪迈；在征伐南宋时，海陵王写了一首《喜迁莺》词，其中有"金印如斗，独在功名取，断锁机谋，垂鞭方略，人事本无今古。试展卧龙韬韫，果见功成朝暮"之句，激励兵将建功立业的雄健豪迈之气，足可令人感奋。特别是他的《念奴娇·咏雪》词，气韵苍凉，文思奇诡，实为古来咏雪诗词中的上乘之作。所以，时人称他"一吟一咏，冠绝当时"，连江南之士看到他诗词都不得不叹服，说："北地之坚强，绝胜江南之柔弱。"

但完颜亮穷兵黩武、南侵赵宋，不但没有达到统一天下的预期目的，反而导致了自身的毁灭。

大定二年（1162 年），金世宗下诏将完颜亮降封为海陵郡王，所以后世只以海陵王称之。谥曰炀，尸体埋葬在大房山鹿门谷诸王的墓地中。大定二十年（1180 年），金世宗又下诏降封他为海陵庶人，改葬于山陵西南40 里。今北京市房山区有海陵王陵。

五、金源大定始全盛，时以汉文当世宗

金世宗完颜雍（1123—1189 年），原名完颜褒，字彦举，女真名完颜乌禄。金太祖完颜阿骨打之孙，金睿宗完颜宗辅之子，母为贞懿皇后李氏。金朝第五位皇帝（1161—1189 年在位）。

完颜雍的父亲完颜宗辅，是完颜阿骨打的第三子。完颜宗辅比较有头脑，当完颜阿骨打诸子带兵出征时，他经常运筹于帷幄之中。他主张以汉制对汉人，同完颜宗翰等推行的杀戮政策有一定区别。

天会十三年（1135 年），完颜宗辅去世，那时完颜雍只有 13 岁。他的母亲李洪愿出身于辽阳渤海大族，聪明能干。幼年的金世宗，主要受母亲的教养。依金的习俗，丈夫死后，妻子应当嫁与宗族的人。李氏却不愿接受这种落后的习俗，就在辽阳出家为尼。完颜雍长得很魁伟，性格沉静明达，又善于骑射。年轻时，他每次出猎，很多老年人都跟了去看，赞赏他的骑射技术，"国人推为第一"。他为人宽厚，常随叔伯们四处征战，将士都很推崇他。金熙宗皇统年间完颜雍以宗室子授光禄大夫，封葛王，为兵部尚书。

金熙宗完颜亶在位后期，时常酗酒，杀戮亲贵大臣，唯有对完颜雍比较

好。完颜宗尧（初名完颜宗辅）伐宋时，得到了一条宋朝皇帝用过的白玉带，作为传家之宝。完颜雍很珍爱它。完颜雍的妻子乌林答氏对他说："这个玉带不是王府所应该拥有的，应当献给天子。"完颜雍觉得她的话有道理，就将白玉带奉献给完颜亶，博得完颜亶的悼平皇后的欢心，也得到金熙宗的信任。

海陵王完颜亮即位之初，完颜雍判会宁（今黑龙江哈尔滨阿城区）牧，不久，判大宗正事，改为东京（今辽宁辽阳）留守，后又改为燕京（今北京）

金世宗完颜雍蜡像

留守、济南府尹、西京（今山西大同）留守等职。完颜雍能文能武，在女真贵族中威望较高，海陵王对他很不放心，经常调动他的官职。乌林答氏又劝完颜雍多向海陵王进献珍异，以打消他的猜疑，免遭诛身之祸。完颜雍照妻子的话，把辽骨睹犀佩马、吐鹘良玉茶器之类的珍宝，送给完颜亮。完颜亮认为完颜雍怕他，对他又很恭顺，疑忌之心稍解。

后来完颜雍被任命为东京留守，完颜亮让乌林答氏入京为质，深知完颜亮好色成性的乌林答氏只好进京，在离中都70里附近时，自杀身亡。乌林答氏临死前给完颜雍留下了绝命遗书，史称《上世宗书》。深情地恳求丈夫不要因为她的死而悲伤"作儿女之态"，要"卧薪尝胆"，居官"修德政，肃纲纪，延揽英雄，务悦民心"，等待时机"夺帝位，一怒而安天下"。完颜雍对爱妻为他而死，忍辱负重，割爱隐藏悲痛，毫不显露出对完颜亮怨恨之情。也没有前去乌林答氏的死身地，亲自操办后事，仅是要下人就地草草埋葬了事，而将夺妻逼死的深仇大恨暗藏于内心，致使完颜亮放过完颜雍一马，但还是派心腹高存福任东京副留守去监视他。

正隆六年（1161年），完颜亮秣马厉兵，动员了大量的兵力、物力、财力南伐宋朝，搞得"民皆被困，衣食不给"，"民不堪命，盗贼蜂起"。

契丹人不愿当兵，杀了金朝官吏，夺取3000副兵甲，举行起义。完颜亮的统治更加不稳。

完颜雍的舅父李石劝他积蓄力量，夺取金朝最高统治权，他们也积极修造兵甲。这件事让高存福知道了，偷偷派人去告诉完颜亮；同时还同推官李彦隆图谋杀害完颜雍。幸好高存福的家人向完颜雍告了密。完颜亮得悉，派谋良虎去杀害宗室兄弟。完颜雍听到这些，心里非常恐惧，李石劝他及早即位。

经过一番商议，决定以讨论备"贼"事为借口，将东京官吏召到他母亲出家的清安寺开会。高存福不敢来，完颜雍派人多次去召他，他才来。完颜雍当场把高存福和李彦隆抓起来。十月初三，南征万户完颜福寿等率领金军两万人从山东前来，完颜谋衍率兵5000余人从常安（今辽宁沈阳东北）前来，他们都来投奔完颜雍。十月初七，各路军队入城，共同击杀高存福等人。第二天，诸军官属来到完颜雍的府第求见。完颜雍刚刚走出来，诸军官属在庭下高呼万岁。完颜雍推让了一番，将领、官员一再劝进。于是，完颜雍亲赴太庙，祭告祖先，再来到宣政殿登上了皇帝的宝座，是为金世宗。完颜雍即位后，改元大定，下诏废除完颜亮。从此开始了他为期29年的统治。

而这时在长江北岸边的完颜亮，已经得知完颜雍在辽阳拥兵称帝了，他也本想停止攻宋战争，率兵北归围剿大定政权。可是完颜亮却错误地听信了身边亲信红人李通的建议，即先行打过长江之后，直至南宋京都临安（今杭州），灭亡了南宋，再回兵攻打金世宗，可得双双全胜。最终竟是完颜亮完全失算了。完颜亮率兵到达长江北岸边，即选定在安徽地界的江边小镇采石镇，发动攻宋渡江战争，结果是很快地失败了，伤亡惨重。就在这时，南征伐宋的金兵，也得知完颜雍在辽阳建立了大定政权，举旗反叛海陵王完颜亮的倒行逆施，于是前线金兵觉得求活命有了退路了。众军兵开始谋划由契丹籍的都统官耶律元宜，再会同其子耶律王祥牵头，发动前线金军哗变。十一月二十七日深夜，哗变的金兵一拥闯入完颜亮的中军大帐——瓜洲渡的龟山寺，齐发乱箭，将海陵王完颜亮射死。海陵王政权当即倒台。南征伐宋的金朝大军，也如同潮水般地败退下战场，向北方逃去，至此完颜亮发动的攻宋战争以全败而告终。

十二月十九日，金世宗领兵一路顺利地到达燕京中都，夺取金国中央政权，开始了金世宗完颜雍的一代帝业。完颜雍能顺利地登上皇帝宝座，并非偶然的事。从他本人来说，自为官以来"久典（主管）外郡，明祸乱之故，知吏治之得失"，有丰富的实际统治经验。因此，无论在女真贵族或渤海大族中，他都很有声望。从当时金朝最高统治者海陵王来说，他由于指挥南伐宋朝的战争，远离了金朝的统治中心，给完颜雍的即位带来有利的条件。更主要的是，海陵王的伐宋战争，极不得人心，金朝从上到下，都反对这场战争。这就更为完颜雍的即位，提供了条件。

完颜雍虽然顺利地即了位，但他即位后的金朝政局内忧外患，内有金朝贵族争权夺利，外有各族人民的起义。因此，完颜雍即位后面临的首要任务就是如何稳定政局。

完颜雍一反完颜亶和完颜亮滥杀宗室贵族反对派的做法，一即位就表示维护宗室贵族和对海陵王手下的高官采取宽容大度的政策。下诏历数完颜亮杀皇太后、金太宗及完颜宗翰、完颜宗弼子孙，毁上京等几十条罪过，把他贬为炀王；然后给完颜亶除掉东昏王的称号，恢复名誉，加谥号为熙宗，改葬于思陵；又修复被海陵王毁掉的会宁府宫殿，恢复上京称号。他还多次下诏令，对那些被无辜杀戮大臣的家属、沦为奴仆的，恢复他们的身份；对那些大臣的遗骨，派人到各处去访求，得到以后，由官府收葬；那些被海陵王无故削职、降职的官员，给予改正，量才录用。这些措施都起了安抚、笼络女真宗室贵族的作用。对于原来反对过他而有才能的人。完颜雍不计前怨，仍然重用。

完颜亮时的尚书左丞、右领军大都督纥石烈志宁，很有才干，在完颜雍即位前，曾与将领白彦敬等准备去攻打完颜雍。完颜雍即位后，派使者争取他们归附，纥石烈志宁不但不肯归顺，还先后杀死使者九人。完颜雍在用武力征服纥石烈志宁之后，不但没有加罪于他，还委以重任。完颜雍时任东京路转运使的张玄素，也很有才能。他曾在完颜亮面前告过完颜雍的状。完颜雍即位后，张玄素去见他，金世宗对过去的事"一切不问"，反而任命他为户部尚书。完颜亮时曾任宰相和南京留守的张浩，是金代几朝老臣。完颜雍拜他为太师，尚书令，封南阳郡王，让他入朝可以不拜，还给他在大殿的东

边专门设了座位，对他十分尊敬。完颜雍不计前怨的任人政策，使得女真贵族和海陵王手下的官员，纷纷前来投奔，最高统治集团很快就稳定了。

各族牧民大起义，尤其是契丹人移剌窝斡领导的牧民大起义，严重威胁着金朝的统治。所以他即位以后，立即采用招抚和镇压两手，来对付起义军。他先派移剌扎八去招降起义军，结果移剌扎八见移剌窝斡势盛，反而参加了起义军。大定元年（1161年）底，窝斡称帝。完颜雍忙派兵去镇压，派去的兵都被移剌窝斡起义军打得大败。大定二年（1162年）正月，完颜雍派右副元帅完颜谋衍等统兵前去镇压，并对归降者许以优厚条件，还在起义中大搞策反活动。以此孤立移剌窝斡一人。到这年秋天，移剌窝斡被人出卖，捕至京师遇害，起义失败了。一部分起义军投奔了南宋。金世宗对起义首领的镇压十分残酷，不仅把移剌窝斡枭首于市，而且把他的手足砍下来，分悬于各个京府。然后又派人前去招抚奚、契丹各族。为了防止契丹人民的反抗，完颜雍把参加起义的契丹人分别编入女真的猛安谋克各部，使之杂处，便于统治。这样，金朝的境内暂时取得了相对稳定的局面。

完颜雍把主要的精力放在内政的整治和社会经济的发展方面。他对前代的制度做了一些增损，宰相增设平章政事二人，进一步加强了皇权统治。

在统治政策上，完颜雍推行了与民休息的政策。大定二年（1162年），他把来自中原参加南征的步军都遣返回家；同时派官员到汉人起义密集的山东地区，招抚正隆时期因苛重的兵役和劳役铤而走险的农民，只要及时归农，罪名一律赦免。大定三年（1163年），对移住中原的女真人户，凡父兄子弟俱在兵伍的，也遣放一丁归家农耕。大定六年，对宋战争一结束，仅留6万戍备，其余士兵也都放还。

完颜雍还局部调整了阶级关系。金朝灭辽以后，为满足女真奴隶制的需要，把辽朝有自己经济的投下户和寺院的二税户变为奴隶。大定二年（1162年），完颜雍不仅将确有凭据的

大定通宝

二税户 600 余人放免为良民，还下诏凡从移剌窝斡起义军来归的驱奴、宫籍监户也一律放免为良。大定三年（1163 年），他下令对中都等地因战乱和饥荒而典卖妻子者，官府代为收赎。大定二十二年（1182 年），金朝规定：凡立限放良之奴，限内娶良人为妻，所生子女即为良民。类似官方赎买良民和局部解放奴隶，对缓和阶级矛盾起了一定的积极作用。

在经济上，完颜雍积极恢复发展农业生产，减轻农民的负担，招收流亡，开垦土地。为了恢复和发展社会经济，他躬自节俭，不尚奢华，严于律己、管束王公大臣。

曾有诸王要求朝廷提供额外的封赏，完颜雍对他们说："你们这些人怎么如此贪婪啊，你们岂不知道国家库府中的财产就是百姓的财产，我只不过是代百姓保管罢了，岂敢枉自花费呢？"正是由于金世宗能够比较正确地认识统治者和老百姓的关系，不随便动用国库的资财，所以在他统治期间税收不及什一，"两税之外，一无横敛"。不到数年，国库充实，民间殷富，"以致大定三十年之太平"。完颜雍即位时，全国人口只有 300 多万户，20 年后增至 670 多万户。大定年间，政局稳定，财政充足，完颜雍因此享有"小尧舜"之称。

大定二十九年（1189 年）正月初二，完颜雍病逝于中都宫中的福安殿，享年 67 岁。谥号为光天兴运文德武功圣明仁孝皇帝，庙号是世宗，葬于大房山兴陵。

六、明昌之治初盛世，嘉定和议盛转衰

金章宗完颜璟（1168—1208 年），小字麻达葛，虎水（今黑龙江省哈尔滨市阿城区）人。金世宗完颜雍之孙，金显宗完颜允恭之子，金宣宗完颜珣之弟。母孝懿皇后徒单氏。金朝第六位皇帝。

大定十八年（1178 年），完颜璟受封为金源郡王，开始学习女真小字及汉字经书，以进士完颜匡、司经徐孝美等为侍读。大定二十五年（1185 年），父亲完颜允恭去世，进封原王、判大兴府事。次年，拜尚书右丞相，被立为皇太孙。

大定二十九年（1189 年）正月癸巳日，金世宗驾崩，完颜璟于同日在

灵柩前继位，是为金章宗。次年改年号为明昌。金章宗生长于金世宗执政的"大定之治"时期，自幼对祖父的文韬武略耳濡目染，加之对儒家文化的融会贯通。登位后，在继行祖父"仁政"之治的同时，极力效法北魏孝文帝否定本族旧制的那种幡然改进式的全盘汉化改革，不再因循金世宗的民族本位主义做法，不断完善各种政治、经济制度，实现了女真族的彻底封建化。

大定二十九年（1189 年）二月，金章宗刚即位，就解决了金朝的奴隶又称"二税户"的历史遗留问题。这些奴隶既要向国家纳税，又要向寺院纳租，地位最为低下，随着封建制的发展，奴隶制的存在已成为发展生产的严重障碍，经过的金章宗努力使绝大多数的奴隶变成了平民。

金章宗聪慧好学，有其父的风采，他喜好文学，崇尚儒雅，因此一时名士层出不穷，执政的大臣大多都有文采、学问可取，有能力的官吏和耿直的大臣都得到了任用，政治清明，文治灿然。

金章宗继承大定盛世，加强了官制改革，为适应形势和需要，又设立了许多新的机构。同时，金章宗在法制建设方面取得了很大的成果，对于巩固政权，安定社会，发展经济，维护统治阶级利益，都起到了很大的作用，使女真社会封建化最后完成。这是金朝最为繁荣兴盛的时期，经济发达，人口增长，府库充实，天下富庶，史家评为"宇内小康"。

金章宗时期，是金朝人口数量最多的时期，明昌六年（1195 年），契丹、女真、汉户为 7223400 户，48490400 人，比世宗大定二十七年（1187 年）增加了 1623700 多户，8827000 多人。泰和年间人口最盛，总人口超过 5600 万。

完颜璟书法

金章宗在位后期，中原地区水旱蝗灾频频发生，而黄河三次大决堤在使河道南移夺淮入海成为定局的同时，也使金朝经济一蹶不振。这是因为：一方面，两岸农民流离失所，中原农业遭到严重破坏，中央财税大受影响。另一方面，大规模的赈灾和河防更令金朝财政雪上加霜，仅金章宗即位那年修复河堤用工 430 余万。

金章宗又宠爱李师儿（后封元妃）并信用李氏外戚，任用经童出身的胥持国管理朝政。这两位互相勾结，营利干政，使金章宗后期的政风逐渐下滑，而黄河泛滥与改道又使金朝国势开始衰退。此时金朝军事逐渐荒废，北方蒙古诸部兴起。金章宗曾派兵至蒙古减丁，并且诱使互相残杀，但收效不大，最后由成吉思汗所统一。

南宋权臣韩侂胄见金朝国势衰退，命吴璘之孙吴曦管理蜀地，准备北伐，而金廷也派仆散揆坐镇汴京，抵御宋军。泰和六年（1206 年）韩侂胄发动开禧北伐，宋军一度收复淮北地区，但是镇守蜀地的吴曦投降金朝。八月，仆散揆率军九路南下，年底金兵直逼长江，并且围攻襄阳。隔年吴曦被杀，四川复归南宋，至此双方有意议和。韩侂胄最后在金朝与南宋的要求下被杀，双方于泰和八年（1208 年）议和，史称嘉定和议，宋尊金为伯，增加每年岁币至银 30 万两、绢 30 万匹及向金朝纳"犒军钱"300 万两，金朝始归还南宋失地。

作为太平天子，金章宗也奢用渐广，完全不像金世宗那样节俭。他改造宫殿陈设，每日动用绣工 1200 人，两年才完工。官僚机构的完善和膨胀，使得金章宗末年的官员数额比金世宗时期激增三倍，这些成本也必须打入国家财政开支。再加上刚才所说的赈灾、河防和军费，完颜璟深感财政上的窘迫。

为弥补财政亏空，金朝开始滥发交钞。人民就拒绝使用这种贬值的纸币，私下以铜钱交易，即便朝廷以行政命令来维持钞法，也无济于事。有些情况颇能说明交钞贬值的严重程度：金章宗在世时，万贯交钞只能买到一个烧饼；而去世后二年，有一次为了发军赏，竟动用了 84 辆大车来装运交钞。

泰和八年（1208 年）十一月，金章宗完颜璟因病去世，时年 41 岁。他的 6 个儿子都在 3 岁前夭折。由于他没有后嗣，所以由其叔父卫王完颜永济继位。金章宗立遗诏说："朕尚无子，贾氏、范氏已经怀孕，即将分娩，如果两妃中生下男孩，就马上立为皇帝。"为此，完颜永济继位后立即清除李、贾、范三妃等外戚势力。

大安元年（1209年）正月，上谥号宪天光运仁文义武神圣英孝皇帝，庙号章宗。葬于道陵。

七、贼臣得柄强敌生，内外交病莫敢疗

卫绍王完颜永济（？—1213年），本名允济，字兴胜，后来因为避金显宗讳，更名永济。虎水（今黑龙江省哈尔滨市阿城区）人。金世宗完颜雍第七子，金显宗完颜允恭异母弟，母为元妃李氏。金朝第七位皇帝。

大定十一年（1171年），完颜永济被封为薛王。大定二十九年（1189年），金世宗死，金章宗即位，进封完颜永济为潞王。承安二年（1197年），改封卫王。

泰和八年（1208年）冬，完颜永济从武定军节度使位上入朝。这时，金章宗的咳嗽之疾已愈来愈重。金章宗无继嗣，虽然叔兄弟很多，可他都不肯立。金章宗平素最喜欢完颜永济，便趁卫王辞行时有意留住了他，欲立他为王。金章宗先是任完颜永济为王傅府尉官，检制宗室。不久，召元妃李氏、黄门李新喜、平章政事完颜匡定策。十一月，金章宗病死，完颜匡等传遗诏，立完颜永济为帝。改明年为大安元年。

13世纪初，臣属于金的蒙古各部兴盛起来，渐渐不安于附庸的地位。泰和六年（1206年），铁木真建号成吉思汗，建立蒙古汗国，公开树起反帜。大安二年（1210年），完颜永济诏传蒙古，成吉思汗拒不奉诏。这一年，成吉思汗进兵攻打西夏中兴府（宁夏银川市），掳掠而回。次年二月，成吉思汗聚众誓师，自克鲁伦河南下，发动了大规模的南侵金朝的战争。四月，完颜永济听到蒙古兵侵金的消息后，一面派西北路招讨使粘合合打求和，一面派平章政事独吉思忠、参知政事完颜承裕行省事于边地，指挥抵御。独吉思忠等领兵到达边地，大力加固边墙和堡垒。七月，金人刚修好乌沙堡（今河北张县西北），以为可以高枕无忧了。正在这时，蒙古军以哲别为前锋，领兵突然攻入乌沙堡，又占领了乌月营（今山西大同市东北）。独吉思忠等失去险隘，仓皇退兵。完颜永济听说乌沙堡之役失利，下诏撤除独吉思忠行省的职务，任命完颜承裕主持兵事，并遣使奖谕行省官，慰劳军士。此时，金兵号称40万，据有野狐岭天险，但毫无主动出击的勇气。

蒙古军趁机开向野狐岭,很快就大败金兵。完颜承裕从抚州(今内蒙古兴和)一直败逃到宣德州宣平县(今河北旧怀安东北)。宣平是金北边用兵重地,有险可守。当地土豪表示愿领士兵作前锋,只要行省声援,就可抗击蒙古。完颜承裕畏怯不准,只打听哪里有小路可以南逃。第一天,金兵退到浍河堡(今河北怀安境),蒙古军突然赶到,两军一连鏖战三天,金军主力全部被消灭,完颜承裕狼狈逃往宣德(今河北宣化)。

蒙古军另一路由成吉思汗的三个儿子术赤、察合台、窝阔台率领,由西路经汪古部领地进攻金朝。汪古部首领阿剌兀思归附蒙古,自愿当向导。十月,西路攻陷云内、东胜、武、朔等州,从西和西南威胁金朝的西京大同府(今山西大同市)。西京留守胡沙虎(纥石烈执中)在强敌压境的关头,放弃西京城,领颈兵7000东走。他在东逃途中与蒙古军相遇,战于安定县之北。在激战中,他带着亲随弃军先逃,金军溃败。胡沙虎沿途勒索骚扰,擅取府库银两衣物,掠夺官民马匹,一路为非作歹,逃归中都(今北京市)。完颜永济不予问罪,以致留下祸根。

接着,蒙古军乘胜包围了金国首都中都,城内外居民慌乱奔走。完颜永济下令戒严,不准男子出城。随即召集群臣议论对策。谏议俞世昌等主张弃城逃跑,高奢年等反驳说:"事已如此,唯有死守,万一逃离京城,敌人随后赶到,岂容我们有立足之地!"当时的中都,修建四座各有三里的外城,既驻有重兵,又有坚固的城垒,是有死守的条件的。完颜永济采纳了主战死守的建策,下令把储备的物资全部搬入城内,做死守的准备。在永济的布置下,军民安下心来。然后,金军设计,将蒙古骑兵引入城内。街上早就满布拴马桩,蒙古骑兵入城后难以驰骋,金兵趁天黑放火烧掉街旁民屋,街窄屋塌,蒙古军死伤甚重,被迫退军。蒙古兵攻内城时,四城金军自城上射击,夜间轻兵劫蒙古

上京金国千文铜牌

军寨，蒙古军屡攻不下，十二月被迫撤兵。

中都被围时，各地金兵分道入援。上京（会宁府，黑龙江哈尔滨阿城区）留守徒单镒选兵20万入卫中都。完颜永济任徒单镒为尚书右丞相。徒单镒向完颜永济献策道：辽东是国家根本，距中都数千里，可遣大臣行省事镇抚，防御蒙古。完颜永济认为无故置行省是动摇人心，不予采纳。蒙古军北退后，果然攻打金朝的辽东。结果，东京（今辽宁辽阳市）失守，蒙古军掳掠大批财物而去。

大安三年（1211年），胡沙虎弃西京后，蒙古兵并没有在城中驻守。完颜永济命西京按察使抹撚尽忠为左副元帅兼西京留守，进驻西京。次年，成吉思汗的大军再次来攻，元帅左都监奥屯襄领兵求援，与蒙古军相遇墨谷口，金军全军覆没，奥屯襄仅以身免。完颜永济为此罢免奥屯襄。蒙古军攻城不下，撤回阴山。完颜永济以抹撚尽忠保卫西京有功，进官三阶，赐金百两、银千两，进拜尚书右丞，行省西京。

至宁元年（1213年），蒙古兵进攻怀来（今河北怀来东南），完颜永济任术虎高琪为镇州（永济升德兴府缙山县为镇州）防御使、权元帅右都监，高琪在山东、河北等处招募人马30万据守。尚书左丞完颜纲领兵10万行省于缙山（今北京延庆）。徒单镒派人对完颜纲说："高琪驻兵于缙山，甚得人心，与其行省亲往，不如增兵为好。"完颜纲不听，领兵至怀来，与成吉思汗展开激战，金军大败。蒙古军进到镇州，术虎高琪败逃。经此一战，金军的精锐几乎全部溃散，遭到极沉重的损失。

军事上的失败，使朝廷内部发生了分裂与动荡，完颜永济的皇位受到了严重威胁。

完颜永济即位后，于大安元年（1209年）大赦天下，立元妃徒单氏为皇后，封皇子六人为王。当时百官上表请求立皇太子，完颜永济开始不同意，次年才立胙王完颜从恪为太子。他以平章政事仆散端为右丞相，以完颜匡为尚书令，并诏儒臣编《续资治通鉴》。

完颜永济在位的几年，自然灾害不断发生。完颜永济采取了许多措施安定国内形势。可是，由于自然灾害的频繁和严重，河东、陕西等地面临严重的饥荒，每斗米数千钱，饿殍遍野，民不聊生，严重地威胁着金朝的统治；再加上抗蒙战争屡败，将官更换频繁，使得金统治阶级内部争权夺利的斗争日益激烈。

会宁府遗址

大安元年（1209年），放弃西京逃跑的胡沙虎逃回中都后，完颜永济没有问罪，后来将他罢官。至宁元年（1213年），完颜永济又要起用胡沙虎抗蒙。丞相徒单镒、参知政事梁瑭、左谏议大夫张行信等纷纷反对，完颜永济就是不听，命胡沙虎权右副元帅，领武卫军5000人驻中都城北。蒙古军逼近，胡沙虎仍只务游猎，不部署军事。完颜永济便派使臣到军中监督、指责，胡沙虎不仅不听，而且决计谋反。

八月，胡沙虎与文绣局直长完颜丑奴、提控宿直将军蒲察六斤、武卫军铃辖乌古论孛剌等，诡称知大兴府（今北京市）徒单南平及其子没烈谋反，奉诏诛谋反者。先杀掉了忠于完颜永济、屯兵在中都城北的福海，夺取了福海统率的军兵。接着于八月二十五日黎明，领兵在中都城，制造混乱，大呼蒙古军已到北关，诱杀了知大兴府徒单南平父子。符宝祗候完颜鄯阳、护卫十人长完颜石古乃闻乱，召集汉军500人抵抗，结果完颜鄯阳、完颜石古乃败死。胡沙虎拥兵入宫，杀掉宫内卫士，换上自己的军队，自称监国都元帅，将完颜永济劫持出宫，以素车载至故邸，以武卫军200人看守，然后去搜寻完颜永济的玉玺。尚宫左夫人郑氏为内职，掌管皇帝宝玺，她听到政乱，端居玺所待变。胡沙虎遣黄门进来收玺，郑氏说："玺，天子所用，胡沙虎身为人臣，取它何用？"黄门说："今天时大变，主上犹且不保，何况玺呢？你应当考虑一下自己怎么脱身。"郑氏厉声骂道："你身为宫中近侍，恩遇尤隆，君有难不以死相报，反而为叛逆夺取宝玺。我死可以，玺不能给你。"说罢，瞑目不语。黄门没办法，只好出去了。胡沙虎没得到宝玺，仓促间取出二品官以下用的"宣命之宝"代之，任命其党数十人为官。接着，便指使宦官李思中杀完颜永济于故邸，又诱杀左丞完颜纲。胡沙虎自彰德迎立金世宗孙、金显宗长子完颜珣入

中都即皇帝位。

金宣宗即位后，胡沙虎以拥立有功拜为太师、尚书令、都元帅，显赫一时。他要求金宣宗废完颜永济为庶民，金宣宗欲恢复永济王的封号，胡沙虎不从，金宣宗只得降封永济为东海郡侯。因此，金帝完颜永济无庙号。金宣宗贞祐四年（1216年），下诏追复卫王，谥号绍，史称卫绍王。

八、江河日下难再挽，四面楚歌遍狼烟

金宣宗完颜珣（1163—1224年），初名吾睹补，又名从嘉。金世宗完颜雍庶长孙，金显宗完颜允恭的庶长子，金章宗完颜璟异母兄，母为昭华刘氏。金朝第八位皇帝。

完颜珣出生后被祖父金世宗养于宫中。大定十八年（1178年），被封为温国公，加特进。

大定二十六年（1186年），赐名完颜珣。大定二十九年（1189年），进封为丰王，加开府仪同三司，累判兵、吏部，又判永定、彰德等军。

承安元年（1196年），进封为翼王。泰和五年（1205年），改赐名为完颜从嘉。

泰和八年（1208年），进封为邢王，后又封为升王。

至宁元年（1213年），纥石烈执中（胡沙虎）杀卫绍王后，拥立他为帝，由于完颜珣在河北镇守，于是暂时以完颜从嘉长子完颜守忠监国。九月即位，是为金宣宗，以胡沙虎为太师、尚书令兼都元帅，封泽王，同月改元贞祐。十月，术虎高琪杀胡沙虎，宣宗赦免术虎高琪，封他为左副元帅。是年秋，蒙古军分三路攻金，几乎攻破所有河北郡县，金朝只有中都、真定、大名等11城未曾失守。

贞祐二年（1214年）三月，金宣宗遣使向蒙古军求和。成吉思汗得到金朝优厚的奉献之后，退驻鱼儿泊（今内蒙古克什克腾旗达来诺尔）。金朝元帅左都监完颜弼、参知政事耿瑞义等建策金迁都南京（今河南开封）。左丞相徒单镒及宗室霍王完颜从彝等反对。金宣宗以金中都缺粮，不能应变为由，决意迁都。太学生赵昉等400人上书极论迁都利害，金宣宗以"大计已定，不能中止"，拒不采纳。五月初，判南京留守仆散端与河南统军

使长寿、按察转运使王质等连上三表，请南迁汴京。五月十一日，金宣宗下诏南迁，留尚书左丞相兼都元帅完颜福兴、尚书左丞抹捻尽忠辅太子完颜守忠守中都。五月十七日，发车驼载珠宝、文书先行。翌日，金宣宗离中都南逃。

金宣宗的这一举动，极大动摇了人心。朝中投降派将领和受金压迫的契丹、汉军吏和地主土豪，纷纷叛金降蒙。成吉思汗从降蒙的金朝将士那里得知宣宗南逃的消息，看清了金朝的腐败无能。贞祐三年（1215年）初，蒙古军再次兵临中都城下，五月，中都被蒙古军攻陷。

金朝自中都南迁汴京后，河北一带陷入了战争连年的境地。当地的汉人纷纷结社组军自保，各择"主人"。这些人乱世不仅想活命，也想趁机割据一方。

蒙古方面，最大的收获在于收降了史秉直、史天倪父子和张柔等汉人武装。南宋方面，暂时也把李全的"红袄军"收纳为"官军"。

金朝思前想后，知道对于河北、山东等地反正再也不能进行实际意义上的直接统治，便做顺水"人情"，选出九个势力最大的地方武装头目，全部封为"公爵"，这九个人分别是：沧海公王福，河间公移剌众家奴，恒山公武仙，高阳公张甫，易水公靖安民，晋阳公郭文振，平阳公胡天作，上党公张开，东营公燕宁。

其实，这种分封"诸侯"一般的"九公封建"，恰恰暴露了金国统治的虚弱。且不说这"九公"良莠不齐，各怀鬼胎，即使他们当中真有人最终抵拒蒙古成了气候，金国也不一定能控制他们。后来，"九公"之中，真正能起到抗蒙作用的只有移剌众家奴、靖安民、郭文振、张开、燕宁，虽然人数有五个之多，作用却微乎其微。

至于拥金宣宗继位的权臣术虎高琪，嫉贤妒能，滥权营私，扰乱纲纪，残害忠臣，却一直占据相位。直到兴定三年（1219年），金宣宗临死前两年多，才因事把他诛杀。但金朝的政局，已经江河日下，再也不能挽回。

南宋方面对蒙古也是有所想法的，南宋的大臣，以乔行简为首的一派，觉得可以联金抗蒙。以真德秀为首的一派则提议不给金朝上岁币。宋宁宗采纳真德秀的建议。

金宣宗对南宋停输岁币之举十分愤恨，术虎高琪劝金宣宗要抓住宋人不纳币为借口，对宋国发动进攻。这样的话，北边损失南边补，可以在南方拓广疆土。经过商议，金朝不少将领也认为金军实力比蒙古不足，比宋军却绰绰有余。金宣宗驾不住文臣武将一番"劝说"，便于兴定元年（1217年）夏天首先发动侵宋战争。

战争开始，金帅完颜赛不开战取捷，一路连克光山、罗山、兴州等数城，斩杀宋军近2万人。同时，金军数道皆出，在樊城、枣阳、光化军、大散关以及西和、阶州、成州等地对宋军展开猛烈攻势。

没过多久，战争形势开始对金军不利，许多城池得而复失，宋军从各处开始了激烈的反攻。这时候，见战争过程远远不如原先预想的那样顺利，金朝统治集团内部又纷纷冒出与宋国讲和的声音。当时的金国，在蒙古大军的挤压下，势力穷蹙，真正的统治地区局促于河南一地，而且西北的西夏因卫绍王时蒙古伐夏金朝见危不救，也开始与蒙古联合，不断在边境地带对金国发起进攻。同时，山东地区由汉人武装势力组成的"红袄军"声势日大，四处开花。除此以外，在金国原先统治比较稳固的辽东地区还有契丹人耶律留哥和蒲鲜万奴的反叛。烽火燎原，狼烟遍地，金朝可以说是四面楚歌。

为此，金朝又要以战逼和。兴定二年（1218年）年底，在对宋取得小小优势情况下，金宣宗主动向南宋伸出"橄榄枝"。出乎意料的是，南宋非常坚决，连金使也不让入境。恼羞成怒之下，不顾自己国内重镇太原城刚刚被蒙古人攻陷，金朝兴定三年（1219年）春兵分三路，向南宋发动新一轮军事进攻，西起陕西，东至江淮，东路方面，金军连下濠州、滁州、兴州、麻城、六合等地。关键时刻，原属金国"国民"

金代铜坐龙

的李全率领汉人红袄军斜刺里杀出，四处击杀金军。结果，金军主力纥石烈牙吾塔部军在化湖陂（今安徽怀远以北）被李全打得大败，被迫撤退时又遭追击，损失惨重。西路方面，金军也是先胜后败，在洋州（今陕西洋县）被宋将张威截击，被杀数千人，最后只得狼狈北逃。中路方面，金军大将完颜讹可率数万金军围攻枣阳，大战两个多月，皆被宋将孟宗政击退。金军师老兵疲之余，宋将赵方派出生力军忽然从枣阳城外向金军发起攻击，守将孟宗政又开城出击，夹击之下，金军此战被杀 3 万多人，完颜讹可仅以单骑走免。

从此以后，宋朝一扫昔日对金兵的"畏战""怯战"心理，双方又撕破了脸皮，你攻我杀，你退我攻，宋金"和平"完全成为"过去式"。

金宣宗在他最后的两年里，起用了几位抗蒙有功的将领，使西北地区的抗蒙战争曾一度出现转和，但是，这并没有从根本上改变金朝所处的被动地位。

天兴二年（1224 年），金宣宗完颜珣在宁德殿内病死，终年 62 岁。临终遗诏，立太子完颜守绪继位。死后谥号继天兴统述道勤仁英武圣孝皇帝，庙号宣宗，葬于德陵。

九、天兴不是亡国主，十年嗣位称小康

1. 金哀宗完颜守绪

金哀宗完颜守绪（1198—1234 年），原名守礼，女真名宁甲速。金宣宗完颜珣第三子。金国第九位皇帝（1224—1234 年在位）。

完颜守绪生于承安三年八月二十三日（1198 年 9 月 25 日），当时仁圣皇后无子，金宣宗命其抚养。

金章宗泰和年间，授金紫光禄大夫。贞祐元年（1213 年），其父金宣宗继位后，进封为遂王，并任秘书监，后改为枢密使，总揽金国军政大权。

贞祐三年（1215 年），皇太子完颜守忠因中都失守，忧郁而死。其子皇太孙完颜铿在次年也早逝。贞祐四年（1216 年）正月，完颜守礼被立为皇太子，贞祐四年（1216 年）四月，金宣宗赐名为完颜守绪。

元光二年（1223 年）十二月，金宣宗驾崩，享年 62 岁。完颜守绪庶兄、

平章政事、英王完颜守纯抢先进宫欲夺取皇位。完颜守绪接到讣告，于第二天才赶回南京，立刻命令枢密院官以及东宫亲军3万人屯守在东华门大街，并派侍卫四人将完颜守纯监禁在近侍局内，然后在灵柩前即位。第二年改年号为"正大"。

正大元年（1224年）六月，立妃徒单氏为皇后。面对危局，金哀宗力图振作，即位后立即进行大刀阔斧的改革。对内，大胆起用完颜合达、犯人完颜陈和尚等将领，胥鼎等文武兼备的致仕官员；对外，改变宣宗的对夏、宋政策，与西夏与南宋停战、和解，专力抗击蒙古。

金哀宗在外交上解除忧患之后，便专门任用抗元有功的将帅分掌兵权。任用完颜赛不为平章政事，赤盏合喜为枢密副使，负责全国军政；延安帅臣合达也因功授金虎符，为参知政事；力主抗蒙善谋略的张行信，授尚书左丞职。这些人，都是金哀宗前期抗元的主要将领。

金哀宗完颜守绪还不失时机，不计前嫌地争取任何可以争取的力量抗击蒙古。武仙是金宣宗时的一员大将，他在一次与元朝军队的战斗中，因寡不敌众吃了败仗而被迫降蒙，与元将兵马都元帅史天倪一起镇守真定（今河北正定）。金宣宗生前曾招降武仙未成。金哀宗即位后，武仙想回故国，又怕金朝难以容他。金哀宗马上派人设法通知武仙，表示无论何时都欢迎他。

正大二年（1225年）武仙得到诏谕深受感动，便毅然杀掉史天倪回归，金哀宗完颜守绪封他为恒山公。在两年后进攻山西的战斗中，武仙率军攻打太原，力斩元朝大将攸兴哥，收复太原，立下了大功。

正大三年（1226年）金哀宗完颜守绪派兵进攻山西，与元军作战，历时一年，便先后收复了平阳、太原等重镇，斩元军守将多人，取得了初步的胜利。他下令为抗元阵亡将士建造褒忠庙，以示纪念和褒扬。

从山西退兵之后，成吉思汗集中力量进攻西夏，西夏危在旦夕。金哀宗完颜守绪深感与西夏毗邻的陕西边地也面临着威胁，急召陕西行省、总帅等人到汴京商议军事。他语重心长地叮嘱大家："倘若边境告急，内地也会不得安宁，一旦发生什么事情，你们可随机应变，不必事事上奏。如果不能当机立断，及早采取措施，那是要受害的。"他再三叮咛将士们要尽心竭力，以保金朝社稷平安。

果然，成吉思汗夺取西夏都城中兴府（今宁夏银川市）之后，即挥戈南下。

正大四年（1227 年）四月，成吉思汗攻取德顺州（今甘肃静宁）。五月，进攻临洮（今甘肃临洮）。临洮府总管胡土门战败被俘后，见蒙古帅不跪，蒙军用刀砍他的膝胫，始终不屈而被杀。金哀宗得知此情，深深为之感动，为胡土门塑像，供在褒忠庙里，以弘扬抗元图强英勇不屈的女真精神。

面对蒙古的大规模进攻，金哀宗完颜守绪在汴京加紧安抚百姓，签民为军，扩充实力，准备抗击蒙古驻泾（今甘肃泾川）、彬（今陕西彬县）、陇（今陕西陇县）三州节度使杨沃衍镇定自若，深得金哀宗的赏识和重用。他立志以身报国，说："人不为国家社稷献身，而为私家小事去死，不算大丈夫。"他经常来往于泾、彬、陇三州之间，鼓舞士气，安定民心，指挥作战，并亲自带领主力军迎战，多次战胜蒙古军，使其不能前进。

在金哀宗及其将士大臣的努力下，同时由于蒙古成吉思汗去世的影响，金朝抗蒙战争形势一度有所好转。

正大五年（1228 年）的大昌原（今甘肃省宁县太昌原乡）一战，金忠孝军提控完颜陈和尚以 400 骑大破蒙军 8000 之众，取得了金蒙战争中的最杰出的胜利。

然而金朝的国势到此已经积重难返，金哀宗虽竭尽全力，终究独木难支，无力回天。正大四年（1227 年）蒙古灭西夏后即全力伐金，正大八年（1231 年）十一月，拖雷率蒙军 4 万南下，取道南宋的兴元府（即今陕西省汉中市）进攻金朝南部的金州（今陕西省安康市），金哀宗命完颜合达、移剌蒲阿由陕西引两省军 30 万南下堵截。不久，窝阔台率蒙古军北路军攻克金朝北部河中府，意欲与拖雷会师。

天兴元年（1232 年）正月，双方大战于钧州三峰山，拖雷未待窝阔台命令，率蒙古军趁大雪奋击金军。金军对突来的大雪毫无准备，战斗力急剧下降，"两省军大溃，完颜合达、完颜陈和尚、杨沃衍走钧州，城破皆死之"。经三峰山会战、钧州战役，金军主力丧失殆尽，良将尽死，自是再也无法与蒙古军抗衡。蒙古军迅速包围汴京，金军坚守将近一年，汴京城内瘟疫

大起，粮食紧张，总共50日，从各城门运出的死者有90余万人，贫不能葬者尚未包括在内。同年十二月，金哀宗逃离汴京，北渡黄河，后奔归德（今河南商丘）。

天兴二年（1233年）六月，因归德形势恶化，金哀宗又逃往蔡州（今河南汝南）。一直驻守归德的金国主将石盏女鲁欢怕兵士太多粮不够，建议把这些聚集的金军遣出城去，分别往徐州、陈州、宿州等地就食。金哀宗不情愿，身边好不容易有了这么多兵士，如果遣散他们，以后再聚也难。但他此时又不敢得罪石盏女鲁欢。只得留下元帅蒲察官奴的忠孝军450人和马用部下700人在城中，其余诸军皆遣出城去。

趁旁边无人，金哀宗悄声对蒲察官奴说："石盏女鲁欢把朕的卫兵尽数遣散，爱卿你要小心。"蒲察官奴一直看不起石盏女鲁欢和马用，认为这两个人不过是归德地方军将，没资格和自己平起平坐。听金哀宗这样讲，顿起相图之心。当时，蒙古将领忒木碍围攻亳州，且天天派出部队向归德进攻。蒲察官奴劝金哀宗北向渡河，招结金军以图恢复。石盏女鲁欢自然不同意，皇帝在自己地盘，可以"奉天子以令诸侯"，当然不愿意让金哀宗外出。蒲察官奴不悦，私下劝金哀宗出城到海州，金哀宗不知就里，没有答应。大臣李蹊知道归德城内这个大将心怀鬼胎，连忙报知金哀宗。金哀宗非常忧虑，暗地派马军总领纥石阿列里合等人暗中监视蒲察官奴，岂料，阿列里合转头就告诉蒲察官奴皇帝对他起了疑心。

金哀宗害怕蒲察官奴和马用两个人在城中兵戎相见，就命大臣以皇帝的名义置酒为两人说和。马用欣然前往，不料蒲察官奴在酒席上忽然拔刀把马用砍死在当地，然后派50名士兵严守金哀宗所居屋舍，把随行大臣尽行拘捕。随后，蒲察官奴把石盏女鲁欢捆上，亲自押回他自己的家，逼他交出所有金银财宝后，一刀砍死，屠灭其家。接着，蒲察官奴遣军士杀掉金哀宗随行的大臣李蹊等300人，混乱中又杀马用和石盏女鲁欢手下军士3000多。如此自相残杀，金国最后一丝元气皆丧。金哀宗无奈，下诏任蒲察官奴为权参知政事。

蒲察官奴在归德窝里反的时候，金将武仙与唐州、邓州的守将一起，商议想把金哀宗迎入蜀地，于是集兵猛攻南宋的光化。结果，偷鸡不成蚀把米，被守将孟珙打得狼狈而逃，死伤惨重。后来，孟珙又在马蹬山大败武仙，破其九寨重兵，降7万金军，武仙本人仅率六七人逃走。由此，金哀宗入蜀的希望也成泡影。

穷守归德的金哀宗、蒲察官奴等人，大忧中有小喜，竟能在六月间以少胜多，打赢一仗。原来，卫州大溃时，蒲察官奴的母亲为蒙古军捉住，金哀宗便指示蒲察官奴"因其母以计请和"。于是，蒲察官奴就写信给蒙古将领忒木碍，表示自己要劫金哀宗投降。蒙古将信以为真，认定此非苦肉计，派人送还蒲察官奴的母亲，暗中往来相约。蒲察官奴于是与蒙古将领往来讲议，或乘舟中流会饮。眼看蒙古军十分麻痹大意，金哀宗与蒲察官奴定下斫营之计。端午节那天，蒲察官奴率忠孝军450人登船，自东而北，直奔蒙将忒木碍设在王家寺的大营。当时，金哀宗在归德北门系舟待发，决定如果金军失败他就逃往徐州。结果，蒲察官奴及其手下忠孝军勇战，持火枪于半夜突入蒙古军营中，放枪烧营，冲荡斩杀，忒木碍慌忙逃跑，蒙古军大溃，掉入河里就淹死有3500人，被杀又有两三千。如此大功，金哀宗立拜蒲察官奴为参知政事、左副元帅，权兼将相。由此可见，蒲察官奴虽跋扈，心中并无背金降蒙之意。得胜之后，蒲察官奴"势益暴横"，派人把金哀宗软禁一样"守卫"于照碧堂，禁止任何大臣未经允许前往奏事。金哀宗以泪洗面，哀叹所用非人，几个禁卫军士见皇帝如此，就暗地商议杀掉蒲察官奴。听说蔡州城坚池深，兵众粮广，皆劝金哀宗弃归德奔蔡州。

蒲察官奴入宫，金哀宗告知自己有幸蔡州之意，蒲察官奴力陈不可，众侍卫忙劝金哀宗动手。于是，趁召见蒲察官奴入见之机，金哀宗自拔佩剑，当头就劈。侍卫兵士左劈右砍，终于把蒲察官奴"解决"掉。怕忠孝军造反，金哀宗亲自出面慰谕，讲明蒲察官奴是谋反被杀，余皆不问。

金代金丝凤冠

金哀宗设计在归德杀蒲察官奴时，金国的洛阳失守。本来，洛阳守将强伸数战有功，曾以数百人抗御了蒙古军的第一次围城进攻。蒙古军二次攻洛阳时，强伸率军士死战，总帅乌林答胡土却招呼不打一声，自率一群金兵携妻子出奔蔡州。洛阳金军见总帅逃跑，惶惧之下献西门投降蒙古军。强伸力战，突围而出，转战至偃师，力竭被俘。蒙古军说降，强伸不屈，被杀。

杀掉跋扈的蒲察官奴后，金哀宗经亳州往蔡州，随行只有两三百人，50匹马而已。堂堂大金国天子，落魄到可怜的地步。在双沟寺避雨时，见满目蒿艾，人迹罕见，金哀宗悲从中来。进入蔡州，当地父老罗拜于道。看见大金皇帝身边这么稀稀拉拉的人马，仪卫萧条，父老皆大为感泣，金哀宗本人也唏嘘不自胜。

蔡州城内安排停当，金哀宗以完颜忽斜虎为尚书右丞，总领省院事；以张天纲为权参加政事；以完颜中娄室负责枢密院事。其由于当时蒙古大军距蔡州很远，蔡州城日渐晏安，金哀宗本人也松懈下来，竟有心思修建宫舍，派人四处简选美女。完颜忽斜虎切谏，乃止。也幸亏这位完颜忽斜虎，夙兴夜寐，遣使诸道，终于又在蔡州聚集万余精兵，"兵威稍振"。

天兴二年（1233年）九月，蒙古都元帅塔察儿派使节至襄阳约南宋一起合攻蔡州。襄阳知府史嵩之（史弥远之侄）马上提兵配合蒙古军攻打唐州，金守将战死，城降。宋军进逼息州，当地的金将忙派人向蔡州求援。金哀宗无奈，只得又分出500名兵士前往息州。穷愁之余，金哀宗对南宋仍旧抱有最后一丝幻想，便以乞粮为名，派出使者向宋人说："蒙古灭国四十，以及西夏，西夏灭亡后到了大金，大金灭亡后必然危及大宋。唇亡齿寒，这是自然的道理。"宋人不许。十一月，宋将孟珙、江海率军2万、运粮30万石出兵助蒙灭金，合围蔡州。

天兴三年（1234年）正月，蔡州已被围三个月，城中粮尽。初九夜，金哀宗深知亡国之日将至，不愿当亡国之君，遂下诏禅位予宗室完颜承麟，完颜承麟初执意推却，后金哀宗苦苦哀求，说："将江山社稷托付给你，这也是迫不得已。朕身体肥胖，不能策马出征。万一城陷，必难突围。考虑到你平昔身手矫健，而且有将才谋略，如果有幸逃脱的话，可延续国祚，这是朕的心意。"

故此，完颜承麟唯有答允继位。次日，完颜承麟受诏即皇帝位。正月十一日，正在行礼，蔡州城南已经立起宋军旗帜，诸大臣亟出抗敌。宋军攻破南门，蒙古军攻破西城，双方展开激烈巷战，四面杀声震天。金军将士顽强抵抗，几乎全部战死或自杀殉国。金哀宗自缢于幽兰轩，享年 37 岁。完颜承麟闻知金哀宗死讯，率群臣入哭，谥曰哀宗。哭奠未毕，外城被攻破，退保子城。同日，完颜承麟死于乱军中，宰相完颜忽斜虎率最后的 1000 多金兵巷战，终于不支，边杀边退。得知金哀宗自缢的消息，完颜忽斜虎仰天叹息："吾的君上已经驾崩，我还何以为战呢？我不能死于乱军之手，将投汝水自溺以追随我的君上！诸君可善自为计。"话一说完，完颜忽斜虎奋身一跃跳入水中自杀。余下金军将士血满身，泪满脸，相顾言道："完颜相公能死国，难道我辈不能吗！"于是上至参政、总师、元师，下至兵丁，500 多人皆一时跳入汝水殉国。

近侍完颜绛山遵奉金哀宗的遗嘱，将他的尸体火化，残骸埋葬在汝南（今河南汝南县北面汝水旁）。另一说是蒙古将塔察儿和宋将孟珙见在焚烧完颜守绪尸体，忙上前扑灭余烬，捡出余骨，一分为二，各取一份回去报功。据蒙古伊儿汗国宰相拉施特主编的《史集》载，塔察儿仅获得金哀宗的一只手。金哀宗大部分遗骸被宋军带回首都临安告太庙。宋廷最后按洪咨夔的建议处理了金哀宗遗骸，藏于大理寺狱库。

2. 末帝完颜承麟

完颜承麟（？—1234 年），金朝末代皇帝，女真名呼敦。金世祖完颜劾里钵的后代，原为金朝将领，天兴三年正月戊申（1234 年 2 月 8 日），金哀宗不欲做亡国之君，遂将帝位传予他。于下旨传位翌日举行即位大典，但大典未及完成宋蒙联军已攻入城内。完颜承麟唯有草草完成大典立刻带兵出迎，后死于乱军之中。据史学家推测，完颜承麟在位时间不足一个时辰，为中国历史上在位时间最短的皇帝。

完颜承麟死后，金国的溃兵抬着完颜承麟的灵柩日夜兼程，来到泾川，将其葬在今太平乡三星村岭背后的簸箕湾。2003 年 12 月，完颜后人将其遗体迁回完颜村，埋葬于芮王墓之后。金国自太祖建国至此历 120 年，亡于南宋、蒙古联军夹攻之下。

蒙宋合作灭金后，对女真人据说有"惟完颜一族不赦"的说法。完颜氏的人不是被杀，就是隐姓埋名以其他姓氏繁衍。据查，完颜部落后人较多的地方有安徽的肥东、福建的泉州和台湾的彰化福兴乡，但只有为完颜宗弼之子芮王完颜亨、

金手握

末帝完颜承麟守陵的甘肃泾川县王村镇完颜村的完颜族人，才在一个偏僻的地方以完颜为姓氏繁衍下来。按照他们的说法，完颜承麟做了还不到一天的皇帝就在蔡州被蒙宋联军围攻阵亡，据说金国的溃兵抬着灵柩日夜兼程来到泾川，将其葬在今太平乡三星村岭背后的簸箕湾。

第三章 骁将名臣

一、"二太子"安邦定国，破辽宋屡建殊功

说起金国的大将和完颜阿骨打的儿子，大家第一个想到的肯定是金国的四太子金兀术，也就是完颜宗弼。"兀术"在女真语中有首领的意思，金兀术指的就是金军的头头。

金兀术可以说是金军的代表，是能与岳飞齐名的著名战将。但是很少有人知道，在金兀术这个四太子之前，还有一个二太子，那就是完颜宗望。完颜宗望是金兀术之前的金军代表，领兵后战功赫赫，为金国灭亡北宋和辽国有着重大的贡献。

完颜宗望（？—1127年），字斡鲁补（又作斡离不），虎水（今黑龙江省哈尔滨市阿城区）人。金朝宗室名将，金太祖完颜阿骨打次子。

完颜宗望英勇善战，跟从金太祖征伐，屡建殊功，世称"二太子"。一次攻辽，两次攻宋，制造靖康之变，俘虏宋徽宗、宋钦宗二帝，一生战功赫赫。

完颜宗望幼时开始学习骑射，功夫了得，长大之后跟随完颜阿骨打南征北战，培养了极高的军事素养和战略意识，为日后成为金国赫赫有名的战将打下坚实的基础。

完颜宗望随都统完颜杲攻克了中京，又随完颜宗弼一同追击逃亡的越卢、孛古、野里斯等人。千里追击，最终将几人活捉，并且从他们口中问出了辽帝的下落，为下一步军事行动做打算。

得到辽帝的消息后，金太祖完颜阿骨打下令继续进攻。完颜宗望与蒲家奴一起，率4000金军作为前锋，前往追击。

等追到辽主的时候，身后骑兵跟上来的只剩下1000人左右。而且人乏马疲，面对金军很难获取胜利。当时蒲家奴建议等到援军的到来再说，但是完颜宗望却认为机不可失，于是当即领兵出战。

辽主见金军人少，认为此战必胜，于是带着妃嫔下山观战。可是完颜宗望率军奋力厮杀，辽军不等获取胜利，金军的援兵就已经到来，于是仓皇逃窜。辽主最后被金军逼得远逃，最后选择了向金国奉上国书。

在进攻之时，完颜宗望将辽国的妃嫔大部分都抓了起来。包括辽国的太叔胡卢瓦的妃子，国王捏里的次妃，辽国的汉夫人，以及他们的儿子秦王、许王，女骨欲、余里衍、斡里衍、大奥野、次奥野，赵王妃斡里衍，招讨迪六，详稳六斤，节度使李迭、赤狗儿等。抓这些人的目的，大部分都是作为战利品，赏给各部将士了。

辽国灭亡之后，完颜宗望又率兵征伐北宋。完颜宗望随同其他将领一起，攻破北宋都城汴京。天会五年（1127年）四月，宗望等人带着宋钦宗和宋徽宗二帝及其宗族470多人，以及圭璋、宝印、衮冕、车辆、祭器、大乐、灵台、图书，与大军北还。其后，完颜宗望被派去镇守涼陉，没多久就去世了。

天会十三年（1135年），他被封为魏王。皇统三年（1143年），他被进封为许国王，又改封为晋国王。天德二年（1150年），受赠为太师，加封为辽燕国王，配享太宗庙廷。正隆二年（1157年），被依例降低封号。大定三年（1163年），改封为宋王，谥号"桓肃"。

完颜宗望为人精细，执着，仁慈善良，喜谈佛道，面相丰腴似佛。将士甘为所用，攻必克，战必取，军中号称"菩萨太子"。《金史》赞曰："宗望启行平州，战胜白河，席卷而南，风行电举，兵无留难，再阅月而汴京围矣。所谓敌不能与校者耶。既取信德，留兵守之，以为后距，此岂轻者耶。《管子》曰：'径于绝地，攻于恃固，独出独入，而莫之能止。'其宗望之谓乎。"

二、西征举兵定关陕，遣将渡江追高宗

完颜宗翰（1080—1137年），女真名黏没喝，又名粘罕，小字鸟家奴，

虎水（今黑龙江省哈尔滨市阿城区）人。金朝宗室名将。

完颜宗翰是国相撒改的长子，17岁时，军队中都佩服他的勇猛。商议攻伐辽国的时候，完颜宗翰与金太祖完颜阿骨打的意思相符合。完颜阿骨打在边境打败辽军，宗室群臣都劝说完颜阿骨打称帝，完颜阿骨打还在谦让。完颜宗翰与阿离合懑、蒲家奴等人进言道："如果不及时登基建号，就无法维系天下人心。"完颜阿骨打的意见才决定下来。辽国都统耶律讹里朵率军兵20多万人守卫边疆，完颜阿骨打率军迎击，完颜宗翰做右军，在达鲁古城大败辽军。

天辅五年（1121年）四月，完颜宗翰启奏说："辽主丧失德性，朝廷内外人心背离。我朝兴兵，虽然大业已定，但祸根未除，以后必然成为灾患。现在趁他们的间隙，可以攻袭擒拿。这是天赐良机，可为之事，不能错过。"

完颜阿骨打赞同他的话，就下令各路军队预备战争事务。五月初五，举行射柳，宴请群臣。完颜阿骨打回头对完颜宗翰说："现在商议西征的事，你前后提出的计划大多投合朕的意思。皇室宗亲中虽然有比你年长的人，如果任命元帅，没人能够替换你。你应当整治军队，等候起兵的日期。"完颜阿骨打亲自给他斟酒，命他喝干，并脱下御衣给他穿。群臣说时令刚入暑天，才停了下来。不久，完颜宗翰做了移赉勃极烈。

同年十一月，完颜宗翰再次请求说："各军驻留久了，人们跃跃欲试，马也十分健壮，应当趁这时进取中京。"群臣说气候正寒冷，完颜阿骨打不听，终于采纳了完颜宗翰的计策。于是，忽鲁勃极烈完颜杲统率内外各路军马，蒲家奴、完颜宗翰、完颜宗干、完颜宗磐为副将，完颜宗峻兼任合扎猛安，都接受了金牌，完颜余睹做向导，进攻中京（今北京）。攻克中京后，完颜宗翰率部分军队赶赴北安州，与完颜娄室、徒单绰里的军队会合一起，大败奚王霞末，北安州于是投降。

完颜宗翰在北安驻军，派完颜希尹经营附近地区，抓获辽国护卫耶律习泥烈，从而得知耶律延禧在鸳鸯泺狩猎，杀了自己的儿子晋王耶律敖鲁斡，部下人心更加背离，西北、西南两路兵马都很衰弱，不能调用。完颜宗翰派㮚碗温都、移剌保向都统完颜杲禀报说："辽主在山西处境危急，却还打猎，不体察危亡，杀死自己的儿子，臣民都很失望。攻取他的计策，

希望迅速指示下来。若说有不同建议，这里可以派非主力部队来征伐。"完颜杲派完颜奔睹与移刺保一同回来报告说："刚接到圣旨，命令不让即刻赶往山西，要详细察看，慢慢计议。"当完颜宗翰派人向完颜杲禀报的时候就已经整顿军队，等候起兵日期。等到完颜余睹来了，才知道完颜杲没有进兵的意思。完颜宗翰恐怕等完颜杲决定下来可能会失去战机，就决计进兵。他派移刺保再次禀报都统："当初接受命令虽然没有让即刻攻打山西，也允许依据情况行事。辽人可以被攻取的形势已经可以看到，一旦失去机会，以后就难办了。现在我已经进兵，应当与大军在什么地方会合，希望给以回复。"完颜宗干劝完颜杲应该听从完颜宗翰的计策，完颜杲才下决心，约定在奚王岭会面商谈。

完颜宗翰来到奚王岭，与都统完颜杲会面。完颜杲从青岭出兵，完颜宗翰从瓢岭出兵，约定在羊城泺会合。完颜宗翰带领精兵6000袭击耶律延禧，听说耶律延禧从五院司前来抵抗，完颜宗翰加倍赶路，只走了一夜便到达了。耶律延禧逃跑，完颜宗翰就派完颜希尹等人追击。西京再次反叛，耿守忠带领5000军兵来援救，到了城东40里的地方，蒲察乌烈、谷赤皮首先攻打他，杀死1000多人。完颜宗翰、完颜宗雄、完颜宗干、完颜宗峻相继赶来，完颜宗翰率部下冲击敌军中部，让其他兵士下马在旁边放箭。耿守忠败走，他的众军被歼灭。

完颜宗翰平定安抚西路州县部族以后，到君王的驻地前去拜见，随之跟从完颜阿骨打进攻燕京。燕京平定后，完颜阿骨打分别赏给完颜宗翰、完颜希尹、完颜挞懒、耶律余睹等人数量不同的金器。完颜阿骨打已经把燕京给了宋朝人，回兵驻扎在鸳鸯泺，身体患病将要回归京师，任命完颜宗翰为都统，昃勃极烈完颜昱、迭勃极烈完颜斡鲁为副都统，在云中驻军。

天辅七年（1123年），完颜阿骨打驾崩，完颜晟登基，下诏书给完颜宗翰说："现在我把一个地区的大权交给你，有应当升迁官职的人，你可以酌情任命。"因而把100个宣头的空名额交给了他。

后来完颜斡鲁禀报宋朝不送岁币户口的事，而且说要改盟约，不能不防备。金太宗命令完颜宗翰取来各路户籍，按籍索讨岁币。完颜阇母再次上奏说宋人有毁坏盟约的行为，完颜宗翰、完颜宗望共同请求攻打宋朝。

于是，谙班勃极烈完颜杲兼任都元帅，住在京师，完颜宗翰担任左副元帅，从太原路出兵进攻宋朝。

完颜宗翰从河阴出发，接着使朔州归降，攻克了代州，围困太原府。宋朝河东、陕西的四万军队援救太原，在汾河的北边战败，被杀死了1万多人。完颜宗望从河北赶往汴州，许久听不到消息，于是留下银术可等人围攻太原，完颜宗翰率军南行。

天会四年（1126年），完颜宗翰平定招降了各县以及威胜军，攻下隆德府，即潞州。军队到了泽州，宋朝使臣来到军营中，完颜宗翰才知道割三镇讲和的事。路允迪把宋朝割让太原的诏书带来，太原人却不接受诏书。完颜宗翰攻取文水和盂县，又把银术可留下围攻太原，自己带兵返回山西。

宋钦宗赵桓诱使萧仲恭写信给耶律余睹，用复兴辽国社稷的话打动他。萧仲恭献出了书信，完颜晟下诏再次攻伐宋朝。八月，完颜宗翰从西京出发。九月初三，完颜宗翰攻克太原，捉住宋朝经略使张孝纯等人。胡沙虎攻取平遥，收降了灵石、介休、孝义等各个县。十一月初三，完颜宗翰从太原赶往汴京战降了威胜军，攻克隆德府，于是占领泽州。撒剌答等人已经先攻破天井关，进逼河阳，打败宋兵上万人，收降了宋兵的城邑。完颜宗翰进攻怀州，把城攻破。二十六日，大军渡过黄河。闰十一月，完颜宗翰到达汴州，与完颜宗望军队会合。宋朝约定划黄河为界，再次请求讲和修好，没有成功。二十五日，完颜银术可等人攻占汴州。三十日，宋钦宗来到军队中，舍弃了青城。十二月初二，宋钦宗呈上奏表投降。

天会五年（1127年）四月，完颜宗翰等人带着宋朝两个君主及其宗族470多人，以及王圭璋、宝印、衮冕、车辆、祭器、乐器、灵台、图书等物品，与大军一起北还。七月，完颜晟把铁券赐给完颜宗翰，另外又给了丰厚的奖赏。

完颜宗翰禀奏说河北、河东的府镇州县请求选择以前官吏中能干贤能的人加以任用，以安抚新近归附的民众。完颜晟派耶律晖等人跟宗翰一道去，并诏令黄龙府路、南路、东京路在部属中各选出像耶律晖这样的人派遣同去。完颜宗翰赶赴洛阳。宋朝董植带兵到了郑州，郑州又叛变了。完颜宗翰派各将攻击董植的军队，重又占领郑州。之后，完颜宗翰把洛阳、

完颜宗翰塑像

襄阳、颍昌、汝、郑、均、房、唐、邓、陈、蔡等地的居民迁到河北,并派完颜娄室平定陕西州郡。这时河东的匪寇盗贼还很多,完颜宗翰就分别留下将士,在河两岸驻守,自己回师山西。宋徽宗写信来说:"请把赵氏立为君长,让他奉守职位、治理贡献,民心必定欢喜,这是万世的利益。"完颜宗翰收到他的信却没有回复。

赵构派遣王师正奉领书表,秘密地写信诱降契丹人和汉人。这些信被收获来禀奏给完颜晟,完颜晟下诏讨伐赵构。河北诸将想要停止攻打陕西,而合力南下征伐。河东各将不同意,说:"陕西与西夏是近邻,关系重大,不能收兵。"完颜宗翰说:"当初与西夏国相约夹攻宋人,但西夏没有答应。而耶律大石在西北,和西夏交往。我舍弃陕西而到河北会师,他们必定认为我有急难。河北不值得担忧,就该先对付陕西,平定五路,削弱西夏,然后攻取宋朝。"完颜宗翰大概有意向着夏人,商议了很久不能决断,奏请完颜晟,完颜晟说:"对于康王赵构,应找到他所在的地方而去追击。等平定宋朝,应立像张邦昌那样的人为藩辅。陕右地区,也不能放置一旁而不攻取。"于是完颜娄室、完颜蒲察统率军队,完颜绳果、婆卢火监战,攻占陕西。完颜银术可驻守太原,耶律余睹留守西京。

完颜宗翰在黎阳津与东军会合,接着在濮与金睿宗会合。进兵到东平,宋朝的知府权邦彦弃家夜逃,完颜宗翰收降东平城,在东平的东南方50里处驻军,又攻占徐州。在这之前,宋人从长江、淮河运来的金币都在徐州官库,这时被完颜宗翰全部获得,分给了各军。完颜宗翰派拔离速、乌林答泰欲、马五到扬州袭击康王,没走出150里地,马五就带领500骑兵先到了扬州城下。康王闻听军兵来了,已经在头天渡江。这时,康王写信请求保存赵氏社稷。在此以前,康王曾写信给元帅府,称"大宋皇帝构致书元帅帐前",而这时则降下大号，自称"宋康王构谨致书元帅阁下"。他在四月、七月写的两封信也都是这样。元帅府答复了他的信，招他归降。此时，完颜挞懒、完颜宗弼、完颜拔离速、马五等人分路南伐。完颜宗弼的军队渡江攻建康，进入杭州，赵构乘船入海，阿里、蒲卢浑等人从明州向海中行了300里，没有追上赵构，完颜宗弼于是回军。之后，完颜宗翰想任用徐文谋划征伐江南，金睿宗、完颜宗弼商议的意见不相投合，于是作罢。

天会十年（1132年），完颜宗翰返京，完颜晟中风卧床不起，皇储谙班勃极烈斜也（完颜杲）也已死两年，完颜宗磐以己为金太宗长子当立，金太宗也无意立他人。完颜宗翰谋立年幼的完颜阿骨打嫡孙完颜合剌（完颜亶），以其幼小易制。遂与心腹完颜希尹同完颜宗干（完颜合剌养父）商议，共同入言于金太宗，言之再三。金太宗以此为祖宗法度，完颜宗翰等皆大臣义不可夺，乃从之，遂立完颜亶为谙班勃极烈，即后来的金熙宗。

此后，完颜宗翰在中原地区的势力进一步发展，其实力甚至可与朝廷相抗衡。完颜晟在世时，曾设法限制和夺取完颜宗翰所控制的元帅府的某些权力。如天会十一年（1133年）八月即下诏夺元帅府的任命官吏权，改由朝廷选注。

天会十三年（1135年）正月，金熙宗即位，他在完颜宗干等人的辅佐下，废除朝廷的勃极烈制，改行三省制，以相位易完颜宗翰一派的兵权。免去宗翰的国论右勃极烈兼都元帅职，任太保、尚书令、领三省事，封晋国王，位居完颜宗磐、完颜宗干之下。完颜希尹被免去元帅右监军职，改任尚书左丞相兼侍中。高庆裔被免去西京留守职，改任尚书左丞。萧庆被免去平阳尹职，改任尚书右丞。至于韩企先在金太宗朝即已被召入京，任尚书右丞相。至此，完颜宗翰及其心腹丧失了军权，又离开了他们所控制的华北地区，完全被架空了。

两年后，金熙宗以贪赃罪斩高庆裔，并株连完颜宗翰亲信多人。生性暴躁的完颜宗翰，坐视心腹亲信被杀，无能为力，未及一月便愤懑而死，终年58岁。死后，其心腹除韩企先外，完颜希尹等人相继罢官被杀。

完颜宗翰被金朝历代君主视为开国第一功臣。死后，金熙宗追封他为周宋朝王，海陵王封他为金源郡王，金世宗改赠为秦王，并改葬于帝陵西

南 20 里。

三、搜山检海擒宋帝，出将入相谋南国

完颜宗弼（？—1148 年），女真名斡啜，又作兀术、斡出、晃斡出，女真族，生于哈尔滨阿城区海沟河畔。太祖完颜阿骨打第四子，母元妃乌古伦氏。金朝名将、开国功臣。

完颜宗弼是金太祖完颜阿骨打第四子，宋人多呼为"四太子"。完颜宗弼为人豪放，胆勇过人，猿臂善射，善于用兵。

完颜阿骨打起兵反辽时，完颜宗弼尚未成年。金建国后对辽战事频繁，完颜宗弼异母兄完颜宗峻、完颜宗干、完颜宗望、完颜宗辅都是金军重要将领，骁勇善战，对他产生强烈的影响。

天辅五年（1121 年）十二月，金太祖发动第二次大规模反辽战争，完颜宗弼初次披甲，随叔父国论忽鲁勃极烈都统完颜杲（斜也）出征。

天辅六年（1122 年）正月，金军克辽中京（今内蒙古赤峰宁城），完颜宗翰得知辽天祚帝在鸳鸯泺（今河北张北县西北）行猎，完颜杲与完颜宗翰分兵两路袭辽天祚帝，时完颜宗弼与完颜宗望在完颜杲军中。军过青岭，知不远处有辽兵 300 余，完颜宗望带领完颜宗弼、马和尚率百骑追击。交战中完颜宗弼矢尽，遂夺辽兵士枪，独杀 8 人，生擒 5 人。完颜宗弼初次参战就显示出超人的勇猛，令女真将士刮目相看。

天会三年（1125 年）十月，金兴兵伐宋，军分两路，西路军由左副元帅完颜宗翰统领，东路军由都统完颜宗望统领，完颜宗弼在东路军任行军万户。东路军自平州（今河北卢龙）出兵，十二月攻占燕京（今北京），随即连克中山、真定、信德。

天会四年（1126 年）正月，完颜宗弼攻取汤阴县，破城之后，俘宋兵 3000 人。东路军强渡黄河，完颜宗弼率先锋 3000 骑进逼开封，闻宋徽宗出开封南逃，完颜宗弼选骁骑百名追之，未及，获马 3000 而还。金兵围开封，宋以割让太原、中山、河间三镇与金等条件求和，金军返回燕京。同年八月，完颜宗弼再次随右副元帅宗望南下。翌年四月，金军攻下开封，宋徽宗、宋钦宗二帝降，北宋灭亡。

天会五年（1127年）六月，完颜宗望病卒，完颜宗辅继任右副元帅。十二月，完颜宗辅受命平定淄、青（山东境内）抗金武装，完颜宗弼首败宋郑宗孟的数万军队，克青州。既而攻临朐，在临朐附近，完颜宗弼先破赵成领导的抗金武装，随后大败宋黄琼军，占领临朐。天会六年（1128年）正月，完颜宗辅军回师，渡青河之际，受宋军3万多人的袭击，完颜宗弼击败之，杀万余人，继取濮州、开德府、大明府，平定河北。完颜宗辅留完颜宗弼屯守河间府，自己率军返燕京。

天会六年（1128年）七月，金太宗下诏追击逃在扬州的宋高宗，完颜宗弼率本部随完颜宗辅军南下。完颜宗辅军自河北出发，完颜宗弼率其部为先锋，先后攻占濮州、开德、大名等地。

天会七年（1129年）初，宗弼升任元帅右监军。完颜宗翰、完颜宗辅派完颜挞懒、完颜宗弼、完颜拔离速、马五分道南下，宋高宗自扬州南逃。完颜宗弼入宋淮南西路，进兵宋归德府，将攻之，宋守将出降。完颜宗弼一路所过州县，一击即破，或不战而降，一直打到长江北岸，占领宋江北重镇和州（今安徽和县）。完颜宗弼欲从采石矶渡江，在渡口遭到宋知太平州郭伟的阻击，一连三日均不得渡。

十一月，完颜兀术军改由建康府西南的马家渡过江。宋朝水军统制邵青仅有一艘战船，率18名水手进行拦击，艄工张青身中17箭，邵青等力竭败退，斩宋统制陈淬。同月，完颜宗弼率军渡江，击败杜充所率宋军，攻下建康，分派诸将徇近地。完颜宗弼亲率大军取宋广德军路、湖州（今属浙江），至临安府（今杭州）。宋高宗闻临安不守，又奔往明州（今浙江宁波）。完颜宗弼派阿里、蒲卢浑为先锋领精兵4000追袭宋高宗；又派讹鲁补、术列速取越州。阿里军连破宋军，逼近明州，宋高宗登船逃入海上。完颜宗弼随后率军赶到，取明州城，阿里、蒲卢浑泛海至昌国县（今浙江舟山岛），捉获宋明州太守赵伯谔。得知宋高宗已取道温州逃往福州，又入海追击，受到宋海上水军的阻击才退兵。完颜宗弼率军返回临安。

天会八年（1130年）二月，完颜宗弼声称搜山检海已毕，带着从江南各地掠夺的大量金银财物沿运河北还。临行前将具有几百年文明的临安古城付之一炬，沿途继续烧杀抢掠，江南人民遭到一次空前的浩劫。三月，

完颜宗弼军至镇江，遭到宋将韩世忠的阻截。韩世忠水师战船高大，扼守江口，金军无法通过。金军虽然兵多，但船小而少，又不善水战，交战数十回合，金军损失惨重，契丹、汉军没者200余人。

双方相持48日，宗弼仍不能渡江，只好溯江西上，开往建康。行到黄天荡，完颜宗弼军循老鹳河故道，一夜开凿一条30里长的大渠，通到秦淮河，才得以逃回建康。韩世忠追至建康，以战船封锁江面。完颜宗弼张榜立赏，招人献破海船渡江策，一王姓福建人贪赏献策：海船无风不动，以火箭射其篷帆，不攻自破。完颜宗弼连夜赶制火箭。二十五日，丽日无风，韩世忠的船队停在江上不能动，完颜宗弼令将士驾小船射火箭中其篷帆，宋水师被烧死、淹死的将士不可胜数，韩世忠和少数将士在瓜步弃舟，从陆路逃回镇江。同年五月，金军自静安镇（今南京西北）渡江北归，北返时放火焚烧了建康城。

天会八年（1130年），岳飞在牛首山设伏，岳家军就地取石，垒筑工事，伏击金兵。牛首山大捷后，乘胜追击，将金兵驱逐过江，收复建康。完颜宗弼军遭到宋岳飞部的袭击，金军损失惨重。完颜宗弼从江南北还后，便主张不再南下攻宋，足见黄天荡之役的教训是十分深刻的。

天会八年（1130年）秋天，金太宗调右副元帅完颜宗辅统率陕西诸军攻打川陕，完颜宗弼率本部奉调前往。九月，完颜宗辅进兵洛水，以完颜娄室、完颜宗弼为左、右翼督统，并进合击，拉开了富平之战序幕。而当时的宋朝川陕宣抚处置使张浚也以刘锡为帅，集结了刘锜、赵哲、吴玠等将领统率的数倍于金兵的大军，以层层包围之势，与金军在富平（今陕西富平县北）展开决战。是役，南宋名将张浚、刘锜、赵哲、吴玠并秦凤路经略使孙渥以熙河路经略使刘锡为都统制将马步兵18万，号称40万，五路齐发集结于富平，张浚坐镇邠州督战。战役中宋军把完颜宗弼统率的金军作为进攻的重点，攻势凶猛，完颜宗弼军被重重包围，从中午战至黄昏，力战而不却，牵制了宋军的主力，为扭转战局赢得了时间。金将赤盏晖全军覆没，大将韩常被射伤一目，死战不退。此时的金将完颜娄室找到了宋军的薄弱处——赵哲统率的宋军，于是以其所率的所有精锐骑兵冲击赵哲军，赵哲军一触即溃。完颜娄室与完颜宗弼合兵掩杀，金军士气大振，致使南宋18万大军顷刻间土崩瓦解。金军乘胜追击，以少胜多，取得了富平之战的胜利。

是役，一方面由于张浚自恃强大，判断失误，没有利用敌弱我强，且敌军兵分两路的失误，果断发动攻击，贻误战机；另一方面也由于完颜宗弼的剽悍勇猛，牵制了敌人主力，最终以金朝大胜而结束，南宋尽失陕西五路大部分地区。

富平之战后不久，完颜娄室病故。完颜宗辅以完颜宗弼为右翼都统，阿卢补为左翼都统，分别招降陕西尚未攻下的州县。

天会九年（1131年）正月，宋泾原、熙河两路均为金军所攻占，完颜宗辅返回燕京，完颜宗弼成为陕西金军统帅。十月，完颜宗弼率军自陕西取四川，途经和尚原（今陕西宝鸡西南），遭到扼守和尚原的宋吴玠、吴璘军顽强抵抗，金军溃败，完颜宗弼身中流矢，甚至"剃其须髯而去"，将士死伤大半，这是完颜宗弼从军以来最惨重的失败。

天会十一年（1133年）十一月，完颜宗弼再次发兵，击败吴璘军，夺取和尚原。天会十二年（1134年）二月，率军攻打入川门户仙人关，被宋吴玠军击败，退兵凤翔府（今陕西凤翔）。三月，完颜宗弼由陕西返回燕京。完颜宗弼见吴氏兄弟英勇善战，便不再与其力战，专以智取。直至皇统元年（1141年），完颜宗弼致书宋高宗赵构令吴氏兄弟退兵，方才不战而胜，放心控制川陕一带。

天会十二年（1134年），金命伪齐刘豫遣军攻占襄阳府（今属湖北襄樊）等六郡。五月至七月，宋命岳飞率军收复襄阳等六郡。九月，完颜宗弼与伪齐军联合向两淮地区发动攻势，遭到韩世忠、岳飞军的坚决抗击，后因金太宗病危，金军渡淮北撤。

天会十三年（1135年）正月，金太宗驾崩，金熙宗即位，立即着手对金朝的政治制度进行改革，完颜宗弼是辅助金熙宗进行改革的重要人物之一。

天会十五年（1137年），完颜宗弼升任右副元帅、封梁王。十一月，废"伪齐"政权，将政令收归朝廷；废刘豫为蜀王，于汴京设行台尚书省。

天眷元年（1138年），领三省事完颜宗磐、完颜宗隽在朝廷专权，外结左副元帅完颜挞懒，将河南、陕西地割还宋朝。对此，完颜宗弼在朝内支持完颜宗干等人坚决反对。

天眷二年（1139年），金熙宗以谋反罪，诛完颜宗磐、完颜宗隽，解除完颜挞懒兵权。拜完颜宗弼为都元帅，封越国王。

天眷三年（1140年），完颜挞懒与宋人交通受赂事发，金熙宗命完颜宗弼诛完颜挞懒，加封他为太保，兼领燕京行台尚书省。因完颜宗弼之请，金熙宗又发动对宋战争，出兵夺回原交还宋朝的河南、陕西之地。由于河南、陕西各地守将大多是金、"齐"旧官，金军攻来，纷纷迎降。一月之间，金军攻取河南、陕西大部，宋岳飞等部退到颍昌（今河南许昌）以南地区，完颜宗弼顺利进驻汴京。

完颜宗弼企图趁势占领淮河以北地区，又挥军南下，在顺昌（今安徽阜阳）败于宋刘锜部，在郾城、颍昌大败于岳飞部，完颜宗弼险些被俘。形势对宋朝极为有利，岳飞也乘胜进兵，大有收复河南进攻河北之势。但宋高宗下令岳飞班师，于是宋军全部撤出河南。九月，完颜宗弼入朝，是时金熙宗南巡到燕京，左丞相完颜希尹亦在随行百官之中。完颜宗弼欲还元帅府（驻祁州），饯行宴会上，完颜希尹与完颜宗弼言语相忤，完颜宗弼大怒。次日向皇后裴满氏辞行时，详述其事，言完颜希尹有不轨言行。完颜宗弼走后，皇后向金熙宗奏明，金熙宗派人追回完颜宗弼，许完颜宗弼诛完颜希尹。遂杀完颜希尹及其二子，又杀了完颜希尹的心腹右丞萧庆及子。翌年，完颜宗弼升为左丞相兼侍中，仍任都元帅，领行台尚书省事。

金夺回河南、陕西后，行台尚书省从燕京迁到汴京，主要掌管原"伪齐"统治地区。完颜宗弼在行台革除"齐"弊政，采纳范拱的建议、减旧税三分之一，百姓得以复苏；又令原"齐"诸军将士解甲归田，人情大悦。他厉行文治，选拔能吏，讲求财用，器重文人，选名士10余人备官属。完颜宗弼选拔信用的蔡松年、曹望之、许霖、张之周等，直到海陵王、金世宗朝都是理财名臣，北方社会经济得到一定恢复。

完颜宗弼扶植的汉官，大多数是原宋朝旧臣，他们与金初重用的原辽朝汉官韩企先、孟浩、田珏等人有矛盾。皇统元年（1141年）五月完颜宗干卒，不久完颜宗弼返京师辅佐金熙宗，任蔡松年为刑部员外郎，开始在朝廷扶植新汉官集团。皇统六年（1146年），右丞相韩企先病卒，田珏被完颜宗弼排挤出朝。七年（1147年）六月，又借故杀田珏、奚毅等多人，孟浩等 34 人被指为同党迁徙海上，尚书省为之一空。完颜宗弼扶植的新汉官集团代替了旧汉官集团。

完颜宗弼自天眷三年（1140 年）顺昌、颍昌大败后，并未放弃与宋划淮为界的打算。因完颜宗弼之请，金熙宗下诏伐宋。

皇统元年（1141 年）二月，克庐州。与宋军战于柘皋镇，大败，各自回兵。完颜宗弼派人密信给宋宰相秦桧，要求"必先杀岳飞，方可议和"，敦促宋高宗割地议和。九月，完颜宗弼先放回扣留的宋使者两人，表示愿意议和，随后又亲率大军渡淮河，破泗州、濠州等地。宋高宗遣使表示愿意接受议和条件。

完颜宗弼雕像

皇统二年（1142 年）二月，双方正式签约，时为宋绍兴十二年，史称"绍兴和议"（或称"皇统和议"）：两国东以淮水，西以大散关为界，淮水上游的唐邓二州和西面商、秦二州的一半割让给金朝。南宋向金称臣，输纳岁币银、绢 25 万两、匹。三月，完颜宗弼还朝，兼监修国史，以功拜进太傅。

自皇统和议后，完颜宗弼始终坚持"南北和好"政策，主张待时机成熟后再一举灭宋。因而直到海陵王南侵（1161 年），20 年间金宋边界几无战事，这对双方经济、文化的发展都有积极的作用。

皇统七年（1147 年），担任太师，令三省事，都元帅，独掌军政大权。

皇统八年（1148 年）八月，完颜宗弼进《太祖实录》。十月，因病去世。大定十五年（1175 年），金世宗追谥其为忠烈。大定十八年（1178 年），完颜宗弼得以配享太庙。

完颜宗弼文韬武略，在女真崛起的过程中起了很大的作用。其一生致力于吞并南宋统治中国，是女真族史上一名卓越的军事统帅。但其多次率

军南侵，致使中原地区和江淮一带生灵涂炭，无辜百姓死难无数。

四、一代战神开疆土，身经百战无败绩

完颜娄室（1078—1130年），字斡里衍，女真族完颜部人。金朝名将。在灭辽攻宋的战争中，完颜娄室统率大军，从东北战场一直打到西北，驰骋在大半个中国的土地上，所向无敌，战功累累，以其大智大勇而名闻天下，成为金朝的开国功臣和开疆拓土的一代名将。

完颜娄室鸷勇果毅，谙于兵略，少年从军。寿昌五年（1099年），年仅21岁的娄室，接替父亲任七水部部长。乾统二年（1102年），萧海里举兵叛辽，逃入女真部的所辖之地，派人见金穆宗盈歌，说要与女真合兵抗辽。金穆宗认为，当时不具备抗辽条件，怕因接纳萧海里而引火烧身，便决定助辽消灭萧海里。为慎重起见，金穆宗完颜娄室探查虚实。完颜娄室带尖兵，很快接近萧海里军驻地，完全掌握了叛军的部署情况。金穆宗根据完颜娄室的报告，决定全线出击。完颜娄室率其所部，一马当先，冲入敌营，忽然一字排开，劲箭对准萧海里齐发，萧海里中箭落于马下。完颜阿骨打驰马上前，俯身一刀，即砍萧海里人头于马下，萧海里军顿时烟消瓦解。金穆宗盛赞完颜娄室察敌之智，助战之功，特赏给他铠甲、战马等。

当高丽出兵侵占辽之曷懒甸，并筑九域威胁女真人时，完颜娄室奉命与原王一起反击。完颜娄室见久攻不克，就对原王说："我们应阻遏敌之外援而歼灭之，并断绝他的粮道，城可不攻自下。"原王采纳了他的建议，终于攻克了高丽所占的五座城堡。其他四城之敌，也不敢再侵扰女真边境了。

完颜娄室随魏王完颜斡带讨伐叛军时，其城一时难下。完颜娄室就率军绕到城的东南角，乘敌人不备，第一个登上城头。挥巨斧砍楼柱时，飞来一箭，完颜娄室急避之，箭中其手，穿透斧柄，钉于柱上。完颜娄室娄室以左手拔箭，血溅城堞，但他仍然攻城不已，其勇夺魂慑魄，叛军见之而怯。完颜娄室勇往直前，立斩数人。随他登城的士众奋力拼杀，此城遂破。完颜斡带亲自查看他的箭伤，称他"勇冠三军，功居其最"。

完颜阿骨打前半生为女真部族的统一倾注了大量心血，同时，也为灭辽做了充分准备。但是什么时候伐辽、怎么伐辽？完颜阿骨打一时还下不了决心。于是问计于女真军中勇略兼备的完颜娄室、完颜银术可："辽人骄横自大，并且得寸进尺地损害女真族利益，又强迫完颜部以外的部族防范和钳制我们。我想先剪除辽国监视和控制我们的北疆前哨之重镇，以此来张扬我们的军威，然后进伐辽国，如何？"完颜娄室说："辽人内外交困，就像强弓射出的箭，已经到了末了。可以攻伐它！"听了女真"战神"的这番话，完颜阿骨打才下了首先夺取宁江州的决心。

宁江州（今吉林扶余伯都纳古城）地处辽直辖区的边境，是辽朝控制东北女真等族的军事重镇。女真族誓师伐辽前，这里设有榷场（集市贸易场所）。女真人以北珠、人参、松实、白附子、蜜蜡和麻布等与辽人交换，常受契丹人巧取豪夺之欺压。完颜阿骨打之所以选中它作为攻击的目标，除此城具有战略地位外，也相信攻伐此地会激起女真人同仇敌忾的士气，特别是当时守卫这座城的驻军不满800兵，而且多是由契丹、女真和渤海等人组成的杂牌军。更由于完颜娄室等人的再三请战，完颜阿骨打决定在辽国重兵尚未集结于此时，提前攻取宁江州。

完颜阿骨打率2500人首战宁江州，除留国相完颜撒改等留守，以防宾州（今吉林榆树大坡古城）之敌外，当时女真完颜部的所有著名战将都参加了这次战斗。天庆四年（1114年）九月下旬，完颜阿骨打率军誓师来流水。九月二十三日，突破唐括斡甲防线，致使辽耶律谢石军将死兵溃。完颜娄室随完颜阿骨打追溃军于宁江州下。辽都统萧兀纳知其孙死于女真箭下，悲惧交加，带百余骑出西门而逃。

留下的海州刺史高仙寿和防御使大药师奴负隅顽抗，完颜娄室力避兵锋，绕至防守薄弱的宁江城南，令数名持强弓硬弩者于城下掩护，他带着年仅17岁的儿子率先登城。力敌万人的完颜娄室如入无人之境，而其子完颜活女却在城上受到辽兵围攻，伤及多处，血流不止，但仍力战不却，后被冲上去的女真兵强行扶于城下。完颜阿骨打亲自为他包扎伤口，并把自己用的良药给完颜活女用，说："良将虎子，日后必成大器！"在攻打宁江州的七个昼夜里，女真兵把此事传为佳话，从而军威大振，士气陡长。

特别是完颜娄室，更是感恩戴德，奋其智勇，终于全歼了宁江州之敌。

女真人首战告捷，完颜阿骨打论功行赏。他又制定军队编制，以300户为一谋克，10谋克为一猛安。授任完颜娄室为猛安（千夫长）。

宁江州失陷的消息传到辽廷，辽天祚帝十分震惊，遂迅速调兵遣将，结集10万大军于出河店（今吉林前郭尔罗斯塔虎城），准备将人数不多的女真兵全部剿灭。当时，完颜阿骨打只有3700人，能否以少胜多，转危为安？许多人提出异议，但以完颜娄室为首的勇将们却信心百倍，于是，完颜阿骨打再次以完颜宗翰、完颜希尹为谋主，以完颜娄室、完颜银术可为将领，率3700铁骑乘辽军尚未完全集结之时，星夜兼程奔袭出河店。完颜娄室等人于拂晓前赶到混同江边，他身先士卒，铁马锐卒踏破冰河，奋勇突袭，尚在梦中的辽军闻讯奔逃，10万辽军溃败。

出河店大捷后，完颜阿骨打命完颜娄室招谕占领区内系辽籍的女真诸部。首先降服一部长，并给其他部长施加压力。部长们告急于辽，辽帝派兵来援。完颜娄室率领自己的精锐之师和已降的女真部之人，偃旗息鼓，乘其不备而发动电闪攻势，大破辽援军于途中，追杀千余人。第二天，奚部3000人讨伐完颜娄室军，完颜娄室一马当先，立斩其将，生俘辽国监战的银牌使者，3000奚军闻风丧胆。完颜娄室乘胜而进，遂平许多原属辽籍的女真诸部。

完颜宗室完颜斡鲁古征战于咸州之地，因遇到辽国重兵，完颜阿骨打派完颜娄室与完颜斡鲁古合兵御敌。完颜娄室根本没把辽军放在眼里，他亲自率军前往，败咸州3000强敌于境，乘势而进，斩敌将之首悬于马前，然后才与完颜斡鲁古会面。完颜斡鲁古乃宗室悍将，攻城略地从未败过。他居功自傲，素不服人，见完颜娄室用兵杀敌勇毅如此，十分佩服。不久，听说辽兵又来了，完颜娄室留下4谋克精锐之兵各守城之一门，与完颜斡鲁古渡河待战，完颜斡鲁古军为右翼，完颜娄室军为左翼。辽军分别向左、右两翼金军冲来。完颜娄室以坚不可摧的战阵击败冲击他们的骑兵，辽军兵败如山倒，完颜娄室乘势掩杀，此支辽军无一人得脱。完颜斡鲁古迎战另一支辽军。他见对方兵众势猛，遂率兵退却于城中，辽兵紧迫至城下，完颜斡鲁古与娄室所留4谋克兵丁整装列阵。不一会儿，大获全胜的完颜娄室收兵城下，从背后猛捣敌军，完颜斡鲁古也大开城之四门出战，里应外合、内外夹攻，辽兵之精锐受重创而溃败。完颜娄室与完颜斡鲁古合兵进剿，遂占领咸州全境。辽廷不甘心失败，又派兵反攻，完颜娄室军纵横驰骋，败辽将实娄于咸州西，又与完颜斡鲁古协力扫除了辽之残余势力。至此，黄龙府周围的三个战略屏障：宾（今农安广元店）、祥（今吉林农安万金塔下）、成（今辽宁开原老城）三州，尽为金军所有。

完颜阿骨打于收国元年（1115 年）正月初一建国称帝。初五那天，便亲率大军进攻辽国的北方重镇——黄龙府，以消灭辽之有生力量，在战略上取得灭辽的主动权。为达此目的，必须首先除掉黄龙府西北的军事屏障达鲁古城。

完颜阿骨打登高临远，见达鲁古城中的辽兵密密层层。他嘴上虽然说辽军号称 20 万，其实都是强迫来作战的杂牌军和同我们较量过的败军之将，人数虽多，不堪一击，但心里也确实没底。他一面让完颜银术可居高临下布阵，抵御辽军；一面急令完颜娄室自咸州速来参战。完颜娄室见诏连夜赶到完颜阿骨打军帐，汗透征袍，马身如洗。完颜阿骨打不禁十分心疼地说："卿入阵赴汤蹈火，见诏闻风而至，令朕感动。今达鲁古城敌若云屯，战事正紧。卿马力疲极，何以为战？朕赐你良马 200 匹，命你军随右翼。"完颜娄室敬谢受命。

第二天，完颜娄室率领最精锐的雄兵铁骑，9 次冲击辽军之右翼。辽军惊骇不已，但他们依仗人多，顷刻间，完颜娄室军被围之九重。完颜阿骨打怕完颜娄室有失，速令击溃辽之左翼军的完颜宗雄绕到辽中军背后。未等完颜宗雄进去，勇冠三军、名扬天下的完颜娄室，已率部杀透重围，血染战马，他与完颜宗雄前后夹击超过金军数十倍的辽军。虽腹背受敌，但杀得敌人一溃千里。三路金军分进合击，追辽军至阿娄岗，尽得兵器、辎重及耕具无数。打破了辽军于此地后，全军且耕且战，长期拱卫黄龙府。完颜阿骨打论功行赏，对出奇制胜的完颜宗雄和"所向披靡，溃围而出"、大破辽军的完颜娄室倍加赞赏："我有英勇善战的骁将若此，灭辽大业何愁不成？"

黄龙府（今吉林农安）号称契丹东寨，辽之银府。不但是辽廷聚敛财

税的府库，而且是辽朝辖制渤海、女真、室韦诸部的军事重镇。当年，这里繁华似锦，车水马龙，俨然是北方一大都会。除居住契丹人、渤海人、女真人和汉人外，并有铁骊、兀惹、突厥和党项等少数民族混杂其间。诸国风俗不同，民族语言各异，虽然悦耳动听，彼此却都听不明白。大凡聚会或交易，均以汉语作为通用语言。由于黄龙府经济、战略地位十分重要，辽朝在这里驻有重兵。女真人要争得战略上的主动，必须攻占此地。完颜阿骨打根据完颜娄室的建议，制订了攻取黄龙府的计划，命完颜娄室攻打辽水以北、咸州以西奚部诸城邑，然后再屯军于黄龙府之东南，密切监视辽兵，一旦有兵增援，立即阻截。完颜娄室与完颜银术可率女真雄师劲旅先是拔除了黄龙府西北的重要军事屏障达鲁古城，然后乘胜前进，扫平辽河以北的所有城邑，勇战智取，降服了900奚营。然后才率大军进驻府之东南。

黄龙府东南是辽国援军的必经之地。完颜娄室在扫平黄龙府周围所有城邑后，完颜阿骨打十分高兴，一度想挥师攻取黄龙府。完颜娄室言不可，完颜阿骨打纳其言，遂引军回金上京。完颜娄室令精兵拒守要道，又派数队轻骑巡视东南千里之内的城堡，设下数处伏兵，形成了一个个诱援军深入重地的包围圈。在他围困黄龙府的数月之内，辽国援军不是被歼灭，就是被击溃。特别是白马泊一战，完颜娄室军歼敌以万，自此辽军闻完颜娄室之名而溃逃。完颜娄室知城中粮草将尽，这才派人请完颜阿骨打下攻城令。完颜阿骨打在围困黄龙府将近4个月后，于八月初率能征惯战的金国强将雄兵，径渡混同江，兵临黄龙府，与完颜娄室军合一处，猛攻黄龙府。金军用各种器具攻城，黄龙府城内的辽军用各种方法御战，战斗异常艰苦。当时，金军为初创时期，野战拼杀是长项；（因攻城器械极少）克拔城池的攻坚战是其弱项。完颜娄室军攻黄龙府东南，当时又刮东南风。为了减少金军伤亡，尽快拿下此城，他决定用火攻，便速设云梯数架于城墙，令其子完颜活女率数名壮士各背干草一捆登城，在尚未登上城楼时点着柴草，向城中的木楼抛草纵火；又命善射者居城之东南高处，向城头的辽军放箭，以掩护完颜活女等壮士登城。完颜活女等登上城墙后，借火势直趋各城门，神勇无比，力溃辽军8000兵。完颜娄室率军冲入城中在烈焰浓烟中指挥作战，连自己的靴子被烧着尚且不知。金军继进，辽军溃逃。

攻陷黄龙府的第二天，完颜阿骨打召开祝捷会。他盛赞完颜娄室在此役中的战功，当众奖赏御马10匹，奴婢300，还赐"铁券"。有此后，死罪以笞刑代之，余罪皆赦。完颜娄室向阿骨打自荐说："陛下，黄龙府乃辽朝一大都会，且为兵家必争之地。此处不稳，四邻州县必相煽而起。臣欲以所率之师驻守于此，作为国之屏蔽，不知您意下如何？"完颜阿骨打正犹豫守护该城人选事宜，见完颜娄室请缨自荐，喜出望外。他满面春风地对完颜娄室说："卿之所请，正是我之所虑。你可将此地诸路谋克合并，归你统辖，镇守黄龙，切勿掉以轻心而负朕之厚望！"完颜娄室跪拜受命，成为金朝的第一个万户侯。

天辅元年（1117年）四月，完颜娄室与迭古乃、婆卢火等率2万金兵，与完颜斡鲁古等合兵于显州蒺藜山（今辽宁阜新北），与辽军耶律捏里部决战，结果辽军大败而逃，完颜娄室等遂拔显州。乾、懿、豪、徽、成、川、惠等州的辽守军也望风而降。金太祖接受完颜娄室建议，迁徙显州富民于黄龙之地，贫者迁于内地。

黄龙府战役，是辽在军事上走下坡路的开始。黄龙府失陷后，辽统治下的东北地区很快丧失。而金国自此之后，不但在战略上占有了优势，而且在战术上，创造了许多可置辽军于死地的新战术。在完颜阿骨打的指挥下，完颜娄室等著名战将智勇兼施，开始了追击辽帝、灭亡辽朝的大进军。

黄龙府战役之后，金太祖乘胜西征，取高永昌，占领辽东京（今辽阳）和辽上京（今巴林左旗），辽将耶律余睹降金，宋金缔结"海上之盟"，辽金之战争进入了第二阶段。天辅五年（1121年）四月，金太祖纳完颜宗翰之言，决定灭亡辽朝。十一月，他制定"中外一统"的战略，下诏讨伐辽帝。完颜娄室随完颜斜也、完颜蒲家奴、完颜宗翰、完颜宗干西征。次年正月，攻占了辽中京（今内蒙古赤峰宁城西），完颜宗翰、完颜娄室大军大败辽北安州守军奚王霞末，降奚部西节度讹里剌。完颜希尹部捉获辽天祚帝护卫耶律习泥烈，得知天祚帝在鸳鸯泺（今河北张北县西北）打猎，金军赶到时，辽帝已闻讯逃往白水泺。完颜娄室大军追至，辽帝弃内库宝物、辎重，率轻骑5000余逃往西京（今山西大同），在桑干河，把传国玺丢掉。完颜

娄室与太祖弟完颜阇母攻城东南，金军首次使用鹅车、云梯、火梯攻城。这些器械，下面均有车轮，其高如城楼，既可洞穿城墙，又可躲在掩体内，居高临下地消灭敌人。经过激战，终于攻下西京城。

辽天祚帝在金军攻西京之前逃入夹山。完颜娄室、完颜阇母军乘胜进军。四月，西南招讨使耶律佛顶降金，云内、宁边、东胜、天德四州亦降，就连狡猾无比、最初挑起辽与女真战端的阿踪，也被完颜娄室抓获，辽天祚帝逃往阴山。不久，西京降而又叛，辽将耿守忠率5000辽军来援，被完颜希尹、完颜娄室军阻击于西京城东40里，斩首千余人，西京失而复得，辽天祚帝逃到讹莎烈。

六月完颜娄室大军与完颜斡鲁兵至白水。夜里，完颜娄室军营中，有光如火矩之光出现于军士们的长矛之上，人们惊恐不已。完颜娄室说："这是援辽之军火速前来的征兆，来日必见重兵！"于是他号令金军严阵以待，并在驻地实行了戒严。

西夏与辽有甥舅关系，眼见辽朝面临覆灭，西夏皇帝遂派大将李良辅率兵3万救辽。金军都统完颜斜也先后派数百人迎战，均被西夏兵所败，唯有数骑得还。经过连续作战的金军，人困马乏，加上盛夏酷暑，军心不稳。面对劲敌，金军将帅们在是否继续作战的问题上发生分歧，绝大多数将领认为：敌众我寡，应该向朝廷请求援兵，在援兵未到这段时间，只宜选择水草肥美之地，养精蓄锐，决不可与之争衡！唯有完颜娄室力排众议，率1000精兵来到耶俞水，登高远望，见夏军阵容不整，他的作战方案便已形成。完颜娄室把所率骑兵分成两部分，一部分埋伏于北岸，一部分由他率领冲向彼岸，刚遇敌兵，娄室军便假装败下阵来。被引过河来的敌军还未立稳脚，此岸的伏兵便将他们的队伍拦腰切断，完颜娄室迅速调整队形，反身回战，敌军退却。正好完颜斡鲁率大军赶到，与完颜娄室合兵追击，夏军大溃。追至耶俞水，杀敌数千人。辽天祚帝逃往青冢。完颜娄室军追而围之，辽国的秦王、许王及诸妃子、公主、从臣多被金军俘获，得军械、资财无数。侥幸得脱的辽天祚帝，由应州又率5000骑与金军决战于白水泺，被金军打得大败而逃。辽天祚帝派使者请降，金军不准，便逃往云内。完颜娄室军作为先锋，马快兵勇，追得辽天祚帝惶惶不可终日。听说辽天祚帝要投奔西夏，金军以威吓和利诱手段迫使西夏以事辽之礼事金，这就使辽天祚帝失去了最后的依赖和藏身之地。

天会二年（1124年）十月，终日躲在夹山的辽天祚帝，得室韦兵和耶律大石兵，又听说完颜宗翰回金上京去了，他便萌生收复燕云之想，而没料到这是完颜宗翰、完颜希尹的诱敌之计。辽军在半路上，遭到完颜娄室伏兵的阻击，大部分投降，再加上耶律大石率兵西奔，辽天祚帝成了孤家寡人，不得不再次逃往夹山。天会三年（1125年）五月，党项族首领小解禄派人接辽天祚帝，辽天祚帝为了不被金军发现，遂引军西逃进入沙漠，完颜希尹命完颜娄室尾追而至。正逢天降大雪，人马印迹尽留地上，辽天祚帝好不容易脱身，但兵马却损失将尽。辽天祚帝衣单受冻，炊烟不举，一百姓认出了他，接到家中款待数日。辽天祚帝写纸条为凭，封这人为节度使，任命小解禄为西南招讨使，总理军事。小解禄见辽天祚帝已无一兵一卒，便以出去探路为名，将辽天祚帝行踪密告金军。完颜娄室率精兵铁骑沿着大雪初停后的踪迹，在余睹谷追及辽天祚帝，将其活捉。金太宗嘉其神勇，赏其不世之功，赐"铁券"，唯叛国罪不赦，而余罪不问。

天会三年（1125年）十月，金太宗以北宋纳叛败盟为由，诏令伐宋。完颜娄室随完颜宗翰、完颜希尹的西路军自西京入太原，完颜宗望等为首的东路军入燕山。

完颜娄室作为先锋，取马邑，败宋兵于雁门，克代州。代州守将李嗣本投降。附近忻州（今山西忻县）知府贺权等开城门降金，守将耿守思等亦降，金军抵达太原城下。太原被围，宋屡派救兵云集太原周围，完颜银术可抵挡不住，完颜宗翰派完颜娄室协助完颜银术可部御敌。完颜娄室大军首先攻破宋将樊夔10万救援大军。宋统制刘臻率援军10万人来攻，完颜娄室避其锋芒，初战即退。等到把宋援军引进包围圈，伏兵四起，完颜娄室回马再战，遂歼刘臻10万大军于寿阳，杀宋知朔宁府孙翊，及其所部援兵于太原近郊，败宋将折可求2万援兵，杀宋军马使韩权、知晋宁府罗称等15000余人。完颜娄室军在战斗中不断壮大，得兵9猛安之多，遂直趋战略要地汾州，沿途奇袭平遥、介休、灵石之军，很快攻拔汾州。完颜娄室军雄风铁骑横扫中原，以不败之战绩，名震天下，致使石州及诸县

邑不战而降。

天会四年（1126年）二月，完颜娄室在"围太打援"的同时，分兵攻取山西诸地。完颜宗翰大军以完颜娄室为先锋，取隆德府、高平等地，而金东路大军直抵北宋都城，与宋结"城下之盟"而返。

天会四年（1126年）五月，宋将仲师中以10万大军来解救太原之围，被完颜娄室、完颜活女父子战败，仲师中被斩于熊岭战阵。又败姚古6万救援之师于榆次，宋之精锐之师凡遇完颜娄室，皆溃不成军。六月初六，宋钦宗又诏解潜、折彦质、张灏等率部救援太原。八月初，完颜宗翰军败解潜于太原南关，完颜娄室于文水县战败张灏5万援兵，其他几路军望风而逃。至此，宋廷援救太原的军事行动彻底失败。宋又转而议和，八月二十日，派李若水为使求和，然而金已于八月十五下诏第二次攻宋。九月二日，被围困接近九个月的太原城，终因内无粮草、外无救兵而失陷。十月，完颜娄室攻克石州等地，降蒲察于寿阳，招降辽州及榆社、辽山、和顺诸县。当完颜宗翰率领的西路大军再次南征时，以完颜娄室子完颜活女为先锋，很快攻下洛阳。宋军在逃往黄河以南后，将黄河桥拆掉，完颜活女率兵逆黄河行30里，就河水浅处渡河登岸，宋军望之，不战而溃。完颜宗翰军遂取洛京、郑州，与完颜娄室兵合一处，铁骑滚滚南下，与完颜宗望军合围汴京。十一月，完颜娄室奉命参加围攻北宋都城汴京（开封）的战斗，十一月二十五日金军克汴。当时，完颜宗翰派完颜娄室等自平阳道先趋河南，完颜娄室至泽州，与赛里、婆卢火、辞不失等合兵，败宋兵3000于襄垣。完颜娄室督兵进战，途中遇伏兵，见宋军锋锐难敌，便避其锋而退，却命完颜活女以精兵横截之，自己则乘敌军混乱之机回马再战。他的手被箭射中，但整辔挺枪，驰击自若。宋军大败而奔城，城门刚一开，完颜娄室军便乘虚而入，金军越战越勇，遂克宋军帅府，解除了完颜宗翰、完颜宗望军围汴时的后顾之忧。

天会五年（1127年）四月，完颜宗翰大军押北宋徽、钦二帝北狩，命完颜娄室经略陕西，并讨平黄河以东未曾归附的州县。完颜娄室率军长驱直入，与宋将范致虚的30万勤王之师相遇，他以冲击、包抄、分割、设伏相结合的战法，破宋30万大军于渑池，宋兵死者盈沟，范致虚带10余骑逃遁，于是完颜娄室军攻占陕府。他率军渡过黄河，破敌 2 万，迫使解州宋军投降。金军直逼河中府（山西省运城之蒲州），蒲州城坚，宋军固守。完颜娄室命弟弟用带有防卫设施的云梯登城，继而令 3 名披甲胄的壮士增援他。4 人登城格斗，勇不可当。完颜娄室军蜂拥相继，此城遂破，蒲人西逃。完颜娄室分兵追之，先逃走的宋军烧毁河桥，走投无路的宋兵纷纷溺于汹涌的河水。完颜娄室见状，令金军分列于两岸，尽力营救落水之卒，使 500 多名宋兵得救，于是完颜娄室遂得仁慈之号。为了进一步争取民心，完颜娄室边征战边实施金太祖、金太宗"以汉人治汉人"的战略，恩威并施的两手，在关陕之地建立了较为巩固的金政权。重新设置了蒲、解两州的政权机构，以汉人的进士做诸县长史，并大力招抚散亡，尽可能弱化人民群众特别是汉族民众的反抗意识。他以其子完颜活女带兵二猛安，留镇北京（今内蒙古赤峰市）。完颜娄室率雄兵继进，又降服绛、慈、隰、石四州。然后，才回到山西云中的西路军元帅府。

天会七年（1129 年）初，金军已尽占两河（河北、河东）地，轻取汴京城，金之疆域由黄河流域向江淮地区延展。当时，宋高宗未战先逃，将中原的大片国土弃之不顾。面对于金朝十分有利的形势，以完颜宗辅、完颜宗弼为首的东路军，主张完颜宗翰军放弃经略陕西而合兵一处南下，一举捉获赵构，灭亡北宋；以完颜宗翰、完颜娄室、完颜银术可为首的西路军，则主张先略定陕西，降服西夏，然后以金、夏之合力灭宋。第二种意见的主要代表是完颜娄室。双方争持不下，就各派代表回上京，向金太宗各陈其理，请金太宗作最后的裁决。就这样，完颜娄室以西路军代表的身份回到了金上京。金太宗思谋再三，认为：乘中原人心浮动之时灭宋，乃天赐良机；但听了完颜娄室之言，又觉得"陕右之地,亦未可置而不取"。完颜宗翰作为金军主帅，只好按金太宗之命，统中军与东路军一同向南推进，完颜娄室则受太宗之命，代完颜宗翰为西路军都统。由于完颜宗翰南伐，完颜娄室统率的诸路金军，加起来才满万，但他历来深信"女真人满万，则不可敌"的断言，认为有这些兵，横行关陕足矣。于是率兵乘宋军不备渡河南进，复与范致虚的 16 万大军遇于朝邑，大破之。据守同华的宋军也闻风而降。完颜娄室军进而破重兵于潼关，攻占了京兆（今陕西西安）的许多地方。在长乐坡，完颜娄室军伏兵迭起，将数万应援京兆的宋兵全部歼灭，于是很快夺取了京兆府，并将其经制使傅亮活捉，继而降伏凤翔、陇州等地。不久，凤翔因宋廷暗中策动而叛金，完颜娄室料定宋廷必派军增援，便事先在通往凤翔的要道设下伏兵，然后率军直逼凤翔城下。完颜娄室军先破援兵10余万，后将此城攻拔。宋军不甘心失败，援军纷至，完颜娄室以不足两万之雄师，横扫西北战场。他身先士卒，料事如神，兵锋所指，无坚不摧，竟在一日之内，清晨败敌3万于武功，正午复败3万宋兵于近地，连夜破15万援军于渭南。常胜将军完颜娄室之名，遂威震天下，旌麾指处，敌兵束手，遂招降宋将折可求，收麟、府、丰三州及诸城堡。不久，又击溃晋宁军，杀其军帅徐徽言。西京（今山西大同）陕府又叛，完颜娄室率军再次讨平之，破重敌于渭水终南，接着转战西北，无人可敌。

天会八年（1130年），北宋名将吴玠率20万大军抗拒完颜娄室于武河。吴玠素来自负武艺高强，认为完颜娄室乃悍勇武夫，指名要与完颜娄室将对将地单人鏖战，以赌两军输赢，完颜娄室慨然允诺。吴玠不敌完颜娄室，慌忙败走。完颜娄室乘胜而进，大破宋军。

不久，陕府又叛，完颜娄室率兵前往征讨。他见护城河水不多，便让士兵抱干草、搭木桥于其上，然后令金军举着可防箭的冲棚，冲过护城河，

完颜娄室墓前遗存的金代石雕原物

在接近城墙的地方发起猛攻。忽然，护城河中的水干涸，兵将们还没反应过来，完颜娄室便说："宋军放干河水，一定是要采用火攻之法，点干柴、烧木桥，绝我后路，然后倾城而出，攻击我军；待火烧尽，我军能退却时，再用水攻。"说完，他一声令下，金军速退，还没有退完，就见那些干草被城上的火箭引燃，烟生沟内，顷刻火发，木桥尽为所焚，烈焰过后，宋军果然放水。金军见此，都称完颜娄室大王料事如神，进退得法。完颜娄室抓住火尽和水刚放过来的

机会，令军兵将事先备好的沙袋投入沟堑之内，于是金兵举器械攻城，很快便将该城攻破，活捉守城之将李彦仙与援救之将，立斩军前。

天会八年（1130年）秋，"搜山检海"捉赵构的完颜宗辅和完颜宗弼自江浙归来。九月，完颜娄室已是大病缠身，但听说宋将张浚自率精兵18万，待战富平，他便带病请战。当时完颜宗辅为帅，速调各路金军于富平之地，誓与张浚军会战。在会战前，完颜娄室发现有千余游骑乘暮色越沟前来偷袭，他就于隐蔽处设下伏兵，然后亲自率几个骑兵诱敌深入。完颜娄室一声呼唤，伏兵自敌人背后发起猛攻，完颜宗辅配合完颜娄室军夹击，这千余骑顷刻间被消灭几尽，留几个"活口"献于完颜宗辅。得知宋军各部的兵力部署情况，并了解到，赵哲军最为薄弱，于是完颜宗辅命完颜娄室率领左翼金军与数倍于己的宋军战于两沟之间。自中午至黄昏，完颜娄室的左翼军六次破围而出，最后战败对手。但素以勇猛闻名的完颜宗弼所率领的右路军，第一次突围后，便感到支持不住，因而边战边退，陷于困境。身负重病却获得关键性胜利的完颜娄室赶到，全力援助完颜宗弼，右翼军士气复振。但宋兵如潮涌，一时很难取胜。完颜娄室便与完颜宗弼合兵一处，集中优势兵力，猛烈冲击赵哲军。赵哲军皆老弱病残之徒，一触即溃，完颜娄室率军全力追杀，宋18万大军顷刻一败而不可收拾。金兵得胜不追，所获珍宝如山岳，不可胜计。此战是陕西战场最著名的以少胜多的战役，是从根本上奠定金军在陕西地位的战役，也是大金开国勇将、常胜将军完颜娄室所谋划指挥和参加的最后一个战役。

第二天，完颜宗辅宴请和赏赐有功将士，他以极其爱抚和尊敬的心情看着完颜娄室说："身患重病而为国鏖战，遂破大敌，古往今来的名将，哪一个能超过娄室呢？"于是完颜宗辅拿皇家饮宴时用的金银酒具和制作精细而坚实的甲胄以及7匹带铠甲的骏马赏赐给他。完颜娄室默然领受，却渐觉力不能支。

自此之后，完颜娄室的病一天比一天重。天会八年（1130年）十二月初九，大金国的开国名将、常胜将军完颜娄室病逝于泾州，终年53岁。听说完颜娄室死，兵将士人个个如丧父母兄弟，哀声动地，举国肃然。金太宗闻讯，震惊、伤悼不已，速令自己的亲兵卫队赴泾州为完颜娄室护丧，

把他葬在济州东南的奥吉里（今吉林省长春市三道镇石碑岭）。金太宗亲往祭奠，望其遗容痛哭了好长时间，无论是葬品和抚恤都十分丰厚。

五、七尺身躯一腔血，陈侯胆勇绝世无

完颜陈和尚（1192—1232年），本名彝，字良佐。金末名将。

完颜陈和尚是丰州人，按族谱关系，他出自萧王孙辈。父亲完颜乞哥，在金章宗泰和六年（1206年）参加与宋战争，以战功授同知阶州军事。后来，南宋反攻金朝，占领了阶州，完颜乞哥力战而死，战死于嘉陵江畔。完颜陈和尚自幼生长在武将之家，其成长过程中深受父亲的影响。

金宣宗贞祐初年（1213年），蒙古军攻入中原，劫掠丰州（丰州故址在今呼和浩特东南约20千米的白塔村附近）。当时完颜陈和尚20余岁，曾被蒙古军俘虏，蒙古军大帅很喜欢他，把他留在身边。这时，完颜陈和尚的母亲仍留居丰州，由族兄完颜斜烈奉养。完颜陈和尚在北边逗留一年多，借口探望母亲，请求还乡，蒙古军大帅就派兵士监视他一同抵达丰州。随后完颜陈和尚和完颜斜烈劫杀了监视的兵士，夺马10余匹，侍奉母亲南逃归金。不料被蒙古兵发觉，集合骑兵追赶，他们改走另外的方向逃脱。在途中丢失了马，母年迈不能行走，就用一种人力小车载上，兄弟二人共同拖拉，往南行走，渡过黄河回到金国。金宣宗对他们很是看重，完颜斜烈因有世袭官位，任命为都统；完颜陈和尚试任护卫，不久转为奉御。

不久，完颜斜烈出任行寿（今安徽凤台）、泗（今江苏盱眙西北）元帅府事，奏请完颜陈和尚随自己前往，朝廷就任命完颜陈和尚为宣差提控，佩戴金符。完颜斜烈敬贤下士，辟太原王渥（字仲泽）为经历。王渥文章论议，与金末名儒雷渊、李献能比肩，很受完颜斜烈重视。完颜陈和尚极聪慧，爱好文史。在充护卫居禁中时，就有秀才之誉。王渥教他《孝经》《论语》《春秋》《左氏传》，尽通其义。军中无事的时候，他就在窗下练习写笔画细如牛毛的小字，如同一位贫寒的书生，把世上各种快乐情味看得很淡。

正大二年（1225年），完颜斜烈罢帅改任总领，完颜陈和尚随兄屯守

方城（今属河南）。凡军中的事务，他都参与或者了解。正在完颜斜烈生病的时候，军中将领李太和与方城镇防军将葛宜翁相互斗殴，到完颜陈和尚面前申诉。葛宜翁理屈，完颜陈和尚就酌情令军士杖打了他。葛宜翁性格暴躁凶悍，以理屈受杖感到耻辱，竟郁郁而死，遗言要妻子为他报仇。其妻就告完颜陈和尚的状，说完颜陈和尚因私人恩怨而侵犯他人职守，故意杀害她的丈夫。她分别向御史台、尚书省、近侍官申诉，并在龙津桥南堆积柴草，声称如果不治陈和尚的罪就自焚向丈夫谢罪。完颜陈和尚因此下狱，台谏官怀疑他曾在禁卫，又握有兵权，一定是随意专断，违犯国法，应当处以死刑。他们把这意见奏报金哀宗，但因证据不足，一直不能决断。完颜陈和尚在狱中 18 个月，聚书而读，坦然处之。

正大三年（1226 年），完颜斜烈病愈，金哀宗命他提兵守西边。入朝时，金哀宗对他身体瘦弱感到十分吃惊，就问他说："你难道是因为方城这场官司还没解决的缘故吗？你尽管去吧，朕现在就赦免他。"但因御史台、谏议院的官员再次提出意见，金哀宗没敢赦免。

不久，完颜斜烈去世。金哀宗得知后，派人去赦免完颜陈和尚。金哀宗说："有司告你凭私人怨气杀人，你的兄长死了，我失去一位名将，现在因你兄长的缘故，枉法赦免你，天下定有人议论我。今后，你要奋发努力，建立功名，国家得到你的大力扶助，天下人总会认为我不是随意赦免你。"完颜陈和尚边哭边拜，悲伤的情态使身边的人都感动，连一句表示感谢的话都没能说出。

正大四年（1227 年），完颜陈和尚转任忠孝军提控。忠孝军是由回纥、乃满、羌、浑以及中原人被俘掠避罪来归者组成，情况复杂较为难制。完颜陈和尚治理有方，忠孝军都俯首听命。所过州邑，秋毫无犯，大街小巷不再有他们的喧闹

钧窑天蓝三足炉

声，每战则先登陷阵，疾若风雨，是一支劲旅。

正大五年（1228年），蒙古军进攻大昌原（今甘肃宁县东南），总帅平章政事完颜合达问谁可为前锋，完颜陈和尚应声而出。他已沐浴易衣，誓决一死战，披甲上马，头也不回地去了。这天，完颜陈和尚率忠孝军400骑力战，破蒙古兵8000之众，三军将士奋勇参战，取得了大昌原之捷。自从金蒙战争以来已经20余年，这是金朝第一次取得这样大的胜利。向朝廷报功时，完颜陈和尚论功第一，金哀宗亲自下旨表彰勉励，授定远大将军、平凉府判官，世袭谋克，一日名震天下。

完颜陈和尚和他率领的忠孝军为诸军所倚重。

正大七年（1230年），蒙古真定万户史天泽率领河北蒙、汉军围攻卫州（今河南汲县），完颜陈和尚随平章政事完颜合达、副枢密使移剌蒲阿救援。他率忠孝军为先锋，击败蒙古军，解卫州围。

正大八年（1231年），蒙古速不台部攻陕西，兵至潼关，他率忠孝军往救，大败蒙古军，追至倒回谷（今陕西蓝田东南）。陈和尚在获释后的四五年间，屡立军功，官至御侮中郎将。

天兴元年（1232年），完颜合达、移剌蒲阿驻邓州欲与蒙古军决战，但蒙古军统帅拖雷避开金军主力，分道趋开封。正月，完颜合达、移剌蒲阿率领骑兵2万、步兵13万，自邓州急赴开封，完颜陈和尚亦在军中。蒙古军采取避实就虚、灵活多变的战术，不断邀击北上的金军，金军将士一路作战，疲惫不堪。进至钧州三峰山（今河南禹州西南），适遇大雪，军士三日未食，披甲僵立在雪中，枪槊结冻如椽。蒙古军则利用时机充分休息，然后全线进击，金军损失惨重。最后，蒙古军有意让开一条通往钧州的路，放金军北走，乘势夹攻，金军全军覆没。移剌蒲阿被擒，完颜合达与完颜陈和尚率金军残部数百骑败入钧州（今河南禹县）。

蒙古军攻入钧州，完颜陈和尚率残部顽强地进行巷战。蜂拥而上的蒙古军队越来越多，完颜陈和尚见无力回天，便对蒙古军士兵们说："我是金国大将，要见你们的主将谈事情。"蒙古军士兵们用骑兵数人夹着他，来到大将行帐前。

蒙古大将问他姓名，完颜陈和尚说："我就是忠孝军总领完颜陈和尚，大昌原战胜的是我，卫州战胜的也是我，倒回谷战胜的还是我。我如果死在乱军中，人们还以为我死在逃跑的路上。今天，我要死得光明正大，天下定有了解我的人。"这时，蒙古大将想要逼迫他投降，就对他用刑。完颜陈和尚宁死不屈，先斫足折胫，又从口到耳割开他的脸部，完颜陈和尚喷血呼叫，至死不绝。时年41岁。蒙古军主将佩服他的忠义，以酒洒地祝祷："好男子，他日再生，当令我得之。"

同年六月，金哀宗为表彰完颜陈和尚的忠烈，诏赠镇南军节度使，塑像立褒忠庙，刻石立碑纪其事迹。

六、五朝名臣政绩显，心系社稷建树多

在中国金代有这样一个人物，他历仕金太祖、金太宗、金熙宗、金海陵王、金世宗五朝，勤于政务，官至尚书令。他在金海陵王和金世宗统治时期，锐意改革，任宰相十余年间，政绩卓越，推动金朝快速发展，为后人所津津乐道。他就是金代历史上的传奇人物——五朝名臣张浩。

张浩（1102—1163年），字浩然，籍贯辽阳（今辽宁省辽阳市），渤海人。

女真文化是借鉴于契丹、汉文化而开启的，使女真人最先接触到契丹、汉文化的是一些仕辽而又汉化很深的渤海人。契丹太祖天赞五年（926年），辽朝灭亡渤海国，改为东丹国，以耶律倍为王，后来南迁到辽阳，从此以后辽阳便成为渤海大姓聚居的地方。在这些大姓中，张浩一家尤其显贵，是当时辽东的望族。张浩的曾祖张霸，曾任辽金吾卫上将军，祖父张祁、父张行愿也都是辽朝的官吏。渤海在唐时已通用汉字，张浩出身官宦人家，不仅熟通汉文化，更通晓中原文物制度，这使他在女真族的封建制改革中能够发挥比较重要的作用。

天辅年间，金太祖破辽东，张浩前去投奔宫政，得到赏识，立为义子。金太祖以他为"承应御前文字"（《金史·张浩传》，以下凡未注出处者皆引此传），办理文字事务。金太宗天会八年（1130年），赐进士及第，授秘书郎。先后受命修宫室、定朝仪、"管勾御前文字"。金熙宗时，由户、工、礼三部侍郎升为礼部尚书，参与"详定内外仪式"，在金熙宗时的一系列改革中起了一定的作用。

天德元年（1149 年），金海陵王杀金熙宗自立。为了巩固自己的地位，在镇压女真贵族的同时，他大批任用汉人、契丹人和渤海人。张浩也受到金海陵王的重用。金海陵王夺取帝位后，召张浩为户部尚书，拜参知政事。天德二年（1150 年）十一月，进拜尚书左丞。贞元元年（1153 年）三月，进拜平章政事，贞元二年（1154 年）二月，拜尚书右丞兼中书令。贞元三年（1155 年）二月，又进拜左丞相兼侍中。正隆元年（1156 年），金海陵王废中书、门下两省，只存尚书省。正隆六年（1161 年）七月，张浩以左丞相进为太傅、尚书令、司徒。金海陵王统治时期，张浩进入金朝中央最高领导机构，使他的政治才能得到了很好地发挥。这一时期，他所从事的最有意义的一项工作是营建中都。

金海陵王是金朝最有改革精神的一个皇帝，在他统治的 12 年间，展开了比金熙宗时期更为激进的一系列改革。其中最重大的改革，就是把金朝的都城从上京（今黑龙江哈尔滨阿城区）迁到燕京（北京市）。燕京虽然是战略重地，但是并不是一个非常富有的国都之地。金海陵王迁都燕京，最重要的一个问题就是京城的营建。在张浩的政治生涯中，营建燕京是他非常重要的一个阶段和政绩。

天德三年（1151 年）三月，金海陵王命张浩等增广燕京、营建宫室。张浩营建燕京，仿汉人都城宫室制度。都城周围 75 里，共 12 个城门。都城中的内城是皇帝的宫城，周围 9 里 30 步。内城南门称宣阳门，为正门。宣阳门上有重楼，三门并立。内城内建宫殿 9 重，共 36 殿，皇帝宫殿居于正中，其后为皇后宫殿。内城之南，东边建太庙，西边是尚书省。内城之西，还建有同乐园、瑶池等皇室贵族游乐之所。整个工程金碧辉煌，规模宏丽，简直可与

磁州窑白釉黑花牡丹纹梅瓶

汉唐时的长安宫室相比。贞元元年（1153年），金海陵王定都燕京，"以燕乃列国之名，不当为京师号，遂改为中都"（《金史·地理志》）。张浩又请求凡四方的百姓愿意居住在中都的都免除十年的赋役，以实京师。金海陵王采纳了他的意见。金海陵王迁都燕京，进一步打击了女真贵族保守势力，推进了女真族的封建化。同时，也奠定了金、元两代京都规模，对其后的中国历史产生了重大影响。张浩在这一重大事件中的作用是不能低估的。

金世宗即位后，拜张浩为太师、尚书令。此时张浩已年老多病，但他仍协助金世宗实行汉化政策。当时，有人主张罢科举，金世宗不敢决定，说："吾见太师议之。"张浩入见，金世宗问他："自古帝王有不用文学者乎？"张浩回答说："有。"金世宗问："是谁？"张浩回答说："秦始皇。"金世宗对左右说："岂可使我为秦始皇乎？"废除科举的议论遂止。在张浩的帮助下，金世宗坚定了实行科举制度的决心。

张浩一生为金朝推荐了许多的人才，这些人后来大都成了当朝名臣。这也是张浩对金朝政治一个非常重要的影响。

张浩身仕五朝，任宰相10余年，是一个练达政务的能干的官吏。金熙宗时，统治集团内部的矛盾相当激烈。右丞相韩企先死后，完颜宗弼开始排斥韩企先一派的汉臣。田珏原是韩企先提拔的汉官，任吏部侍郎。韩企先临死前，向完颜宗弼推荐他做宰相。韩企先死后，完颜宗弼借故杀田珏，被牵连者达几十人，尚书省为之一空。张浩因与完颜宗弼信任的汉臣蔡松年友善，受命行六部事。他办事干练，讲究效率，很受人们的称道。

金熙宗统治后期，为免受朝廷派系斗争的牵连，张浩以有病为由，请求到外地做官。他曾做过彰德军节度使、燕京路转运使、平阳尹等官，很有政绩。他任平阳尹时的政绩，更为人们所称道。平阳地区治安状况不好，为盗的很多。临汾有个男子在夜里抢夺民家妇女，张浩将他逮捕，并出榜杀了他。从此，为盗的就减少了。在平阳的近郊有淫祠，郡里的人都很信奉他。庙祝、田主趁机争夺香火的利益，累年不决。成为民害。张浩命人拆毁淫祠，把供奉的神像投到水里。从此，强宗黠吏屏迹，不敢再犯，郡中大治。金世宗时，杨伯雄任平阳尹，也很有政绩。平阳百姓赞扬说："前有张，后有杨。"

金熙宗、金海陵王统治时期，是女真族由奴隶制向封建制过渡的大变革时期，改革派和保守派的斗争与统治阶级内部争权夺利的斗争交织在一起，形势十分复杂。在政治斗争的旋涡里，人们升降沉浮，很难把握自己的命运，弄得不好，甚至会把命丢掉。但是，在这种纷乱的局势下，张浩却"无事不为，无役不从，为相最久"，官运亨通，很少受大的打击。究其原因，主要和他善于明哲保身有关。

皇统六年（1146年）二月，右丞相韩企先病死，完颜宗弼开始排斥朝中韩企先一派的汉臣。吏部侍郎田珏被指控结纳朋党，被排挤出朝。次年六月，田珏以结党专擅罪被处死，株连尚书省汉臣多人，尚书省为之一空。在这种情况下，张浩受命行六部事。由于办事干练，人们很佩服他的才能，这本是他施展才能的好机会，但他看到当时政局混乱，大狱迭起，决心离开京师避祸。他以身体有病为名，请求到外地做官。金熙宗晚期，他先后任彰德军节度使、平阳尹等官，直到金海陵王即位，才又被召还京师。

金海陵王统治时期，张浩因办事干练、营建中都有功，很受重用，担任宰相多年。但他却处处小心谨慎，遇事不敢坚持己见，甚至违心地去做他不愿做的事。正隆三年（1158年），金海陵王为了南侵宋朝，准备迁都汴京（今河南开封），把这里作为进兵江南的大本营。他派张浩和敬嗣晖营建汴京宫室。营建汴京宫室非张浩所愿，他委婉地对金海陵王说："往岁营建中都，天下乐然趋之，今民力未复，而重劳之，恐不似前时之易成也。"金海陵王没有接受他的意见，他也就没有坚持，违心地到汴京去营建宫室。在修建宫室过程中，金海陵王时常派宦官梁充去视察。当时，汴京工程浪费惊人，"一殿之费以亿万计"，梁充见了还说不够华丽，有时甚至命令毁掉重建。张浩以丞相之尊，"曲意事之"（《金史·梁充传》），不敢得罪他，害怕他到金海陵王身边说自己的坏话。

金海陵王一心想南侵宋朝，进而统一江南。对此，张浩是不赞成的。但是，当金海陵王向他征求意见时，他却不敢正谏，只用婉转的话来回答，想以此稍止金海陵王用兵江南。他上奏说："臣观天意，欲绝赵氏久矣。"金海陵王听了这话很觉吃惊，说："何以知之？"张浩回答说："赵构无子，树立疏属，其势必生变，可不烦用兵而服之。"金海陵王虽然喜欢他的话，但并不听从。

金海陵王南伐失败，在扬州兵变中被杀，留守在汴京的太子完颜光英也被杀死。张浩见大势已去，便派户部员外郎完颜谋衍向金世宗上贺表，表示拥戴，又做起金世宗的宰相。

对张浩的为人，金海陵王颇有些不以为然。他曾说："左丞相张浩练达政务，而颇不实。"（《金史·纥石烈良弼传》）他重用张浩，主要是看中他的才干，却不十分信任他。《金史》说金海陵王对张浩"用之厚，遇之薄"，是有一定道理的。

张浩曾身仕金太祖至金世宗五朝且担任宰相长达 10 余年，其宦途一直无大的波折，去世后也享有很高的声誉，这与其家世背景、从政能力和老练的处世方法有着极为重要的关系。另外，身为宰相，张浩能够心系社稷，恰当地向朝廷举荐人才，推动整个金代的发展，他的一生是应该给予肯定的。

七、凶悍骜横胡沙虎，举朝所恶坐其家

胡沙虎（？—1213 年），后名纥石烈执中，女真人。金朝权臣。

大定八年（1168 年），胡沙虎任皇太子护卫，其后改任太子仆丞、拱卫直指挥使等职。

明昌四年（1193 年），胡沙虎因为殴伤监酒官而受罚。不久，胡沙虎迁右副点检，因"肆傲不奉职"被降为肇州防御使。明昌五年（1194 年）迁兴平军节度使，其后官职又有变更，曾任知大名府事。

承安二年（1197 年），胡沙虎被召为签枢密院事。金章宗诏胡沙虎跟随丞相完颜襄征伐，胡沙虎不打算前往，上奏说："臣和完颜襄有过节，他将杀害臣。"金章宗对他出言不逊感到愤怒，命有司治他的罪，不久赦免了他，出为永定军节度使。胡沙虎后来改任西北路招讨使，复为永定军节度使，又因犯事被解职。

泰和元年（1201 年），胡沙虎又被起用为知大兴府事，任内被御史中丞孟铸弹劾说："胡沙虎贪婪残忍、专横放肆，不奉法令。赦免之后，屡次犯错却不改过。已经得到陛下的施恩宽宥，反而转生跋扈骄横之心。"于是胡沙虎被改任武卫军都指挥使。

泰和六年（1206 年）十月，胡沙虎在对宋战争中攻克淮阴，进兵围楚

州，迁元帅左监军。不久，南宋请和，胡沙虎西南路招讨使，改西京留守。

大安元年（1209年），完颜永济授胡沙虎世袭谋克，再次出任知大兴府事，后来又复为西京留守，行枢密院，兼安抚使。

大安三年（1211年），蒙古进攻金国，胡沙虎率兵7000在定安之北迎战蒙古军，却临阵脱逃，其军遂溃败。胡沙虎走到蔚州时，擅取官库银5000两及衣币诸物，夺官民马，入紫荆关后又杖杀了涞水县令。胡沙虎来到中都，朝廷却没有治他的罪，更升他为右副元帅，权尚书左丞。胡沙虎更无所忌惮，自请步骑2万屯宣德州，朝廷只拨了3000人给他，令驻妫川。

崇庆元年（1212年）正月，胡沙虎请求移屯他处，给尚书省的文书竟然说："蒙古大军来了必然无法抵挡，我一死不足为惜，但3000军队为之担忧，十二关、建春、万宁宫将无法保住。"引起朝廷不满，下有司按问，诏数其15项罪名，罢归田里。次年，胡沙虎又被召至中都，预议军事。左谏议大夫张行信、丞相徒单镒等人认为不可以任用胡沙虎，事情暂时搁置。胡沙虎被罢官以后，极力结交完颜永济左右的宦官侍者。

在至宁元年（1213年）五月，完颜永济再次起用胡沙虎，任他为右副元帅，把武卫军数千人交给他指挥，屯中都城北。

这时候蒙古兵离中都越来越近了。作为右副元帅的胡沙虎不去做好抵御蒙古兵进攻的战斗准备，而是每天带着人打猎放鹘子，耽于田猎，疏于军务，完颜永济知道后，就派使者到胡沙虎营中责问他。当时胡沙虎正在喂鹘子，听了皇帝的指责极为不满，从笼中抓起一只鹘子往地下用力一摔，鹘子不一会儿就死了。他说："我胡沙虎干事向来是我行我素，不喜欢受人干涉，谁想干涉我的行为，这只鹘子就是下场！"

胡沙虎已经露出了弑君谋反的端倪。使者把他的言行禀报以后，完颜永济竟未对胡沙虎采取制裁措施。胡沙虎见皇上软弱可欺，国家又遭蒙古军侵犯，认为有机可乘，更坚定了谋反弑君的决心。经过密谋之后，于至宁元年（1213年）八月二十五日的晚上兵分两路开进中都城，一路进攻彰义门，一路进攻通玄门。胡沙虎骗开了城门，用计杀死了守城的左副元帅徒单南平及他的儿子刑部侍郎没烈，并把他们所属部队收归己有。接着，他率兵包围皇宫，到了东华门，只见大门紧闭。胡沙虎命人叫门，守门亲军首领冬儿与蒲察六斤，情知有变，不肯开门。胡沙虎立即命军士火烧东华门。军士们搬来木柴，堆积在门楼下，点上火，霎时烈火腾空，东华门变成了一片火海。守门军士纷纷逃跑。胡沙虎又命人搬来云梯，命令亲随护卫斜烈乞儿、春山二人率军从云梯上翻进宫城中，砸开大锁，打开东华门。胡沙虎一拥而入，解散了禁卫军，

白地黑剔花矮梅瓶

全部换上了自己的亲兵。这时候，胡沙虎自称监国大元帅，要求礼部令史张好礼为他铸造一颗监国元帅的大印。张好礼说："非法铸印，实难从命，要杀要剐，将军请便。"胡沙虎拿张好礼没有办法，只好将他赶了出去。

第二天一早，胡沙虎就派亲兵把完颜永济赶出宫门，押送到卫绍王府软禁起来了。然后，胡沙虎立即派黄门官到内宫去取皇帝的玉玺。黄门官到存放玉玺的房内一看，只见护玺的郑夫人正坐在玉玺旁边。黄门官向郑夫人说明了来意，郑夫人义正词严，痛骂了一顿。黄门官赶忙向胡沙虎报告，胡沙虎亲自来到郑夫人身边，郑夫人冷眼看了他一眼，闭上眼睛，端坐不动。胡沙虎恼羞成怒，上前去抢。郑夫人猛然站起，双手高举玉玺，厉声说："住手！如果你再往前走一步，我就把玉玺砸碎，让你什么也得不到！"胡沙虎被郑夫人的举动惊住了，再也不敢往前走了。最后，胡沙虎命人在宫中搜出了另一颗刻有"宣命之宝"的金印，假传皇帝圣旨，把他的几十个同党全部封了高官。接着，胡沙虎派宦官李思中到卫绍王府，杀死了完颜永济。

完颜永济死后，胡沙虎就打算登基做皇帝了。时尚书右丞相徒单镒劝道："金国的皇帝历来都是完颜氏，现在你杀了皇帝，要取而代之，天下的人会愿意吗？如果天下的人都来反对你，你的皇帝能当长吗？"胡沙虎听从

了徒单镒的意见，派人把完颜珣迎回朝廷，拥立为皇帝，史称金宣宗。因胡沙虎拥立有功，被封为太师、尚书令、都元帅，监修国史，封泽王，授中都路和鲁忽土世袭猛安。

元帅右监军术虎高琪屡战不利，胡沙虎警告他说："你连吃败仗，如再战不胜，当以军法从事。"再出战果然又败，术虎高琪害怕，便于十月十五日带军队入京，包围了胡沙虎的家，杀了胡沙虎全家，提着他的首级到朝廷请罪。金宣宗赦免了他，并任命他为左副元帅，一起的将士都各有封赏不等。

八、妒贤树党作威福，跋扈擅权坏天下

术虎高琪（？—1219 年），又作术虎高乞，金朝大臣。女真族。西北路猛安人。

术虎高琪于大定二十七年（1187 年）担任护卫，转为十人长，出任河间都总管判官，又召回任武卫军铃辖，迁为宿直将军，授为建州刺史，改任同知临洮府事。

泰和六年（1206 年），攻打南宋，他和彰化军节度副使把回海防备巩州诸镇。宋军 1 万多人从巩州辘轳岭入侵，高琪奋力迎击，打败了他们，受赐银百两，各色彩锦 10 端。青宜可前来归降，诏令知府事石抹仲温和术虎高琪一同出界，和青宜可合兵继续进攻。金章宗对术虎高琪说："你年纪还轻，近来听说在和宋军作战时奋力勇敢，我很高兴。如今和仲温一起出境攻打，如果成功，高爵厚禄，朕是不会吝惜的。"

同年，金朝下诏封吴曦为蜀国国王，派术虎高琪为封册使。金章宗告诫他说："卿喜欢读书又懂事，蜀人也听知你的盛名，不要因财物而动心，有失国家大体。如果跟从的人员有违礼生事的，你和乔宇严加观察回来上报朝廷。"出使回京，加封为都统，号称平南虎威将军。

宋将安丙派李孝义率领 3 万步骑兵攻打秦州，他先用 1 万人包围皂角堡，术虎高琪领兵救援。宋军在山谷列下阵势，以战车为左右翼，设下弓弩前来迎战。两军交战后，宋军假装败退。术虎高琪见宋军设有埋伏不能前进，便让军队后退以整顿阵容，宋兵又来战。先后打了 5 仗，宋军越加坚固，

难以取胜。术虎高琪便将军队分为两队，一队出战一队休息，那部分战回这部分又出去接战，相互轮换。过了许久，他又派蒲察桃思刺悄悄带一部分军队上了山，从山上居高临下，前后夹击，大败宋军，斩首级4000，活捉几百人，李孝义这才解围而去。宋兵3000人占领马连寨准备进攻湫池，术虎高琪派夹谷福寿打败了他们，斩首级700余。

大安三年（1211年），累官至秦州刺史，带领飑军驻守在通玄门外。不久，缙山县升格为镇州，任命术虎高琪为防御使，代理元帅右都监，所领的飑军也分别各有赏赐。

至宁元年（1213年）八月，尚书左丞完颜纲领兵10万在缙山设置行省，兵败。

贞祐初年，术虎高琪晋升为元帅右监军。闰月，金宣宗对术虎高琪说："听说有关军中事务都要等待朝廷答复才办，这样能不失去机会吗？从今以后应当当机立断，我只是要求你们取得成功罢了！"

当月，金宣宗下诏将术虎高琪的军队从镇州调回镇守中都南面，到达良乡时难以前进，便返回中都。他每次出战都失败，胡沙虎警告他说："你连吃败仗，如再战不胜，当以军法从事。"术虎高琪害怕被杀，便先下手为强，带兵杀了胡沙虎。不久，金宣宗任命术虎高琪为平章政事。

金宣宗在论及马政时，对术虎高琪说："往年到西夏买马，现在西夏还肯卖吗？"术虎高琪回答说："木波养了许多马，可以买到，收取边境部落的马匹，数量也不少了。"宣宗说："把边境的马匹都收来，遇到危急时怎么办？"过了3天，高琪又上奏说："河南各镇防备部队有20多军，估计可以得到精锐骑兵2万，这样危急时也就够用了。"金宣宗说："马匹虽多，饲养有一定方法，练习也有固定时间，详告各有关方面让他们多加留心。"

贞祐二年（1214年）十一月，金宣宗问术虎高琪说："所制造的兵器往往不能用，这是谁的罪责？"术虎高琪回答说："军器的好坏在于兵部，材料物资则属户部，工匠则归工部。"金宣宗说："要治罪，否则将会坏了大事。"金宣宗问杨安儿的事，术虎高琪回答说："贼人据险固守，我让主将用石墙将他围在里面，这样就跑不出来，早晚可以活捉他。"金宣宗说："可

以加急进攻。如果让敌人力战突围，我军必有伤亡。"

应奉翰林文字完颜素兰从中都商议军事回京，上书求见金宣宗，并请求屏去左右随从。过去有惯例，上奏秘密要事时就让左右退下。前些时候，太府监丞游茂因为术虎高琪威权过大，朝内外都害怕，他常因此感到忧虑，便入见金宣宗，屏去左右密奏，请金宣宗加以抑制。金宣宗说："既然已经委任了他，权力怎么会不重？"游茂回去以后心中不安，就又想交结术虎高琪，便跑到他家里上书说："宰相自有制度，怎么能够因此而招致国君的猜疑，使天下人在背后议论。"他还怕术虎高琪不相信，又说："我曾经私下见了皇上，他确实厌恶相公权力过重。相公如能任用我的话，我一定能够使皇上不怀疑，下面也没有人加以议论。"

术虎高琪听说游茂曾经请求屏去左右向金宣宗奏事，心中怀疑，便将这事奏告金宣宗。游茂论罪应死，下诏免去死刑，责打100杖，除名。从此凡是屏退左右奏事的，一定让一位近臣侍立于旁。当完颜素兰请求密奏金宣宗时，就将他召到近侍局，给他纸笔，让他把想说的话都写在上面。过了一会儿，金宣宗在便殿召见他，只留近侍局直长赵和和在旁边侍立。完颜素兰上奏说："近日，元帅府商议要削去伯德文哥的兵权，朝廷便下诏他统领义军。可是，他不肯接受改任的命令，元帅府已准备讨伐和逮捕他，朝廷却又下诏赦免了他，而且不让他的军队隶属于元帅府。不知是谁替陛下出的计谋，我在外面听到传闻都说出自平章高琪。"金宣宗说："你怎么知道这事出自高琪？"素兰说："臣下见到伯德文哥送给永清副提控刘温的文书上说，差人张希韩从南京回来，说是副枢平章处理这事，已上奏让伯德文哥隶属大名行省，不必听从中都帅府的管束。刘温便将此事告知帅府。由此可见，术虎高琪和伯德文哥相互勾结，此事已清楚了。"金宣宗点了点头。

完颜素兰又上奏说："高琪原来没有多少功劳和声望，以前是因为怕死而擅自杀了胡沙虎，这是无可奈何才采取的办法。他嫉忌贤能，私结党羽，窃夺威权，作威作福。去年，京都有位书生叫樊知一的去见术虎高琪，对他说磩军不可信任，只怕会发生变乱。高琪用刀杖把他杀掉了，从此没有人敢再进言军国大事了。他又派同党移刺塔不也任武宁军节度使，招抚磩军，但徒劳而无功，又任命他当了武卫军使。依臣所见，这个贼臣灭乱朝廷纲纪，残杀忠良，实在有不让国家安宁和得到治理的心思。望陛下果断处置，才是社稷的福祉啊！"金宣宗说："让我慢慢考虑。"完颜素兰离开时，金宣宗又告诫他说："千万不可泄露。"

贞祐四年（1216年）十月，蒙古大军攻下了潼关，到达嵩、汝之间，待阙台院令史高嶷上书说："原来在河朔失败时，朝廷没有及时出兵应战，这是首次失去机会。当深入我国境内时，都城中精兵不下数十万人，如果尽力为国作战，必定没有今日之忧，这是第二次失去了机会。退却之后，又不商议追击敌人，这是失去了第三次时机了。如今敌人已越过关隘，不加紧进行防御，祸患更深重。请命令平章政事高琪当元帅，以满足大家的愿望。"上书后没有答复。

御史台建议将陕西部队扼守潼关，跟右副元帅蒲察阿里不孙形成掎角之势，选派在京都的勇将十几人，让他们各带领几千精兵，随机作战，边战边守，同时下令河北部队，也以这种办法对付敌人。金宣宗诏令交尚书省，术虎高琪上奏说："朝官们平时不懂军事，防备敌人的计谋，不是他们所能知晓的。"于是将这份奏疏搁置下来。术虎高琪只想留下重兵防守南京，使之稳固些，州县被攻破，他并不心疼。金宣宗被他所迷惑，对之言听计从，终于导致自毙。

不久，升任术虎高琪为尚书右丞相，他上奏说："凡是监察有失于纠正弹劾的请遵从本法。如果使者入国以后，私通言语，告知本国事情的，或宿卫、近侍官员、承应人出入于亲王、公主、宰执重臣家里的，因灾荒受伤害而缺少食物，体察情况不实，致伤亡人命的，转运军储物资，却装载私货的，以及对参加考试的举人关隘检查不严的，一并给予杖责。在京城连犯两次的，朝官降为监察一等以抵罪，其余的只由专差坐罪。任满时确定官员升降，如果在任内有漏于审察的事情应当处置的，依照规定属于称职一类的，只以平常认定；政绩平常的，按照降罚一类处置。"金宣宗认为可行。术虎高琪又请求修筑南京的内城。金宣宗说："这个工程一动工，民众就受累了。城池虽然坚固了，能够独自安宁吗？"

起初，有个叫王世安的向朝廷进言，献攻取盱眙和楚州的计策，枢密

院上奏请求任命王世安为招抚使，选派有勇有谋的两三个人一起前往淮南，招抚红袄贼徒和淮南的宋朝官员。宣宗同意奏请，诏令泗州的元帅府派人随同前往。

兴定元年（1217年）正月初五，赴宋朝祝贺新年的使者上朝辞行，金宣宗说："听说息州那里跑来许多宋人，这是宋国边界上的饥荒民众在沿淮一带作乱，宋人怎么敢来进犯我国？"术虎高琪请求攻打宋国以扩大国土。皇帝说："我只要能够守住祖宗所交给的土地就够了，何必还要向外攻打。"术虎高琪谢罪说："如今雨雪如期而至，都是圣德所致。我国能够包容小国，天下大幸，我所说的过分了。"四月，派遣元帅左都监乌古论庆寿、签枢密院事完颜赛不南取土地，不久立即下诏罢兵，但是从此和宋断绝往来了。

十月，右司谏许古劝告宣宗跟南宋议和，金宣宗让许古草拟文书，然后传示宰辅之臣。术虎高琪说："文辞中有哀告祈求之意，这是自示衰弱，不能用。"这件事也就停止了。

十二月，胥鼎进谏伐宋的事情，术虎高琪说："大军已经进发，不能再复议。"于是又停止了。

兴定二年（1218年），胥鼎上书进谏说："钱粮这种繁杂之事，不是天子所能兼管的。天子总管大政，责成下面办好而已。"术虎高琪说："陛下效法于'天行健，君子以自强不息'之意，忧虑和勤于日常事务，日夜不停，这是将会取得太平的步骤啊！胥鼎所说的不对。"

金宣宗因南北两面同时作战而深为忧虑，右司谏吕造上奏章说："请下诏让内外百官各自上密封的奏章言事，直言无所避讳。有时召见，亲自访问。陛下博采众议兼听，则让下属人员都能尽情表达意见，天下大幸。"金宣宗表示赞许并采纳，诏令百官议论有关河北、陕西防守御敌的计策。术虎高琪内心十分忌恨，不采纳一句话。当时，正修建汴京的内城，金宣宗问术虎高琪："人们都在传言说这个工程恐怕难以修好，你以为如何？"术虎高琪说："终当修成，但城下壕沟来不及挖吧！"金宣宗问："没有城壕行吗？"术虎高琪说："如果防守得法，即使敌兵前来，臣等越加能够效力。"金宣宗说："与其让敌人到城下，何如不让他们到这里更好。"术虎高琪无言以对。

术虎高琪自从当了宰相以后，专力巩固权势和求得金宣宗的宠信，擅自作威作福，和高汝砺一唱一和。术虎高琪主管机要事务，高汝砺掌管财政大权，依附自己的就重用，不依附自己的就排斥。凡是进言时和自己想法相反的，或者自负有才干敢于同自己抗衡的，他便表面上向金宣宗赞扬他的才能，同时让他到河北去办事，实际上是暗中置之于死地。自从他不再兼任枢密元帅以后，便时常想掌握兵权，因而力劝金宣宗攻打宋朝。他不再把河北方面事情放在心上，所有的精兵都布置在河南，苟且度日，不肯轻易出动一兵一卒，以援救危急的地方。

平章政事英王守纯要告发术虎高琪的罪状，密召右司员外郎王阿里、知案蒲鲜石鲁剌、令史蒲察胡鲁一起谋划。石鲁剌、胡鲁把这件事告诉了尚书省都事仆散奴失不，仆散奴失不又告诉了术虎高琪。英王因害怕术虎高琪同党为数众多，因而不敢加以揭发。不久，术虎高琪让他的奴仆赛不杀了他的妻子，然后归罪于赛不，要把他送到开封府杀掉灭口。开封府害怕术虎高琪的威势，不敢追究真实情况，便判赛不死刑。事情被觉察之后，金宣宗早就听说术虎高琪奸诈无恶不作，便因这件事而杀掉了他，这时是兴定三年（1219 年）十二月间。尚书省都事仆散奴失不将英王的计谋告诉了术虎高琪，论罪判死刑。蒲鲜石鲁剌、蒲察胡鲁各被责打 70 杖，勒令停职。

起初，金宣宗准备迁都南京，打算把碪军安置在平州，术虎高琪不愿意。当迁都汴京以后，金宣宗告诫象多，让他厚待这支军队，而象多却很快杀了飐军的几个人，以致失败。金宣宗到晚年时曾说："坏我天下的，是高琪和象多啊！"他终身引以为恨。

第四章 / 内外关系

一、国力渐强抗压迫，反客为主金代辽

1. 奋起抗辽

当女真贵族一步步强大，认识到自身的力量之后，对辽朝的态度发生了变化。他们一改以前的奉命唯谨或阳奉阴违的做法，公然在辽统治者面前表露自己的不满。

完颜乌雅束继为节度使后，与高丽争夺曷懒甸、苏滨水一带的女真部落，巩固了联盟的东南诸部；并以辽不遣还完颜阿疏为由，拒绝向辽贡献海东青。辽天庆三年（1113年），完颜乌雅束死，其弟完颜阿骨打为节度使。完颜阿骨打胸怀大志，义气雄豪，曾在前一年辽帝春捺钵头鱼宴上，拒绝为辽帝歌舞助兴，与辽的矛盾、冲突公开化。

辽天庆四年（1114年），完颜阿骨打在掌握了辽朝东北边防的实情后，毅然决定对辽用兵，发动了对辽边城的攻击。诸军集于涞流水，完颜阿骨打登山誓师，揭露辽朝罪恶，又激励女真将士："汝等同心尽力，有功者，奴婢部曲为良，庶人官之，先有官者叙进，轻重视功。"诸军士气高涨。至辽境，与辽部署的渤海守军激战。完颜阿骨打身先士卒，诸军勇气倍增，辽军大溃，遂乘胜进军宁江州（今吉林扶余东石城子）。阿骨打以2500人誓师，攻克宁江州。宁江州之战的胜利，使女真人受到极大鼓舞，部分女真贵族提出了建国自立的主张。

辽朝在宁江州失利后，遣军屯驻距宁江州不远的出河店（今黑龙江肇

源西）以备女真。完颜阿骨打
利用辽军的麻痹思想，出其不
意抢渡鸭子河（松花江一段），
以甲士1000多人突袭辽军于出
河店，又获全胜。出河店战役
对辽朝的影响很大，辽天祚帝
受到北院枢密使萧奉先的蒙骗，
按照萧奉先的建议赦免了战败

金朝君臣塑像

的兵将，使诸军认为"战则有死而无功，退则有生而无罪"，从此以后士
无斗志，遇敌即溃逃。

在统一女真诸部和抗辽斗争中，女真贵族锻炼和培育了一批能征善战
的将领，组织了一支敢打敢拼的军队，在宁江州、出河店两次大战后，又
以俘获的人口、装备充实了军力，实力迅速发展。辽人曾说过："女真兵满
万，则不可敌。"至此，这支令辽军丧胆的女真军，兵力骤增至万人。

与辽军的两次较量，使女真人对辽朝政治的腐败、军事的无能、士气
的低落、民心的涣散有了更进一步的认识。

2.议和之路

完颜阿骨打率领的女真军队虽然出师告捷，但是，他们面对强大的辽
王朝，还没有胜算的把握。在这种情况下，阿骨打一方面于1115年建国，
国号为金,建元收国;另一方面以"和议佐攻战",进一步发展了自己的实力。
当时的态势是：不惟辽朝五京当时尚未受到任何威胁，就连辽朝控制生女
真的军事重镇黄龙府（今吉林农安县）也还没有被女真人攻克。在这种情
形下，完颜阿骨打才决定与辽朝进行和议，讨价还价。

双方的议和活动从收国元年（1115年）正月就开始了，完颜阿骨打提
出议和的先决条件是:"若归叛人阿疏,迁黄龙府于别地,然后议之。"其实,
归还阿疏只是一个借口，完颜阿骨打所提的条件，其实质性的内容是第二
点，即"迁黄龙府于别地"。完颜阿骨打起兵反辽，主要是因为不堪忍受
辽朝的压迫，在他起兵之初，并没有推翻辽朝并取而代之的打算，而只是
想争取女真族的独立地位罢了。

金代彩绘砖雕

从正月开始的议和活动，持续到当年九月。其间双方使节至少往返4次，但各自提出的条件相距太远，谈判没有结果。

完颜阿骨打见和谈无望，于是在九月攻克了黄龙府。辽天祚帝见黄龙府失陷，下令亲征，率辽军、汉军10余万，号称70万，讨伐女真。由于耶律章奴的废立活动，辽天祚帝的亲征军没有与金人接触便撤回，女真军以轻骑2万奋勇追击。两军战于护步答冈（今黑龙江五常西），辽军大溃，"死者相属百余里。获舆辇帟幄兵械军资，他宝物马牛不可胜计"，辽天祚帝逃往长春州（今吉林大安西北）。收国二年（1116年），辽裨将渤海人高永昌自立于东京（今辽宁辽阳）反辽，他抵挡不住辽讨伐军的压力，遣使向金求援。金太祖乘机占领沈州（今辽宁沈阳）、东京，擒高永昌，将东京州县和南路系籍女真纳入完颜部统治之下，完成了女真各部的统一。

继攻陷东京之后，天辅元年（1117年），金军又攻陷了长春州，辽东北面诸军不战自溃，紧接着，泰州（今吉林白城市东南）也被攻下。长春州是辽朝皇帝春季捺钵之处，而辽朝的二元政治体制，使得捺钵成为辽朝的政治中心。攻下长春州，对于辽、女真都是一个相当重大的事件。至此，女真贵族认为已经具备了与辽分庭抗礼的资格。完颜阿骨打一方面巩固新得的州县，另一方面派出和谈使者，要求得到辽朝承认，女真完全摆脱辽朝的控制。

完颜阿骨打认为此时女真人的力量还没有强大到取辽而代之的地步，于是和辽又进行了一系列的议和活动。此次议和大约始于天辅二年（1118年）初，一直持续到天辅四年（1120年）三月，围绕着册封问题讨价还价，双方互遣使节不下十次。同年年春，宋金达成夹攻辽朝的"海上之盟"，双方约定翌年共同夹击辽国。此时女真人才终于下定灭辽的决心，四月，完颜阿骨打率军亲征辽上京临潢府（今内蒙古巴林左旗南），拉开了与辽决战的架势。

3. 取辽代之

北宋的介入，改变了女真对辽的态度，使他们由初期脱离辽朝控制，进一步发展为取辽而代之。天辅四年（1120年）五月，金兵攻陷辽上京，同时分兵攻庆州。

金代墓室砖雕

天辅五年（1121年），辽都统耶律余睹降，金对辽军情、国情有了更深入的了解，增强了必胜的信心。十二月，金太祖以幼弟忽鲁勃极烈完颜杲为内外诸军都统，大举伐辽，以实现"内外一统"的政治目标。

天辅六年（1122年）正月，金军陷辽中京（今内蒙古宁城西大明城）。辽天祚帝逃往西京（今山西大同市）。三月，金军西进，辽天祚帝遁入夹山，耶律淳在燕京（今北京市）称天锡皇帝。四月金军攻陷西京。六月，耶律淳死，北辽萧后遣使上表请立秦王（辽天祚帝子耶律定），没有得到准许。此时，辽的归化、奉圣和蔚州相继投降，金太祖完颜阿骨打率军攻南京。十二月，北辽留守燕京的汉官枢密使左企弓等以城降，完颜阿骨打率军入城。

天辅七年（1123年），北辽平州节度使时立爱以州降。燕京既然已经攻下，根据与北宋的协议，金军将当地居民、财物席卷北撤。至此，辽五京皆不守，同年八月，金太祖阿骨打逝世，其弟谙班勃极烈完颜吴乞买即位，是为金太宗，九月改元天会。他一面巩固已占领的州县，继续扩大战果，一面使西南、西北路都统经略西夏，与之建立宗藩关系。天会三年（1125年），金俘虏了辽天祚帝，辽朝灭亡。

二、宗藩西夏经反复，两败俱伤渔人利

起初，西夏作为辽的藩属，曾以兵助辽。尔后，在金朝政治怀柔与军事压力下，被迫向金称臣，与金朝建立了宗藩关系。从此，它又得以依靠金朝的力量，与南宋、金构成我国历史上又一次三足鼎立局面。

1. 金夏宗藩关系的确立

西夏自夏崇宗李乾顺时起，国势已弱，虽欲乘金、宋对抗之机扩展境土，终未能如愿。西夏既不甘处于金朝势力包围之中，也无力改变受制于人的状况，而各种反金势力又都将它作为争取的目标，因此，金对西夏的防范始终没有放松。金在中原两次援立藩辅，一次将河南、陕西地归还宋朝，西夏却始终没有得到任何好处，对金当然不满。西夏一直是被动地对金履行藩辅义务的，双方的矛盾、摩擦便是不可避免的了。

河北昌黎源影塔

金太宗至金熙宗初年，陕西、河东诸将一直怀疑夏与辽天祚帝、耶律大石交通。天辅六年（1122年），追袭辽帝时，虽已与夏议和，但完颜宗翰、完颜斡鲁都怀疑西夏有异谋。天会六年（1128年）伐宋时，在如何对待陕西问题上，河北、河东诸将的意见分歧也起因于西夏，河北诸将欲罢陕西兵，并力南伐；河东诸将则力言其不可，金太宗遂以完颜娄室经略陕西。完颜娄室连下长安、凤翔，并无归地西夏之举。西夏则欲借机与宋争关、陕，檄宋延安府，但终因慑于金的威势，未敢出兵。

金朝的三次食言自然引起西夏的不满，南宋却极力争取西夏，以牵制金军。西夏则对金、宋两许之，既不出兵助金，又遣军蹑宋军之后。不久，宋又欲西结西夏，东连高丽，配合宗泽北伐，皆不得其要领。

西夏国势的衰弱和与宋的隔绝，使其不得不更多地依赖于金。金的主要对手是南宋，对西夏的方针也一直着眼于隔断它与辽、宋的联系和使它在金、宋对峙中坚定地站在金朝一边。天眷二年（1139年），夏崇宗李乾顺死，其子李仁孝即位，是为夏仁宗。以李仁孝即位为转机，金朝对西夏的策略也由以武力防范为主向以政治争取的方向转化；为了巩固统治，李仁孝也主动向金靠拢，金、西夏关系有所改善。这一年，金朝遣使册命，加李仁孝开府仪同三司、上柱国。

但是，西夏群臣在对金的态度上意见不一。天眷三年（1140 年），夏州统军、契丹人萧合达因不愿臣服于金而以夏州叛李仁孝，联合契丹余部，以复兴辽朝为号召，占据西平府、盐州。反叛虽被镇压，但西夏的实力也再次被削弱。

李仁孝更不得不借助于大国的威势以维护其地位。皇统元年（1141 年），李仁孝请置榷场，与金互市，得到允准。此后，金相继在绥德州、保安、兰州、东胜、环州等地置榷场，与西夏贸易。金自榷场买进马匹、珠玉等，夏则向金购进丝帛等物和生活必需品。

至金海陵王南伐，西夏又乘机攻占了沿边荡羌、通峡、九羊、会川等寨（在今宁夏境内）。

2. 金夏宗藩关系的巩固

大定初年，西夏以所占沿边堡寨归金，要求金朝协助收回被宋军所占有的土地，并停止向夏索要正隆末年所虏人口、财畜。金世宗满足了西夏的要求，金、西夏关系再度调整。西夏经过了萧合达的叛乱和皇统三年（1143 年）蕃部人民起义，国势更不如前。在镇压人民起义中汉人官僚任得敬势力膨胀，党项贵族李氏的政权又受到了来自内部的分裂活动的威胁。

西夏权臣任得敬，原为宋朝西安州通判，降夏后渐至贵显，以女为夏崇宗李乾顺皇后，窃弄权柄。又在镇压萧合达和蕃部人民起义中立功，而由尚书令、中书令进而为国相，族人皆任军政要职，大权独揽，野心日炽。他以灵、夏为根据地，"阴蓄异志，欲图夏国，诬杀宗亲大臣，其势渐逼，仁孝不能制"。为了实现其篡权的目的，任得敬一方面寻求金朝的支持，另一方面联络南宋，约其共同攻打西境诸蕃部，以扩大其控制范围。大定七年（1167 年），他借朝命向金请求派遣医生为己治病。次年，则以谢恩为名向金进献大量礼品，被却回。

大定十年（1170 年），任得敬逼李仁孝划灵州一带归己，向金上表为己求封。金世宗以"夏国称藩岁久"，不能"无故分国与人"，决定若李仁孝不能自立，即出兵助其诛讨。任得敬没有得到金朝的支持，宋遣使所致的蜡丸书又被西夏截获。在金世宗支持下，夏仁宗杀任得敬及其同党，保住了对西夏的统治权。

金世宗务求稳定，不贪属国财物，不欲边境生事，又不受任得敬贡物，不从其分国之请，使李仁孝感恩不已，金、西夏宗藩关系得到巩固。但金世宗仍恐边民贸易导致边患，拟减少榷场，只留东胜、环州，在西夏的再三要求下，许保留绥德榷场，并允许西夏使于都城会同馆内互市贸易。

但是，西夏对与金的边界划分和贸易限制政策一直心怀不满，西辽和南宋又不时遣使联络或借道于夏以谋金，加之金朝的实力显然已大不如前，因而在大定后期和金章宗即位后，双方在边界上不时发生小规模的摩擦。西夏兵曾入麟、岚、石、坊、保安州和镇戎军等地劫掠人畜，甚至杀害金朝边将。

明昌四年（1193年）至大安三年（1211年）期间，金朝势衰，对西夏控制放松，对西夏宗室的废立活动也不再介入和干涉。金和西夏都进入了衰亡时期。

3. 金后期与西夏关系的再调整

成吉思汗在漠北的崛起，对金、夏两政权产生了巨大的影响，蒙古对金、夏的用兵造成了金、夏关系的重大变化。

泰和五年（1205年），成吉思汗首次对西夏用兵，这是一次试探性的掠夺战争，在攻破边堡掳掠大量人畜财物后迅速撤出。夏久专国政的镇夷郡王李安全废其堂兄李纯祐自立，为夏襄宗。西夏统治者对其北境的强敌并未予以应有的重视。

为了解除对金用兵时来自侧翼的威胁，成吉思汗又先后于泰和七年（1207年）、大安元年（1209年）两次出兵西夏。夏人招架不住，向金求援，卫绍王认为"敌人相攻，吾国之福"，坐视不救，夏襄宗被迫向蒙古纳女请和。从此，西夏采取臣服蒙古、向金进攻的政策，金、西夏宗藩关系发生危机。

蒙古撤军后，西夏立刻攻金葭州（今陕西佳县），进行报复。大安三年（1211年），李遵顼即位。他继续执行附蒙抗金的政策，不时侵略金朝边境州县，却通使如故。当他得知金军败于浍河堡，蒙古军直逼中都的消息后，也派兵乘机侵扰泾、邠二州，围攻平凉府。此后，又不时攻略金朝边境的保安、泾、会、庆原、积石等州和延安府等地。初，金朝还戒饬边吏不得入夏境，后因夏兵侵扰不已，贞祐三年（1215年），诏议伐夏，以陕西宣抚司奏"不宜轻举"，遂罢议。而西夏人自鄜延至环庆、临洮沿边地区侵扰频繁，金也不得不还击。贞祐四年（1216年），金军攻盐、宥、夏、威、灵、安、会等州。兴定元年（1217年）诏胥鼎以兵3万伐夏，鼎力言"止当备御南边，西征未可议也"，又止。此时，金四面受敌，金宣宗有意与夏和，因庆山奴之言而止。

黑釉剔花缸

西夏对蒙古称臣，并未能使其摆脱战争的灾难。蒙古常常征调夏兵随军助战。西夏既受制于蒙古，又屡为金军所败，致使生产破坏，国用匮乏。兴定二年（1218年），夏人有和意，要求重开互市，依旧称臣，金朝却未予响应。此后，双方在沿边堡寨互相侵攻不已，也各有胜负。兴定四年（1220年），金陕西行省与西夏议和，未果。自金夏关系破裂，"构难十年不解，一胜一负精锐皆尽，而两国俱弊"。

元光二年（1223年），金哀宗即位，着手解决与西夏和南宋的问题。此时，西夏神宗附蒙抗金的政策遭到部分官僚、贵族的反对，他们主张与金议和。这一年，西夏神宗命太子李德任统兵攻金，李德任认为金兵尚强，与其兵连祸结，不如约和。李遵顼不予采纳，李德任请为僧以避太子位，被囚。御史中丞梁德懿也提出同样建议，被免职。李遵顼以10万军助木华黎攻金凤翔府，金人坚守，西夏士卒厌战，统兵官见不能取胜，率军退回。蒙古遣使问罪，李遵顼让位于次子李德旺。

夏献宗李德旺改变其父的政策，决定与金议和。正大元年（1224年）九月，遣使与金修好。次年，和议成。规定两国务用本国年号，夏帝以金帝为兄，互通使节，开放互市。

既与金议和，西夏对蒙古的态度也发生了变化，李德旺趁成吉思汗西征未回之际，联络漠北诸部，共抗蒙古，招致成吉思汗大军的讨伐。正大四年（1227年），西夏为蒙古所灭。

金、西夏互相侵袭，两败俱伤，客观上为蒙古提供了机会，金哀宗和夏献宗虽然扭转了这一局面，但为时已晚，西夏、金最终先后为蒙古所灭。

三、金与南宋和战

1.海上之盟与攻克汴京

当金连胜辽军，攻占了黄龙府、辽阳府等地的消息传到北宋时，宋朝君臣认为辽将灭亡，想要乘机灭辽并收回被占的燕云十六州。宋徽宗数次派人渡海出使金国，于金天辅四年（1120年）与金订立盟约：宋金两国地位平等并共同夹击辽国，北宋攻取长城以南的辽燕京等地，金攻取长城以北的辽中京等地。灭辽之后，北宋重新获得燕云之地；宋像以往每年贡辽一样，钱物如数送给金国。这件事被历史学家称为"海上盟约"，因宋、金使者均由海上往来而得名。

天辅五年（1121年）底，金军大举攻辽，一路势如破竹；到第二年四月，接连攻占了辽的中京与西京，辽天祚帝带领少数残兵败将退入西部沙漠。宋在金的再三催促下，派童贯等领兵两次攻打燕京，都以失败而告终。无奈之下，只好约金军夹击燕京。天辅六年（1122年）十二月，金军突破天险居庸关，南下攻占了燕京，但再也不肯将燕云十六州交给北宋了。后来经过北宋的反复要求，并每年追加100万贯钱进贡，金才答应交出十六州中的六州（涿、易、檀、顺、景、蓟）归宋。不过，金人交给六州时，已将人口钱粮全部带走；北宋花了巨大的代价，只得到几座空城。天辅七年（1123年）秋天，金太祖完颜阿骨打在返京的途中病死，他的弟弟完颜晟继位，即是金太宗。天会三年（1125年），金兵在应州（今山西应县）一带俘获了辽天祚帝，辽国于是灭亡。

辽灭亡时，辽天祚帝的宗族耶律大石带领残部逃入西北地区，并于南宋初年重建国家，史称"西辽"。耶律大石称帝，即西辽德宗，定都于今中亚托克马克附近。西辽国土辽阔，绵延万里，持续了约90年时间。西辽在传播中国文化、开发当地经济及中外文化交流上都起过积极作用。西辽位于遥远的西北边疆，与南宋之间没有战争。

灭辽后，金兵乘胜南下进犯北宋，这时，正是北宋末年最腐朽、最黑暗的时期。宋徽宗赵佶政治上昏庸无能，又沉迷于道士说法，不理正事；他还宠信无恶不作的奸臣蔡京、朱勔、童贯等"六贼"，巧取豪夺，民不聊生，各地人民纷纷起义，沉重地打击了北宋王朝的腐朽统治。金朝的统治者从灭辽和交涉燕云十六州的过程中，对北宋的腐朽无能了若指掌，所以敢兵分东西两路，远离后方深入中原腹地。

宋徽宗得知金兵南下，不敢亲自担当领导全国军民抵抗敌人的责任，却"金蝉脱壳"——急忙传位给儿子赵桓，即宋钦宗。

天会四年（1126年）正月，金兵包围了北宋都城汴梁。这时，宋徽宗已逃往京口（今江苏镇江），宋钦宗正想逃跑，被主战派大臣等劝阻，被迫留下来督战。

金兵西路军被阻于太原；东路孤军深入黄河以南。而黄河以北还有许多重要城镇有宋兵把守着，他们完全有可能切断金兵的后方供应线和北返的道路；况且，全国各地的几十万政府军、民兵及起义军正迅速赶往汴梁来救援，金兵将陷入北宋军民的包围之中。

正在这金兵情况危急进退两难之际，宋钦宗及李邦彦、张邦昌等投降派大臣屈辱地提出割地赔款求和的要求，金军乘机狮子大开口：要北宋每年缴纳黄金500万两、白银5000万两、绢100万匹，割太原、中山（今河北定县）、河间（今河北河间）三镇及所辖全部州县之地给金国。昏庸怯弱的宋钦宗错误地估计了形势，看不到自己军民的力量，竟然对如此苛刻的条件满口答应，并马上在汴梁城大肆搜刮金银送给金兵。金兵因形势危急，不等金银收齐，匆忙撤退北归。

金兵北撤之后，宋钦宗以为太平无事了，仍旧过着醉生梦死的荒淫生活，李纲等主战派大臣被贬出京城，投降派又被重用，宋徽宗也回到了汴京，全国各地来救援的军民也被遣散回原地，汴京一派太平盛世的景象。不料，这年八月，金兵卷土重来，第二次南下，东、西两路大军节节胜利，势如破竹，会师汴梁城下，破城直入，俘虏了北宋徽宗、钦宗二帝及后妃、宗室、大臣3000多人及无数金银财宝等物,于第二年四月初满载而归。"靖康之难"宣告北宋正式灭亡。

2. 宋政权的重建与南迁

天会五年（1127年），金将完颜宗翰、完颜宗望挟制北宋群臣立张邦昌为帝，建立大楚为金朝藩辅，统治黄河以南地区，北宋灭亡。四月，押

解宋二帝、宗室、百官撤出汴京北归，并贬二帝为庶人。五月，宋徽宗第九子康王赵构在遗臣拥戴下即位于归德，重建赵宋政权。天会六年（1128年），宋二庶人至上京，素服见金太祖庙后，金太宗召见，封赵佶为昏德公，赵桓为重昏侯，安置于韩州（今辽宁梨树镇北偏脸城）。天会八年（1130年），移至胡里改路（今黑龙江依兰）。其他宋俘也被安置于金朝内地。七月，南宋高宗向金奉表请和。

金朝立张氏为楚帝的目的在于剥夺赵氏对黄河以南的统治，宋高宗之立显然是金朝统治者所不能容忍的。十一月，金太宗下诏伐宋，必欲灭赵氏而后已。

金军的掠夺和强迫同化政策激起河北、河东人民的普遍不满与反抗，南宋建立时，河北、河东的忠义民兵正在与金军展开殊死的斗争，东京留守宗泽也在积极布置汴京防务，迎接高宗回京重整江山。但宋高宗不顾群臣募兵、买马、修城池、缮器械的呼吁，不敢入居东京。他一方面请求放还二帝，另一方面准备南幸以避金军。

金朝诸将在对宋用兵方略上也存在分歧，"或欲先定河北，或欲先平陕西"。金太宗则两用其策："康王构当穷其所往而追之。俟平宋，当立藩辅如张邦昌者。"于是金从东、西两线向南宋用兵。

东路由完颜宗辅、完颜宗翰、完颜宗弼、完颜拔离速等率领，天会六年（1128年）下濮州、大名、沧州、相州、东平、济南、淄、青、潍等河北、山东诸州。天会七年（1129年）正月，下徐州，得到宋朝自江淮运至

金代金油滴茶盏

徐州官库的大量金币，用以犒军。完颜拔离速军下扬州，未能俘虏宋帝，在掠获了大量文书案牍和金银财物后暂时撤归。三月，宋高宗在逃亡中，被扈从军官苗傅、刘正彦废黜，四月复辟。为保其对江南一隅的统治，免遭父兄之厄运，他接连致书金朝皇帝和元帅府，愿贬去帝号，甘为藩臣。

同时以杜充为建康留守，节制守江兵马，与刘光世、韩世忠共守长江。

金元帅府一面答其书招降，一面做再次渡江的准备。天会七年（1129年）秋，以完颜宗弼为统帅，与完颜挞懒、完颜拔离速、耶律马五等分两路渡江，西路自光州（今河南潢川县）、黄州（今湖北黄冈市）渡江趋江西；东路取道滁州（今安徽滁州）、和州（今安徽和县），自马家渡渡江。南宋长江守军或不战而逃，或望风迎降，金军如入无人之境。宋高宗由杭州出逃，始而越州（今浙江绍兴市）、明州（今浙江宁波市），继而乘船入海。金军乘船入海追击，不及而还。完颜宗弼回军拟于镇江北渡，在黄天荡为宋将韩世忠所阻，48天不能渡江，只好回师建康。天会八年（1130年）五月，在六合县渡江北还。

西路渡江后抵南昌、江州（今江西九江），未见猎取对象，杀掠一番后北归。

南宋建立后，在如何防御金军南侵和收复汴京的问题上，一直没有成算，诸臣、诸将意见极不统一。虽然预料到金朝可能发动军事进攻，却没有力战和死守的决心。对于完颜宗弼这次南伐，宋军没有组织强有力的抵抗，只有个别将领和各地人民武装力量随机进行了小规模的袭击与阻截，就是这些小规模的抵抗也已使金朝将领认识到消灭南宋政权并非易事，更何况长江以北的百姓，也多筑栅寨自守，不肯归顺金朝。如何安抚江北百姓，治理新得之地是金朝面临的更为直接更为迫切的问题。从此，部分女真将领开始改变灭赵氏立异姓的初衷了。

最先提出这一问题的是率军南伐的完颜宗弼。当完颜宗翰再议南伐时，完颜宗弼反对说："江南卑湿，今士马困惫，粮储未丰足，恐无成功。"金朝无力一举灭宋，又不甘心赵氏政权的存在，于是乃采取立藩辅为缓冲、以汉制汉的方针，以期假手傀儡消灭或削弱宿敌。方针既定之后，金拟于折可求、刘豫二人中选定。

3.刘齐的废立

（1）刘豫之立。

刘豫，景州阜城人，宋宣和末为河北西路提刑。宋高宗南下扬州时，任为知济南府。时山东为金军攻占，民生凋零，秩序混乱，刘豫不愿前往，

欲求江南一郡，然未获准，无奈愤然赴任。天会六年（1128年）十二月，完颜挞懒攻济南，刘豫以城降，对驻军山东的完颜挞懒曲意逢迎。及金将立藩辅时，完颜挞懒有立刘豫之意。西京留守高庆裔亦劝完颜宗翰立刘豫，以收推荐之恩。于是，高庆裔先后至景（今河北景县）、德、博（今山东聊城）和东平诸州郡，令人推戴，然后由完颜宗翰遣完颜希尹请求朝廷允准。

天会八年（1130年）九月，高庆裔、礼部尚书韩防以玺绶立刘豫，诏称："今立豫为子皇帝，既为邻国之君，又为大朝之子。"册文规定："国号大齐，都于大名。世修子礼，永贡虔诚。付尔封疆，并同楚旧。"从此，刘豫成为历史上又一个儿皇帝。以东平为东京，仍还居东平。以太原俘臣张孝纯为宰相，弟刘益为北京留守，子刘麟为尚书左丞相、诸路兵马大总管。自十一月二十三日始，以阜昌为年号。阜昌三年（1132年），迁都于汴。齐先后行十一之税和五等税法，以科举取士。兵制则仿效金制，乡各为寨，推土豪为使。五家为保，家有双丁者籍其一为军，每月两次集中训练，合格者补效用正军。每调发一人，同保四人备衣粮。建归受馆于宿州，建招受司于泗州，招南宋士大夫、军民。置榷场通南北之货。

刘齐政权虽有自己的国号、年号，但作为附庸，境内的重大举措，必须得到金朝的认可。为保证其对境土的有效控制和抵御南宋的军事进攻，金朝仍在齐国境内分驻兵马。刘豫在金朝的扶植下，在招募壮丁和收编南宋降兵、降将的基础上，也形成了自己的一支武装力量。在对南宋的战争中，金朝希望得到这一部分军力的配合。

（2）金齐联合侵宋。

金、宋在关陕地区的争夺。南宋一些将领认为河东、关陇一带，民性强悍，勇武敢战，还有一些世代将门土著大姓，为兵源所在。而潼关以西，四塞为固，易守难攻，应该成为南宋复兴的根基。故南宋建立之初，主战派即主张或还都汴京，或迁往关陕。宋高宗虽没有采纳他们的意见，但对关陕的重要性也有所认识。

金朝统治者也把关、陕视为必争之地。天会六年（1128年）南伐时，河东诸将就指出："陕西与西夏为邻，事重体大，兵不可罢。"于是，以完颜娄室、完颜蒲察、完颜婆卢火等主持陕西军事，连破同、华等州和京兆、凤翔、延安诸府。天会七年（1129年）二月，宋麟府路安抚使折可求以麟、府、丰三州降。

完颜宗弼南伐之际，陕西州县相继叛金降宋，完颜娄室等只能保守延州以北地区，军事形势

刘豫的伪齐政权钱币

对金不利。为加强关陕一带的军事力量，天会八年（1130年），完颜宗弼还军后，与完颜宗辅同至陕西，增强西线的兵力，而以完颜挞懒安抚长江以北地区。在东线暂趋平静之际，金、宋加紧了在西线的争夺。

天会七年（1129年），南宋任张浚为川陕宣抚处置使。天会八年（1130年），张浚在兴元（今陕西汉中市）做军事部署，将秦川五路兵马粮草调集至陕西富平，准备在此与金兵决战。九月，亲往督战。宋兵虽多，却营垒不固。金军利用张浚骄纵轻敌的弱点，以完颜娄室为左翼，完颜宗弼为右翼，两军并进，以骑兵攻占宋营周围的乡寨，包围宋军。临时调集的宋军缺乏强有力的统一指挥，顿时陷入混乱，张浚首先逃奔，诸路兵马也相继溃散。金军乘胜下泾、渭、原、环、巩、洮、河、乐、西宁、兰、廓、积石等州和凤翔、庆阳诸府，陕西五路皆为金军所据，并拨归齐国。从此，金与南宋在西线遂以成（今甘肃成县）、阶（今甘肃陇南武都）、岷（今甘肃岷县）、洮（今甘肃临潭县）为界，南宋据有军事要地凤翔的和尚原和陇州（今陕西陇县）的方山原。

富平之战后，南宋秦凤路都统制吴玠"收散卒保散关东和尚原，积粟缮兵，列栅为死守计"。陕西百姓寄希望于他，常以粮草资助吴军，给金、齐在陕西的统治造成了威胁。于是，和尚原便成为金、宋必争之地。完颜娄室死后，完颜杲驻军陕西，再谋攻取和尚原。五月，遣完颜没立自凤翔，乌鲁折合自阶、成出散关，会战和尚原。吴玠击退先至的乌鲁折合，再遣将击完颜没立，使两军不得合，无功而还。

不久，完颜宗弼会诸道兵10余万，造浮梁跨渭，自宝鸡结连珠营，垒石为城，夹涧与宋军战。十月，攻和尚原。吴玠选劲弩强弓，分番迭射，金军不得进；又以奇兵出金军侧，绝粮道，设伏于退兵之途。金兵为宋伏

兵所败，完颜宗弼中流矢，仅以身免。金以完颜杲为陕西经略使。

天会十年（1132年），吴玠兼宣抚处置使司都统制，弟吴璘驻兵和尚原。完颜杲乘吴玠驻军河池（今陕西徽县南）之际，部署攻取和尚原。他分兵驻秦州，出熙河，切断宋军自陕南、熙河入援之路，自率军趋上津（今陕西白水县北），下金州（今陕西安康），入洋州（今陕西洋县），逼兴元。吴玠自河池星夜赴援，与完颜杲大战于饶峰岭（今陕西石泉县西北），激战六昼夜，死者如山积。金军自间道出关背，俯攻宋军。宋军败走三泉（今陕西宁强县北）。金军北归时，吴玠遣兵邀击于武休关（今陕西留坝南），金军死者千余，弃辎重退去。此役金虽一胜，所得仍不及所失。

天会十一年（1133年），金将完颜宗弼、完颜杲与齐将刘麟以兵10万再攻仙人关（今甘肃徽县东南）。吴玠以和尚原去蜀远，饷馈不继，命吴璘弃和尚原退保仙人关，于杀金坪筑垒防守。吴璘率军与金、齐军激战七昼夜，得与其兄军合。

金分兵两翼，合击吴玠营，"人被重铠，铁钩相连，鱼贯而上。璘以驻队矢迭射，矢下如雨，死者层积"。宋军奋击，入金营，射韩常，中其左目，又遣军扼其归路。

金、齐此役，意在入蜀。因吴氏兄弟固守仙人关而未能逞其志，遂放弃入蜀目标，专意经营陕西。

金、宋在河南的争夺齐国建立，黄河以南又出现了一个汉人政权，金朝增了一个盟友，南宋多了一个对手。一些对南宋政权不满的将领或士人便投靠齐国，南宋在政治、军事上更加被动。北宋末年招募的一些义军首领如李成、孔彦舟、徐文等分别被授以安抚使、招讨使、统制等官，领兵抗金。南宋建立后，他们随宋高宗南迁，

京剧《三盗令》中的刘豫

李成、孔彦舟等在镇压钟相、杨么起义兵败后，成为叛服不常、流移不定的所谓"流寇"。当金军对江南军事压力暂时减轻时，南宋开始整顿内部，这些流寇则是首先需要解决的问题。于是李成、孔彦舟等相继降齐。而郦琼、徐文等也因与宋将有隙叛宋归齐。这些叛将成了代表金、齐与南宋争夺河南和淮水流域的武装势力。自齐国建立，宋军"无日不与之交锋"，并各有胜负。

天会十一年（1133年），宋将牛皋、李横、董先等克汝州、颍昌，与金、齐战于朱仙镇。但宋军轻进，后援不继，金、齐又相继夺回邓州、襄阳和郢州，并使李成防守，与川陕地区的金军相呼应。

吴玠、吴璘在川陕的胜利和河南、淮甸的小胜鼓舞了南宋官兵，宋朝在江南的统治也渡过了最初的混乱时期，秩序逐渐恢复，对金的战争也稍有起色，于是开始与齐争夺襄阳与唐、邓六郡。

天会十二年（1134年），宋以岳飞为江南西路舒蕲州制置使兼黄复州汉阳军德安府制置使，付以收复襄阳府和唐、邓、随、郢、信阳军等六郡的重任；以韩世忠屯泗上为疑兵，刘光世出陈、蔡为声援，北伐金、齐。

五月，岳家军败齐知州荆超，攻占郢州。驻守襄阳的齐将李成弃城逃走，襄阳、随州相继被攻陷。七月，岳家军又击败退守邓州的李成和金字董刘合，占领邓、唐二州和信阳军。

岳家军在襄、邓的节节胜利，给刘豫造成了很大压力，于是他向金朝建议避开岳家军，自淮甸南下，于扬州、采石渡江取建康。金朝采纳了这一建议。九月，完颜宗弼与齐太子刘麟统金、齐军渡淮南下，部署以骑兵自泗州（今江苏盱眙北）攻滁州，步兵自楚州（今江苏淮安）攻承州。完颜宗弼屯于天长，刘麟屯于盱眙军。

南宋命张俊镇守建康，韩世忠进驻扬州，刘光世守当涂，张浚节制诸路兵马以御金军。十月，韩世忠部将解元败金军于高邮，岳飞部将牛皋败金兵于庐州城下，淮西安抚使仇愈攻克寿春府。

金、齐这次联兵南下，进展并不顺利，加之阴雨连绵，粮饷不济，兵将疲敝，士气低落，据滁州仅47日，年底即退回。

天会十三年（1135年）正月，金太宗病死，金熙宗即位。在辽、宋降臣的影响下，金朝开始改变以武力征服为主的方针，逐渐向政治治理国家的方向过渡；南宋的军事形势也渐有转机，镇压了钟相、杨么的起义，在对金、齐的战争中也取得了一些胜利，于是金、齐、南宋之间的关系开始进入调整时期。

这一年，南宋知枢密院事张浚都督诸路兵马，也调整了对金的军事部署，命韩世忠据承、楚以图维扬；刘光世屯合肥以招淮北；张俊练兵建康，进屯盱眙；岳飞屯襄阳以窥中原。这以后，南宋军事上颇有起色，刘光世复寿春县，岳飞克镇汝军、商州、虢州、西京长水县。

为了反击南宋的军事进攻，刘豫也在境内签乡军 20 万。九月，以刘麟、刘猊和孔彦舟分统诸军，在金军配合下，自涡口、寿春、光州三路南犯。十月，刘猊败于安丰、芍陂（安丰南）、定远。在庐州的刘麟得知刘猊兵败的消息后亦退军。十二月，韩世忠又败金人于淮阳军，齐军南伐失败。

不论是金军的渡江南下，还是金、齐联军攻宋，都没有达到消灭赵宋政权的目的。金太宗晚年和金熙宗初年，南宋对江南的统治逐渐稳定，军事力量有所加强。金、齐在河南、两淮和川陕战场都没能向前推进，官兵厌战情绪却普遍滋长，金朝统治者也开始认识到消灭南宋政权并非易事。统治集团内部要求稳定社会秩序，建立、健全统治制度的呼声日益高涨。女真贵族中对治理国家的方针和国家未来的发展方向上存在的分歧和矛盾日益加深，金朝面临着对国家前途和新占领土如何进行统治的重大抉择。

齐国的建立未能减轻女真人的军事负担，金与南宋的关系始终没有得到妥善的处理。金朝统治者对刘豫逐渐产生了不满和失望情绪。而南宋频繁遣使求和也慢慢改变了女真贵族中早期形成的对赵宋政权的成见，促使他们重新考虑调整与齐、宋的关系。

北京昌平塔林中的金代塔

南宋自建立之日起，就未曾确定与金争夺淮北甚至江北的方针，自秦桧逃归后，主和派始终受到赵构的重视。他们不断遣使求和，只是在金朝的军事进攻迫使其无立足之地时，才起用主战将领暂作抵抗，以确保其偏安一隅。金太宗时，对南宋的议和请求不予理睬，使者往往被留不遣。熙宗时，金朝统治集团逐渐意识到赵构或许是比其父兄更容易屈从的皇帝，于是对南宋的敌对情绪较前有所软化。

天会十五年（1137年），赵构得其父赵佶死讯，遣曾出使过金朝的王伦以请丧为名再次使金。王伦利用女真贵族与刘豫的矛盾，乘机向完颜挞懒建议："河南之地，上国既不自有，与其封刘豫，曷若归之赵氏。"

此后，在女真贵族的权力斗争中，高庆裔、完颜宗翰相继死，主张以女真内地为中心发展奴隶制的完颜宗磐等得势。完颜挞懒取代完颜宗翰操纵了处理中原事务的军政大权，刘豫被废的命运也就不可避免了。

九月，金尚书省与元帅府共同讨论，认为齐国"凡事多误，终无所成"，应该"变废齐国，至于普天之下，尽行抚绥"，得到允准，而刘豫不知。宋降将郦琼建议刘豫向金乞兵，金则慨然应允。十一月，金以助齐南伐为名，要求取得对齐军的调动指挥权，并将齐军调出汴京。然后以议军事为名，令刘麟单骑至滑州，擒刘麟后入汴，下诏废齐，降封刘豫为蜀王。

4. 皇统议和

（1）天眷和议及其破裂。

女真贵族在废刘豫的问题上虽然意见一致，但在河南、陕西十地归属问题上却存在分歧。刘豫被废后，金于汴京置行台尚书省，完颜挞懒以左副元帅守汴京，成为代表金朝处理对宋事务的实权派。天会十五年（1137年），"许还梓宫及皇太后，又许还河南诸州"。宋高宗喜出望外，迫不及待地遣王伦再次使金，一谢废刘豫，一申求和之意。同时于天眷元年（1138年）三月起用与完颜挞懒关系密切而因主和被贬的秦桧为尚书右仆射、同中书门下平章事兼枢密使，响应金朝议和的倡议，筹划与金议和。六月，金遣乌陵思谋、石少卿与王伦至宋议还地，要求南宋称臣纳贡，成为金朝的藩辅。在赵构、秦桧主持下，南宋全盘接受了金朝提出的苛刻条件。七月，王伦以迎奉梓宫的名义再次使金。八月，在完颜挞懒、完颜宗磐、完颜宗隽的主持下，金决定将原属齐国的河南、陕西地归宋。并遣张通古为招谕江南使，持金熙宗诏书招谕江南。十一月，张通古抵达杭州，十二月，秦桧代表宋高宗以跪拜礼接受了金朝的诏书，实则承认了宋对金的附属关系。

天眷元年的金、宋和议是十分脆弱的，宋方诸多大臣持反对意见，而金朝方面和议能否执行则取决于女真贵族中两大对立派别实力的消长。天眷二年（1139年），宋一面以韩侂胄为报谢使，以王伦为迎护梓官、交割地界使使金，一面委派官员到河南、陕西准备接收金朝交回的州县。金熙宗下诏归还河南、陕西，迁行台尚书督于燕。

但金朝政局的变化影响了和议的执行。七月，完颜宗磐、完颜宗隽以谋反罪被杀，王伦被完颜宗弼留于祁州。八月，完颜挞懒也因谋反罪名被杀，完颜宗翰、完颜希尹、完颜宗弼一派重新得势。金以宋朝表文不书年号，所献礼物不称职贡，扣留宋使王伦，意在毁约。

天眷三年（1140年），金熙宗以完颜宗弼为都元帅，领行台尚书省事。五月，下诏伐宋，复河南疆土。

都元帅完颜宗弼以精兵十余万，分四路南下。完颜宗弼自黎阳渡河趋汴，右监军完颜杲出河中趋陕西，聂黎孛董出山东，李成自孟津渡河攻取洛阳。宋新任东京留守孟庾、南京留守路允迪投降，西京留守李利用弃城逃走。

时宋新任东京副留守刘锜在上任途中抵达顺昌（今安徽阜阳）时，金军已占领陈州（今河南淮阳），并向顺昌方向进发。刘锜与顺昌知府陈规商定共同坚守，分兵防御。刘锜等与金前军接战，初获小胜。不久，金援军到达，顺昌城被围，刘锜分兵出四门迎敌，再次获胜，金军马死者不可胜计。接着，他利用金军轻敌和不耐酷暑的弱点，以逸待劳，采取突然袭击的战术，又大败金军。取得了自金宋开战以来少有的一次大捷。

金代铜造瑞兽钮元帅之印

（2）颍昌、郾城之战。

当刘锜与金军战于顺昌之际，宋高宗下令驻守鄂州的湖北、京西路宣抚使岳飞做好迎敌准备，并遣人支援顺昌。岳飞一方面遣将援刘，另一方面派人渡河联结河北忠义民兵，令他们攻击山东、河北、河东的州县，配合南宋官军北伐行动，收复汴京，进军河朔。

六月中旬，岳家军主力开赴河南腹地。吴璘部将李师颜败敌于扶风，岳飞部将牛皋败敌于京西，孙显败敌于陈、蔡州界，韩世忠部将败敌于淮阳军，南宋军事形势大有转机。

被刘锜击败的金将韩常退守颍昌，北上的岳家军就把颍昌作为第一个重点攻击目标。岳飞部将张宪在距颍昌40里的地方击败金将韩常，乘胜追击，克复颍昌。随后，又在城外击败完颜宗弼、韩常军，巩固了颍昌胜利成果。

金军退守陈州。岳家军进驻颍昌，随即遣将与张宪会师，再袭陈州。双方在距陈州15里的地方激战，金军失利后向州城撤退，待援军至，又同宋军战于城外。金军又败，陈州失陷。接着，郑州、洛阳也相继为岳家军攻占。

岳家军的胜利，构成了对金军的最大威胁。七月，岳飞驻军郾城，指挥部将进驻颍昌和分路袭击金军。完颜宗弼乘郾城空虚之际，率龙虎大王、盖天大王和韩常诸将，选精兵1.5万人趋郾城，直捣岳家军大本营。岳飞使亲卫军和游奕马军迎战，利用顺昌之战的经验，以麻扎刀、提刀和大斧为武器，上砍敌人，下砍马足，勇战金军。自日中激战至日落，金军不敌败退。宋军乘胜追袭20多里，阵斩金军阿里朵孛堇，取得了郾城之战的胜利。

兵败郾城后，金军退驻临颍。岳飞部将杨再兴率兵巡逻时仓促间与金军遭遇于临颍县境内小商桥，奋勇应战，以寡敌众，为金军所败。张宪军赶到，与金军再战，双方各有很大伤亡。金军北撤途中，又被张宪等追袭，损失马匹、器甲无数。

此后，完颜宗弼集结各路金军，集中兵力攻打颍昌。七月中旬，双方各投入兵力3万余人，大战于颍昌，列阵于西门外。战斗进行得异常艰苦激烈，金军损失惨重，完颜宗弼之婿统军上将军夏金吾战死，被俘、被杀的大小首领计73人，军士死亡500余人，损失战马、器甲、旗鼓不可胜计，

遭到与南宋战争以来少有的惨败。

在同南宋的战争中，金朝已投入了大量兵力，而宋军真正投入战斗的只有岳家军一支。虽然双方都有很大伤亡，但宋军的总体实力显然在金军之上，南宋取得了战场上的主动权。如果南宋君臣、军民一致奋起抗击，金军的处境将非常危险。完颜宗弼一方面安排老小渡河北归，另一方面集结诸路兵马重点袭击岳家军，并开始部署撤军。

（3）皇统议和。

金军在河南战场连连失利时，岳飞开始计划全面北伐，他向宋高宗奏请"令诸路之兵火速并进"，收复中原，直捣幽燕。但朝廷却在利用岳飞军事上的胜利，加紧议和活动。他们把张俊的队伍从宿州、亳州撤走，使岳家军处于孤立无援的境地，成为金军众矢之的，断送了岳家军英勇战斗换取来的大好形势。

在岳家军进则无援、退则不忍的情况下，宋高宗以金字牌令他"措置班师"，给他留下了"十年之功废于一旦"的终生遗憾。

岳飞不得已班师后，完颜宗弼也因天时向暑还军于汴。至秋，完颜宗弼将攻击重点转向淮西张俊防线。皇统元年（1141年）正月，完颜宗弼、韩常渡过淝水，占领寿春府。二月，陷庐州，接着与张俊、刘锜、杨沂中激战于柘皋。

金军攻占寿春、庐州时，宋方在淮西只有少量兵力，于是，紧急调遣岳飞、韩世忠增援。张俊及其部将也先后入据和州、含山、全椒、巢县和昭关等地，金军则自和州退往柘皋。"柘皋皆平地，金人谓骑兵之利也。"以10余万兵两翼夹道而陈，待宋军至。宋将杨沂中、张俊、刘锜军陆续到达。杨沂中轻敌先进，失利。张俊部将王德麾军攻金右翼，射杀其首领一人，乘势奋击，金军败退。

北退的金军攻陷濠州，将重兵埋伏在濠州四郊，一面做出渡淮的姿态，一面于淮水下游赤龙州伐木设置障碍，阻止韩世忠援救濠州。杨沂中至濠州城下，知城内空虚，令军士入城。金伏兵冲入，宋军大败。杨沂中、张俊、刘锜相继渡江，韩世忠也回军楚州。

金军这次南犯，一胜一负，得失相当。由于南宋最高统治集团没有收

山西大同华严寺壁画

复故土的打算，诸将多不肯出力抗战，所以战与和的主动权始终掌握在金朝的女真当权派手中。纵观金朝自天眷三年（1140年）对南宋用兵以来的战场形势，金朝胜少败多，故自濠州得胜后，完颜宗弼终于可以在有利的条件下与南宋讲和了。

同年八月，完颜宗弼放回扣留的宋使，带信给南宋，指责其负恩启衅，并以"已会诸道大军，水陆并进，师行之期，近在朝夕"相威胁，意在迫降。宋高宗立刻遣使向完颜宗弼请和。

在宋朝请和使者频繁往来的同时，河南、陕西战场上，双方小规模的对抗仍在进行，并各有胜负。十月，完颜宗弼回书，指责宋方言而无信。南宋又连忙遣魏良臣、王公亮使金，对有负割地深思悔过谢罪，并表示"上令下从，乃分之常，岂敢辄有指述，重蹈僭越之罪！专令良臣等听取钧诲，顾力可遵禀者，敢不馨竭以答再造"，同时令使臣以奉岁币、割地等条件与都元帅面商。为表示请和之诚，还以谋反罪将抗战将领岳飞下狱。

十一月，完颜宗弼与宋许和。年底，宋杀岳飞。皇统二年（1142年）二月，宋使何铸等使金，进誓表，宋称为"绍兴和议"。和议规定。

金、宋以淮水中流至大散关为界，水西的唐、邓二州属金。自邓州西40里并南40里为界，属邓州；其40里之外并西南属光化军，归宋；

宋对金称臣，"世世子孙，永守臣节"。金帝生辰、正旦，宋需遣使祝贺。

宋每年向金贡纳银 25 万两、绢 25 万匹，以壬戌年（1142 年）为首，每春季差人搬送至泗州交纳。

于是，金遣左宣徽使刘筈使宋，册赵构为宋帝。从此，南宋"列于藩辅"，"世服臣职，永为屏翰"，和议成。

皇统和议是金与南宋间的第一个停止军事对抗的协议。金朝利用宋高宗不敢与其对抗，甘愿偏安江南的心理，以军事威胁的手段，迫使其接受了苛刻的条件，换取了在战场上难以得到的实际利益。宋高宗也以其经济优势为后盾，得以统治淮南，稳坐江山，这正是赵构心向往之的结局。至此，他终于借秦桧和完颜宗弼之手付诸实现。

自天眷元年（1138 年），金将河南等地归宋，即要求宋称臣纳贡，故遣招谕使张通古。但宋高宗迫于群臣的压力，不敢明目张胆地向金称臣，因此，所遣使臣多以乞归梓宫为名。皇统和议成，双方交割地界后，金将宋徽宗灵柩和宋高宗生母韦氏归还南宋，自皇统三年（1143 年）至正隆六年（1161 年），宋一直履行协议。其宗室在金者也各有俸给。

5. 正隆南伐与大定议和

金海陵王迁中都后，又修南京宫殿，有统一天下之志。正隆六年（1161 年）五月，迁都汴京。一面签军括马，一面借向宋高宗贺生辰之机，向南宋要求淮南土地，并以巡猎陈、蔡、唐、邓诸州相胁，还因南宋所遣国信使不合己意，遣回不见。九月，金海陵王亲自率领 32 总管兵，置左、右大都督和水军、汉南、西蜀三道都统制，分道南伐：一循海道趋临安，一出宿、亳趋淮泗，一从蔡州至荆、襄，一由凤翔取散关。宋也分兵防守成都、安康、襄阳、江陵、武昌、江州、池州、建康、京口等要地，准淮南诸州郡移治清野，下榜诏谕中原军民，并下诏亲征。

十一月，金海陵王至和州。金世宗自立的消息传来，金海陵王迫令军士于采石渡江，被宋前往督师的中书舍人虞允文所败。又进兵扬州，拟自瓜洲渡江，与宋约和后，再回军收拾残局。二十三日至瓜洲，促令诸军渡江。时有传抄金世宗赦书至军中者，诸将各怀异志，诸军厌战。完颜元宜等密谋杀金海陵王投奔新主，将金海陵王心腹亲兵派去取泰州，趁御帐守备空虚之际杀金海陵于军中，诸路南征军相继撤回。

山西华严寺上寺大雄宝殿

　　金世宗自立之际，正是金自建国以来面临的最严峻的时期。金海陵王的横征暴敛使百姓贫困不堪，遍布全国的人民反抗斗争震撼着金朝并不稳定的统治基础。特别是移刺窝斡领导的契丹人民起义，席卷了金朝北方的半壁江山，牵制了金朝的大量兵力。而南宋的经济已逐渐恢复，政治也渐趋稳定，南伐的失败又使金政权面临着南宋反攻中原的威胁。为巩固统治，金世宗必然要对南宋主动讲和。

　　金世宗即位后，以都督府名义移牒南宋，以左监军高忠建为报谕使，以罢兵、归地、班师、通好为报，并遣左副元帅完颜瓅英措置南边和陕西等路事。南宋则乘金内乱之机，收复了扬、和、邓、蔡、泗、汝、陈等州和河南府、盱眙军等地，又檄示南征金军"挺身而抱义"，"率众以来降"，招谕将领弃金归宋。金朝地方守将仍坚守各自防区，有些州县则失而复得。宋高宗一方面约束诸将不得过界追袭金兵，另一方面希望乘机修改绍兴和议条款，改善宋朝的地位。

　　大定二年（1162 年）正月，金放还了河北、山东、陕西等路征南步军，这既是稳定国内秩序的需要，也是对宋作出的和平姿态。与此相应，六月，宋也遣翰林学士洪迈贺金世宗即位。双方在议和上虽有共识，条件却不一致，金世宗仍希望维持皇统和议条款。于是，因宋"书词不依旧式"，遣洪迈"归谕宋王"，第一次互派使节没能达成和议。

　　七月，宋高宗内禅，宋孝宗即位。宋孝宗有意进取，以主战派张浚为江淮东西路宣抚使，加强了军事部署；追复岳飞原官，以礼改葬；鼓励士庶陈时政得失，锐意中兴。虽不放弃和谈，但向金遣使却"欲用敌国礼"。

移刺窝斡部下括里、扎八等奔宋，宋用其谋北攻金朝州县，连下泗、寿、唐、海诸州。面对宋朝的攻势，金世宗也决定对宋用兵。十月，金世宗诏左副元帅纥石烈志宁经略南边。十一月，令右丞相仆散忠义总戎事，居南京，节制诸将伐宋，同时指示"彼若归侵疆，贡礼如故，则可罢兵"。

大定三年（1163 年），宋以张浚为枢密使。纥石烈志宁移牒张浚，略曰："可还所侵本朝内地，各守自来画定疆界，凡事一依皇统以来旧约，帅府亦当解严。如必欲抗衡，请会兵相见。"张浚预计至秋金兵必大进，宜先发制人，于是以李显忠出濠州趋灵璧，邵宏渊出泗州趋虹县。宋朝中对和战意见不一，宋孝宗独与张浚议出师，三省、枢密院不知。纥石烈志宁与宋军战于宿州，由于宋将不能协力同心，宿州得而复失。

宿州败后，张浚上疏自劾，乞致仕，宋孝宗下诏亲征。但主和者纷纷要求治张浚轻出之罪，宋孝宗不得已下诏罪己，决定议和。

八月，纥石烈志宁致书宋三省、枢密院，要求宋归还海、泗、唐、邓四州，称臣，纳币，归还逃入宋境金人。书状往返数四，宋初不许还四州，且欲减岁币；后则四州、岁币不较，而君臣名分在所必争。宋君臣反复论辩，其主战主和者各半。金世宗指示："若宋人归疆，岁币如昔，可免奉表称臣，许世为侄国。"并以大军压淮境，纥石烈志宁偏师渡淮，取盱眙、濠、庐、和、滁等州。

时宋方虽军事不利，宋孝宗却耻于求和，于是利用金世宗不欲用兵的机会，千方百计在议和条款上争取金朝作出较多的让步。

大定四年（1164 年）十二月，和议条款讲定：

金、宋为叔侄之国，宋孝宗称金世宗为叔；

宋向金缴纳岁币银 20 万两、绢 20 万匹，比皇统时各减 5 万；

疆界依皇统、绍兴之旧；

彼此逃叛到对方之人，不再遣返。

宋孝宗利用金朝国内的变故，坚持"正国体"，终于改变了金、宋宗藩关系，使宋朝取得了与金同等的地位，恢复到北宋与辽关系的状况；同时保护了自金归宋的士庶，使他们得以安心留居宋境，这对金官民投宋是一个有利的条件，也是北宋对辽所一直不曾争取到的目标。对宋朝而言，这次议和是一次不小的胜利，因而宋孝宗将第二年改为乾道元年。宋朝将这次和议称"隆兴和议"。

6. 开禧北伐与泰和和议

自大定议和后，金、宋间一直维持着正常的和平往来，双方在边界各开榷场，经济、文化交往虽不如北宋与辽时密切，却也不曾发生重大冲突。尤其是金朝，金世宗和金章宗都很重视维护与南宋的关系，在完善礼乐制度方面也多借鉴宋制。但泰和年间（1201—1208年），金朝已现衰败端倪，蒙古诸部势力渐强，不时袭扰金朝北疆。南宋境内又有一股势力开始酝酿北伐中原了。

明昌五年（1194年），宋宁宗赵扩在宗室赵汝愚和外戚韩侂胄的操纵下受禅即位。韩侂胄自以有定策功，又为皇后叔父，"时时乘间窃弄威福"，排斥异己，"势焰熏灼"。

时金朝国势日弱，宋部分主战派官僚、将领又萌生了北上中原收复失地的欲望。韩侂胄曾出使金朝，略知金国虚实，也欲兴师立功，借以巩固地位，于是在其党羽的支持下，创兴北伐之议。

宋方聚财募卒，选将练兵。在镇江立韩世忠庙，追封岳飞为鄂王，为大举兴兵进行思想、舆论上的准备。同时在沿边州县不时小有入侵之举，引起金朝边将的警惕，也为至宋的使臣所察觉。但金章宗珍惜与宋的和平局面，不愿轻启衅端，每每戒敕诸臣，不可妄言生事。

泰和五年（1205年），宋以韩侂胄为平章政事，以其亲信苏师旦为安远军节度使，积极部署北伐，并先后占领了虹、新息、褒信等县。金边州得宋谍者，知"宋人于江州、鄂、岳屯大兵，贮甲仗，修战舰，期以五月入寇"，金章宗才"命枢密院移文宋人，依誓约撤新兵，毋纵入境"，并遣平章政事仆散揆为河南宣抚使，点集诸路兵备宋，无意与宋开战。同时召集群臣商讨对策，

金代铜坐龙

群臣或言宋"不敢败盟",或言宋兵攻围城邑,"不得为小寇",金章宗终不愿生事,诏罢河南宣抚司。泰和六年（1206 年）,宋贺正旦使陈克俊辞行时,金章宗仍一再表明金朝无意用兵,希望得到宋方的响应。

金朝的忍让助长了南宋主战诸将的势焰。泰和六年（1206 年）五月,宋下诏伐金,宋人称为"开禧北伐"。至此,金章宗才任命平章政事仆散揆兼左副元帅,枢密副使完颜匡为右副元帅,陕西兵马都统使完颜充为元帅右监军,知真定府事乌古论谊为元帅左都监,以南伐诏告中外,仍命保护韩侂胄祖韩琦坟墓,为和平解决争端留下充分的余地。

十月,扑散揆督诸道兵 14 万分 9 道,自颖寿、涡口、唐邓、清口、陈仓、成纪、临潭、盐川、来远等东西两线,全面出击。金师一出,宋兵遂败,光化军、枣阳、江陵、信阳、随州、襄阳、安丰军、滁州、濠州、真州、成州、阶州、大散关等地相继为金军攻下。韩侂胄方悔用兵,输家财 20 万助军,遣人持书至金营请和,委过于苏师旦等。

建炎以来,吴氏世掌吴家军,屯兵川陕。宋光宗以吴氏世掌西兵,于国不利,遂趁吴璘之子吴挺死亡时,以其兵付丘崈,吴璘孙吴曦只得散官,后为殿前副都指挥使,郁郁不得志。泰和元年（1201 年）,吴曦自言于韩侂胄,得为兴州都统制,驻兵兴州,遂复掌兵。泰和六年（1206 年）十二月,吴曦以阶、成、和、凤四州降于金将完颜纲,并献四川地图、吴氏谱牒,金以吴曦为蜀王。

吴曦降金,使宋失去川蜀重地,对宋荆湖路的安全构成了重大威胁。泰和七年（1207 年）,吴曦自称蜀王,改元,置百官,治宫殿于成都。以随军转运使安丙为丞相长史,分别遣将引金兵攻凤州;驻兵万州,泛舟嘉陵江,声言与金兵夹攻襄阳。二月,安丙与兴州合江仓官杨巨源等杀吴曦,四川复为宋有。

同年八月,宋遣方信孺至金议和,金要求归还所俘金人,增加岁币,缚送北伐首谋,称藩割地。方信孺只应归俘和别致通谢钱,被却还。十一月,宋再遣王伦之孙王柟为使,韩侂胄怒金人追究首谋,欲再用兵。王柟至金,以增岁币至 30 万两匹、犒军钱 300 万贯、杀苏师旦献首于金为请和条件。金章宗坚欲以韩侂胄首换取淮南地。

泰和八年（1208年）四月，宋献韩侂胄、苏师旦首级至元帅府，金罢元帅府与宋和。

7. 宋停岁币与金宣宗南伐

大安三年（1211年），蒙古南下攻金，宋贺生辰使至涿州不得进而还。此后宋以金有边患，在沿边州县遂时有袭扰。

金宣宗南迁后，宋对金的态度不再恭顺，且停止了输纳岁币，并加强边备，但仍按约遣使入贺，冀以探知金朝的虚实，不敢贸然与金开衅。贞祐二年（1214年），夏以书约宋夹攻金，宋不应。与此同时，金朝却有南进取宋州县以补北方失地的考虑，陈言人王世安献攻取盱眙、楚州之策，枢密院奏以世安为招讨使，遣人往淮南，招诱入宋境的红袄军首领和南宋官。贞祐四年，尚书右丞相术虎高琪请伐宋，以广疆土。四月，遣元帅左都监乌古论庆寿，签书枢密院事完颜赛不统军南伐，金、宋再次断绝了和平交往。

兴定元年（1217年）四月，金军先后破宋兵于信阳、陇山、光州、樊城等州县。宋也传檄招谕中原军民，募兵讨金，并利用反金的农民武装袭击金属的泗州、灵璧、海州、东海、确山、息州等州县。

八月，金宣宗一方面将宋人渝盟的情况通报军士，另一方面命大臣讨论对宋方针，集贤院谘议官朱盖上书陈御敌三策。十月，右司谏许古、集贤院谘议官吕鉴等极言宜和。吕鉴特别指出，兴兵以来，自唐、邓至寿、泗屯兵数十万，居民殆尽，军士也有逃亡者。而和平交往时，仅息州榷场，"每场所获布帛数千匹、银数百两，大计布帛数万匹、银数千两，兵兴以来俱失之矣"；并主张趁天寒对骑兵有利之机，屯兵境上，以促和谈。而术虎高琪以许古起草的牒文不足取，阻挠议和。

金宣宗采纳了术虎高琪的意见，遣官括市民马。十一月，诏唐、邓、蔡州元帅府举兵伐宋，又遣平章政事胥鼎自

金贞祐交钞铜版

关陇出师，且不许再申异议。脊鼎一面分兵自秦、巩、凤翔三路并进，一面仍指出南征不合时宜，但以术虎高琪为首的尚书省不予采纳。同时，宋也以伐金诏告天下。

南伐以来，西线曾取和州（西和州，今甘肃西和）、成州、洋州；得散关，不能保，焚关退师。东线虽先后取光州、信阳、枣阳、随州、光山、安丰军，也曾一度自桐柏入宋境，但损兵折将，得而复失，并不能将疆界向南推进一步。而北方除蒙古军进逼外，又有蒲鲜万奴的自立，西部则不时受到西夏的袭扰。内部红袄军的反抗此伏彼起，有的则投靠宋朝，与宋军配合进攻金朝州县。

贞祐、兴定年间的南伐徒使金朝丧失了岁币、榷场的收入，增加了战争负担，加剧了本已十分严重的政治、经济、军事危机，于是金朝开始准备结束对宋的战争。兴定二年（1218 年），西线连取成、阶、和三州与大散关。十二月，金宣宗欲乘胜讲和，遣开封府治中吕子羽为详问使议和，宋不纳，金、宋和议正式断绝。金宣宗再任枢密副使驸马都尉仆散安贞为左副元帅、权参知政事、行尚书省元帅府事，兴定三年（1219 年），以仆散安贞领兵继续伐宋。西线兴元府、洋州得而复失。东线安贞与宋人战于安丰军和滁、濠、光三州，进击至黄州、和州、全椒、天长、六和，游骑抵达长江北岸。宋建康大震，降宋的红袄军首领李全和季先分别自楚州、涟水军援宋，金军退还。

此时，宋朝以官爵招诱红袄军首领，利用他们袭扰南京东、南和山东州县，牵制了金朝的兵力。同时，响应西夏夹攻倡议，使金朝的军事形势更加被动。金宣宗希望集中兵力重创宋军后讲和，以解除南部的威胁，无奈得不到宋朝的响应。以取偿于宋的目的开始的这场战争，陷入胶着状态，欲罢不能。金朝不得不在南、北、西三面同时开战。为了生存，金宣宗不得不把这场由自己发起的旷日持久的"南征"继续进行下去，并被迫把精兵置于河南、河北、陕西，对蒙古的防御又被削弱了。

七月，宋将孟宗政、扈再兴等大败金将完颜讹可于枣阳，杀金军 3 万，获资粮器甲不可胜计，取得了金宋战争以来的重大胜利。兴定四年（1220 年），宋夏夹攻之议成，夏人出兵攻巩州（今甘肃陇西），宋兵出宕昌（今甘肃宕昌）应之，合攻巩州，不克而还。同时，宋四川宣抚司命诸将分别自天水、长道、散关、子午谷、上津出师，在西线向金军全面出击。兴定五年（1221年），金又集诸道兵至蔡州，再诏伐宋。设行元帅府于蔡州、息州和唐州、邓州，行枢密院于宿州。唐、邓方面金军失利，而以捷奏闻；仆散安贞自息州进兵至黄州、蕲州（今湖北蕲春），抵长江而还。

元光元年（1222年），再以元帅左监军完颜讹可行元帅府事，节制三路兵马伐宋，初获小胜。退军时为宋兵邀击大败，副元帅时全因兵败被杀。

8.蒙宋联合灭金

元光二年（1223年），金宣宗死，金哀宗即位。为改善四面受敌的困境，他采取与西夏、南宋议和的方针。正大元年（1224年），遣尚书令史李广英至滁州通好，又使枢密院判官移剌蒲阿率兵至光州，宣称金不再南侵。正大二年（1225年），金成功地实现了与西夏的和解，继而又安排与宋议和。正大三年（1226年），又多次命百官议与宋修好事宜，无结果。至金哀宗走逃蔡州后，曾与陕西行省谋取兴元。此时，宋蒙联军之议已定，在无计可施的情况下，金哀宗还曾遣使向宋借粮，宋不许。

蒙古大军南征前，已决定按成吉思汗所授方略，以一军绕过潼关，借道于宋，南北两军夹击汴京。蒙古遣使议与宋联军灭金，宋朝臣皆以为可，只有权工部尚书赵范独持异议，其弟赵葵则建议："今国家兵力未赡，姑从和议，俟根本既壮，雪二帝之耻，以复中原。"宋理宗采纳了他的意见，遣邹伸之往报蒙古军，并提出灭金后，将河南地归宋为夹攻的条件。于是宋、蒙达成协议。天兴二年（1233年）四月，武仙与金唐、邓守将谋迎金哀宗入蜀，攻宋光化军，宋京西兵马钤辖孟珙降金邓州守将移剌瑗，败武仙于顺阳（今河南淅川南）、马磴山，绝金哀宗西逃之路。八月，蒙古将领塔察儿又遣王楫至宋，

卢沟桥运筏图

宋以兵会攻唐州。九月，金哀宗遣使向宋借粮，并谕以唇亡齿寒之理，宋不允。天兴三年（1234 年）正月，宋蒙联兵攻破蔡州，金哀宗自焚。孟珙与塔察儿分金哀宗遗骨及宝玉、法物而归。不久，宋刑部侍郎兼京湖安抚使、知襄阳府史嵩之露布告金亡，以所得金帝遗骨、宝玉、法物和所俘金官献于朝。与蒙古划地而守，陈、蔡西北归蒙古，唐，邓以南归宋。金先与北宋联合灭辽，继而南下灭北宋，与南宋对峙，至此又为宋、蒙联军所灭。

第五章 社会发展

一、学习辽宋建新制，女真旧制渐消亡

金朝在女真族氏族部落制的基础上建立国家。初期仍保留女真族的若干旧制，兼采辽朝制度。金太宗时，占领辽、宋地，仍实行辽、宋旧制，与女真地区存在差异。金熙宗时，对各项统治制度做了改革。金海陵王迁都中都，统一制度，又做了进一步的改革。金世宗时，各项制度大体确立。此后，只有局部的修改。伴随着统治地区的扩大和女真族自奴隶制向封建制的过渡，金朝越来越多地采用汉族的统治制度，女真旧制逐渐削弱或消失。

1. 制度改革

金朝初期全面采用辽朝的南北面官制，同时奉行两套体制，但自金熙宗改制以后，就逐步弃用了契丹制，全盘采用汉制。政治体制的一元化，是金朝强大的一个重要原因。

天会十三年（1135年），金太宗病死，13岁的完颜亶（金熙宗）即帝位。为了巩固金朝的统治，金熙宗时适应新形势的要求，对统治制度一再进行改革。在朝廷中枢废除传统的谙班勃极烈等辅政制，依辽、宋制度设太师、太傅、太保，称三师，朝中设尚书、中书、门下三省，由领三省事综理政务，下设左、右丞相及左、右丞（副相）。天会十五年（1137年），金熙宗又废除属邦齐国，在汴京（今河南开封）设行台尚书省。天眷元年（1138年），又改燕京枢密院为行台尚书省。两行台尚书省负责对华北地区的统治。同

年，又进一步改定官制，史称"天眷新制"。新制实际上是全面实行汉族官制。女真官员予以"换官"，即将原来的女真官职换授为相应的汉称的新职。又在尚书省设平章政事和参知政事，位在左、右丞之下，以加强尚书省的权力。金熙宗又在会宁府（今黑龙江阿城南白城子）仿汉制修建都城和宫殿，建号上京（辽上京则改称临潢府）。制定百官朝见的礼仪和有关制度。当年又颁布一种笔画简省的新文字，称为女真小字以供行用。

金熙宗时，金朝统治集团内部发生激烈的纷争，完颜宗翰一派的势力，不断受到削弱。天会十五年（1137年），太师、领三省事完颜宗磐以贪赃罪逮捕完颜宗翰的亲信尚书左丞高庆裔，使庆裔死于狱中，完颜宗翰抑郁而死，完颜希尹也被罢相。天眷元年（1138年），完颜昌、完颜宗磐等坚持主张将河南、陕西地归还宋朝，以换取宋向金称臣纳币，并将汴京行台移治大名府（今河北大名东），又移治祁州（今河北安国）。这时，金朝的统治仍以女真族的"内地"为中心。天眷二年（1139年），完颜希尹复任左丞相，与完颜宗干、完颜宗弼等劾奏完颜宗磐私通宋朝。郎君吴矢（吴十）谋反被处死，也涉及完颜宗磐。金熙宗诏完颜宗干、完颜希尹等逮捕完颜宗磐和完颜宗隽（金太祖子）处死。完颜宗干升任太师，宗颜宗弼为都元帅。天眷三年（1140年），金熙宗采用完颜宗干、完颜宗弼议，再次出兵夺回陕西、河南地。金行台尚书省又移治汴京，以燕京路直属中央尚书省，从而撤销燕京行台尚书省的建置。完颜宗弼进军至淮南，掳掠而还。完颜宗弼劾奏完颜希尹曾窃议皇位继承，于是金熙宗杀完颜希尹。

皇统元年（1141年），完颜宗弼领兵南下侵宋，南宋请和。金宋议定以淮水为界，宋向金纳币称臣。这年，完颜宗干病死。完颜宗弼进拜太傅，仍为尚书左丞相、都元帅，并领行台尚书省，掌握了军政大权，皇统七年（1147年），进为太师，

金朝官印

领三省事，都元帅，领行台尚书省。次年，病死。完颜宗弼死后，金熙宗无力控驭朝政，皇后裴满氏结纳朝臣干预政事，帝后之间与贵族朝臣之间相互倾轧。金熙宗一再杀逐大臣，朝政日益混乱。皇统九年（1149 年）初，完颜宗干次子完颜亮为都元帅；三月，拜太保，领三省事，五月，被逐出朝，领行台尚书省事，中途又召还，为平章政事。十二月，完颜亮与左丞相完颜秉德等杀金熙宗。完颜亮篡夺帝位，改年号为天德。

2. 勃极烈辅政制

勃极烈原意为"官长"，即部落酋长。女真部落联盟中原设有"国相"辅政，女真语称"国论勃极烈"。金初曾在皇帝周围设勃极烈四人，辅佐国政。四勃极烈职责不同，分称为谙班（女真语：大）勃极烈、国论（女真语：国家）勃极烈、阿买（女真语：第一）勃极烈、昃（女真语：第二）勃极烈。辅政的勃极烈成为朝廷最高官职，任此职者均为皇室贵族。其人数或多或少，并无定额。以后又有移赍（女真语：第三）勃极烈和管理对外事务的乙室（迎迓）勃极烈等。金太宗时，叔谩都诃参议国政，称阿舍勃极烈。金熙宗即位，设太师、太傅、太保称三师，分领三省事，勃极烈辅政制遂废。

3. 封国制

金熙宗对勋臣加封国王称号，如尚书令完颜宗磐封宋国王，都元帅完颜宗翰封晋国王。海陵王削封前朝皇室贵族爵号，国王多降封为郡王。此后，皇室亲王封国者，只依国号称某王，不称国王。以下有郡王、国公为正从一品、郡公为二品、郡侯为三品。亲王万户，实封 1000 户。郡王 5000 户，实封 500 户。国公 3000 户，实封 300 户。郡公 2000 户，实封 200 户。王、公无封地，只是依爵食禄。国号又有大、次、小之分。多依古邑名为号。金章宗时定制，汉、辽、唐、宋等前朝国名，不得作为臣下封国的国号。金朝封亲王（国王）者多为皇室宗亲。郡王、国公以下可以加封于外姓或外族官员。金宣宗南迁，招纳各地汉人地主武装抗蒙，其中 9 人封给郡公称号，史称"九公封建"。

4. 官制

金太宗时置尚书省及中书省、门下省为朝廷政务中枢，金海陵王废中

彩绘贴金文武官俑

书、门下，只设尚书省综理政务。中枢官制经金世宗改订，成为金朝的定制。

尚书省最高长官为尚书令。下设左、右丞相各一员、平章政事二员为宰相。左、右丞各一员、参知政事二员为宰相副贰。尚书省设吏、户、礼、兵、刑、工六部分掌政务。六部长官为尚书、侍郎。

御史台司监察，设御史大夫、御史中丞、侍御史等职。翰林学士院掌制诰词命文字，设翰林学士承旨、翰林学士、翰林侍读学士、翰林侍讲学士等职。设大宗正府（后改大睦亲府）掌理宗室事务。

地方官制，依辽、宋旧制、设路、府、州、县四级，但又沿袭女真旧制，各级地方长官兼领军事。金世宗定都中都前后，设五京（上京会宁府，东京辽阳府，北京大定府，西京大同府，南京开封府），又设14总管府、19路。五京各设留守一员，兼本府府尹及本路兵马都总管事。上京、东京等路原设提刑司，后改设按察司及安抚司，长官称"使"，掌镇抚人民。诸路转运司，设使、副，掌规措钱谷。总管府设兵马都总管统领本府军民事，兼任府尹。下设同知都总管、副都总管。一般的府，长官称府尹，掌民政而不领兵，下设同知、少尹、府判等官员。州又分节镇州、防御州、刺史州三类。节镇州为军事要地，长官为节度使，统领兵马兼管本州政务。下设同知节度使、副使。防御州长官为防御使掌防御盗贼，兼管本州政务。下设同知防御使等官。刺史州长官称刺史，专治州事，不领兵。县分为赤县、次赤县、诸县三类。赤县为大兴府所属大兴、宛平县。次赤县又称剧县，即民户在2.5万户以上的大县。2万户以上为次剧县，在诸京倚郭县为京县，万户以上为上赤县、次赤县和诸县，长官都称县令。下设县丞1员、主簿1员、县尉4员。县不设军，专管民政。万户以下3000户以上的县为中县，不设县丞。3000户以下为下县，不设县尉。

5. 军事制度

女真族在氏族部落制时期，原无独立的军事编制，部落氏族成员对外作战，即由猛安、谋克统领。谋克的副职蒲里衍也随同领兵。兵士从军作战带领随从一名，称为阿里喜。作战获胜，兵士即可获得财物和奴隶。初期收降外族兵士，也被编入军中，由猛安、谋克统率。金太祖对辽朝的契丹、奚、渤海等族降军，依辽制设都统司管领。攻略燕云地区收降的汉军，仍依原来建置。金太宗任辽降将刘彦宗为枢密院事兼领汉军都统。对北宋降将，也仍官旧职。天会三年（1125 年），金太宗大举侵宋，始设元帅府，由都元帅，左、右副元帅等指挥作战。金海陵王时，因军帅势力强大，改设枢密院主官军事，其长官有枢密使、枢密副使等，受尚书省节制。此后平时设枢密院，战时改元帅府。金朝后期则两套机构并置。作战时对领兵将领加给称号，战后即撤销。常驻各地的镇防军，分驻各州，向各地猛安谋克户签发兵士。猛安谋克户多由奴婢替代从军。金世宗时曾下令禁止。

金军大体可分为本族军、其他族军、州郡兵和属国军。前二者为主力，后二者为辅翼。最初，奴隶主、封建主都应从军。领有汉地后，主要实行征兵制，签发汉族和其他少数民族为兵，称为"签军"，到后期也行"募兵制"。金朝统治中原后，还仿汉制，实行发军俸、补助等措施。对年老退役的军官，曾设"给赏"之例。对投降的宋军，常保留原建制，仍用汉人降将统领。

金军亦以骑兵为主，步兵次之。骑兵一兵多马，惯于披挂重甲。各部族兵增多后，步兵数量大增。水军规模也较大，但战斗力较弱。除冷兵器外，还使用火炮、铁火炮、飞火枪等火器作战。后来蒙古南侵之时，金军就以火器抗蒙。正大九年（1232 年）金将赤盏合喜驻守汴京，"其守城之具有火炮名震天雷者，铁罐盛药，以火点之，炮起火发，其声如雷，闻百里外，所爇围半亩之上，火点著甲铁皆透"。

金朝建国初期，皇帝有合扎谋克，即亲军护卫。金海陵王时以金太祖及宗王的亲军编为合扎猛安，依宋制称侍卫亲军，选年轻步兵及骑兵 1600人备宿卫。金世宗时置亲军 4000 人，金章宗时增至 6000 人。北边地区置东北路、西北路、西南路三招讨司，设招讨使、副招讨使统领，镇抚边地诸族。各族降人编为乣军守卫边堡。河南、山西、陕西、山东诸路设统军司，

统领军马，镇守边陲。

6.法律制度

女真族在部落联盟时期，开始有原始的"条教"，主要是保护私有财产和确立秩序。杀人及盗劫者击脑处死，没收家产，并以家属为奴隶。犯重罪者可用牲畜财物赎罪，但要削去耳、鼻，以示不同于平

女真武士

民。金太祖建国前后，没有颁布正式的法律，只是宣布：（1）贫民负债需卖妻子为奴者，3年内不催督债务。（2）由平民沦为奴隶者，可以两奴隶赎一人为平民。这些规定旨在减少平民和奴隶的反抗，以巩固金国奴隶制的统治。

金太宗占领辽、宋地区，沿用旧制。金熙宗皇统间制定法令，称为《皇统制》，是金朝的第一部法典。皇统制是"以本朝旧制，兼采隋唐之制，参辽宋法类以成书"，今已不存。

金海陵王颁布《续降制书》，作为皇统制的补充，增加了限制女真贵族奴隶主特权的内容。金世宗大定五年（1165年），命有司删定条例，与前制书兼用。大定二十年（1180年）前后，修成《大定重修制条》，将前朝的条制加以整理补充，共得例、律、条格1190条，编为12卷。

金章宗明昌五年（1194年），制定《明昌律义》。泰和元年（1201年），正式制定法律总集并加疏解，称为《泰和律义》，凡563条，编为30卷，依《唐律疏义》体例，分为12篇。这次制定法典，将律、令、敕、格式分别编纂，另编律令20卷、新定敕条3卷、六部格式30卷。

金朝法律基本上沿袭辽、宋旧法，同时，也保有金朝的特点。辽代刑名有杖、徒、流、死4种刑法。金朝因南有南宋，北有蒙古，不宜流放边地。因而只有杖、徒、死3种刑法。徒刑也可以杖刑代替。女真旧制击脑处死、没为奴隶等已不复存在。金朝女真族自金熙宗至金世宗时逐步封建化，但

仍保有奴隶制的残余。金律一方面对女真奴隶主贵族的特权有所限制，另一方面也对驱奴与良民的不同地位作了法律上的规定。

7. 五京制度

金朝采行五京制，共有中都大兴府、上京会宁府、南京开封府、北京大定府、东京辽阳府和西京大同府，其中后三个陪都就在辽的中京大定府、东京辽阳府和西京大同府的原址。

会宁府（今黑龙江省阿城南 2 公里的白城子）是金朝第一个都城，称"上京"，完颜阿骨打于收国元年（1115 年）所建。金太祖完颜阿骨打在位期间，因战争繁忙，并未修建宫殿。第二代皇帝金太宗完颜吴乞买继位后，于天会二年（1124 年）命汉人卢彦伦主持修建都城。都城的格局是集当时辽、宋风格于一身。金朝上京城的建制，大致采取近似中轴线、近似均衡和近似对称的手法，规划街道里坊，营筑宫室官邸，使上京城为中国宋元时期最北部的都城大邑，也是金朝第一都。

贞元元年（1153 年），金海陵王完颜亮迁都大兴府（今北京西南）是为金朝第二个都城，称"中都"。在迁都燕京后，金海陵王为了不留有金熙宗奉行君主制的痕迹，完全解除女真皇族组合力与反抗力，来确保自己的皇位，于正隆二年（1157 年）下令毁上京。同年八月，金海陵王下令撤销上京留守衙门、罢上京称号，只称会宁府。金海陵王迁都、毁上京后，使上京会宁府不再有往日市井繁荣的景象。

金朝第八位皇帝金宣宗完颜珣受蒙古帝国掠夺与威胁，于贞祐二年（1214 年）宣布向南迁都开封府，称"南京"。正大九年（1232 年）三峰山之战金军战败，蒙军围攻"南京"后，金哀宗先奔归德府（今河南商丘），最后逃到蔡州（今河南汝南）。

辽金五京分布图

8. 科举制度

金太宗天会元年（1123 年），始行科举，以招纳辽朝故地的汉人文士，

分词赋、经义两科,考中者称词赋进士、经义进士。五年（1127年）,在河北、河东宋朝故地行科举,因辽、宋所传经学内容不同,分别举行考试,称"南北选"。金海陵王时统一各项制度,南北选也合并为一,取消经义科,只试词赋。另有律科,考试律令,以选拔执政的官吏。武举考试骑射和兵书。金世宗倡导保存女真文化,创设女真进士科,以女真字考试策论,又称策论进士。应试者为女真人子弟。金世宗以后,科举成为入仕的主要途径。女真、汉人显要官员多为科举出身。

二、历经战乱得复苏,社会经济缓发展

女真族在金朝建国前后,实行奴隶制的土地分配制度,役使奴隶耕作。被占领的辽、宋故地,仍然实行原有的封建制经济关系。女真人大批南下后,虽然仍保留供家内服役的奴隶制的残余,但社会经济制度逐渐地封建化。金世宗以后,金朝的封建经济在统治秩序确立后逐渐得到发展,封建地主与农民的矛盾也随之日益加深。

1. 土地占有与租税

女真原实行受田制,田地为国家所有。奴隶主依据人口和占有奴隶、牲畜的多少,领受田地。凡占有民25口,牛3头（称为1具）,受田4顷零4亩。所谓民口,包括具有平民身份的家口和占有的奴隶。金初,对外作战,大小奴隶主大量俘虏奴隶和牲口,土地占有急速扩大。后规定占田不得超过40具,即160余顷。金太宗时,始下诏征收租税。耕牛1具,纳粟5斗,称为牛头税。金初,女真人南下作战,俘虏大批汉人、契丹人迁往金朝内地（即上京路、东京路等女真族居地）为奴,从事耕作。随着奴隶占有的增长,奴隶主需求的田地也不断增加。金熙宗将大批女真猛安谋克户迁至燕山以南、淮河以北。金海陵王时,又将上京地区的女真宗室迁到中都和山东、河北地区。这些南迁的女真猛安、谋克户即在当地侵占汉人田地,作为受田。据大定二十三年（1183年）统计,共有猛安谋克户61.5624万,人口615.8636万。其中奴婢口有134.5967万。散居在汉地的猛安谋克户逐渐把占有的田地租给汉人耕作收取地租,并将奴隶出卖。战争停止后,有些猛安谋克户不再返回原来领受的田地,也把这些田地租给

汉人。富有的贵族强占女真平民和汉人的田地。女真贫困户将田地出卖，日益贫困。

金朝青铜器

金朝在汉人地区、沿袭辽、宋旧制，征收夏、秋两税，称为正税。夏税每亩征粮3合，秋税每亩征粮5升、秸15斤。此外，还有多种杂税，包括物力钱、铺马钱、军需钱、免役钱等多种名目。金世宗以来，官府多次清查土地、财产，以防止逃避赋税，称为"通检推排"。

金朝全境人口，金世宗初年，有300多万户，大定二十七年（1187年），增至678万多户，4470万多人，泰和七年（1207年）为768万余户，4581万多人。

2. 农业

女真族旧地原来即是农业生产地区，女真人大批南迁后，仍留居当地的女真及其他各族人和北迁的汉人继续从事农业生产。辽朝故地临潢府（今内蒙古巴林左旗南）一带，移居的奚族人民在此务农。燕云地区和北宋故地，农业生产原很发达，金朝的中都、河北、南京和东京等路是农业生产最为发展的地区，金章宗时，全国常平仓积粟3786万余石，米810余万石，可想见农业生产量已达到相当的水平。

3. 畜牧业

由于女真族属于东北民族，其畜牧业也十分发达。金帝完颜亮时原有9个群牧所，在南征时，征调战马达56万多匹，然而因战事大半损失，到金世宗初年仅剩下4个。金世宗开始复苏畜牧业，当时在抚州、临潢府、泰州等地设立7个群牧所。大定八年（1168年）起，下令保护马、牛，禁止宰杀，禁止商贾和舟车使用马匹。又规定对群牧官、群牧人等，按牲畜滋息损耗给予赏罚。经常派出官员核实牲畜数字，发现短缺就处分官吏，由放牧人赔偿。对一般民户饲养的牲畜，登记数额，按贫富造簿籍，有战事，就按籍征调，避免征调时出现贫富不均的现象。对各部族的羊和马，规定制度，禁止官府随意强取。

4. 手工业

金朝手工业生产如陶瓷、矿冶、铸造、造纸、印刷等,历经战乱与复苏,都有所发展。

金朝手工业中,矿冶是较为发达的部门,女真族建国前即重视炼铁。金朝上京地区冶铁业仍继续发展。云内州(今内蒙古呼和浩特市土默特左旗西北)、真定府(今河北正定)、汝州鲁山、宝丰、邓州南阳等都是著名的产铁地。金世宗规定金银矿许民间自采,官府抽分收税,后又取消矿税,以鼓励开采。但民间铸造铜器被严格禁止,只由官营作坊

金代和田白玉秋山玉饰件

铸造。金代煤(石炭)的开采与使用,更为普遍,用作冶炼的燃料,并用以取暖。

陶瓷业因为有辽朝、宋朝的基础也比较发达。金熙宗时,原来的北方名窑如陕西耀州窑、河南钧窑、河北定州窑与磁州窑也陆续恢复生产,临汝等新兴窑址,工艺各具特色。

手工业中另一发达的部门是印刷业。在辽、宋基础上有新的发展。中都(今北京)和平阳府(今山西临汾)是著名的刻印书籍的中心。赵城雕印大藏经是一项巨大的工程。辽、宋发达的制瓷业和纺织业在金朝也继续得到发展。

金朝初年的火药制造技术来源于辽,在灭北宋时,已使用火器。金朝后期因抗御蒙古骑兵的需要,制造了号为"震天雷"的火器,在铁罐中装入火药,临阵爆炸。又有"飞火枪",以纸筒制枪,喷射火焰,是金朝火器制造业的两项发明。

5. 商业

金朝的商业城市以金都中都和北宋旧都汴京为中心。东京辽阳、河北相州(今河南安阳)和河东上谷也是繁华

辽金兔毫盏

的商埠。金世宗时，制定商税法，买卖金银征税1%，其他货物征3%。以后税率又有提高。商业税收是朝廷重要的财政收入。金朝在和南宋、西夏的边界上设置榷场，以通贸易。榷场设有场官管理，获得巨额的税收。金朝自南宋输入的商品有茶叶、铜钱等，西夏输入的商品主要是马匹。

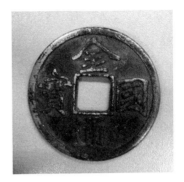

金国通宝

金朝早期使用旧的宋、辽钱币，直到金、宋间第二次议和后，战争暂告结束。正隆三年（1158年）金帝完颜亮首次铸行正隆通宝小平钱。泰和四年（1204年）金章宗铸泰和通宝真书钱。崇庆二年（1213年）金帝完颜永济铸至宁元宝钱。金宣宗南迁后也铸行货币。金朝灭掉北宋以后，曾扶植刘齐立国，所铸钱币却清秀娟美，比一般北宋钱精整。东北地区的金朝遗址和墓葬中，发现大量宋朝铜钱，可见与南方贸易的密切。

三、佛道儒的三者合一，全真道北宗七真

1. 佛教

金朝宗教大都主张顺从和忍耐，主要和北方汉族与异族统治者有关。无论是金代的佛教还是道教，都主张以本教义为主的佛、道、儒的三者合一，如在佛教的理论发展中有很高造诣的万松行秀和李纯甫。

佛教早在女真族时期即有流传，金朝灭辽朝及北宋后，又受中原佛教的影响，对佛教的信仰更加发展。佛教如华严、禅、净、密教、戒律各宗都有相当的发展。其中禅宗尤为盛行，这可说完全受了北宋佛教的影响，对金代的社会经济、政治、文化和习俗都有重要影响。女真族占领中原后，道询继承净如在灵岩寺弘法，著有《示众广语》《游方勘辨》《颂古唱赞》诸篇。

汴梁则有佛日大弘法化，传法弟子圆性于大定间应请主持燕京潭柘山寺，大力复兴禅学，著有语录三编行世。万松行秀尤为金代著名禅师。传曹洞青源一系之禅，嗣法磁州大明寺雪岩满禅师，虽治禅学，而平时恒以

《华严》为业。他曾在从容庵评唱天童的《颂古百则》，撰《从容录》，为禅学名著。他兼有融贯三教的思想，常劝当时重臣耶律楚材以儒治国，以佛治心，极得耶律楚材的称颂，说他"得曹洞的血脉，具云门的善巧，备临济的机锋"，一时传为佳话。

2. 全真教的兴盛

金大定三年（1163年），陕西咸阳道士王喆与道士和德瑾、李氏结茅刘蒋村、倡道关中。大定七年（1167年）王喆自焚其居，东行至宁海（今山东牟平）收马钰（道号丹阳）为弟子。后陆续收谭处端（长真）、刘处玄（长生）、丘处机（长春）、王处一（玉阳）、郝大通（广宁）、孙不二（清静散人）等人入室，这就是后来的全真道北宗七真。

大定八年（1168年）王喆等在宁海创建三教七宝会。次年，建三教金莲会，在福山县成立三教三光会，至登州建三教玉华会，至莱州建三教平等会。从而创立了全真道。

全真道主张儒、释、道三教合一，三教圆融，勿分彼此。王喆诗云："儒门释户道相通，三教从来一祖风。"卑视服饵药石，烧炼外丹，祈禳禁咒等修道方法，吸取了禅宗的"见性成佛"观点，主张"养气守神即内丹"。认为心性为本，性命为末。心性清净，不染杂念，精、气、神自然不会外泄，也就能"独全其真"了。因此，全真道以清修为得道法门，不婚配，不食荤腥。无论出家为道士，还是在家修行，都强调身安、心净、意诚，于"清虚冷淡，潇洒寂寞"中"识心见性"，以证大道。

全真道的教义投合了士大夫的情趣，给身处乱世的人们找到一条遁世之路，逐渐在各地流行开来。大定十年（1170年），王喆去世。遗著有《重阳全真集》《重阳立教十五论》等，均被奉为全真道典籍。马钰等人分头传教，辛苦奔波于山东、河南、山西、陕西等地，信徒日益增多，形成了全真道的七个门派。即：马钰的全

山西大同善化寺普贤阁

真遇仙派，谭处端的全真南无派，刘处玄的全真随山派，丘处机的全真龙门派，王处一的全真嵛山派，郝大通的全真华山派，孙不二的全真清静派。

全真道的发展引起了金朝的重视。大定二十七年（1187年），金世宗召见王处一。这时马钰、谭处端已去世。次年，又召见丘处机。向其询问保养之术，未得要领。金章宗即位后，担心全真道像张角一样造反，于明昌元年（1190年）以"惑乱民"的罪名，下令禁止全真道。承安年间（1196—1200年），一些将相为全真道辩解，金章宗又放松了禁令。并召见王处一封其为"体玄大师"，赐给一处道观。不久，又召见刘处玄，让他住在有名的天长观里。金章宗宠妃元氏遥礼丘处机，送给王处一、丘处机《道藏》各一部。于是全真道迅速在北中国流行开来，成为北方一大道教教派。

全真道得到封建王朝的认可后，与统治者的关系日益密切。金宣宗贞祐二年（1214年），山东爆发杨安儿、耿格等人起义，丘处机亲至山东劝谕道众、民众不要反叛朝廷。成吉思汗十四年（1219年），成吉思汗派使节邀请丘处机西行。丘处机率18名弟子登程，经历10余国，行程万余里，于成吉思汗十六年（1221年）到雪山朝见了成吉思汗。成吉思汗问他长生之术，他对以"清心寡欲为要"，并劝告说："欲一天下者，必在乎不嗜杀人。"希望成吉思汗以敬天爱民为本。这些劝告对减少蒙古军的杀戮多少起了作用。成吉思汗称他为"丘神仙"，下诏由他管领天下道众，赐以虎符，玺书，免除全真道的赋役。成吉思汗十八年（1223年）丘处机在成吉思汗派出的千骑护送下从漠北回到燕京。丘处机在燕京住于大天长观（太极宫，后改名长春宫）。四方招揽徒众，人数大增。全真道达到极盛，成为北方最大的道教教派。

成吉思汗二十二年（1227年），丘处机去世。弟子尹志平、李志常、宋德方等嗣其教业。窝阔台汗九年（1237年），宋德方秉丘处机遗命整《道藏》，至乃

全真七子

马真皇后称制三年（1244年）完成，凡7800余卷，名之曰《玄都宝藏》。元世祖忽必烈在位期间，崇信佛教，全真道地位下降。蒙哥汗八年（1258年），元世祖忽必烈至元十八年（1281年），道教徒两次在大都与佛教徒辩论失败，被迫焚毁部分经书。但总的来说，元朝统治者对全真道还是保护的。元世祖曾封丘处长为长春演道主教真人，刘处玄为长生辅化明德真人，谭处端为长真云水蕴德真人，马钰为彤阳抱一天为真人，郝大通为广宁通玄太古真人，王处一为玉阳体玄广慈普度真君，孙不二为清静渊真玄虚顺化元君。元武宗时（1308—1311年），又加封丘处机为长春全道神化明应真君，刘处玄为长生辅化宗玄明德真人，马钰为丹阳抱一无为普化真君，郝大通为广宁通玄太古真君，王处一为玉阳体玄广慈普度真君。直到明清时期，全真道仍然是北方势力强大的道教教派。

3. 萨满教

女真人信仰萨满教，它是一种包括自然崇拜、图腾、万物有灵、祖先崇拜、巫术等信仰在内的原始宗教。萨满是沟通人与神之间的中介，在重大典礼、事件和节日的祭祀时都有巫师参加，或由他们司仪。消灾治病、为人求生子女、诅咒他人遭灾致祸等，几乎都成为萨满的活动内容。

四、女真文明趋汉化，后世文化启先声

金朝建国后，较快地占领了辽和北宋地区，女真族南下后也较快地接受了汉文化，甚至通用汉族的语言。金代文化虽然保留和吸收了女真族的某些文化传统，但基本上是继承辽、宋的汉族文化。金熙宗以前，长期处于战乱，金代各个文化领域的成就多出现于金世宗以后的时期。

1. 思想

金朝以儒家作为基本思想，而道家、佛教与法家亦较广泛流传和应用。金朝思想家讨论批判两宋理学与经义学，让理学再度于北方兴起，发扬中华思想。

赵秉文（1159—1232年），字周臣，号闲闲居士，晚号闲闲老人，磁州滏阳（今河北省磁县）人。金世宗大定二十五年（1185年）进士，调安塞主簿。历平定州刺史，为政宽简。金宣宗兴定元年（1217年）拜礼部尚书，

兼侍读学士，兼修国史、知集贤院事。金哀宗即位，改翰林学士，兼修国史。历仕五朝，自奉如寒士，未尝一日废书。积官至资善大夫、上护军、天水郡侯。

赵秉文生性好学，诗文书画皆工，在当时颇有文名。其散文所表现的哲学思想，以程朱理学为主，宣扬仁义道德性命之说。诗歌多写自然景物，善草书，著作有《闲闲老人滏水文集》等。

赵秉文"历五朝，官六卿"，朝廷中的诏书、册文、表以及与宋、夏两

赵秉文

国的国书等多出其手。他所草拟的《开兴改元诏》，当时间巷间皆能传诵。他学识广博，著有《易丛说》《中庸说》《扬子发微》《太玄笺赞》《文中子类说》《南华略释》《列子补注》等，且兼善诗文书画。金人刘祁称他"平日字画工夫最深，诗其次，又其次散文"。他的诗作多描写自然景物，元好问称他"七言长诗笔势纵放，不拘一律。律诗壮丽，小诗精绝，多以近体为之。至五言，则沉郁顿挫，似阮嗣宗；真淳古淡，似陶渊明"。前后主文坛40年之久，成为金朝末期"文士领袖"。晚年逢金朝衰乱，以禅学求慰藉。有《闲闲老人滏水文集》传世，另有《道德真经集解》收录在道藏中。

王若虚（生卒年不详），金代文学家，字从之，号慵夫，入元自称滹南遗老。早年尽力于学，以其舅周昂和古文家刘中为师。

金章宗承安二年（1197年）擢经义进士，官鄜州录事，历管城、门山县令，皆有善政。入为国史院编修官，迁应奉翰林文字，又奉使西夏，还授同知泗州军州事，留为著作佐郎。所著《五经辨惑》等10余种，对汉和宋儒家学者解经中之谬误，及史书、古文的字句疵病多有批评。著有《滹南遗老集》45卷，续1卷，有《四部丛刊》影旧钞本、《丛书集成》本，《滹南诗话》3卷。

在学术思想方面，赵秉文被称为"儒之正理之主"，他批评汉以来的传注之学，充分肯定周濂溪、二程（程颢、程颐）建立的北宋理学，并且将佛教、道家与理学思想融合一体，以卫道统名于金。

王若虚批评传注之学，其弊不可胜言，肯定北宋理学。然而他也批评北宋理学，并曾下功夫对两宋理学注释加以评论和褒贬，但未自成一家之言。李纯甫著有《中庸集解》《鸣道集解》，其思想先是由儒教转向道教、最后转向佛教，"号中国心学，西方文教"。他说："学至于佛则无所学"，以为宋伊川诸儒"皆窃吾佛书"。为了达到以佛为主的儒、道、佛三教合一，大胆地向两宋理学开战。

在政治思想方面，赵秉文认为王室与列国、华与夷、中国与四境的关系都是可变的；认为有公天下之心的都称"汉"，认为社稷与民相比，民贵而社稷轻，反对唐开元末"祸始于妃后，成于宦竖，终于藩镇"的提法，认为祸害的根源在"明皇"。王若虚认为统一中国要讲"曲直之理"。他认为欧阳修不讲曲直的统一，是"曲媚本朝，妄饰主阙"。他认为国之存亡可付之天数，但不能以守忠节犯食人之罪，并且赞许司马光对传统正闰观的批评，"正闰之说，吾从司马公"。

金朝如同宋朝一样，尊崇儒学与孔子。早在金军进军曲阜时，金兵意

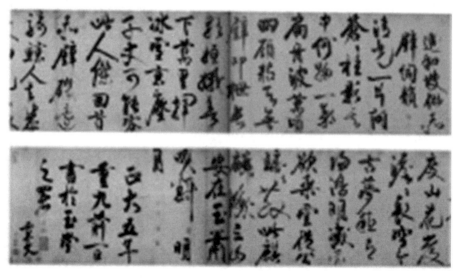

赵秉文《赤壁图卷题诗》

图摧毁孔子墓，即被完颜宗翰制止。自金熙宗时开始尊孔，在金上京立孔庙，又封孔子后裔为衍圣公。虽然金帝完颜亮轻视儒学，到金世宗与金章宗时又大力尊孔崇儒，修孔庙与庙学，并且推崇《尚书》《孟子》。

2. 儒学

女真族原来只有原始的萨满教。灭辽后，辽代兴盛的佛教在各地继续发展。灭宋后，北宋的儒学逐渐在金代文化思想中占统治地位。金初行科举，即以"经义"取士。金熙宗在上京建孔庙。金世宗、金章宗皆力崇儒学，以女真字翻译儒家经书，学校以《论语》和《孝经》为必读课本。霸州（今河北霸州市）杜时升在嵩、洛山中讲授北宋程颐、程颢的理学，易州（今河北易县）麻九畴传授邵雍之学，研治《易经》和《春秋》，麻九畴的弟子在金末元初多为名儒。真定王若虚讲授理学，对二程和朱熹之学，多有褒贬。磁州（今河北磁县）人赵秉文，号为金末的文宗，也研治理学，标榜继承程朱。

3. 史学

金代史学，不甚发达。金熙宗时，契丹人萧永祺继承其师耶律固编修《辽史》75 卷，大抵是依据辽耶律俨《实录》改编。金章宗即位命移剌履与移剌益、赵沨、党怀英等名士重修辽史，后改命陈大任专修，也未最后完成。元人修《辽史》曾参据陈大任书。金朝灭亡前，西京人刘祁撰修《归潜志》，以传记体记述金海陵王以来的金朝史事，为元人修《金史》提供了依据。

4. 文字

女真文和汉文是金朝通行的官方文字，其中女真文是根据汉字改制的契丹字拼写女真语言而制成的。女真族原采用契丹字，随着金朝的建立，完颜希尹奉金太祖之令，参考汉文与契丹文创造女真文，并且在明昌二年（1191 年）八月颁行。大定五年（1165

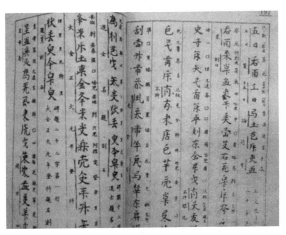

女真文

年），徒单子温参考契丹字译本，译成《贞观政要》《白氏策林》等书。金世宗时，朝廷设立译经所，翻译汉文经史为女真文，而后又陆续翻译多本汉文书籍。金世宗对宰相们说："朕之所以命令翻译五经，是要女真人知道仁义道德所在。"

然而当时女真字与汉字对译，都要先译成契丹字，然后再转译。金章宗时，专设弘文院译写儒学经书，命学官讲解。明昌二年（1191年）罢废契丹字，规定今后女真字直译为汉字。但随着汉语的通用，女真贵族多已识读汉字，汉字书籍在女真族中广泛流行。

五、医农历数与建筑，新学肇兴泽后世

1. 医学

从靖康之变后到蒙古时期，由于频繁的战争和暴政，加上频繁的自然灾害，导致人民生活贫苦，疾病流行，使得医学十分活跃，被称为新学肇兴。金初，名医成无己注释《内经》和《伤寒论》，开金代医学研究的先声。金朝时期发展出刘完素的火热说、张从正的攻邪说与李东垣的脾胃说。由于实践的丰富，不少医家深入研究古代的医学经典，结合各自的临床经验，自成一说，来解释前人的理论，逐渐形成了不同的流派。刘完素开创了河间学派、张元素开创了易水学派，张元素的弟子李东垣又自创了脾胃学说，这三家与元朝朱震亨的养阴说合称金元四大家，对中医理论的发展产生了重要的影响。此外，李杲著有《脾胃论》和《内外伤寒辨惑论》，对伤寒病的识辨，有独到的成就。金代医学学派的建立，对元代和后世医学的发展有深远的影响。

2. 农学

金朝吸收北宋的农业技术，使得东北金上京一带的农业产量得以提升。现今考古学家还在今东北地区挖掘许多金代使用的犁铧、瓠种等铁制农具。当时金朝与西夏等地区有名的农书有《务本新书》《士农必用》等农书，可惜现已失传。当时养殖蚕桑与园艺的技术也十分发达，例如利用"牛粪覆棚"将西瓜种植于较寒冷的东北地区。

3. 历法

金廷学习北宋建立司天监以观测天文，当时的数学也十分发达，使得

金朝士人热衷编写历书。金廷于天会十五年（1137年）颁布杨级编写的《大明历》（与祖冲之的《大明历》不同）。而后赵知微于大定二十年（1180年）修编成较精确的《重修大明历》，其精确度超过宋朝优越的历法《纪元历》。同时间耶律履也编出《乙未历》，然而精确度不如《重修大明历》。

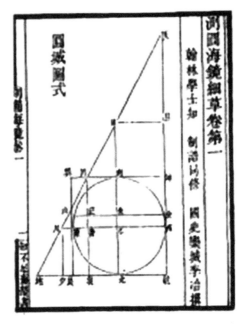

《测圆海镜》圆城图式

4. 数学

金代数学有相当的成就，金世宗时，赵知微重修杨级编制的《大明历》，用几何方法预测日食、月食，是天文计算上的进步。蒋周著《益古》一书，记录了当时流行的数学公式天元术，以元为未知数，立式求解。金末另有一部数学著作《洞渊测圆》，记述演算勾股容圆的方法。著名的数学家李冶依据此书和天元术，写成著名的数学著作《测圆海镜》，系统地介绍了用天元术建立二次方程。

5. 建筑

此外，建筑方面也有很大的发展，兴建了卢沟桥、金中都、山西大同华严寺等著名建筑。

卢沟桥亦称芦沟桥，位于北京市丰台区永定河，因横跨卢沟河（即永定河）而得名，是北京市现存古老的石造联拱桥。

金大定二十八年（1188年）五月，金世宗决定修建卢沟桥。不过当时尚未动工，金世宗就在第二年年初病逝了。直到

卢沟桥

第二年六月，卢沟桥始建。

金明昌三年三月十一日（1192年4月24日），卢沟桥建成。金章宗定名"广利"。后因跨芦沟河（即永定河），改名为芦沟桥。

卢沟桥桥面略呈弧形，两端较低，中间隆起，用天然花岗巨大条石铺设的。桥下河床铺设几米厚的鹅卵石和石英砂，整个桥体砌筑其上十分坚实稳固。

卢沟桥的半圆拱券采用纵联式实腹砌筑法，使11个拱券联成一体。拱券龙门石上，2019年依然保留有中间

合掌露齿菩萨

三个被称作虬蠊的拱顶龙头，雕工十分精美。拱券石块之间都用铁铜子或铁件联结加固，桥墩内部也都用铁活上下拉联，桥脚以铁柱穿石，俾使千载永固。这在中国大石桥建筑史上也是罕见的。

卢沟桥雄浑优雅，古朴端庄，建筑特色与艺术审美兼备，元代意大利旅行家马可·波罗在《马可·波罗行记》中盛赞卢沟桥是"世界上独一无二的桥"。

华严寺位于大同古城内西南隅，始建于辽重熙七年（1038年），依据佛教经典《华严经》而命名。兼具辽国皇室宗庙性质，地位显赫。后毁于战争，金天眷三年（1140年）重建。

寺院坐西向东，山门、普光明殿、大雄宝殿、薄伽教藏殿、华严宝塔等30余座单体建筑分别排列在南北两条主轴线上，布局严谨。

华严寺占地面积达66000平方米，是中国现存年代较早、保存较完整的一座辽金寺庙建筑群，1961年被国务院公布为第一批全国重点文物保护单位。

六、金代文士多风流，国朝文派竞雄豪

金代文化艺术继辽、北宋之后而不断发展，超过了辽，在北宋之后与南宋平行，构成当时中国文化发展的南北两大支。在中国文化艺术发展史中起着"上掩辽而下轶元"的作用。

1. 文学

金代大定、明昌年间，文学的发展进入了一个繁荣的阶段，涌现出一批在金朝成长起来的作家，他们的创作风格已经与由宋入金的文人不同。从整体上看，他们的诗篇已初步形成了雄豪粗犷的北方文学的特质，属于真正的金代作家，元好问在《中州集》里将他们归为"国朝文派"。国朝文派出现后，标志着金代文学的真正开始。

金朝以词赋取士，诗词成为文人普遍采用的文学体裁。金人诗词，继承北宋，模仿苏（轼）黄（庭坚）。金朝初期的文学比较朴陋，文学家大多是韩昉等辽人与宋人。直到蔡圭出现，才被称为金朝文学正传之宗，其他尚有党怀英，其他还有赵沨、王庭筠、王寂、刘从益等。金章宗时期有名的文学家有赵秉文、杨云翼、李纯甫与元好问等，女真人中有名的有金帝完颜亮与金章宗。金帝完颜亮南下侵宋时，在扬州赋诗，有句云："提兵百万西湖侧，立马吴山第一峰。"金海陵王立志灭宋统一，作诗言志，笔力雄健，气象恢宏。金章宗酷爱诗词，制作甚多，但意境只在宫中生活，近似宫体诗。

在金章宗的倡导下，女真贵族官员也多学作汉诗。豫王完颜允成的诗歌，编为《乐善老人集》行世。下至猛安、谋克，也努力学诗。如猛安术

元好问

虎玹、谋克乌林答爽都和汉人士大夫交游，刻意学诗。金朝有名的文人为王若虚与元好问。王若虚著有《滹南遗老集》，擅长诗文与经史考证，初步建立了文法学和修辞学，其论史则攻击宋祁，论诗文则尊苏轼而抑黄庭坚，是金朝权威的评论家，后来潘升霄的《金石文例》即受其影响。

2. 戏剧

北宋流行的"说话"和"诸宫调"等说唱艺术，金代更为盛行。金章宗时出现董解元所作《西厢记诸宫调》，据唐人《莺莺传》故事改编，以14种宫调、193套组曲组成，用琵琶伴奏说唱。《西厢记诸宫调》，是中国古典戏剧中一部带典范性的划时代杰作。他是根据唐朝元稹《莺莺传》改写，但是在思想还是艺术方面都突破传统思想的束缚，被称为"古今传奇鼻祖""北曲之祖"。

金代又创造了被称为"院本"的戏剧，科白动作为主，加入唱曲。院本作为一种戏剧体裁，至元代仍继续演出。诸宫调与院本孕育了北曲杂剧的产生，是金代文化的一大贡献。元杂剧在金末已渐形成。著名的杂剧作家关汉卿、白朴、杜仁杰、梁进之等多是金元之际的文士。

3. 绘画

金代艺术的发展，也在各方面取得很高成就。金章宗设书画院，收集民间和南宋收藏的名画，王庭筠与秘书郎张汝方鉴定金朝所收藏书画550卷，并分别定出品第。天会五年（1127年），金兵攻破北宋京城汴梁，就掠夺宋廷藏画、俘虏画工北去。金代宫廷讲求书画名迹的收藏，以所获北宋和内府藏画为基础，复从民间征集加以充实。金朝绘画在汉文化影响下，比辽朝绘画更为隆盛，特别是金世宗至金章宗时期，绘画活动日趋活跃。金章宗善诗文书法，又爱好绘画，他在政府秘书监下设书画

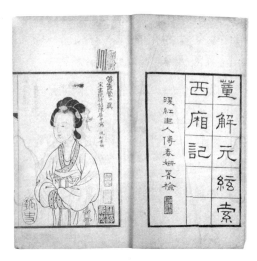

董解元《西厢记诸宫调》内页插图

局，将藏画加以鉴定，又效宋徽宗书体在名作上题签钤印。

金朝还在少府监下设图画署，"掌图画镂金匠"，当时有名的画有虞仲文《飞骏图》、王庭筠《幽竹枯槎图》、张圭《神龟图》、赵霖所绘《昭陵六骏图卷》

赵霖所绘《昭陵六骏图卷》（局部）

等，其中以张瑀《文姬归汉图》为最佳。金帝完颜亮能画竹，完颜允恭画獐鹿人物，王庭筠善山水墨竹，王邦基善画人物，徐荣之善画花鸟，杜锜画鞍马。武元直、李山与王庭筠等山水竹石画作，比起同时南宋院画家的作品，似乎更显出"文人"的品位。

4. 书法

金代书法家学自北宋书法，金章宗学宋徽宗的瘦金体，很有成就。王竞擅长草隶，尤工大字，两都宫殿榜题都是竞所书。党怀英擅长篆籀，为学者所宗。赵沨擅长正、行、草书，亦工小篆，正书体兼颜、苏，书画雄秀，当在石曼卿上；行草书备诸家体，时人以赵沨配党怀英小篆，号"党、赵"。吴激得其岳父米芾笔意，王庭筠在当时学米诸人中，造诣最深，其书法为元初嵕子山诸人所不及。任询具有多方面的才艺，书法为当时第一，《中州集》称他："画高于书，书高于诗，诗高于文。"

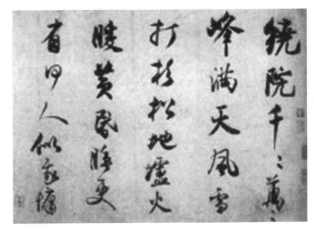

王庭筠《李山画风雪杉松图卷跋》

5. 音乐

金朝初年，女真族的乐器只有鼓、笛两种，歌咏只有"鹧鸪"一曲，"高下长短，鹧鸪二声而已"。进入宋境后，金军掠取宋朝教坊的乐工、乐器、乐书，汉族的音乐融入女真族的音乐之中。金世宗设宴招待南宋与西夏使者，乐人学宋朝，但服装不同。

金朝舞蹈源自先人靺鞨的靺鞨乐，立国后基本上直接吸收北宋舞蹈，同时也发扬女真族的乐舞文化。在戏曲方面，北宋流行的诸宫调到金朝成为主要的说唱品种。当时只有董解元的《西厢记诸宫调》和《刘知远》流传到今，其中《西厢记诸宫调》的出现，有着元曲初步形成的意义。